ROM

SABINE BECHT

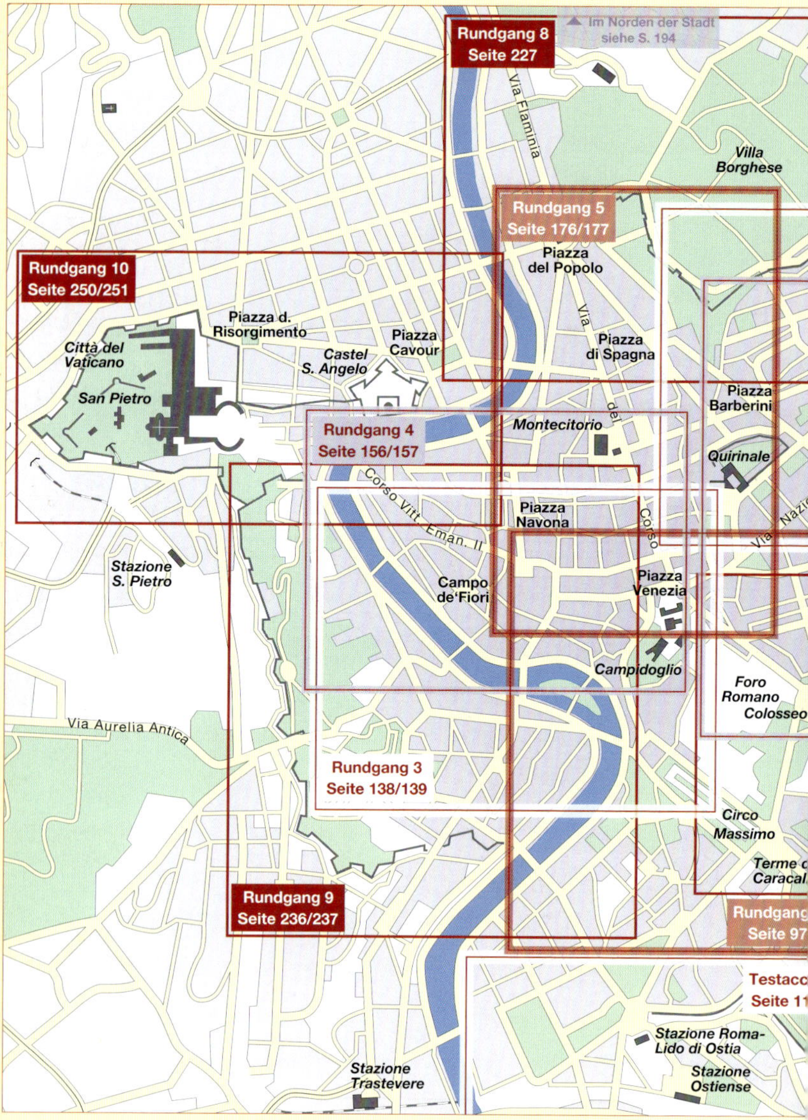

Rundgang 8
Seite 227
Im Norden der Stadt siehe S. 194
Via Flaminia
Villa Borghese
Rundgang 5
Seite 176/177
Rundgang 10
Seite 250/251
Piazza del Popolo
Via
Piazza d. Risorgimento
Città del Vaticano
Castel S. Angelo
Piazza Cavour
Piazza di Spagna
San Pietro
Piazza Barberini
del
Montecitorio
Rundgang 4
Seite 156/157
Quirinale
Corso Vitt. Eman. II
Piazza Navona
Corso
Via Nazio
Stazione S. Pietro
Campo de'Fiori
Piazza Venezia
Campidoglio
Foro Romano
Colosseo
Via Aurelia Antica
Rundgang 3
Seite 138/139
Circo Massimo
Terme d
Caracal
Rundgang 9
Seite 236/237
Rundgang
Seite 97
Testacc
Seite 11
Stazione Roma-Lido di Ostia
Stazione Trastevere
Stazione Ostiense

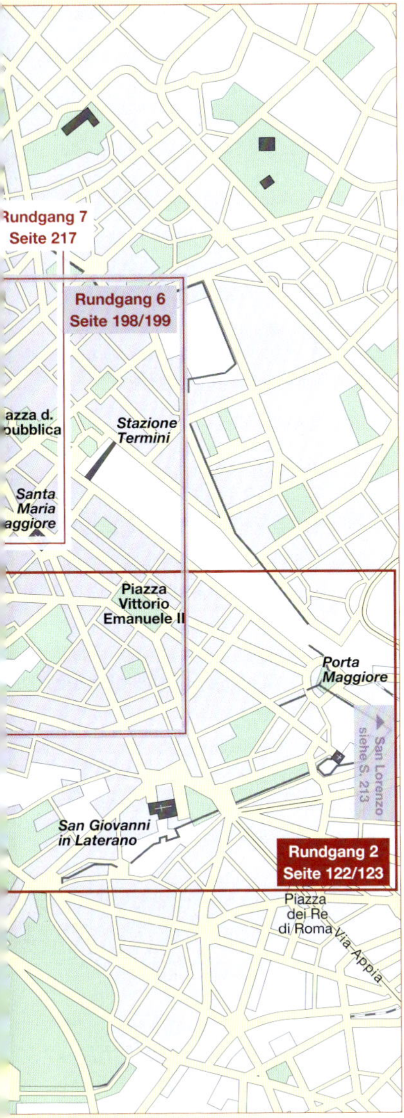
undgang 7
Seite 217
Rundgang 6
Seite 198/199
azza d.
pubblica
Stazione
Termini
Santa
Maria
aggiore
Piazza
Vittorio
Emanuele II
Porta
Maggiore
San Lorenzo
siehe S. 213
San Giovanni
in Laterano
Rundgang 2
Seite 122/123
Piazza
dei Re
di Roma
Via Appia

Unterwegs mit Sabine Becht

Liebe Leserin, lieber Leser! Die meisten Schuhe, die ich besitze, habe ich in Rom gekauft. Nicht aus Eitelkeit oder weil es sich in Rom so super einkaufen lässt (und es lässt sich hervorragend shoppen in der Ewigen Stadt), sondern aus purem Schmerz. Ein berufsbedingter Schmerz, der sich nach spätestens zwei Tagen ständigen Herumlaufens auf römischem Kopfsteinpflaster einstellt. Ich habe Espadrilles mit robuster Sohle und Ballerinas, Turnschuhe und Badeschlappen, Stiefeletten und sogar Stiefel, alle aus Rom, alle gekauft in der Hoffnung, am nächsten Abend vielleicht weniger zu leiden. Römern wie Touristen schaue ich immer zuerst auf die Füße. Und nicht selten wird bei Letzteren der Schmerz ebenfalls sichtbar – Schwellungen und Blasen, dazu die erschöpften Gesichter.

Auf Römerinnen dagegen, die mit unglaublicher Eleganz auf meterhohen Stilettos über das krumme, löchrige Pflaster schreiten, trifft das nicht zu (dass sie das nur die wenigen Meter vom Taxi zum Restaurant und am Arm eines wahnsinnig coolen Römers tun – geschenkt). Oder auf die vielen Ministeriums-Damen der Innenstadt, die würdevoll in Pumps zur nächsten Bar stöckeln, ohne dabei je eine Miene zu verziehen.

Die Römerinnen haben Recht! Einen Ort, der mythologisch nachweisbar mindestens 2765 Jahre alt ist, sollte man erschreiten, besser noch „erschlendern", am besten mit viel Zeit und vielleicht lieber in flachen Schuhen. Denn um diese wundervolle Stadt gebührend genießen zu können, sollten Ihnen auf gar keinen Fall die Füße wehtun. Für mein nächstes Mal in Rom schweben mir jedenfalls ein paar saumäßig bequeme Römersandalen vor.

Impressum

Text und Recherche: Sabine Becht **Lektorat:** Peter Ritter, Sabine Senftleben **Redaktion und Layout:** Sven Talaron **Karten:** Judit Ladik, Hana Gundel, Gábor Sztrecska, Michaela Nitzsche **Fotos:** s. S. 9 **Covergestaltung:** Karl Serwotka **Covermotive:** oben: Kolosseum, unten: Piazza Navona (beide Sabine Becht)

6. komplett überarbeitete und erweiterte Auflage 2012

Rom – Hintergründe & Infos

Inhalt

Rom – Stadttouren und Ausflüge

Inhalt

Kartenverzeichnis

Zeichenerklärung für die Karten und Pläne

Autobahn	Bebaute Fläche	Krankenhaus
Schnellstraße	Grünanlage	Information
Bundesstraße	Gewässerfläche	Museum
Hauptverkehrsstraße	Metro-Haltestelle	Sehenswürdigkeit
Stadtrundgang	Bushaltestelle	Kirche
	Aussicht	Antike Sehenswürdigkeit

Inhalt

Alles im Kasten

Mit dem grünen Blatt haben unsere Autoren Betriebe hervorgehoben, die sich bemühen, regionalen und nachhaltig erzeugten Produkten den Vorzug zu geben.

Was haben Sie entdeckt?

Was war Ihre Lieblingstrattoria, in welchem Hotel haben Sie sich wohl gefühlt, welches Museum würden Sie wieder besuchen? Bitte schreiben Sie uns, wenn Sie Kritik, Verbesserungen, Anregungen oder Empfehlungen haben!

Schreiben Sie an: Sabine Becht, Stichwort „Rom" | c/o Michael Müller Verlag GmbH | Gerberei 19, D – 91054 Erlangen | Sabine.Becht@michael-mueller-verlag.de

Vielen Dank!

Ein ganz besonders herzlicher Dank an alle Leser, die mit ihren vielen Tipps und Anregungen geholfen haben, die Qualität dieses Buches weiter zu verbessern. Bitte weiter so!

Fotonachweis **Sabine Becht**: S. 10, 10/11, 11, 12, 12/13, 13, 14/15, 16, 18, 19, 20, 21, 22, 26, 27, 29, 35, 36, 38, 41, 42, 50, 53, 54, 61, 62, 65, 67, 75 (2x), 76, 79, 80, 81, 83, 84, 85, 90/91, 92/93, 94/95, 98, 101, 102, 103, 105, 108, 110, 111, 113, 115, 116, 117, 118, 120, 127, 134, 136, 143, 144, 149, 151 (2x), 152, 153, 154, 155, 158, 159, 160, 161, 163, 165, 167, 169, 170, 171, 173, 174, 175, 178, 179, 182, 183, 185, 186, 188, 191, 193, 194, 196, 197, 200, 203, 205, 206, 209, 210, 212, 214, 215, 216, 219, 220, 223, 224 (2x), 225, 229, 232, 234, 235, 238, 239, 240, 241, 243, 244, 246/247, 249, 253, 254, 255, 257, 258, 259, 260, 261 (2x), 262, 268, 270 | **Michael Müller**: S. 70, 120/121 | **Jan Negelen**: S. 99, 125, 129, 132, 141, 246 | **Sven Talaron**: S. 24, 28, 32, 44, 58, 66, 68, 75 (2x), 86, 89, 95, 137, 145, 147, 151 (2x), 164, 181, 231, 261 | **Antje Vogel**: S. 46

Rom

Rom – ein Lebensgefühl

Seit Jahrhunderten zieht die Ewige Stadt Reisende aus aller Welt in ihren Bann. Heute sind es jährlich fast zehn Millionen Menschen, die diese faszinierende Metropole besuchen.

Die Liste prominenter Rom-Reisender liest sich lang, und viele von ihnen haben der Nachwelt oft umfangreiche Zeugnisse ihrer Eindrücke hinterlassen. Goethe fand hier eine „Sehnsucht von dreißig Jahren“ gestillt, und der Schweizer Historiker Jacob Burckhardt befürchtete gar, „außerhalb Roms nie wieder recht glücklich“ werden zu können. Auf den Punkt gebracht hat es der Kunsthistoriker und Altertumsforscher Johann Joachim Winckelmann: „Außer Rom ist fast nichts Schönes in der Welt.“

In vielen historischen Reiseberichten ist von der Faszination der Ewigen Stadt die Rede, der einzigartigen Anziehungskraft, einer Aura, die wohl jeden Besucher gefangen nimmt: eben ein besonderes Lebensgefühl.

Den Reiz der Ewigen Stadt machen aber nicht nur die vielen Zeugnisse ihrer langen Geschichte aus, die man als Sehenswürdigkeiten aus Antike, Renaissance und Barock quasi an jeder Straßenecke findet. Rom strahlt heute vielmehr einen überaus lebendigen und lässigen Charme aus, zu dem die monumentalen Hinterlassenschaften vergangener Zeiten das passende Ambiente liefern, das ohne viel Aufhebens Eingang in den römischen Alltag gefunden hat.

Einen Blick auf die „Standards“ wie Kolosseum, Forum Romanum, Vatikan, Spanische Treppe und Trevi-Brunnen wirft sicher jeder Rom-Reisende, auch wenn der Besuch noch so kurz ist. Genügen wird dieser erste Blick den wenigsten. Die meisten Rom-Besucher kommen wieder, und wer ganz sicher gehen will, wirft vorher schnell noch eine Münze in den Trevi-Brunnen ...

Im Folgenden unsere ganz persönlichen *Top Ten* zur Ewigen Stadt:

Barock im Park

Er gilt als größter Baumeister der Stadt: *Gianlorenzo Bernini,* der Rom wie kein anderer mit barocker Kunst geradezu überhäuft hat. Seinen Werken begegnet man an jeder Straßenecke, besonders aber in der *Galleria Borghese* im berühmtesten Park der Stadt, der Villa Borghese. Berninis frühe Skulpturen, im prachtvollen Ambiente der Galleria eindrucksvoll in Szene gesetzt, zählen zu den beeindruckendsten Werken des Künstlers; das Museum gilt vielen als das schönste der Welt.

Zum Essen nach Trastevere

Die engen Gassen jenseits des Tibers laden zum Bummel durch das malerische Viertel ein. Vor allem zum Essen sollte man hierher kommen – im beschaulichen *Trastevere,* dem schönsten „Dorf" der Weltstadt, wird die traditionelle römische Küche noch gepflegt. Dazu das Ambiente schmaler Gässchen und kleiner Plätze, die einen Abend auf der anderen Tiberseite zum besonderen Erlebnis machen.

Michelangelos elegante Piazza

Marc Aurel, in die römische Geschichte als ausgeglichener, stoischer „Philosophenkaiser" eingegangen, hatte einen Ehrenplatz in Rom verdient. Das fand zumindest Michelangelo und konzipierte den *Kapitolsplatz* im 16. Jh. so, dass die Bronzestatue des Kaisers perfekt zur Geltung kommt. Heute gilt die *Piazza di Campidoglio,* das Zentrum des antiken Rom, als elegantester Platz der Stadt, der besonders am Abend einen Besuch lohnt.

Panem et Circenses

„Brot und Spiele" – das von der römischen Bevölkerung geforderte Unterhaltungsangebot nebst „Catering" wurde durch den Satiriker Juvenal im alten Rom zum geflügelten Wort. Besonders „unterhaltsam" ging es im *Kolosseum* zu, hier wurde dem Volk ganztägig eine Form der Zerstreuung geboten, die heute eher Befremden hervorruft: Wilde Tiere kämpften gegen eigens ausgebildete Tierkämpfer, zum Tode Verur-

teilte oder auch gegeneinander, Höhepunkt waren die berüchtigten Gladiatorenkämpfe. Für Unterhaltung war gesorgt im alten Rom.

Der Ketzer auf dem Blumenfeld

Rom im Jahr 1600: Die Inquisition fordert ihre Opfer. Unter ihnen auch den als Ketzer verurteilten Dominikanermönch *Giordano Bruno,* der es gewagt hatte, die Lehren der Kirche anzuzweifeln. Am 17. Februar 1600 wurde er auf dem *Campo de'Fiori,* dem Blumenfeld, vor großem Publikum verbrannt. Heute bildet sein Denkmal – Bruno mit gesenktem Haupt und düsterem Blick – einen eigenartigen Kontrast zum bunten Markt auf dem Campo; nachts erhebt sich der Mönch geradezu unheimlich über die Feiernden aus aller Welt.

Die Mutter aller Kirchen

Das mächtige Pantheon inmitten der römischen Altstadt ist beides: antiker Tempel und christliche Kirche, als Tempel allen Göttern geweiht (daher der Name), als Kirche den christlichen Märtyrern, Kuppelvorbild für fast jede Kirche in der Ewigen Stadt und Grabstätte für Raffael, den großen Künstler der Renaissance, sowie für zwei italienische Könige. Einzige Lichtquelle ist ein Loch in der Kuppel des am besten erhaltenen antiken Bauwerks der Stadt.

Die Brücke der Engel

Als Kaiser Hadrian im 2. Jh. n. Chr. sein eigenes Mausoleum (die spätere Engelsburg) in Auftrag gab, sollte auch eine besonders schöne Brücke den Zugang dahin ermöglichen. Die antike Brücke ist noch da, wurde aber im 17. Jh. (dank Bernini) mit den vielleicht schönsten Marmorengeln der Stadt geschmückt und heißt seitdem Ponte Sant'Angelo – *Engelsbrücke.* Ein „echter" Engel ließ sich hier übrigens bereits im 6. Jh. sehen: Er erschien Papst Gregor I. (dem Großen) und verkündete das Ende der Pest.

Der Blick aufs Ganze

Von der *Kuppel der Peterskirche* eröffnet sich ein fantastischer Blick auf die Ewige Stadt. Den steilen Weg hinauf aufs Dach nimmt man bequem im Fahrstuhl, die letzen 320 Stufen nach ganz oben muss man allerdings zu Fuß bewältigen – und wird schon auf dem Weg mit einem grandiosen Blick in das Innere der Peterskirche belohnt. Nicht minder beeindruckend ist der Rundblick vom Dach des mächtigen Nationaldenkmals *Vittoriano* (Altare della Patria). Bei Nacht haben Sie den besten Blick auf Rom vom *Gianicolo-Hügel* (Trastevere) und dem *Pincio* oberhalb der Piazza del Popolo: ein wahres Lichtermeer mit unzähligen Kuppeln und dem alles überragenden, eindrucksvoll illuminierten Nationaldenkmal.

Die Königin der Straßen

Wer in der Antike etwas auf sich hielt, kaufte sich ein Grab an der *Via Appia*, der „Königin der Straßen", die Rom mit dem Hafen Brindisi verband. Manche Römer sparten jahrelang, um sich an der wichtigen Handelsstraße prestigereich bestatten zu lassen. Hier soll Jesus dem fliehenden Petrus begegnet sein, der daraufhin reuevoll nach Rom zurückkehrte; an jener Stelle steht heute das Kirchlein Quo Vadis. Später bauten die ersten Christen an der Via Appia ihre berühmten Katakomben.

Gelato an jeder Straßenecke

Was wäre Rom ohne seine unzähligen Gelaterien, die Eisdielen, in denen man aus teilweise über 50 Sorten wählen kann. Zu den berühmtesten zählen das Traditionshaus *Giolitti* beim Parlament und *Tre Scalini* auf der Piazza Navona (berühmt vor allem für sein Tartufo-Eis). Die Rezepturen, nach denen die Gelaterien ihre kunstvollen Eiskreationen zubereiten, sind streng geheim und werden vor der Konkurrenz wie ein Augapfel gehütet.

▲ Blick auf die Kolonnaden am Petersplatz

Hintergründe & Infos

Reste eines Weltreiches: das Forum Romanum

3000 Jahre Rom im Überblick

Da war doch was...? „753 – Rom schlüpft aus dem Ei." Lässt man aber die seit Schulzeiten geläufige Eselsbrücke wie auch die zugrunde liegende Mythologie außer Acht, entstanden wahrscheinlich schon im 10. Jh. v. Chr. erste Ansiedlungen auf dem Palatin und bald darauf auch auf dem Esquilin und Quirinal; manche Historiker datieren die Entstehung sogar bis ins 13. Jh. v. Chr. zurück.

Die Hügel boten den ersten Siedlern, Hirten und Bauern, einen guten Schutz vor Überschwemmungen und Überfällen. Zudem war zwischen den sieben Hügeln, so berichtet der Geschichtsschreiber Titus Livius, die einzige Stelle, wo der Fluss über die Tiberinsel gut zu überqueren war.

Ab ca. 600 v. Chr. wurde die Stadt für fast ein Jahrhundert von etruskischen Königen regiert. In dieser Zeit wurde mit dem Bau der *Cloaca Maxima* das sumpfige Gebiet um den Tiber trocken gelegt, das *Forum* errichtet und die Stadt von einer ersten Mauer umgeben. Unter dem Etruskerkönig Servius Tullius erfolgte auch die strenge Hierarchisierung der römischen Gesellschaft, d. h. die Einteilung in Rang- und Vermögensklassen, die mit genau umrissenen Rechten und Pflichten verbunden war. So waren beispielsweise die ärmsten Bürger politisch rechtlos und vom Militärdienst befreit, während sich aus den mit politischen Rechten ausgestatteten höheren Klassen in Kriegszeiten die Streitkräfte rekrutierten.

Rom zur Zeit der Republik

Nachdem der letzte Etruskerkönig, der tyrannische Tarquinius, um 510 v. Chr. vom römischen Volk aus der Stadt gejagt worden war, entstand 507 v. Chr. die römische Republik mit zwei patrizischen (adligen) *Konsuln* an der Spitze, die dem *Senat* Rechenschaft abzulegen hatten. Höchster Priester war der *Pontifex Maximus,* der über alle Bereiche des religiösen Lebens wachte. Bereits Anfang des 5. Jh. v. Chr. kam es zu ersten Auseinandersetzungen zwischen der adligen Herrscherklasse und dem einfachen Volk, den *Plebejern,* die die Bevölkerungsmehrheit stellten. Zusätzlich wurde Rom von außen durch die Latiner, Etrusker und Kelten bedroht. Nach heftigen Standeskämpfen rangen die Plebejer ihren Herrschern um 470 v. Chr. eine Interessenvertretung ab. Mit dem *Zwölftafelgesetz* von 450 v. Chr., das auf dem Forum ausgehängt wurde, entstand eine erste verbindliche Gesetzgebung für alle Römer. Das Emblem des Zwölftafelgesetzes ist noch heute überall in Rom zu sehen: *S.P.Q.R. – Senatus Populusque Romanus* („Der Senat und das Volk Roms"). 348 v. Chr. erstritten die Plebejer das Recht, stets einen der beiden Konsuln zu stellen, eine Regelung, die ihnen jedoch nur pro forma zu mehr Macht verhalf: Das politische Sagen hatten nach wie vor die Patrizier.

Der verheerende Einfall der Gallier um ca. 380 v. Chr. veranlasste Rom zum Bau einer neuen Stadtmauer, die nun alle sieben Hügel der Stadt einbezog: *Palatin, Kapitol, Aventin, Quirinal, Viminal, Esquilin* und *Celius.* Außenpolitisch errang Rom auf dem Weg zur Weltmacht seine größten Erfolge vom 3. bis 1. Jh. v. Chr.: Nach dem Sieg über die Etrusker, Latiner und Samniten wurde bald ganz Mittelitalien beherrscht, es folgten Süditalien und die ersten griechischen Städte. Dabei gestand Rom

Das Jahr 753 – das mythologische Datum der Stadtgründung

Der Legende nach war es eine Wölfin, die bei der Stadtgründung Roms eine entscheidende Rolle spielte. Kriegsgott Mars hatte die Königstochter Rhea Silva geschwängert, die bald darauf Zwillinge zur Welt brachte. Der Diener ihres Vaters (König Numitor von Alba Longa) setzte die Neugeborenen in dessen Auftrag auf dem Tiber aus, wo sie ins Meer hinaustreiben sollten. Der Korb mit den Zwillingen verfing sich jedoch im Schilf, eine Wölfin fand die beiden und säugte die Kinder, bis sie vom Hirten Faustulus aufgenommen wurden, der ihnen die Namen *Romulus und Remus* gab. Im Frühling des Jahres 753 v. Chr. (21. April) entschlossen sich die mittlerweile herangewachsenen Brüder, eine Stadt zu gründen, deren zukünftiger Herrscher durch ein göttliches Zeichen bestimmt werden sollte. Als Romulus die Gunst der Götter auf seiner Seite sah und die Herrschaft auf dem Palatin für sich in Anspruch nahm, kam es zum Streit, bei dem er seinen Bruder Remus erschlug.

Romulus' Siedlung auf dem Palatin wuchs, doch mangelte es dem jungen Volk an Frauen. Romulus unterbreitete den benachbarten Stämmen Heirats- und Bündnisangebote, die jedoch abgelehnt wurden, sodass kurzerhand die Sabinerinnen aus dem benachbarten Apennin entführt wurden. Nach Kämpfen zwischen den Sabinern und den Stadtgründern um Romulus stifteten die Sabinerinnen Frieden. Die Sabiner samt Frauen ließen sich unter Romulus' Herrschaft auf dem benachbarten Quirinal nieder.

Genährt wird die Legende seit einigen Jahren wieder durch eine im Jahr 2007 zufällig entdeckte Grotte auf dem Palatin, in der die Wölfin die Kinder gesäugt haben soll, Näheres → S. 109.

den Besiegten oft eine gewisse Autonomie zu, einige Städte erhielten sogar das volle römische Bürgerrecht.

Im Streit um die Vorherrschaft auf Sizilien kam es zu den drei *Punischen Kriegen* gegen Karthago, aus denen Rom 146 v. Chr. siegreich hervorging, sodass die Vormachtstellung im westlichen Mittelmeerraum gesichert war. Eroberungsfeldzüge nach Griechenland und Kleinasien dehnten den Herrschaftsbereich der Römer dann auch nach Osten hin aus.

Mit der Steuerbefreiung römischer Bürger (167 v. Chr.) und dem Import riesiger Mengen Getreide aus dem besiegten Sizilien wuchs der Wohlstand der Stadt beträchtlich. Hinzu kamen die als Kriegsbeute mitgebrachten Sklaven, die völlig rechtlos waren und alle erdenklichen Arbeiten in Rom zu verrichten hatten. Die Bauern konnten der Konkurrenz durch die billige Sklavenarbeit nicht standhalten und mussten ihre Höfe an römische Großgrundbesitzer verkaufen, die mit ihren Latifundien großen wirtschaftlichen und politischen Einfluss gewannen. Besitzlos gewordene Bauern zogen auf der Suche nach einem Broterwerb in die Stadt (die im 1. Jh. zu einer halben Million Einwohnern anwuchs) und bildeten bald die breite Schicht des römischen Proletariats. Zwangsläufig kam es zu großen Spannungen zwischen Arm und Reich, die 104 v. Chr. durch die Heeresreform des Konsuls Marius zunächst gemildert werden konnten: Er ermöglichte den Proletariern den Zugang zu einem bald mächtigen Söldnerheer unter seiner Führung.

Der Faustkämpfer

In den Jahren 136–132 v. Chr. kam es zu ersten Sklavenaufständen, die 73–71 v. Chr. unter der Führung von *Spartacus* erneut aufflammten und von Crassus, einem ehrgeizigen Feldherrn, blutig niedergeschlagen wurden. Zur Seite stand ihm Pompejus, der bald darauf im Kampf gegen die Piraten große Erfolge erzielte und so seinen politischen Einfluss in Rom erheblich steigern konnte. 60 v. Chr. schlossen sich Pompejus, Crassus und Julius Caesar zum ersten *Triumvirat* (Dreierbund) zusammen. Caesar hatte es 62 v. Chr. zum Praetor gebracht, dem zweithöchsten Amt nach dem eines Konsuls.

Nach Crassus' Tod wurde das Triumvirat aufgelöst und Pompejus zum alleinigen Konsul über Rom erklärt. Diesen Machtverlust wollte Caesar nicht hinnehmen und sammelte seine Truppen zum Kampf gegen Pompejus, aus dem er 48 v. Chr. in der Schlacht bei Pharsalos (Nordgriechenland) letztendlich siegreich hervorging. Im April 45 v. Chr. ließ sich Caesar zum Alleinherrscher des Römischen Reiches ausrufen.

Die Herrschaft dauert jedoch nur ein knappes Jahr: Am 15. März 44 v. Chr. wurde er von Mitgliedern des Senats ermordet.

Rom in der Kaiserzeit

Erneut kam es zu Unruhen und Bürgerkrieg, bis der junge Octavian, der Neffe und Adoptivsohn Caesars, nach 17 Jahren Krieg den Frieden in Rom sicherte (Pax Romana) und als *Princeps* (erster Bürger) die alleinige Macht übernahm – vorausgegangen war ein kurzzeitiges zweites Triumvirat mit Marc Antonius und Lepidus. Zwar verlieh Octavian, dem bald der Ehrentitel *Augustus* („der Erhabene") zuteil wurde, dem Senat zunächst neues Ansehen, gleichzeitig jedoch baute er seine eigene Stellung konsequent aus und legte so den Grundstein für eine Monarchie. In seiner 45-jährigen Regierungszeit sorgte Augustus nicht nur für stabile innenpolitische Verhältnisse, sondern sicherte auch die äußeren Grenzen des riesigen Reiches. In der mittlerweile zur Millionenstadt gewachsenen Metropole setzte eine rege Bautätigkeit ein; repräsentative öffentliche Gebäude und Tempel wurden nun erstmals in Marmor gebaut. Unter Augustus erfuhr Rom eine kulturelle Blüte, die sich z. B. in der Literatur in den Werken Vergils, Ovids und Horaz' niederschlug. Die Römer wurden großzügig mit Lebensmitteln versorgt und durch ein umfangreiches Unterhaltungsangebot bei Laune gehalten – eine Strategie, die spätere Kaiser übernahmen.

Als Augustus 14 n. Chr. starb, wurde er vom Senat zum Gott erhoben. Seinen Stiefsohn *Tiberius* hatte er noch zu Lebzeiten zum Nachfolger erklärt. Die darauf folgenden Herrscher des Julisch-Claudischen Kaiserhauses, unter ihnen auch *Caligula* (37–41) und *Nero* (54–68), zeichneten sich dann mehr durch exzessives Machtgebaren als durch besonnene Politik aus. Größenwahn, Mord

Augustus, der Erhabene

und Totschlag sowie die ersten *Christenverfolgungen* sind besonders mit dem Namen Nero verbunden.

Geordneter waren die Zustände im Kaiserreich unter den Flaviern: Vespasian (69–79) trug zur innenpolitischen Stabilisierung bei, unter Trajan (98–117) erreichte das Reich seine größte territoriale Ausdehnung, und Hadrian (117–138) sicherte die ausgedehnten Grenzen (u. a. durch den Ausbau des Limes). Während seiner Herrschaft zählte Rom über eine Million Einwohner in einer inzwischen viel zu klein gewordenen Stadt – die meisten von ihnen lebten in engen, sechsstöckigen *Insulae* (Mietshäusern) ohne sanitäre Einrichtungen. Bekannt war Rom seinerzeit auch für sein Verkehrschaos in den durchweg schmalen Straßen. Die Oberschicht lebte dagegen in ihren weitläufigen Villen in kaum vorstellbarem Luxus. Trotz dieser Gegensätze erlebte Rom damals eine große politische Stabilität. Zu einem Krieg (gegen die Parther im Osten) kam es erst wieder unter Marc Aurel (161–180). Im Jahr 212 verlieh Caracalla (211–217) allen freien Bewohnern des Reiches das volle Bürgerrecht – eine Maßnahme, mit der durch die längst wieder eingeführten Steuern die Staatskasse gefüllt wurde.

Der Niedergang des Weltreichs

Zu einer ernsthaften Schwächung des Römischen Reiches kam es zur Zeit der *Soldatenkaiser* (235–284): Von Norden bedrohten die Germanen die Grenzen des Weltreiches, von Osten die Perser. Der Gefährdung von außen begegnete die Stadt ab etwa 270 unter Kaiser Aurelian mit dem Bau der Aurelianischen Stadtmauer, ein mächtiges Bauwerk von 19 Kilometern Länge, das noch heute in weiten Teilen erhalten ist.

Die wuchtigen Mauern des Kolosseums

Innerhalb des römischen Imperiums kam es zu schweren Wirtschaftskrisen, Hungersnöten, Aufständen und Seuchen, die die Bevölkerung der Hauptstadt dezimierten. Eine weitere Gefahr war das *Christentum,* das zunehmend mehr Anhänger fand. Ab ca. 250 reagierte der Staat mit groß angelegten Christenverfolgungen, die letzte – besonders grausame – fand unter Diokletian (284–305) im Jahr 303 statt. Diokletian war es auch, der die Herrschaft über das Reich erstmals aufteilte und drei Mitregenten ernannte. Konstantin, einer seiner Nachfolger, schlug seinen Mitregenten Maxentius 312 bei der Schlacht an der Milvischen Brücke. Ein Jahr später (313) erkannte Konstantin mit dem *Toleranzedikt von Mailand* das Christentum an und kehrte nach langem Kampf gegen die Mitregenten – hauptsächlich Licinius – zur Alleinherrschaft (324–337) zurück. Im Jahr 330 verlegte er die neue, christliche Hauptstadt an den Bosporus nach Byzanz, das er in Konstantinopolis umbenennen ließ. Rom blieb zwar weiter *Caput Mundi* (Hauptstadt der Welt), wurde aber zusehends entvölkert – hauptsächlich Christen siedelten in die neue Hauptstadt im Osten über. 391 erklärte Konstantins Nachfolger Theodosius (379–395) das Christentum zur Staatsreligion. Die endgültige Teilung des Imperium Romanum in ein weströmisches und ein oströmisches Reich wurde von seinen beiden Söhnen im Jahr 395 vollzogen.

Die einstige Hauptstadt der Weltmacht Rom war in der Folgezeit schutzlos den einfallenden Westgoten (410) und bald darauf den Hunnen (455) ausgeliefert. Der endgültige Niedergang war mit der Absetzung von Romulus Augustulus, dem letzten weströmischen Kaiser, im Jahr 476 besiegelt.

Rom im Mittelalter

Nach dem Einfall der Langobarden im Jahr 568 wurde die Stadt erneut schwer gebeutelt. Ende des 6. Jh. hatte sich die Zahl der Einwohner auf ca. 30.000 reduziert, in der verwüsteten und verlassenen Stadt grassierte bald darauf die Pest. Unter Papst Gregor I. (590–604) wurde das Christentum erstmals durch Missionare in ganz Europa verbreitet, bald darauf kamen zahlreiche Pilger in die Stadt, die ihr zu einem bescheidenen Wohlstand verhalfen. Antike Tempel und andere Bauten wurden in christliche Kirchen umgewandelt. Als Gregor starb, hinterließ er ein gut organisiertes Papsttum, das aus den Einnahmen durch die Pilger über ein beachtliches Vermögen verfügte und eigene Truppen finanzieren konnte. De jure stand Rom allerdings noch immer unter der Weisungsmacht von Konstantinopel/Byzanz.

Eine entscheidende Änderung brachte erst die so genannte *Pippinische Schenkung*: Als Rom 753 erneut von den Langobarden belagert wurde, bat Papst Stephan II. den Frankenkönig Pippin um Hilfe. Er salbte den König zum „Schutzherrn der Römer" und erhielt von ihm im Gegenzug Unterstützung beim Kampf gegen die Langobarden und das Versprechen eines eigenen päpstlichen Territoriums – aus den eroberten byzantinischen Gebieten in Italien wurde die Basis für den späteren *Kirchenstaat*. Als Papst Leo III. in der Weihnachtsnacht des Jahres 800 Karl dem Großen die Kaiserkrone aufsetzte, war die Verbindung zwischen geistlicher und weltlicher Macht zunächst gefestigt. Die folgenden Jahrhunderte waren dann allerdings von permanenten Konflikten zwischen Papst- und Kaisertum geprägt.

Römer im Gespräch

Der Niedergang Roms wurde schon bald durch erneute Überfälle der Sarazenen (846) und der Normannen (1084) beschleunigt. Hinzu kam der wirtschaftliche Aufschwung anderer italienischer Handelsstädte wie Florenz, Genua und Venedig, an dem Rom, u. a. auch durch seine abseitige Lage, nicht teilhaben konnte. Dennoch wurde Rom über die Jahrhunderte von Pilgern besucht, einen Höhepunkt erlebte der mittelalterliche Pilgertourismus 1300 durch das erste *Heilige Jahr* (von Papst Bonifatius VIII. verkündet). Die entscheidende Schwächung erfuhr die Stadt jedoch schon kurz darauf, als mit Clemens V. der erste Franzose auf den Papstthron kam und die päpstliche Residenz 1308 von Rom nach *Avignon* verlegt wurde – Rom hatte nicht einmal mehr den Papst, die Stadt war „nur noch ein Schatten ihrer selbst", wie Francesco Petrarca 1334 feststellte.

Während des so genannten *Großen Schismas* (1378–1417) gab es zwei, zeitweise sogar drei Päpste, die sich mit ihren jeweiligen Anhängerschaften unversöhnlich gegenüberstanden und gegen ihre Feinde Bannsprüche verhängten.

Rom in der Renaissance

Nach Beendigung des Schismas durch das *Konstanzer Konzil* wählte man 1417 erstmals wieder einen Römer zum Papst: Oddo (Ottone) Colonna, der sich Martin V. nannte. Unter ihm und seinen beiden Nachfolgern erfuhr Rom endlich den ersehnten Aufschwung, die Renaissance kam in die Stadt und mit ihr eine Aufbruchstimmung, die sich u. a. in der Errichtung zahlreicher prächtiger Bauwerke niederschlug. Unterbrochen wurde der stetige Aufstieg Roms (die Bevölkerung war bald auf 100.000 Bewohner angewachsen) nur durch den *Sacco di Roma,* die Plünderung der Stadt in den Jahren 1527/1528 durch die Truppen Karls V. Unbeirrt ging im weiteren Verlauf des 16. Jh. der Ausbau der weltlichen Macht der Kirche weiter, zur Finanzierung bediente man sich der immensen Ablasszahlungen und Steuergelder.

Gegenreformation und Barock

Die *Reformation* hinterließ auch in Rom Spuren und führte nach der Reform der katholischen Kirche (Konzil von Trient, 1545–1563) zur Gegenreformation, mit der der Kirchenstaat seine Stellung gegenüber der protestantischen Bewegung abgrenzen und festigen wollte. Der neu gegründete *Jesuitenorden* stand voll im Dienste der Gegenreformation, seine Mitglieder waren in ganz Europa tätig. Zu den Opfern der Bewegung zählten zahlreiche Kirchenkritiker, die von der Inquisition als Ketzer verurteilt wurden. Der bekannteste unter ihnen war Giordano Bruno, der im Jahr 1600 auf dem Campo de' Fiori auf dem Scheiterhaufen starb.

Unter Papst Sixtus V. (1585–1590) wurde eine neue Gestaltung der Stadt in Auftrag gegeben, bei der schnurgerade Straßen die Hauptkirchen Roms miteinander verbanden. Eine Weiterführung der prestigeträchtigen Neugestaltung Roms fand mit den prachtvollen Bauwerken des Barock im 17. Jh. statt.

Santa Croce in Gerusalemme – eine der sieben Pilgerkirchen

Die großen römischen Künstler des 16. Jh.

Donato Bramante (1444–1514): Er gilt als Begründer der klassischen Architektur der italienischen Hochrenaissance. Ab 1499 war er in Rom tätig und wurde vor allem als einer Baumeister der Peterskirche berühmt (im Auftrag von Papst Julius II.).

Michelangelo Buonarroti (1475–1564): Das Universalgenie seiner Zeit war umworbener Bildhauer, Architekt und Maler, der zunächst in Florenz für seinen Mentor Lorenzo de Medici tätig war, bevor er nach Rom abgeworben wurde. Zu seinen berühmtesten römischen Kunstwerken zählen die Kuppel der Peterskirche (eine Fortentwicklung der Kuppel-Idee von Bramante), die Pietà in der Peterskirche, die Ausmalung der Sixtinischen Kapelle mit dem „Jüngsten Gericht" und die Ausmalung der Decke, die Gestaltung des Kapitolsplatzes, aber auch zahlreiche Skulpturen wie z. B. der „Moses" in der Kirche San Pietro in Vincoli.

Raffael (1483–1520): Raffaello Sanzio, der dritte der bekannten Baumeister der Peterskirche, kam 1508 im Dienst von Papst Julius II. nach Rom. Weltberühmt sind seine „Stanzen", die Ausmalung der Gemächer seines päpstlichen Mentors, aber auch Altarbildnisse und Madonnendarstellungen, daneben seine Wandfresken in der Villa Farnesina: der „Triumph der Galatea" und die „Loggia der Psyche". Raffael gilt als herausragender Maler der Hochrenaissance.

Giacomo Vignola (1507–1573): einer der führenden Architekten im Rom des 16. Jh.; er wirkte entscheidend an der Kirche Il Gesù und an der Peterskirche mit. Abgelöst wurde er nach seinem Tod von **Giacomo della Porta (1532–1602)**, der die von Michelangelo begonnene Kuppel der Peterskirche in abgeänderter Form vollendete. Della Portas Nachfolger als Baumeister der Peterskirche war **Carlo Maderno (1556–1629)**, der stilistisch schon dem frühen Barock zugerechnet wird. Von ihm stammen Fassade und Neubau des Langhauses.

Als Baumeister federführend waren *Francesco Borromini* (1599–1667) und *Gianlorenzo Bernini* (1598–1680), die das Stadtbild Roms entscheidend prägten (zur Fehde zwischen den beiden Bildhauern und Architekten → S. 162). Wichtigster Förderer Berninis war Papst Urban VIII.

Im 18. Jh. wurde zwar noch weitergebaut (z. B. die Spanische Treppe und der Trevi-Brunnen), Rom aber gleichzeitig als großes Freilichtmuseum der Antike entdeckt und von entsprechend vielen Bildungsreisenden (deren prominentester: Goethe) besucht. Die Zahl der Einwohner stieg in der zweiten Hälfte des 18. Jh. auf über 150.000 an.

1798 erfuhr der über Jahrhunderte mächtige Kirchenstaat eine erste bedeutende Schwächung: Napoleons Truppen besetzten die Stadt und entmachteten den Papst. Erst mit der Wiederherstellung der alten Verhältnisse durch den Wiener Kongress von 1814/1815 erhielt er seine Position zurück.

Rom während des Risorgimento

Die Autonomie des Kirchenstaates geriet allmählich stark unter den Druck des Risorgimento, der nationalen Einheitsbewegung Italiens. Zwar konnte sich der Kirchenstaat zunächst noch mit Hilfe französischer Truppen gegen die von *Giuseppe Garibaldi* (1807–1882) geführten Revolutionäre zur Wehr setzen; als die französischen Helfer jedoch ausblieben, marschierten die Revolutionäre am 20. April 1870 ungehindert in Rom ein. 1871 riefen sie das geeinte *Königreich Italien* unter der Regentschaft von König Vittorio Emanuele II aus. Dem Papst blieb nur der Vatikan als Rückzugsgebiet. Rom, seinerzeit nicht mehr als ein 200.000-Seelen-Städtchen mit kaum funktionierender Infrastruktur, wurde zur Hauptstadt des jungen Königreichs und erlebte bald einen neuen Bauboom: Nachdem die ständige Hochwassergefahr mit der Errichtung der mächtigen Tibermauern gebannt war, entstanden neben repräsentativen Straßenzügen wie der Via Veneto, der Via del Tritone oder der Via Nazionale auch staatliche Prestigegebäude wie der riesige Justizpalast (neben der Engelsburg) und natürlich das Nationalmonument Vittorio Emanuele II (1885–1911) an der Piazza Venezia im pathetischen Gründerzeitstil.

Roma Fascista

Ein maroder Staat, geschwächt durch den verlustreichen Ersten Weltkrieg, mit rechten und linken Extremisten, Terrorakten und anarchischen Zuständen war der Nährboden für die Machtübernahme Benito Mussolinis (1883–1945). Mit seinem „Marsch auf Rom" übernahm er 1922 die Regierungsgeschäfte. Durch die *Lateranverträge* von 1929 sicherte er der Kirche neue Autonomie zu – wenn auch auf das winzige Gebiet des Vatikans und einiger exterritorialer Kirchen beschränkt. Den Höhepunkt seiner Macht erreichte das faschistische Regime Mussolinis Mitte der 1930er Jahre. In Rom ließ er große Straßenzüge wie die Via dei Fori Imperiali (als ideale Aufmarschmeile vor antiker Kulisse) und die Via della Conciliazione (als Geschenk an den Vatikan) bauen; außerdem das Stadion Foro Italico. Darüber hinaus plante er den Bau des Weltausstellungsgeländes E.U.R. (Esposizione Universale di Roma) im Süden der Stadt (die Weltaus-

Auf dem Dach des Nationalmomuments (Vittoriano)

stellung 1942 fand zwar nicht statt, das Stadtviertel wurde in den 1950er Jahren dennoch fertig gebaut).

Im Juni 1940 trat Italien an der Seite Deutschlands in den *Zweiten Weltkrieg* ein. Im Sommer 1943 marschierten die Alliierten in Rom ein und nahmen den „Duce“ gefangen. Die Deutschen befreiten ihn zwar wieder und richteten mit ihm die „Republik von Salò“ ein, doch zwei Jahre später wurden Mussolini und seine Geliebte am Comer See von Partisanen getötet. Am 8. September 1943 kam es zum Waffenstillstand zwischen den Alliierten und Italien, woraufhin die deutsche Wehrmacht Italien besetzte. Unter der deutschen Besatzung wurden am 16. Oktober 1943 über 2000 römische Juden deportiert und in den Konzentrationslagern ermordet. Beim Massaker von *Fosse Ardeatine* (den Ardeatinischen Höhlen im Süden der Stadt) wurden bei einem Vergeltungsakt der Wehrmacht im März 1944 auf den zuvor in der Via Rasella (Piazza Barberini) verübten Anschlag der *Resistenza* zehn Italiener für einen deutschen Soldaten hingerichtet, insgesamt 330 Italiener, die aus den römischen Gefängnissen zusammengesammelt wurden. Am 4. Juni 1944 wurde Rom von den Alliierten kampflos eingenommen.

Rom ab 1945

Nachdem der italienische König Vittorio Emanuele III 1946 abgesetzt worden war, wurde am 2. Juni die *Republik* mit der Hauptstadt Rom ausgerufen. Anfang der 1960er Jahre zog dann Hollywood an den Tiber, mit den großen Filmproduktionen in Cinecittà kamen auch die Stars und belebten Stadt und Nachtleben. Rom zählt erstmals über zwei Millionen Einwohner.

Mittlerweile zählt man die 63. (!) italienische Nachkriegsregierung – seit Mitte November unter dem Finanzexperten und früheren EU-Kommissar *Mario Monti*. Am 12. November 2011 trat Silvio Berlusconi unter dem enormen Druck Europas, der Finanzmärkte, Rating-Agenturen und der steigenden Abweichler im eigenen Lager zurück.

Politisch hat sich die Hauptstadt in jüngerer und jüngster Vergangenheit nicht immer mit Ruhm bekleckert. Anfang der 1990er Jahre kam ans Licht, was die italienischen Regierungen seit Ende des Zweiten Weltkrieges angerichtet hatten: Verbindungen zur Mafia und Bestechungsskandale in vielfacher Millionenhöhe, die Politiker aller Parteien betrafen. Verhaftungen im römischen Parla-

Aldo Moro

In die „bleierne Zeit“ des Linksterrorismus in den 1970er Jahren fällt der letztlich nie ganz aufgeklärte Mord an Aldo Moro, einem reformorientierten Christdemokraten, der am 16. März 1978 von den Roten Brigaden entführt und nach fast achtwöchiger Geiselhaft ermordet wurde. Seine Leiche fand man im Kofferraum eines R 4 unweit der Piazza Mattei (Nähe Largo Argentina). Moros dramatische Appelle in den Medien, auf die Forderungen der Entführer einzugehen, blieben ohne Erfolg. In einem letzten Brief rechnete er mit seinen ehemaligen politischen Freunden ab. Besonders sein Parteifreund Giulio Andreotti, der sein Nachfolger werden sollte, lehnte jede Verhandlung mit den Entführern ab. Ein Journalist, der später über die Verbindung Andreottis zur Mafia recherchierte, stellte die These auf, dass Andreotti der Tod Moros nicht ungelegen kam. Bevor er allerdings Details enthüllen konnte, wurde er umgebracht. Im Prozess wegen Beteiligung an diesem Mord wurde Andreotti in letzter Instanz aus Mangel an Beweisen freigesprochen.

ment waren Anfang der 1990er Jahre fast schon an der Tagesordnung. „Mani pulite“ – saubere Hände – hieß die groß angelegte Aufräumaktion der italienischen Justiz, die das politische System von Korruption und Amtsmissbrauch befreien sollte.

Rom im dritten Jahrtausend

Dem ehemaligen römischen Bürgermeister Francesco Rutelli ist es zu verdanken, dass die Stadt zum Heiligen Jahr 2000 in neuem Glanz erstrahlte und zahlreiche Ausgrabungen und Museen, die jahrelang vergeblich auf eine Restaurierung gewartet hatten, nach intensiven Arbeiten beinahe pünktlich zum Jubiläumsjahr fertig wurden. 2001 wählten die Römer den überaus beliebten Walter Veltroni zum Bürgermeister und bestätigten ihn 2006 mit absoluter Mehrheit im Amt. Ihm folgte – Veltroni wurde zwischenzeitlich Vorsitzender des neu gegründeten *Partito Democratico* – im Mai 2008 Gianni Alemanno von Berlusconis neu benanntem Parteienbündnis „Popolo della Libertà“. Ursprünglich kam Alemanno von der postfaschistischen *Alleanza Nazionale*; zuvor war Rom seit 1945 durchgehend links regiert. Schon kurz nach Amtsantritt machte Alemanno von sich reden – u. a. durch die Idee, das architektonisch wegweisende Bauwerk um die Ara Pacis von Richard Meier abreißen zu lassen und faschistische Monumentalbauten in der Stadt sanieren zu lassen. Eines seiner Wahlkampfthemen war die populistische Forderung nach der Abschiebung illegaler Einwanderer und die Erhöhung der Polizeipräsenz in der Ewigen Stadt. Mittlerweile hat Alemanno – wie ganz Italien – andere Sorgen: Die Stadt ist klamm, mit fast zehn Milliarden Euro steht Rom in den Miesen.

Mit seinen knapp 2,8 Millionen Einwohnern (Großraum: 3,3 Millionen) ist Rom heute mit Abstand die größte Stadt des Landes – Mailand ist nicht mal halb so groß. In den letzten Jahrzehnten hat sich die Hauptstadt zu einem multikulturellen Zentrum entwickelt. Viele Einwanderer kommen aus Asien (Philippinen, China), Nordafrika, aus Osteuropa (Rumänien) und aus den ehemaligen Kolonien in Ostafrika (Äthiopien und Somalia). Eine der größten Moscheen Europas steht in Rom (im Stadtteil Parioli im Norden der Stadt), und von den eineinhalb Millionen legalen Einwanderern in ganz Italien ist ein Drittel muslimischen Glaubens. Die jüdische Gemeinde der Stadt zählt etwa 16.000 Mitglieder, das ist fast die Hälfte aller Juden in Italien. Alljährlich besuchen fast zehn Millionen Touristen die Ewige Stadt.

Der Klassiker unter allen Wegen, die nach Rom führen – die Via Appia

Anreise

Mit dem Flugzeug

Rom wird von jedem größeren deutschen, österreichischen und Schweizer Flughafen per Linie und/oder Billigflieger angeflogen, unter bestimmten Umständen ist man mit Linie sogar günstiger unterwegs – z. B. kann man mit Lufthansa von München nach Rom und retour bei ein wenig Flexibilität bezüglich der Reisedaten schon für 99 € fliegen, das schafft fast kein Charter. Die meisten der besonders günstigen Tarife sind allerdings nur im Internet buchbar und können weder storniert noch umgebucht werden. Kaum eine Rolle spielt noch, welcher der beiden römischen Flughäfen angesteuert wird: Sowohl *Fiumicino* als auch *Ciampino* sind bestens an die Innenstadt angebunden.

Flughäfen: Neben dem riesigen Flughafen Leonardo da Vinci in Fiumicino (westlich der Stadt am Meer bei Ostia gelegen) gibt es noch den etwas city-näheren, kleineren Airport Ciampino südöstlich von Rom (auf halbem Weg nach Castel Gandolfo). Der gängige Airport für internationale Flüge ist Fiumicino, in Ciampino landen eher inneritalienische Flüge und einige billige Charterjets aus dem Ausland.

Service-Telefone und Websites

Lufthansa, ✆ 01805/805805, www.lufthansa.com.

Alitalia, ✆ 01805/074747, www.alitalia.com.

Austrian Airlines, ✆ 05/17661000, www.austrian.com.

Swiss, ✆ 0848/700700, www.swiss.com.

Air Berlin, ✆ 01805/737800, in Österreich ✆ 0820/737800, in der Schweiz ✆ 0848/737800, im Internet unter www.airberlin.com.

Germanwings, ✆ 0900/1919100 (Achtung: 0,99 €/Min.),in Österreich ✆ 0820/900144, in der Schweiz ✆ 0900/000407 (0,64 CHF/Min.), www.germanwings.com.

Ryanair, ✆ 0900/1160500 (0,62 €/Min.), in Österreich ✆ 0900/210240 (0,61 €/Min.), in der Schweiz ✆ 0900/808001 (0,64 CHF/Min.), www.ryanair.com.

TUIfly, ✆ 0900/1160500 (0,49 €/Min.), in Österreich ✆ 0900/190150 (0,53 €/Min.), in der Schweiz ✆ 0900/190150 (0,64 CHF/Min.), www.tuifly.com.

Easyjet, ✆ 01805/666000, in Österreich ✆ 0820/320950, in der Schweiz ✆ 0848/282828, www.easyjet.com.

Flughafen Fiumicino

Flughafeninfos und Flugauskunft unter ✆ 06/65951 (Zentrale) bzw. www.adr.it. Fundbüro im Flughafen ✆ 06/65955253. Am Flughafen auch Autoverleiher (Infos → S. 38), Touristeninformation, Hotelreservierung und Gepäckaufbewahrung.

Verbindungen ins/vom Zentrum: Mit dem Zug „**LeonardoExpress**" (im Flughafen den Beschilderungen „treno" folgen) kommt man von 6.36 bis ca. 23.36 Uhr jede halbe Stunde *nonstop* zum Hauptbahnhof Termini (14 €, 30 Min. Fahrtzeit), Tickets am Schalter bei den Bahnsteigen. Ab Bahnhof Termini: ab Gleis 24–26 von 5.52 bis 22.52 Uhr jede halbe Stunde; einfache Fahrt 14 € (Kinder unter 12 J. frei), Fahrtdauer 30 Min. Achtung: Im Bahnhof Termini ist es zu den Gleisen 24–26 ziemlich weit zu laufen, planen Sie 15 Min. mehr ein! Wer spät dran ist, kann das Ticket noch am Zug kaufen (15 €), ansonsten Tickets am Automaten oder beim Zeitschriftenladen im Bahnhof.

Mit dem Flugzeug sind es keine zwei Stunden nach Rom

Etwas günstiger, aber länger fährt man mit dem Nahverkehrzug **FR 1** (Richtung „Fara Sabina") vom Flughafen Fiumicino über Stazione Trastevere und Ostiense zum Bahnhof Tiburtina im Osten der Stadt (zwischen 5.57 und 23.27 Uhr alle 15 Min., Fahrtdauer bis Tiburtina 45 Min., Ticket 8 €, gibt es am Schalter am Bahnsteig), dort umsteigen in die Metro Linea B und in vier Stationen zum Hauptbahnhof (Metrotickets am Automaten, 1 €). *Alternativ*: Schon an der Stazione Trastevere aussteigen und die **Tram Nr. 3** (1 €, Ticket am Automaten) zum Largo Argentina (Centro Storico) nehmen.

Busse der **COTRAL** zwischen 5 und 20 Uhr etwa halbstündlich ab „Arrivi Internazionali" zur Metrostation Cornelia (Linea A), ab Cornelia zum Flughafen 6.45–21.35 Uhr etwa alle 30 Min., So etwas eingeschränkt, einfache Fahrt 3,10 €, Dauer 1 Std. 20 Min., Tickets beim Tabak-/Zeitschriftenladen; des Weiteren mit COTRAL etwa stündl. bzw. alle 90 Min. von Fiumicino zur Metrostation EUR Magliana (Linea B) und retour, Dauer ca. 45 Min., 2,50 € einfach (Abfahrt am Flughafen bei der APT, Tickets beim Tabaccaio bzw. Zeitschriftenladen). Nachts fährt COTRAL ab Bahnhof Termini/Piazza dei Cinquecento (Abfahrt vor dem Museo Nazionale Romano) um 1.15, 2.15, 3.30 und 5 Uhr zum Flughafen, von dort zu den gleichen Zeiten zu Termini, Fahrtdauer 1 Std., 4,50 €. Diese Verbindung besteht eingeschränkt auch tagsüber: ab Fumicino um 10.55, 12 und 15.30 Uhr nach Termini (Endstelle ist Stazione Tiburtina) bzw. um 10.35, 12.40 und 17.35 Uhr ab Termini/Piazza dei Cinquecento. Weitere Infos unter www.cotralspa.it.

SIT Bus-Shuttle fahren ab Terminal 3 (Internazionale) zwischen 8.30 und 0.30 Uhr etwa stündlich (bis 14 Uhr halbstündlich) mit Zwischenstopp an der Piazza Cavour zur Stazione Termini, ab Termini (Via Marsala 5) 5–

Am Bahnhof Porta San Paolo

20.30 Uhr, Dauer ca. 1 Std., 8 €, Tickets im Bus (www.sitbusshuttle.it). Außerdem mit **TERRAVISION** ab Fiumicino Airport (Terminal 3, am Busparkplatz 3) von 5.35 bis 23 Uhr alle 30 Min. zu Stazione Termini, ab Termini (Abfahrt in der Via Marsala 29 F/G) von 4.40 bis 21.50 Uhr ca. alle 30 Min., Dauer ca. 55 Min., 4 €.

Taxis, die Stadtverwaltung hat Festpreise für Fahrten zwischen Fiumicino und der Innenstadt (konkret: alles innerhalb der Aurelianischen Stadtmauer) festgelegt: 40 € für die gesamte Stecke und maximal vier Fahrgäste (→ S. 36).

Flughafen Ciampino

Flughafeninfo unter ✆ 06/65951 (Zentrale) bzw. www.adr.it, Fundbüro im Flughafen ✆ 06/65959327 (Mo–Fr 9–13 und 15–20 Uhr). Vom Flughafen Ciampino mit dem **Atral-Bus** ab Gate 2 von 5.20 bis 23.30 Uhr ca. stündlich zur Stazione Ciampino (ab Stazione Ciampino zum Flughafen: 5.50–22.20 Uhr), Dauer ca. 5 Min., einfache Fahrt 1,20 €; ab hier mit dem Nahverkehrszug **FR 4** von 5.30–24 Uhr zur Stazione Termini (in umgekehrter Richtung ab Termini FR 4 nach Albano Laziale/Frascati/Velletri nehmen), Fahrtdauer 15 Min., 1,30 € einfach, Tickets im Automaten bzw. beim Zeitschriftenladen.

Ebenfalls mit **Atral** ab Flughafen Ciampino (Gate 2) zum Bahnhof Termini ca. stündlich von 6.30–23.45 Uhr (Abfahrt ab Termini in der Via Giolitti, 4.50–0.05 Uhr ca. stündlich), Dauer ca. 40 Min., 3,90 €. Atral fährt auch von 6.10–22.40 € etwa halbstündlich vom Ciampino Airport zur Metrostation Anagnina (Metro Linea A), ab Anagnina zum Flughafen 6.30–23.10 Uhr, Dauer ca. 20 Min., 1,20 €. Ab Anagnina mit der Metro ins Zentrum (1 €). Weitere Infos: www.atral-lazio.com.

Des Weiteren gibt es die Shuttle-Busse von **SIT**, von 7.45–23.15 Uhr ca. stündlich ab Flughafen nach Roma Termini, Dauer ca. 45 Min., 4 €, Tickets im Bus; vom Bahnhof Termini zum Flughafen: Abfahrt in der Via Marsala 5, 4.30–23.15 Uhr ca. stündlich, Dauer ca. 45 Min., 6 €. Näheres unter www.sitbusshuttle.it.

Darüber hinaus bietet **Terravision** von 8.15 bis 0.15 Uhr etwa stündlich einen Bus-Shuttle vom Flughafen Ciampino in die Innenstadt zum Bahnhof Termini an (ab Termini: 4.30–21.20 Uhr etwa stündlich, Abfahrt in der Via Marsala 29 F/G), Dauer ca. 40 Min., einfach 4 €, www.terravision.eu.

Nach 0.15 Uhr gibt es keine Busse mehr, einzige Möglichkeit ist dann das **Taxi** (in die Innenstadt gilt ein Festpreis von 30 € bei maximal vier Fahrgästen).

Mit der Bahn

Eine fast schon nostalgische Reise, zumal wenn man den Liege- bzw. Schlafwagen nimmt. Die Verbindungen wurden in den letzten Jahren kontinuierlich reduziert, und wirklich günstig ist die Reise leider auch nicht. Ein Zugticket zweiter Klasse kostet zum Normalpreis ungefähr genauso viel wie ein halbwegs günstiger Flug.

Ab München gibt es täglich um 9.31 Uhr (EC 85, an 16.26 Uhr in Bologna, dort umsteigen und je nach Zug noch mal 2,5–4 Std. nach Rom) eine relativ komfortable Tagverbindung in die Ewige Stadt. Wer den Nachtzug um 21.02 Uhr nimmt (CNL 485, Fahrtdauer 12 Std.), kommt sogar ohne Umsteigen nach Roma Termini (Ankunft 9.15 Uhr).

Achtung: Bahntickets müssen in Italien immer vor dem Einsteigen entwertet werden (orangefarbene Stempelautomaten am Bahnsteig).

Bahnpreise (2. Klasse)

Normaltarife (einfache Fahrt): München–Bologna 80,10 €, von Bologna nach Rom je nach Zug 38,50–59 € (jeweils 2. Klasse). Mit dem **Europa-Spezial-Tarif** kommt man (bei frühzeitiger Buchung, da kontingentiert) ab München schon für 39 € nach Bologna (2. Klasse). Die **City Night Line-Angebote** beginnen bei 43–49 € (Sitzplatz) über 59–69 € im Liegewagen bis hin zu 79–169 € im Schlafwagen. Kontingentierte Angebote, frühzeitige Buchung ratsam!

Aufschläge Liege-/Schlafwagen auf den Normalpreis: Liegewagen je nach Belegung 20–30 € pro Pers. (4er- bzw. 6er-Abteil); Schlafwagen 60 € pro Pers. im 2er-Abteil, das Einzelabteil kostet 100 € zusätzlich.

Informationen im **Internet** finden Sie auch unter www.bahn.de sowie unter www.trenitalia.com.

Aus Österreich: Ab Innsbruck (11.27 Uhr) gibt es eine Tagverbindung nach Bologna (an 16.26 Uhr, Umsteigen und noch mal 2,5–4 Std. nach Rom) und um 19.29 Uhr eine direkte Nachtverbindung (EN 235, Ankunft in Roma Termini 9.15 Uhr). Sondertarife bietet die **SparSchiene**: Tagfahrten ab Innsbruck nach Bologna ab 19 €, Nachtfahrten ab 29 € (Sitzplatz) bzw. ab 49–59 € im Liegewagen und ab 69–89 € im Schlafwagen (3er- bzw. 2er-Belegung, Einzelbelegung Schlafwagen 129 €). Auch hier gilt: Zugbindung, kontingentiertes Angebot. Infos unter www.oebb.at, Call-Center ✆ 05/1717.

Aus der Schweiz: Ab Basel und Zürich mehrmals täglich ohne Umsteigen nach Mailand (ab Basel: 4,5–5 Std., Normalpreis 98 CHF, ab Zürich 3,5–4 Std., Normalpreis 77 CHF, jeweils 2. Klasse), ab dort mit dem superschnellen Eurostar in 3–3,5 Std. nach Roma Termini – kostet allerdings 91 € in der zweiten Klasse. Eine Nachtverbindung führt von Zürich über Innsbruck (umsteigen) und von dort direkt nach Roma Termini. Weitere Infos unter www.sbb.ch.

Gepäckaufbewahrung

Deposito bagagli in der Stazione Roma Termini bei Gleis 24 (binario 24) im Untergeschoss, ✆ 06/4744777. Geöffnet 6–24 Uhr, die ersten fünf Stunden kosten pro Gepäckstück 4 €, 6.–12. Stunde 0,60 €, ab der 13. Stunde 0,20 €. Meist lange Warteschlangen bei der Abgabe, bei Abholung dagegen kaum Wartezeiten. Schließfächer gibt es nicht mehr.

Mit dem eigenen Fahrzeug

Viel Verkehr vor Ort, teure Parkhäuser und Zufahrtsbeschränkungen ins Zentrum machen diese Anreisevariante nur bedingt empfehlenswert.

Nach Rom sind es ab Frankfurt/Main auf der Route durch die Schweiz 1250 km, über den Brenner 1330 km. Der römische Autobahnring G.R.A. ermöglicht die einfache Zufahrt von allen Seiten in die Stadt, ohne diese durchqueren zu müssen (s. u. „Orientierung“).

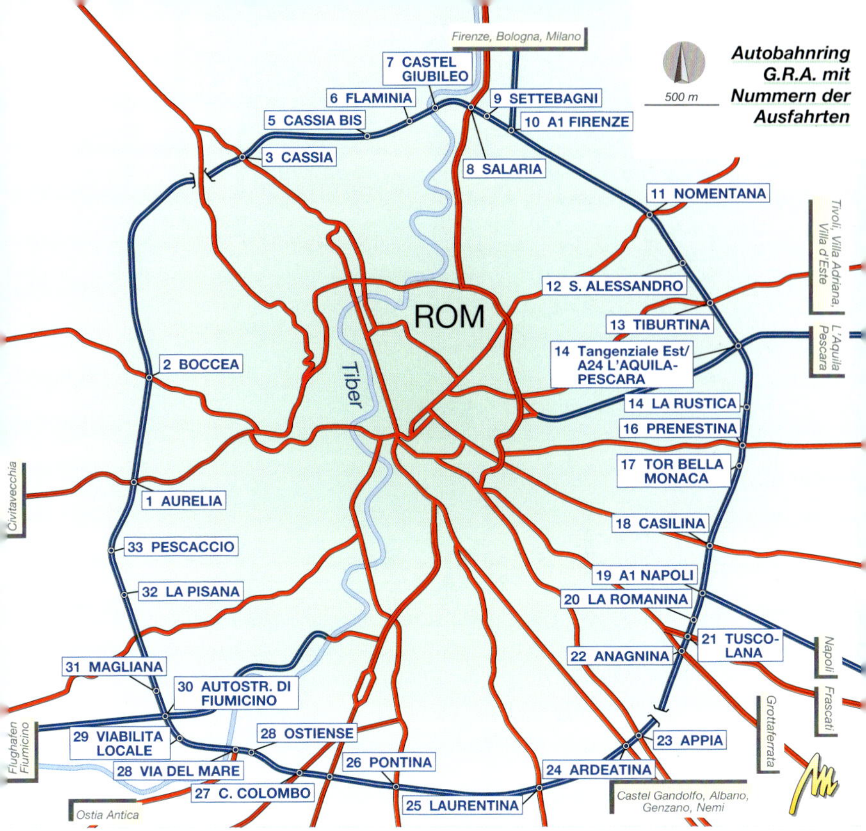

Pannenhilfe/Notruf

Pannenhilfe: Den Straßenhilfsdienst *ACI (Automobil Club d'Italia)* erreicht man rund um die Uhr unter ✆ 803116 (Festnetz) und mobil unter ✆ 800116800, darüber hinaus unterhält der *ADAC* in Mailand rund um die Uhr einen deutschsprachigen Notrufdienst (✆ 02/661591). **Polizeinotruf**: ✆ 112, **Unfallrettung**: ✆ 118. Notrufsäulen stehen in Abständen von 2 km an den Autobahnen.

Orientierung/Autobahnring

Vom **römischen Autobahnring G.R.A.** (**G**rande **R**accordo **A**nulare) führen zwar wirklich alle Wege nach Rom; da man die Stadt aber kaum durchqueren kann bzw. mehrere Stunden dafür benötigen würde, ist es sinnvoll, sich schon vor der Einfahrt in die Stadt über das Zielgebiet im Klaren zu sein:

Für die Gegend Vatikan, Trastevere und Gianicolo nimmt man am besten die Ausfahrt (uscita) **Nr. 1 (Via Aurelia)**; auf dem Autobahnring fährt man – von der A 1 kommend – entgegen dem Uhrzeigersinn in Richtung Westen.

Über die **Via Flaminia (Ausfahrt 6)** im Norden des G.R.A. gelangt man am einfachsten zur Piazza del Popolo und zum Stadtpark Villa Borghese (großes Parkhaus).

Für die Gegend um den Hauptbahnhof Roma Termini (Hauptbahnhof) nimmt man die **Ausfahrt 14 (Tangenziale est)**.

Wer in den Süden von Rom (Caracalla-Thermen, Aventin, Kolosseum, Forum Romanum), aber auch Richtung Centro Storico fahren möchte, tut dies am besten über die **Ausfahrt Nr. 27 (Viale C. Colombo)** oder **Nr. 26 (Pontina)** im Süden des Rings.

Mit einem PS über die Piazza di Spagna

Unterwegs in Rom

Alle Wege führen nicht nur nach, sondern anscheinend auch durch Rom. Das gilt besonders für den römischen Autoverkehr: Trotz zahlreicher Reglementierungen und Schließung des Centro Storico für den auswärtigen Verkehr ein bleibendes „disastro".

Sich mit Metro, Tram und Bussen durch die Ewige Stadt zu bewegen, ist dagegen ausgesprochen günstig, es bestehen hervorragende, sehr häufige Verbindungen. Dazu gibt es diverse Nachtbuslinien, und zur Not kann man auf ein Taxi zurückgreifen – was dann allerdings nicht ganz so günstig ist.

Wer zu Fuß unterwegs ist (und bequeme Schuhe trägt!), kommt in der Innenstadt relativ schnell zu den meisten Sehenswürdigkeiten. Einzig das Überqueren der viel befahrenen Straßen stellt (nicht nur) für Touristen ein größeres Problem dar, besonders an der riesigen Piazza Venezia. Am Rande: Rom hat die meisten Verkehrstoten in ganz Europa zu beklagen.

Mit der Metro

Die römische *Metropolitana* (weißes „M" auf rotem Grund) hat kaum etwas mit dem Flair der U-Bahnen anderer Metropolen gemeinsam. Ihre Funktion erschöpft sich im Wesentlichen darin, Pendler aus den Randbezirken in die Innenstadt und zurück zu transportieren. Da das römische Stadtgebiet gewissermaßen archäologisch „vermint" ist, blieb es bisher bei zwei Linien. Gebaut wird derzeit an einer dritten Linie (Linea C), die den touristisch eher uninteressanten Südosten Roms mit dem Zentrum verbinden soll. Fertigstellung soll das Jahr 2015 sein, allerdings tauchen beim Bau immer wieder antike „Hindernisse" auf, sodass mit erheblichen Verzögerungen gerechnet wird.

Zu Stoßzeiten kann es in den Metrozügen unangenehm voll sein, stickige Luft und dichtes Gedränge machen die Fahrt nicht unbedingt zu einem Vergnügen. Immerhin hat man in den letzten Jahren in einige moderne Züge investiert, und dem steigenden Sicherheitsbedürfnis wird durch Wachmänner und Videoüberwachung Rechnung getragen. Zumindest tagsüber ist die Metro unangefochten das schnellste Verkehrsmittel durch die Stadt. Die Züge verkehren täglich 5.30–23.30 Uhr etwa alle fünf bis zehn Minuten (Fr und Sa bis 1.30 Uhr). Nachts bedient die Buslinie N 1 die Route der Linea A und die Buslinie N 2 die der Linea B (etwa alle 20–30 Minuten).

Infos/Pläne

Informationen zum Metro-, Bus- und Straßenbahnverkehr bekommt man beim **Betreiberunternehmen atac** unter ✆ 06/57003 bzw. unter www.atac.roma.it. Den atac-Linienplan gibt es bei den **Tourist-Infopavillons**: der große mit Außenbezirken für 3 €, der reine Innenstadtplan kostet 1,50 € – beide lohnende Investitionen!

> Eine **Übersichtskarte** über das Netz der Metrolinien und Nahverkehrszüge finden Sie auf dem herausnehmbaren Stadtplan hinten im Buch (Rückseite).

Linea A

Von der Station **Battistini** im Westen der römischen Peripherie über **Cornelia** (Umsteigebahnhof für Überlandbusse und Flughafenbusse der *Cotral*), **Cipro** (Vatikanische Museen), **Ottaviano** (Peterskirche) und über den Tiber zu den Innenstadt-Haltestellen **Flaminio** (Piazza del Popolo), **Spagna** (Spanische Treppe), **Barberini** (Via Veneto) und **Repubblica** zum Hauptbahnhof **Stazione Termini** (Umsteigemöglichkeit zur Linea B). Von hier über **Vittorio E.** (Piazza Vittorio Emanuele II) und **San Giovanni** (Lateran) in die südöstliche Vorstadt und über **Cinecittà** und **Ponte Mammolo** (Umsteigebahnhof für *Cotral*-Überlandbusse) zur Endstelle **Anagnina** (Terminal für Überlandbusse der *Cotral* und Shuttlebusse zum Flughafen Ciampino). *Achtung*: Wegen Bauarbeiten ist der Verkehr der Linea A bis voraussichtlich April 2012 eingeschränkt (So–Fr nur bis 21 Uhr)!

Linea B

Ab **Rebbibia** im Nordosten der Stadt über **Tiburtina** (Umsteigebahnhof Regional- und Fernzüge, Busse) zum Bahnhof **Termini** und weiter über **Cavour** (Stadtteil Monti), **Colosseo**, **Circo Massimo**, **Piramide** (Umsteigebahnhof Porta San Paolo Richtung Ostia) und **San Paolo** (gleichnamige Basilika) zur Endstelle **Laurentina** (Stadtteil E.U.R.).

Tickets

Fahrkartenautomaten gibt es an jeder Metrostation, Tickets werden aber auch in Zeitungsläden bzw. an Kiosken und in vielen Bars/Tabakläden verkauft – achten Sie auf den *atac*-Aufkleber. Die im Folgenden genannten Tickets sind für das gesamte Stadtgebiet und alle Stadtbusse, Metrolinien und Trams gültig.

Eine **einfache Fahrkarte** (**B.I.T.** = **B**iglietto **I**ntegrato a **T**empo) kostet 1 €, ist 75 Min. gültig und berechtigt in diesem Zeitraum zu einer Metrofahrt (inkl. Umsteigemöglichkeit von einer auf die andere Linie) und unbegrenzten Bus- und Straßenbahnfahrten.

> Alle Tickets, auch die Tages-, Mehrtages- und Wochentickets, müssen bei Antritt der ersten Fahrt mit Bus, Tram oder Metro **abgestempelt werden**. Fahrkartenkontrollen finden oft an den Stempelautomaten größerer Metrostationen statt. Wer als Schwarzfahrer erwischt wird, zahlt 50 € (und das Ticket).

Mit einer **Tageskarte** (**B.I.G.** = **B**iglietto **I**ntegrato **G**iornaliero) kann man beliebig oft Metro-, Bus- und Straßenbahn fahren, das Ticket kostet 4 € (bis 24 Uhr gültig).

Die **Wochenkarte** (**C.I.S.** = **C**arta **I**ntegrata **S**ettimanale) gibt es für 16 €, sie ist, wenn man länger als vier Tage bleibt, durchaus eine lohnenswerte Anschaffung. Eine personengebundene **Monatskarte** (*abbonamento integrato mensile*) mit Passbild kostet 30 €.

Darüber hinaus wird auch **ein Touristenticket** (**B.T.I.** = **B**iglietto **T**uristico **I**ntegrato) angeboten, das an *drei aufeinander folgenden Tagen* zu unbegrenzten Fahrten im Stadtgebiet und auf der Strecke nach Ostia (Lido) sowie nach Viterbo berechtigt, Preis: 11 €.

> **Achtung**: Ab voraussichtlich Juni 2012 soll das einfache ATAC-Ticket (B.I.T.) 1,50 € kosten. Die anderen Tarife werden entsprechend angehoben.

Für alle, die einen Romaufenthalt mit vielen Ausflügen in die Umgebung planen, könnten auch **B.I.R.G.** (**B**iglietto **I**ntegrato **R**egionale **G**iornaliero), **B.T.R.** (**B**iglietto **T**uristico **R**egionale) und **C.I.R.S.** (**C**arta **I**ntegrata **R**egionale **S**ettimanale) interessant sein: Für die Dauer von einem Tag (B.I.R.G.), drei Tagen (B.T.R.) oder einer Woche (C.I.R.S.) sind sie neben *atac*- und *Cotral*-Bussen auch in den „treni urbani", den städtischen Zügen und in Regionalzügen (z. B. nach Frascati oder Tivoli) gültig. Die Preise sind je nach Dauer und Strecke gestaffelt, der günstigste Tarif für das B.I.R.G. liegt bei 2,50 €, der teuerste für das C.I.R.S. bei 41 €.

Sicherheit

Taschendiebstahl kommt im Bus, in der Metro und den Bahnhöfen immer wieder vor, man sollte daher – besonders im dichten Gedränge – Taschen immer geschlossen tragen (bei Rucksäcken Wertsachen nie im Außenfach aufbewahren).

Die Metrostationen selbst sind ziemlich sicher, Überfälle sind selten, dafür sorgt allein schon die Präsenz des Wachpersonals, die an den „touristischen" Stationen wie S. Pietro, Spagna, Colosseo etc. zu finden sind. Dennoch sollten allein reisende Frauen ab ca. 22 Uhr die Metrostation **Vittorio E.** und andere kaum besuchte Stationen meiden, im Innenstadtbereich sollte es dagegen keine Probleme geben. Die meisten Metrostationen sind videoüberwacht.

Behindertengerechte Metro

Für Rollstuhlfahrer ist das Netz der Metro nicht entsprechend ausgestattet, allerdings folgt der behindertengerecht eingerichtete **Bus Nr. 590** der gleichen Route wie die Linea A. Mit Ausnahme der Stationen **Cavour**, **Colosseo** und **Circo Massimo** sind alle Stationen der Linea B dagegen rollstuhlgerecht eingerichtet. Weitere Infos unter „Wissenswertes von A bis Z", S. 75.

Mit Bus und Straßenbahn

Es gibt allein im römischen Stadtgebiet über 300 Buslinien des Unternehmens *atac*, darunter einige *Urbana*-Busse („U") und Express-Linien („X"), die nicht überall halten und deshalb etwas schneller unterwegs sind – sofern sie nicht im Stau stehen. Die Busse verkehren von 5.30 Uhr bis etwa Mitternacht, einige machen schon um 21/22 Uhr oder teilweise schon um 19 Uhr Feierabend (entsprechender Hinweis an der Bushaltestelle). Normalerweise verkehren die Busse im Abstand von 5–10 Min., wenn man Pech hat, kommt allerdings eine halbe Stunde gar kein Bus, dann aber gleich vier hintereinander. Einen festen Fahrplan gibt es jedenfalls nicht, neuerdings aber an vielen Haltestellen elektronische Anzeigetafeln, die auf die voraussichtliche Wartezeit auf den jeweiligen Bus hinweisen.

Zu den Tagbussen kommen noch mal 27 Nachtbuslinien (s. unten). Viele Busse sind rollstuhlgerecht ausgestattet, ein entsprechendes Schild ist vorne am Bus angebracht. *Achtung*: Einstieg ist normalerweise hinten und in der Mitte, der Ausstieg vorne. Die Haltestellen werden in der Regel nicht angesagt.

Die Zahl der **Straßenbahnlinien** ist dagegen bescheiden: Lediglich fünf Linien sind im Einsatz, dafür kann man sich mit der Tram fast garantiert staufrei durch die Stadt bewegen. Das historische Zentrum mit seinen engen Gassen wird außerdem von drei Elektrobuslinien versorgt.

Wichtige Buslinien

40 Express/64: Von Stazione Termini vorbei an der Piazza Venezia (Forum Romanum, Kolosseum) auf den Corso Vitt. Emanuele II zum Largo Torre Argentina (Centro Storico) und bis zur Piazza Pia (Vatikan), die 64 bis Porta Cavalleggeri.

170: Von Termini über Via Nazionale, Piazza Venezia und Piazza Bocca della Verità am Tiber entlang nach Testaccio.

175: Von Termini zur Piazza Barberini (Spanische Treppe, Trevi-Brunnen) und weiter durch die Innenstadt zum Kolosseum.

218: Von San Giovanni in Laterano zur Via Appia Antica.

492: Verläuft auf ähnlicher Route wie die 175 und über den Largo Argentina bis zu den Vatikanischen Museen (Metrostation Cipro).

714: Vom Bahnhof Termini zur Kirche San Giovanni in Laterano.

780: Von der Piazza Venezia nach Trastevere.

910: Vom Bahnhof Termini über Via Pinciana (Villa Borghese auf Höhe Galleria Borghese) zur Piazza Apollodoro (MAXXI, Auditorium) und weiter zur Piazza Mancini.

Nachtbusse

Es gibt 27 Nachtbuslinien, von denen aber nur einige wenige für Touristen relevant sind. Die jeweiligen Haltestellen sind mit einem „N" und einer Eule gekennzeichnet. Der Nachtservice verkehrt ab ca. 0.30 Uhr planmäßig alle 20–30 Min., in der Praxis sind die Abfahrtszeiten jedoch eher unregelmäßig. Die Buslinie **N 1** übernimmt die Route der Metro Linea A; der Bus **N 2** die der Linea B. **N 7** fährt von Termini über Piazza Venezia, Corso Rinascimento (Altstadt) und Via Ripetta (Piazza del Popolo) zu Piazza Cavour (Engelsburg, Stadtteil Prati) und zurück; **N 11** vom Vatikan (Piazza Risorgimento) über Viale Trastevere und Via Marmorata (Testaccio) zur Station Piramide (Piazzale Ostiense) und retour; **N 12** von der Piazza Venezia über Via del Corso und Via Barberini zu Stazione Termini und Piazza Vittorio Emanuele II.

Straßenbahn

Es gibt nur sechs Linien; das normale Bus- und Metroticket ist auch für die Tram gültig. Für Touristen interessant sind einzig die **Linie 8** (verbindet Trastevere mit dem Largo Torre Argentina) und **Linie 3**: von Trastevere über Circo Massimo und Colosseo zum Lateran und dann im weiten Bogen zum Piazzale Thorwaldsen in der Villa Borghese (verkehrt teilweise auch als Bus Nr. 3).

Elektrobusse

Bequem durch die Altstadt gelangen Sie mit der **116/116T** von der Porta Pinciana (Ostseite Villa Borghese) über die Via Veneto und die Piazza Barberini zur Piazza di Spagna, weiter über den Corso Rinascimento (vorbei an der Piazza Navona) zum Campo de'Fiori und zur Via Giulia; die **117** vom Lateran über Kolosseum, Stadtteil Monti zur Piazza di Spagna und Via del Corso; mit der **119** von der Piazza del Popolo über die Via del Corso zur Piazza Venezia und retour über die Piazza di Spagna.

Besonders die **Linie 116** bietet eine hervorragende Möglichkeit zu einer kleinen **Altstadtrundfahrt**, und das zum Spottpreis von 1 € (regulärer Fahrschein).

Stadtrundfahrten

Die Verkehrsbetriebe *atac* bieten mit der **Linie 110 open** (also ohne Dach) eine etwa 2-stündige Stadtrundfahrt zu den wichtigsten Sehenswürdigkeiten an. Täglich zwischen 8.30 Uhr und 20.30 Uhr etwa alle 15 Min. ab Piazza Cinquecento (Stazione Termini), Preis: 20 € (Kinder 6–12 J. 15 €, darunter frei), man kann die Rundfahrt beliebig oft unterbrechen, das Ticket ist 24 Std. gültig. Insgesamt elf Haltestellen: u. a. Kolosseum, Piazza Bocca della Verità, Piazza Venezia, Piazza Navona, Peterskirche/Engelsburg, Trevi-Brunnen, Via Veneto. Tickets werden am *atac*-Kiosk vor dem Hauptbahnhof (Stazione Termini) oder direkt im Bus verkauft. Die **Roma-Cristiana-Tour** startet tägl. von 8.40–19 Uhr (im Winter ab 9 Uhr) alle 20 Min. ab Termini (beliebig häufige Fahrtunterbrechungen), das 24-Stunden-Ticket kostet 18 € (Kinder bis 10 J. frei), angesteuert werden u. a. Vatikan, Pantheon, Santa Maria Maggiore, Lateran und Kolosseum. Außerdem wird mit dem städtischen **Archeobus** eine Tour zum Circus Maximus, zu den Caracalla-Thermen, den Katakomben und der Via Appia Antica angeboten: ebenfalls nach dem Stop-and-go-Prinzip und etwa halbstündlich von 9 Uhr bis 16.30 Uhr ab Termini, das Ticket kostet 12 € und ist 48 Std. gültig, das Kombiticket *110 open* und *Archeobus* kommt auf 30 € (ermäßigt 20 €), bei jeweils 48 Std. Gültigkeit. Informationen und Buchungen unter ✆ 800/281281 oder 06/6840901, im Internet unter www.trambusopen.com.

Taxistand vor dem Vatikan

Mit dem Taxi

Tagsüber stehen sie in Überzahl an vielen größeren Plätzen der Stadt, spät abends ist dagegen kaum ein Taxi aufzutreiben – ungünstig, da man in Rom meist sowieso nur nachts darauf angewiesen ist. Man sollte daher an einem der ausgewiesenen Taxistände warten, in der Innenstadt z. B. an der Piazza del Popolo, der Piazza di Spagna, der Piazza Barberini, der Piazza della Repubblica, am Largo Goldoni (Via del Corso), am Largo Argentina, an der Piazza Venezia, am Petersplatz und natürlich am Bahnhof Termini. Auf Herbeiwinken dürfen die römischen Taxis offiziell übrigens keine Fahrgäste aufsammeln; man hat Glück, wenn sie es trotzdem tun.

Die Taxis in Rom sind weiß und haben neben einem Namen (meist nach einer italienischen Stadt) auch eine eigene Nummer. Man sollte immer darauf bestehen, dass der Taxameter eingeschaltet wird! Wer ein Taxi telefonisch bestellt, bekommt Namen und Nummer des Wagens, der zur Abholung kommt.

Taxiruf

Telefonisch kann man ein Taxi unter der kostenlosen Sammelnummer ✆ 060609 bestellen, darüber hinaus bei den einzelnen Zentralen unter den Nummern ✆ 06/3570, ✆ 06/4994, ✆ 06/5551, ✆ 06/4157, ✆ 06/8822 oder ✆ 06/6645.

Taxitarife

Taxifahren ist in Rom ähnlich teuer wie in deutschen Städten. So muss man z. B. für eine Fahrt von der Piazza Venezia zum Bahnhof Termini nachts inkl. Zuschlag mit etwa 10–12 € rechnen. Der generelle Grundpreis beträgt 2,80 € und 0,92 € pro km (bei einer Geschwindigkeit unter 20 km/h wird ein Stundenpreis von 23,70 € veranschlagt). Sonntags beträgt der Grundpreis 4 €, von 22–7 Uhr sind es 5,80 €. Das erste Gepäckstück ist frei, ab dem zweiten wird 1 €/Stück berechnet. Fahrten ab Stazione Termini kosten 2 € extra. Fahrten außerhalb des Autobahnrings (G.R.A.) schlagen mit 1,52 € pro km zu Buche. Für die Fahrten von und zu den beiden Flughäfen gelten **Festpreise**: Die Fahrt von der Innenstadt zum Flughafen Fiumicino (oder umgekehrt) kostet 40 €, nach Ciampino 30 € (jeweils für max. vier Fahrgäste). Als Innenstadt zählt alles innerhalb der Aurelianischen Stadtmauer.

Mit dem eigenen Fahrzeug

Weite Teile der römischen Innenstadt sind für den auswärtigen Verkehr gesperrt bzw. nur mit Sondergenehmigung (z. B. Hotel im Zentrum, s. unten) zu befahren. Der Straßenverkehr ist sehr flott, dazu kommen viele Einbahnstraßen, die das Ganze nicht unbedingt erleichtern.

Zona Traffico Limitato (Z.T.L.)

Das **Centro Storico (historische Zentrum)** zwischen Tiber, Piazza del Popolo, Piazza Barberini, Piazza Venezia und Kolosseum ist Mo–Fr von 6.30 bis 18 Uhr und samstags von 14 bis 18 Uhr für den Verkehr gesperrt (Ausnahme: Anwohner, Sondergenehmigung, Lieferfahrzeuge etc.). Der Stadtteil **Trastevere** ist Mo–Sa von 6.30 bis 10 Uhr gesperrt. Nachts sind das **historische Zentrum** sowie die Ausgehviertel **Monti** (zwischen Kolosseum und Via Nazionale), **Trastevere** und **Testaccio** zu folgenden Zeiten gesperrt: immer Fr und Sa von 23 Uhr bis 3 Uhr morgens. Für den Stadtteil **San Lorenzo** gilt die Sperrung von 21 Uhr bis 3 Uhr im Sommer (Mai bis Okt.) von Mi bis Sa, im Winter nur Fr/Sa. **Elektronische Kontrollen** werden an allen Zugangsstraßen zur Z.T.L. durchgeführt, es drohen hohe Bußgelder. Weitere Infos unter www.agenziamobilita.roma.it/ztl, hier sind auch die einzelnen Zonen genau aufgeführt.

Permanente **Fußgängerzone** sind die Bereiche um Pantheon, Parlament, Piazza di Spagna, Trevi-Brunnen, Piazza Navona, Campo de'Fiori, der nördliche Teil der Via del Corso und die Piazza del Popolo. Geplant ist auch, ab 2013 Via Ripetta und Via del Babuino in Fußgängerzonen umzuwandeln.

Wer ein **Hotel im historischen Zentrum** gebucht hat, muss – zumindest theoretisch – von diesem bei der Stadtverwaltung die entsprechende Zufahrtserlaubnis noch vor der Anreise beantragen lassen. In der Praxis allerdings nennt man dem Hotelier einfach das Kennzeichen, er gibt es dann an die Stadtverwaltung weiter. Das Procedere lohnt sich allerdings nur, wenn das Hotel auch über einen eigenen Parkplatz verfügt, ansonsten fährt man besser gleich in eines der Parkhäuser und nimmt von dort ein Taxi bzw. Bus/Metro zum Hotel.

Parken

Auch während der frei zugänglichen Zeiten ist das Parken in den Z.T.L.-Gebieten quasi immer gebührenpflichtig: im gesamten Innenstadtbereich tagsüber von 8 bis 20 Uhr (z. T. auch bis 23 Uhr) meist 1 € pro Stunde. Die gebührenpflichtigen Parkplätze sind durch blaue Linien gekennzeichnet (nie innerhalb der gelben oder gelb-schwarzen Linien parken, die sind für Behörden, Polizei etc. reserviert). Man zieht entweder an einem Automaten ein Ticket (nur Münzen) oder kauft beim Tabak- oder Zeitschriftenladen ein Rubbel-Ticket *(grattino)*, auf dem die gewünschte Parkzeit freigerubbelt werden muss. Mehr als eine Stunde ist aber oft gar nicht möglich (auch bei Automatentickets).

Parkhäuser in der Innenstadt: Teuer, aber bewacht sind folgende Parkhäuser: **Parking Villa Borghese** (Viale del Galoppatoio 33), mit 1800 Stellplätzen die größte Parkgarage der Innenstadt, Einfahrt an der Porta Pinciana (Via Veneto), 2 €/Std., 18 €/Tag, geöffnet 0–24 Uhr, ✆ 06/3225934. **Parking Ludovisi**, Via Ludovisi 60 (nahe Via Veneto), 500 Stellplätze, 2 €/Std., 18 €/Tag, geöffnet 5.30–1.30 Uhr, ✆ 06/4740632. **Terminal Park** (neben Stazione Termini), Via Marsala 30/32, 26 €/Tag, geöffnet 6–1 Uhr, ✆ 06/4454694. **Es Park Giolitti**, Via Giolitti 267 (Stazione Termini Südseite), 1,80 €/Std., 16 €/Tag, 75 €/Woche, ✆ 06/44704053.

Für alle mit Ziel Vatikan und Trastevere kommt auch **Terminal Gianicolo** in der Via Urbano VIII 16 C (Nähe Vatikan und Piazza della Rovere) in Frage, 1,90 €/Std., 33,50 €/Tag, danach wird es günstiger: drei Tage kosten 70,60 €, eine Woche 111 €; tägl. 7–1.30 Uhr geöffnet, ✆ 06/6840331, www.gianicolo.it.

Im Innenstadtbereich finden sich weitere kleine Parkhäuser, die in der Regel etwas teurer sind (ca. 25–30 €/Tag).

Parkhäuser außerhalb der Innenstadt: **Parking dell'Auditorium**, gleich beim neuen Auditorium nördlich der Innenstadt, gute Bus-, Tram- und Zuganbindung ins Zentrum (→ auch S. 193), 540 Stellplätze, 1 €/Std., 4 €/Tag (6–21 Uhr), 1,50 € über Nacht (21–6 Uhr), geöffnet tägl. 7.30–0,30 Uhr. Viale Maresciallo Pilsudski 21, ✆ 06/8081646.

Im Süden der Stadt bei **Parking Piazzale Partigiani** an der gleichnamigen Piazza direkt beim Bahnhof Stazione Ostiense, geöffnet tägl. 6–23 Uhr, 0,77 €/Std., 5 €/Tag, Piazzale dei Partigiani, ✆ 06/5745942.

Park & Ride (parcheggi di scambio): Möglich an den Metrostationen Ponte Mammolo (Linea B) oder Cinecittà und Anagnina (Linea A). Preis 1,50–2,50 € pro Tag, die Parkplätze (geöffnet 6–22 Uhr) sind nur zum Teil bewacht. Für Inhaber einer Monatskarte der *atac*-Verkehrsbetriebe ist das Parken hier kostenlos.

Camperstellplätze

Neben den diversen Campingplätzen um Rom (→ S. 47/48) gibt es auch einige ausgewiesene Camper-Stellplätze, die auch im Internet unter www.camperweb.it (unter der Leiste „Sosta Camper" nach Regionen und Provinzen geordnet) zu finden sind. Die meisten befinden sich südlich der Stadt nahe des G.R.A.

Air Terminal Ostiense, der zentrumsnächste Stellplatz auf der Südseite der Stazione Ostiense; mit guten Metroverbindungen (Linea B Station Garbatella oder Piramide) – in wenigen Minuten ist man im Zentrum. 50 Camperstellplätze mit entsprechender Ausstattung, 24 Std. geöffnet, in der Hochsaison besser reservieren. 1,50 €/Std. (Mindestpreis 6 €), 27 €/Tag. Piazzale XII Ottobre 1942, ✆ 06/5745473 oder 06/5781358, www.parkbus.it. G.R.A.-Ausfahrt 28 (Ostiense-S. Paolo).

Vespaschwarm an der Piazza Barberini

Prato Smeraldo, nahe dem Regionalpark Appia Antica bei der G.R.A.-Ausfahrt 24. Ganzjährig 24 Std. am Tag geöffnet, Busverbindung vom Platz zur Metrostation Laurentina (Endstelle Linea B). Stellplatz 16 € pro Tag (mit Wasser/Strom). Via di Tor Pagnotta 424 (zweigt von der Via Ardeatina ab), ✆ 06/50512905, www.pratosmeraldo.com.

Diebstahl/Sicherheit

In den Parkhäusern kaum ein Problem, bei Park & Ride parkt man – trotz der Anwesenheit von Personal – auf eigene Gefahr. Vom Parken in dunklen, kaum frequentierten oder zwielichtigen Gegenden raten wir Ihnen dringend ab. Nachts sollte man in nicht ganz sicheren Gegenden (v. a. um Piazza Vittorio E., Piazza Albania und südlich davon) mit geschlossenem Fenster fahren und das Auto von innen verriegeln.

Autovermietung

Avis, am Flughafen Fiumicino (✆ 06/65957885, tägl. 7–24 Uhr geöffnet) wie auch am Flughafen Ciampino (✆ 06/79340195, tägl. 8.30–13.30 und 14–22 Uhr), in der Innenstadt am Bahnhof Termini, ✆ 06/4814373, Mo–Fr 7–20, Sa 8–18 Uhr, So 8–13 Uhr; www.avis.de.

Hertz, u. a. am Flughafen Fiumicino, ✆ 06/65955842 (tägl. 7–24 Uhr geöffnet); am Flughafen Ciampino, ✆ 06/79340095 (tägl. 8–24 Uhr); am Bahnhof Termini, ✆ 06/4740389 (Mo–Fr 7–20 Uhr, Sa 8–18 Uhr, So 8–13 Uhr); www.hertz.de.

Maggiore, lokaler Anbieter, am Bahnhof Termini, ✆ 06/4880049 (tägl. 8–23 Uhr geöffnet); am Flughafen Fiumicino, ✆ 06/65010678 (tägl. 7–24 Uhr) oder am Flughafen Ciampino, ✆ 06/79340368 (Mo–Fr 8–21.30 Uhr, Sa 8–12.30 und 16.30–21 Uhr, So 8–12.30 Uhr); www.maggiore.it.

Motorrad und Fahrrad mieten

Gerade hip ist es, als Sozius mit (gemietetem) Fahrer auf der Vespa durch Rom zu fahren oder – deutlich mutiger – selbst eine Vespa zu mieten und auf dieser durch die Ewige Stadt zu düsen. An dieser Stelle sei der Hinweis erlaubt, dass Rom die Stadt mit den meisten Verkehrstoten in ganz Europa ist – und zwar mit weitem Abstand. Man sollte das Gefährt also beherrschen, wenn man sich entschließt, Rom auf der Vespa zu erkunden. Die **Einhaltung der Helmpflicht** wird streng kontrolliert, es drohen hohe Bußgelder.

Anbieter findet man zahlreich in der Innenstadt, meist werden hier auch **Fahrräder** vermietet. Für ein Moped/Scooter muss man mit ca. 40–60 € am Tag rechnen, größere Motorräder kosten ab ca. 80 €, Fahrräder gibt es ab ca. 10 € (Mountainbikes ca. 12–15 €). Grundsätzlich ist bei Anmietung ein Ausweis vorzulegen, bei Mopeds/Scootern auch der entsprechende Führerschein. Die Kaution wird per Kreditkarte hinterlegt. Im Preis enthalten sind üblicherweise Versicherung, Helm, Schloss und Straßenkarte. Eine Auswahl:

Bici & Baci, Scooter und Fahrräder, außerdem geführte Fahrradtouren und Stadtrundfahrten im original alten Fiat 500 und auf der Vespa (vorherige Buchung). Geführte Fahrradtouren finden jeweils um 10, 15 und 20 Uhr statt, dauern 3 Std. und kosten 35 €. Fahrradverleih: 4 €/Std., 11 €/Tag, 27 €/3 Tage; Scooter (1 Pers.): 6–10 €/Std., 19–40 €/Tag, Scooter für 2 Pers. 10–15 €/Std., 45–80 €/Tag, schon ab dem 2. Tag wird es günstiger. Tägl. 8–19 Uhr geöffnet. Via del Viminale 5, ✆ 06/4828443, 📠 06/48986162, www.bicibaci.com.

Collalti Bici, Via del Pellegrino 82 (beim Campo de'Fiori), ✆/📠 06–68801084, collaltibici@libero.it; Di–Sa 9–13 und 15.30–20 Uhr, So durchgehend 9–19 Uhr, Mo geschl. Nur Fahrräder: 3,50 €/Std, jede weitere Stunde 1 €, 10 € pro Tag.

Eco Move Rent, Via Varese 48–50 (etwas nördlich vom Bahnhof Termini), ✆ 06/44704518, 📠 06/44360850, www.ecomoverent.com; täglich 8.30–19.30 Uhr geöffnet; Vespa 45 €/Tag, Scooter 50–70 €/Tag, Fahrrad 4 €/Std., 10 €/Tag. Auch hier werden **Vespatouren mit Fahrer** angeboten: Man wird im Hotel abgeholt und wieder zurückgebracht, die Tour dauert vier Stunden (mit Kaffeepause) und kostet 140 € (alles inkl., Reservierung erforderlich).

Ecorental vermietet elektrische Scooter, 7–10 €/Std., 35–50 €/Tag. Geöffnet Di–Fr 9–13 und 15–18 Uhr, Sa/So 10–13 und 15–18 Uhr, Mo geschl. Via della Scrofa 53 (nahe Piazza Navona), ✆ 06/68806151, 📠 06/68212038, www.ecorental.it.

Treno e Scooter, an der Piazza dei Cinquecento, dem Vorplatz der Stazione Termini, ✆/📠 06/48905823, www.trenoescooter.com; tägl. 9–14 und 16–19 Uhr geöffnet. Fahrrad 4 €/Std., 10 €/Tag, Vespa 37–47 €/Tag, Scooter 57–77 € pro Tag.

Mit dem Fahrrad

Ideal, um z. B. den weitläufigen Stadtpark Villa Borghese zu erkunden oder auf der sonntags autofreien Via Appia Antica eine Tour stadtauswärts zu unternehmen. Für den Innenstadtverkehr ist das Fahrrad allerdings ein nur bedingt empfehlenswertes Fortbewegungsmittel, es sei denn, man will sich ausschließlich im überwiegend autofreien historischen Zentrum bewegen.

Einige Anbieter sind unter der Rubrik „Motorrad und Fahrrad mieten" (s. o.) aufgelistet. Zu den dort genannten Agenturen kommen zahlreiche mobile Verleiher in der *Villa Borghese* (z. B. *Bici Pincio*, s. S. 233), auf der Piazza del Popolo, am Ausgang der Metrostation Spagna, vor der Metrostation Colosseo und in Trastevere. Gleich zwei Fahrradverleiher gibt es in der *Via Appia Antica:* beim *Punto Informativo* in der Via Appia Antica 58/60 (schräg gegenüber

atac-Bikesharing

An insgesamt 25 Punkten in der Innenstadt haben die Städtischen Verkehrsbetriebe atac Fahrradparkplätze mit den dazugehörigen 150 Citybikes installiert. Wer am römischen Bikesharing teilnehmen möchte, muss sich eine elektronische *Tessera* (5 €) in einer der atac-Biglietterien kaufen, diese nach Bedarf aufladen (Mindestguthaben: 5 €) und damit dann ein Rad ausleihen. Kostenpunkt: 0,50 € pro 30 Min., maximale Leihdauer 24 Std. am Stück. Verkauf u. a. bei den atac-Biglietterien an der Metrostation Termini, Spagna, Lepanto, Ottaviano. Infos: www.bikesharing.roma.it.

der Kirche Quo Vadis) und bei der Bar *Appia Antica Caffè* in der Via Appia Antica 175 (Ecke zur Via Cecilia Metella). Die Tourenräder (meist mit Gangschaltung) sind für das überwiegend holprige Pflaster der bis zu 20 Kilometer langen Tour auf der Via Appia Antica gut geeignet. Weitere Infos s. S. 266.

Zu Fuß

Die beste Möglichkeit, die Stadt zu erkunden. Da fast überall das schiefe Kopfsteinpflaster – genannt *Sanpietrini* – liegt, sind bequeme Schuhe dringend anzuraten, ebenso sind eine gewisse Unempfindlichkeit gegenüber Verkehrslärm, Autoabgasen und zentimeternah vorbeirasenden Vespas bei längeren Touren Voraussetzung. Gemütliches Schlendern ist am besten in den (fast) autofreien Gassen des *Centro Storico* um die Piazza Navona, das Pantheon und südlich der Torre Argentina (jüdisches Viertel und Campo de'Fiori) möglich. Ein paar **Laufdistanzen** zur Orientierung: Von der Spanischen Treppe zum Vatikan oder Kolosseum sind es je etwa 40 Min., zur Piazza Navona/Pantheon etwa 20 Min., vom Kolosseum zum Vatikan oder vom Vatikan zum Bahnhof Roma Termini sollte man jeweils mit etwa einer Stunde rechnen. Wer durch Rom läuft, kann seinen Durst an den zahlreichen *Trinkwasserbrunnen* stillen, die quasi an jeder Ecke zu finden sind (nicht trinkbares Wasser ist mit dem Schild *acqua non potabile* ausdrücklich gekennzeichnet). Beim Überqueren großer Straßen und Kreuzungen sollte man, falls vorhanden, die Fußgängerampel oder zumindest den Zebrastreifen bevorzugen.

Rom gefährlich!

Wirklich gefährlich, bisweilen lebensgefährlich ist es, in Rom die riesige und rasant befahrene Piazza Venezia überqueren zu wollen, auch römische Fußgänger begegnen diesem Platz mit größtem Respekt. Daher an dieser Stelle ein ernst gemeinter Ratschlag: Wenn möglich, Zebrastreifen oder Fußgängerampel ansteuern, es darf auch eine größere Touristengruppe sein, der man sich unauffällig anschließen kann.

N.C.C. – Noleggio con Conducente

Der neueste Trend in Sachen Stadtbesichtigung: in der Limousine mit Fahrer und getönten Scheiben durch die Ewige Stadt und – dank Sondergenehmigung fürs *Centro Storico* – direkt an den Sehenswürdigkeiten vorfahren. Günstig ist das Ganze nicht, Hotels ab drei bis vier Sternen aufwärts bieten diesen Service an.

Organisierte Stadttouren und Ausflüge

Hier kann man aus einem beträchtlichen Angebot wählen – vom organisierten Stadtspaziergang bis zum Tagesausflug nach z. B. Neapel, aber auch themengebundene Besichtigungen in Rom. Stadtrundfahrten im komfortablen Reisebus werden von einigen Veranstaltern angeboten, hier ist aber unbedingt ein Preisvergleich mit der zweistündigen Stadtrundfahrt der *atac-Verkehrsbetriebe* (→ S. 35) anzuraten – Letztere ist meist günstiger.

Mit dem Bus

Green Line Tours, Bustouren mit Führung durch Rom, halb- und ganztägig, verschiedene Themen, z. B. klassisches Rom, christliches Rom, teilweise auch kombiniert mit einer Papstaudienz. Man wird auch im Hotel abgeholt. Halbtagestouren ab 38 €. Des Weiteren ganztägige Ausflüge nach Ostia Antica (55 €) und nach Tivoli (60 €) sowie nach Neapel/Pompei (117 €), Capri (130 €) und nach Florenz (148 €). Via Farini 16, ✆ 06/4828647, 📠 06/4815307, www.greenlinetours.com.

Appian Line, ebenfalls Stadtrundfahrten („Antikes Rom", „Christliches Rom" oder „Rom bei Nacht") und Ausflüge in die Umgebung, z. B. nach Ostia Antica. Stadttouren ab 40 €, Ostia 55 €. Piazza dell'Esquilino 6, ✆ 06/48786601, 📠 06/4742214, www.appianline.it.

Carrani Tours, ähnliches Programm wie obige Anbieter, Halbtagestouren ab 35 €, Ausflugstouren (z. B. Castelli Romani, Castel Gandolfo, Ostia Antica, Tivoli) 45–58 €; des Weiteren nach Neapel/Pompei, Capri, Sorrent, Amalfi, Assisi/Oriveto und Florenz, teilweise auch mit Zwischenübernachtung, je nach Entfernung ab 91 € (Eintagestour), auch Mehrtagestouren. Via Vittorio Emanuele Orlando 95 (nahe Piazza Repubblica), ✆ 06/4742501, 📠 06/48903564, www.carrani.com.

Organisierte Stadtspaziergänge

Roma Culta, der Kunsthistoriker Alessandro Canestrini und sein Team veranstalten deutschsprachige Stadtrundgänge, u. a. Touren zu den Themen „Glanz der Antike – Roma Antiqua", „Kunst im Vatikan", „Goethe in Rom", „Martin Luther in Rom". Auch Stadtführungen für Eltern mit Kindern und individuelle Touren. Ideal für alle, die ein tiefer gehendes Interesse an Kunst und Geschichte der Ewigen Stadt haben. Die halbtägige Tour für max. 6 Pers. kostet ca. 100–120 € (pro Std. 50 € für die gesamte Gruppe); www.romaculta.it, Anfragen unter ✆ 338/7607470 oder 📠 06/23328533.

Romaeterna, deutschsprachige Stadtführungen, auch thematisch (z. B. zur römischen Antike, das christliche Rom oder auf den Spuren Caravaggios). Die Stadtführerin Agnieszka Berlin besitzt auch eine der seltenen Zulassungen als anerkannte Führerin im Vatikanstaat, Infos und Anmeldung unter ✆ 06/45443726 bzw. ✆ 335/5325771 oder www.romaeterna.com.

Enjoy Rome, jeweils dreistündige Stadtspaziergänge (nur in engl. Sprache), z. B. Antikes Rom, Vatikan mit Vatikanischen Museen, ehem. jüdisches Ghetto/Trastevere, Rom bei Nacht etc. zu je 30 € (unter 26 J. 25 €), Eintrittspreise extra. Infos und Anmeldung in der Via Marghera 8 a (beim Hauptbahnhof) oder unter ✆ 06/4451843, 📠 06/4450734, www.enjoyrome.com.

Kutschfahrten

Ein romantisches, aber sehr teures Vergnügen. Die Kutschen (*carrozzella*) haben ihren Standort u. a. an der Piazza del Popolo, Piazza di Spagna, Piazza San Pietro (Petersplatz) und am Kolosseum. Eine 30- bis 40-minütige Rundfahrt für max. 4 Pers. kostet 100 €. Infos: www.romabellaincarrozza.com.

Schiffe auf dem Tiber

Linienfahrten von der Tiberinsel (Lungotevere degli Anguillara, auf der *Trastevere*-Seite) zum Ponte Sant'Angelo (Lungotevere Tor di Nona, auf der *Centro-storico*-Seite des Tiberufers), zwischen 10–18.30 Uhr stündliche Abfahrten (im Sommer länger), die einstündige Tour kostet 15 € (ermäßigt 10 €), von März bis Nov. Do–Sa (im Winter nur Fr/Sa) auch Abendfahrt mit Essen (2 Std., 58 €), die 2-stündige Weinprobe auf dem Schiff kostet 39 €. Weitere Infos unter ✆ 06/97745498, www.battellidiroma.it.

Am Pantheon: das Albergo Abruzzi

Übernachten

Das Angebot an Übernachtungsmöglichkeiten ist enorm, die Zahl der Unterkunftssuchenden ist es allerdings auch. Deshalb: Egal zu welcher Jahreszeit Sie nach Rom fahren, buchen Sie so früh wie möglich! Das Preisniveau ist generell hoch.

Am schönsten übernachtet man zweifelsohne in den autofreien Bereichen des *Centro Storico*, der historischen Altstadt. Allein der zentralen Lage wegen muss man hier allerdings mit recht hohen Preisen rechnen, und das auch für einfachere Unterkünfte. Günstiger sind die Hotels/Pensionen um den Hauptbahnhof Termini. Einige empfehlenswerte Unterkünfte finden sich außerdem in der Gegend um den Vatikan und nahe dem antiken Rom (Kolosseum), darüber hinaus auch in Trastevere und auf dem Aventin-Hügel.

Bei der Suche nach einer schönen oder zumindest angenehmen Unterkunft spielt der Zeitpunkt der Entstehung bzw. der letzten Renovierung selbiger eine nicht unerhebliche Rolle. Viele ganz neue Hotels/B & Bs bieten zwar eine taufrische Einrichtung und allen möglichen Komfort bis hin zur Massagedusche, sind aber nicht selten winzig klein und bieten zum Teil gerade mal auf einen Blick in den Lichthof. Das ist zwar ruhig, aber nicht wirklich schön. Fragen Sie bei der Buchung auch danach!

City-Tax

Seit Anfang 2011 erhebt die Stadt eine Übernachtungssteuer für Touristen: in 1- bis 3-Sterne-Hotels, B & Bs, Appartements und auf Campingplätzen 2 €; in 4- und 5-Sterne-Hotels 3 € (jeweils pro Person und Nacht).

Hotels/Pensionen

Das *Preisniveau* römischer Hotels ist hoch, in der Luxuskategorie (bei entsprechender Lage) muss man mit etwa 400–600 € (DZ) pro Nacht rechnen, und auch die einfachen 1-Sterne-Absteigen im Bahnhofsviertel sind unter 80 € pro Nacht kaum zu haben ist. Eine erfreuliche Alternative bilden die Bed & Breakfast-Unterkünfte, in denen man oft relativ zentral und mitunter auch recht komfortabel unterkommen kann (s. u.).

Preisermäßigungen kann man in den Monaten Juli/August (wegen der Hitze), zum Teil im Dezember (aber nicht Weihnachten/Silvester) und vor allem im Januar/Februar erwarten. Aber selbst dann werden kaum mehr als 20–30 % Rabatt gewährt. Die Zimmertarife sind behördlich festgelegt und müssen im Hotel aushängen.

Zuschläge werden z. T. für Frühstück, Aircondition und Parkplatz erhoben, bei Buchung sollte man diesbezüglich nachfragen. Wer bereits von zu Hause bucht (und das möchten wir Ihnen unbedingt anraten), muss in der Regel die Daten seiner Kreditkarte angeben. Generell sollte man Hotelreservierungen/-buchungen per Fax/E-Mail schriftlich festmachen und kurz vor der Ankunft noch einmal telefonisch bestätigen. Manchmal muss man auch eine *Anzahlung* in Höhe von einer Übernachtung leisten, meist per Kreditkarte oder als *Auslandsüberweisung*.

Bei den Zimmern wird zwischen dem Einzelzimmer (*camera singola*) und zwei Arten von Doppelzimmern unterschieden: *matrimoniale* (mit Doppelbett) und *camera doppia* (mit getrennten Betten). Diese Differenzierung kann sich auch auf den Preis auswirken.

Das *Frühstück* in den 3- bis 5-Sterne-Häusern besteht fast ausnahmslos aus umfangreichen Buffets. Bei kleineren Hotels der unteren Klassen kann es vorkommen, dass lediglich ein Cappuccino (oder wässriger Filterkaffee) mit trockenem, abgepacktem Hörnchen bzw. einer Art Zwieback (ebenfalls abgepackt) angeboten wird. In diesem Fall ist die Bar an der Ecke vorzuziehen.

Gute *Parkmöglichkeiten* finden sich bei den außerhalb gelegenen Hotels, im Zentrum bieten manche Hotels gegen hohen Aufpreis eine Parkgarage an (ca. 20–35 € pro Tag), die aber aufgrund beschränkter Kapazitäten ebenfalls frühestmöglich gebucht werden sollte. Wer in kleineren und günstigeren Häusern absteigt, muss sich in der Regel selbst um einen Parkplatz kümmern (→ „Unterwegs in Rom“, S. 37ff.).

Eine nach Stadtgebieten geordnete Auswahl von empfehlenswerten Hotels/Pensionen finden Sie ab S. 49.

Bed & Breakfast

Oftmals erschwinglicher als die Hotels, dabei aber in puncto Service, Komfort und Lage in der Regel gleichwertig: Bei den zahlreichen Bed-&-Breakfast-Anbietern kann man eine gute Unterkunft auch fürs schmalere Budget finden, und das mit etwas Glück sogar im Zentrum. Manchmal beinhalten die Unterkünfte auch Familienanschluss, meist haben sie allerdings Pensionscharakter – am Vormittag ist eine Servicekraft anwesend, die Frühstück macht und für die Zimmerreinigung zuständig ist, ab mittags bleibt die Herberge meist den Gästen allein überlassen. In jüngster Zeit sind einige gehobene B & B-Häuser hinzugekommen, die neben stilvollem Ambiente und persönlicher Atmosphäre auch noch einen hervorragenden Service bieten, dabei aber meist immer noch etwas günstiger sind als ein Hotel in vergleichbarer Kategorie (Buchungsmodalitäten wie beim Hotel). Einige Empfehlungen:

Casa Howard 58 → Karte S. 176/177, Ⓜ Spagna, für gehobene Ansprüche. Hinter der unscheinbaren Fassade in der Via Capo le Case 18 (nahe Spanische Treppe) verbirgt sich eine äußerst gepflegte Herberge mit stilvollem Ambiente und viel persönlicher Atmosphäre. Nur fünf individuell eingerichtete Zimmer, alle mit eigenem Bad (z. T allerdings auf dem Flur), TV, Aircondition und WI-FI; das Frühstück wird im Zimmer serviert. Frühzeitige Buchung ist dringend anzuraten. In der Via Sistina 149 befindet sich eine Dependance mit weiteren fünf Zimmern sowie einem türkischen Bad. In der Via Capo le Case kostet das EZ 140–220 €, das DZ 170–250 €, das Dreibett-Zimmer 230–280 €; in der Via Sistina das EZ 119–198 €, das DZ 146–225 € und das Dreibett-Zimmer 230–255 €. Frühstück 10 € pro Pers. Via Capo le Case 18, 00187 Roma, ✆ 06/69924555, www.casahoward.com.

Daphne Inn 7 → Karte S. 217, Ⓜ Barberini, stilvolle Unterkunft wenige Schritte oberhalb der Piazza Barberini, ruhige Lage. Elegante Zimmer in warmen Tönen und modern eingerichtet, allerdings sehr klein und meist ohne Aussicht. Freundliche Leitung, nur acht Zimmer. Ein paar Minuten entfernt, in der Via degli Avignonesi 20 (neben dem Ristorante Colline Emiliane), gibt es eine Dependance mit weiteren fünf Zimmern (zwei davon teilen sich ein Bad, die dann eher für Familien/Freunde geeignet sind) und zwei Suiten. EZ 130 €, DZ 220 €, Frühstück inkl. Bei Barzahlung gibt es Skonto. Via di San Basilio 55, 00187 Roma, ✆ 06/87450087, 📠 06/233240967, www.daphne-rome.com.

Casa della Palma 2 → Karte S. 213, mitten im Univiertel San Lorenzo liegt diese stilvoll-minimalistisch gestaltete Pension mit nur acht Zimmern und nettem, grünem Innenhof. Holzböden und warme Farben schaffen ein gemütliches Ambiente, Fahrräder stehen kostenlos zur Verfügung, es gibt sogar eine Garage (14–18 € pro Tag). Busse ab der Via Tiburtina, dorthin ca. 5 Min. zu Fuß. EZ 70–80 €, DZ 80–90 €, Dreibett-Zimmer 115 €, Vierbett-Zimmer 125 €, Frühstück 7 € pro Pers. Via dei Sabelli 98, 00185 Roma, ✆ 06/4454264, 📠 06/233245562, www.casadellapalma.com.

Villa della Fonte 18 → Karte S. 236/237, im Herzen von Trastevere, gleich bei der Piazza Santa Maria in Trastevere liegt dieses kleine und sympathische B & B (nur fünf Zimmer). Nett und gepflegt, mit kleiner Terrasse. EZ 110–145 €, DZ 170 €, Frühstück inkl. Via dell'Olio 8, 00153 Roma, ✆ 06/5803797, 📠 06/5803796, www.villafonte.com.

Trevi 12 → Karte S. 217, Ⓜ Barberini, nur wenige Schritte von der berühmten Fontana di Trevi entfernt. Etwas zurückversetzt, der Eingang befindet sich im Eck der kleinen Piazza. Geschmackvolle, modern eingerichtete Zimmer in warmen Tönen, viel Holz, schicke Bäder, allerdings z. T. sehr kleine Zimmer. Mit Aircondition. DZ mit Frühstück 180–200 €, im Winter günstiger (120–140 €). EZ nur unwesentlich günstiger. Via del Lavatore 83, 00187 Roma, ✆ 06/69380944, 📠 06/69293654, www.bbtreviroma.it.

Tibullo 20 → Karte S. 250/251, Ⓜ Ottaviano, in zentraler, aber relativ ruhiger Lage nahe dem Vatikan, in einer Seitenstraße der Via Crescenzo. Nur vier Zimmer im Hochparterre, zwei davon mit eigenem Bad, die beiden anderen teilen sich ein Bad. Sauber und gepflegt, freundlicher Service, das Frühstück macht man sich im Zimmer selbst (alle Zimmer mit Kühlschrank und Wasserkocher/Kaffeemaschine). EZ 90 €, DZ 100 €, Dreibett-Zimmer 120 €, Frühstück inkl. Via Tibullo 20, 00193 Roma, ✆ 06/6868420, www.tibullo.com.

Il Covo 29 → Karte S. 198/199, Ⓜ Cavour, im Stadtteil Monti in der schönen Via del Boschetto mit ihren zahlreichen Geschäften und Restaurants. Die 15 Zimmer sind unterschiedlicher Ausstattung und z. T. etwas klein. Rezeption im Hotel La Locanda in der Via del Boschetto 84. EZ 80–90 €, DZ 90–110 €, Dreibett-Zimmer 130–150 €, Vierbett-Zimmer 170–190 €, Frühstück inkl. Via del Boschetto 91, 00184 Roma, ✆ 06/4815871, 📠 06/4745320, www.bbilcovo.com.

Bed & Breakfast Italia 41 → Karte S. 156/157, die größte Agentur in Italien, Büro am Corso Vittorio Emanuele II (Palazzo Sforza Cesarini, das Büro ist am Eingang beschildert). Wer hier früh genug bucht, findet unter Umständen eine günstige und schöne Unterkunft in der Altstadt. Mit deutschsprachigem Service. B & B-Angebote der Agentur gibt es auch für Tivoli und Castel Gandolfo in der Umgebung von Rom. Zahlreiche Sonderangebote, Last-Minute- und sonstige Aktionen, zur Orientierung folgende Preise: EZ ab ca. 50 €, DZ ab ca. 70 €, Dreibett-Zimmer ab ca. 90 €, das (kleine) Frühstück ist jeweils inklusive. Die Preise variieren stark nach Lage der Unterkunft. Corso Vittorio Emanuele II 282, 00186 Roma, ✆ 06/6878618, 📠 06/6878619, www.bbitalia.it.

Residenze/Apartments

Vor allem interessant, wenn man mindestens eine Woche in Rom bleibt. Einige Apartmenthotels *(residenze)* werden nur wochen-, manche sogar nur monatsweise vermietet. Ähnlich verhält es sich mit privaten Anbietern, die oft in den großen überregionalen Zeitungen (z. B. in der „Zeit" oder „FAZ") inserieren. In jüngster Zeit gibt es im Centro Storico vermehrt Appartements, die auch tageweise vermietet werden, dann aber eher als B & B.

Anbieter im Internet Eine relativ große Auswahl an Ferienwohnungen findet man unter **www.fewo-direkt.de**, die Preisspanne reicht hier von 450–1400 € pro Woche. Ein ähnliches Preisniveau bieten **www.romabed.de** und **www.romehome.de**.

Tipp: Die Sprachschulen vermitteln in der Regel preiswerte Privatunterkünfte.

Hostels

Es gibt in ganz Rom nur eine Jugendherberge (weit nördlich des Zentrums beim Foro Italico/Stadio Olimpico gelegen) und die hat den Charme eines Tropenlazaretts. Empfehlenswerter sind die Hostels im Zentrum, die zwar etwas teurer, aber deutlich komfortabler und leichter zu erreichen sind. Einige Tipps:

YWCA – Foyer di Roma, Ⓜ Termini, nur für junge Frauen oder verheiratete Paare, nahe Stazione Termini. Zwei Zimmer sind behindertengerecht ausgestattet. Übernachtung mit Frühstück 33–40 € pro Pers. im DZ, im Mehrbettzimmer 28 €, EZ 40–50 €. Via Cesare Balbo 4, 00184 Roma, ✆ 06/4880460, 📠 06/4871028, www.ywca-ucdg.it.

** **Fawlty Towers Hotel & Hostel** 14 → Karte S. 198/199, Ⓜ Termini, in der Via Magenta am Bahnhof Termini. Bei überwiegend englischsprachigen Travellern sehr beliebte Herberge, 15 schlichte Zimmer, über mehrere Stockwerke verteilt. Mit Küchennutzung, Dachterrasse. EZ ab 50 € (mit Dusche/Bad 60–65 €), DZ mit Dusche/Bad 85–95 €, Dreibett-Zimmer mit Dusche/Bad 100–115 €, Vierbett-Zimmer mit Dusche 110 €, Frühstück jeweils inkl. Via Magenta 39, 00185 Roma, ✆ 06/4450374, 📠 06/45435942, www.fawltytowers.org.

* **Colors Hotel** 18 → Karte S. 250/251, Ⓜ Ottaviano, eher Hostel als Hotel, bei jungen Travellern aus aller Welt beliebt. Auf drei Stockwerke in einem Mietshaus verteilt, die 21 Zimmer sind bunt und freundlich eingerichtet, mit TV und WI-FI. Nur wenige Gehminuten vom Vatikan. EZ ohne Bad ab 75 €, DZ ohne Bad ab 90 € (mit Bad 110–135 €), Dreibett-Zimmer ab 150 €, Frühstück inkl. Via Boezio 31, 00192 Roma, ✆ 06/6874030, www.colorshotel.com.

Übernachten im Kloster

Gerade in Rom finden sich zahlreiche Übernachtungsangebote in Klöstern bzw. anderen kirchlichen Einrichtungen. Nicht für Nachtschwärmer, sondern für Leute gedacht, die sich auf Pilgerreise befinden. Die katholische Konfession ist für die Übernachtung nicht mehr zwingend vorgeschrieben; man sollte sich jedoch darüber im Klaren sein, dass hinter den dicken Klostermauern Ruhe das oberste Gebot ist und dass die Einrichtung der Gästezimmer eher karg ist. Die Teilnahme am klösterlichen Leben ist nicht erforderlich und auch nicht erwünscht; wer gemeinsam in einem Doppelzimmer übernachten will, muss allerdings (miteinander) verheiratet sein.

Die Preise für ein DZ liegen bei 70–120 €, für das EZ bei 40–60 € (Zimmer nur z. T. mit eigenem Bad), Frühstück meist inbegriffen. Schließzeit einiger Häuser ist 23 Uhr, teilweise wird auf Anfrage ein Schlüssel herausgegeben. Etwas komfortabler und in Sachen Schließzeit auch etwas großzügiger sind die diversen Gästehäuser der Kirchen (s. unten). Generell sollte man auch klösterliche bzw. kirchliche Unterkünfte so früh wie möglich buchen. Informationen erhält man unter folgender Adresse:

Auskünfte **Deutschsprachiges Pilgerzentrum (Centro Pastorale Pellegrini di Lingua Tedesca)**, Via del Banco di Santo Spirito, 00186 Roma, ✆ 06/6897197, 📠 06/6869490, www.pilgerzentrum.de. Geöffnet Mo und Mi–Fr 8.30–17 Uhr, Di 8.30–18 Uhr, Sa 8.30–13 Uhr, So geschl. Im Internet hält das Pilgerzentrum eine Liste der Klöster und Gästehäuser bereit, in denen auch Touristen übernachten können. Aufgeführt sind hier neben Adresse und Lage der einzelnen Häuser auch Angaben zu Verpflegungsmöglichkeiten und Schließzeiten.

Klöster **Suore Pallottine**, deutschsprachig, 75 Betten (Zimmer z. T. ohne Bad), Schließzeit 23 Uhr, nur Übernachtung und Frühstück möglich. Via delle Mura Aurelie 7b (auf dem Gianicolo-Hügel, zwischen St. Peter und Trastevere), 00165 Roma, ✆ 06/3936351, 📠 06/39366943.

Collegio Universitario P.G. Minozzi, 75 Betten, Schließzeit 23.30 Uhr (im Winter 23 Uhr), Übernachtung mit Frühstück oder Halbpension möglich. Via dei Gigli d'Oro 15 (nördlich der Piazza Navona, wenige Schritte vom Tiber entfernt), 00186 Roma, ✆ 06/6864561, 📠 06/6861025.

Suore Nostra Signora di Lourdes, Ⓜ Spagna, 30 Betten, feste Schließzeiten, nur Übernachtung und Frühstück möglich. Via Sistina 113 (wenige Schritte von der Spanischen Treppe entfernt), 00187 Roma, ✆ 06/4745324, 📠 06/4741422.

Gästehäuser **Casa S. Francesca Romana** **30** → Karte S. 236/237, 84 Betten; auch Halb- und Vollpension möglich. Keine

Die Engelsburg bei Nacht

Schließzeit, sehr freundlich. Mit WI-FI, Zimmer mit Bad, TV und teilweise Balkon. EZ 87 €, DZ 125 €, Dreibett-Zimmer 165 €, Vierbett-Zimmer 194 €, Frühstück inkl. Via dei Vascellari 61 (zentrale Lage in Trastevere), 00153 Roma, ✆ 06/5812125, 📠 06/5882408, www.sfromana.it.

Villa Maria, Gästehaus, deutschsprachig, 84 Betten, keine Schließzeiten, Frühstück inkl., auch Halbpension möglich. Alle Zimmer mit Bad und TV, EZ 65–80 €, DZ 95–110 €, Dreibett-Zimmer ab 120 €, Vierbett-Zimmer ab 130 €. Largo Giovanni Berchet 4 (Gianicolo-Hügel, an der Stadtmauer oberhalb von Trastevere), 00152 Roma, ✆ 06/5852031, 📠 06/585520321, www.villamaria.pcn.net.

Casa Valdese **7** → Karte S. 250/251, Ⓜ Lepanto, das evangelische Gästehaus der Waldenser Kirche in Rom, Metrostation quasi vor der Haustür, zu Fuß ca. 20 Min. zum Vatikan. Sehr viele deutsche Gäste. 75 Betten, keine Schließzeiten. EZ 92–118 €, DZ 122–142 €, Dreibett-Zimmer ab ca. 170 €, Vierbett-Zimmer ab ca. 200 €, Frühstück inkl., Halbpension ist möglich. Via Alessandro Farnese 18, 00192 Roma, ✆ 06/3215362, 📠 06/3211843, www.casavaldeseroma.it.

Camping

Bei schönem Wetter eine empfehlenswerte und günstige Übernachtungsalternative, spätestens ab Mitte Herbst, wenn ergiebige Regenfälle einsetzen, kein großer Spaß mehr. Drei Campingplätze liegen innerhalb des Autobahnrings G.R.A., sodass man mit Stadtbussen das Zentrum relativ gut erreichen kann. Noch mal acht Plätze befinden sich weiter außerhalb (teilweise Zubringerdienste Richtung Innenstadt). Für 2 Pers., Stellplatz (Zelt) und Auto muss man mit ca. 30–35 € pro Nacht rechnen (2 Pers. mit Wohnwagen/-mobil ca. 40 €).

Roma Camping, weitläufiger Platz an der stark befahrenen Via Aurelia (ca. 3 km vom Zentrum), daher sind viele der 620 Stellplätze ziemlich laut, viel Schatten. Pool, Bar und Ristorante sowie Disco-Pub sind vorhanden. Vorteil für Selbstversorger: Gegenüber befindet sich ein großer Supermarkt. Ganzjährig geöffnet. Anfahrt: Vom Autobahnring Ausfahrt Nr. 1 auf die Via Aurelia, der Beschilderung folgen. Mit öffentlichen Verkehrsmitteln: Metro A bis Station Cornelia, dann mit Bus Nr. 246 die Via Aurelia entlang, gegenüber vom Supermarkt Panorama aussteigen. Ganzjährig geöffnet. Pro Pers. 11,80 €, Kind 8,40 €, Zelt 5,50–8,20 €, Auto 5,40 €, Wohnwagen 9,10 €, Wohnmobil 13,30 €, Bungalow 87–120 €, Hund 2 €. Via Aurelia 831 (km 8,2), 00165 Roma, ✆ 06/6623018, 📠 06/66418147, www.ecvacanze.it.

Camping Flaminio Village, ebenfalls nicht allzu weit vom Zentrum entfernt, Stellplätze teilweise auf Terrassen eine Anhöhe hinauf, mit Pool, Liegewiese, Bar und Restaurant. Es werden auch einige Bungalows angeboten. Ganzjährig geöffnet. Anfahrt: Vom Autobahnring Ausfahrt 6 (Via Flaminia), gute Beschilderung. Mit öffentlichen Verkehrsmitteln: ab Termini mit Bus 910 bis Piazza Mancini, dann Bus 200 bis zum Camping. Pro Pers. 10,40 €, Kind 7,40–9,40 €, Zelt 5,90–7,50 €, Auto 5,30 €, Wohnwagen 13,90 €, Wohnmobil 12,60 €, Bungalow für 2 Pers. 72–112 €, für 4 Pers. 126–144 €, Hund 3 €. Via Flaminia Nuova 821, 00189 Roma, ✆ 06/3332604, 📠 06/3330653, www.campingflaminio.com.

Camping Tiber, nahe Camping Flaminio und relativ günstig. Wiesengelände, durch das ein Bach läuft, direkt am Tiberufer. Viele Busgruppen. Pool, Bar und Restaurant vorhanden, WI-FI. Von 8 bis 23 Uhr ca. alle 10 Min. kostenloser Zubringerbus von und zur Bahnstation Prima Porta, von dort zur Metro Linea A Station Flaminio. Anfang April bis Ende Okt. geöffnet. Pro Pers. 10,40 €, Kind 7,40 €, Zelt 5,50 €, Auto 5,30 €, Wohnwagen 9 €, Wohnmobil 12,60 €, Bungalow für 2–3 Pers. 50–60 €, für 4–5 Pers. 95–115 € (Aircondition 5–10 € extra pro Tag). Via Tiberina km 1,400, 00188 Roma, ✆ 06/33610733, 📠 06/33612314, www.campingtiber.com.

Außerhalb des Autobahnrings

Seven Hills Camping, schöner, ruhiger Platz außerhalb des Autobahnrings, 8 km nördlich von Rom. Gute Schattenplätze auf Terrassen zwischen Hügeln, zur Ausstattung des Platzes gehören Pool, Tennis- und Squashcourt, Bar und Restaurant. Auch Bungalows. Mitte März bis Mitte Okt. geöffnet. Nachteil: Die Anfahrt mit öffentlichen Verkehrsmitteln ist mühsam: Metro Linea A bis Station Valle Aurelia, dort in den Zug Richtung Viterbo und bei der Station Giustiniana aussteigen und noch gut 1 km weiter zu Fuß die Via Italo Piccagli entlanglaufen. Mit dem Auto: Autobahnring Ausfahrt 3, dann auf der Via Cassia in nordwestliche Richtung (La Giustiniana), beschildert. Stellplatz inkl. 2 Pers. und Auto 21 €, ansonsten pro Pers. 9,50 €, Kind 7,50 €, Zelt 6 €, Bungalow für 2–4 Pers. 50–90 €. Via Cassia 1216, 00189 Roma, ✆ 06/30310826, 📠 06/30310039, www.sevenhills.it.

Allgemeine Information rund um die Buchung

Unterkunftsverzeichnisse

Kostenlose Unterkunftsverzeichnisse und Prospekte zu Rom kann man bei den Büros der **ENIT** (→ S. 80) in Deutschland, in Österreich und der Schweiz telefonisch bestellen. Downloads davon sind im Internet unter **www.enit.it** möglich.

Internet

Hotelbuchungen sind natürlich über die gängigen Buchungsmaschinen zu den üblichen Modalitäten möglich, darüber hinaus verfügen die allermeisten Hotels in Rom über eine eigene Website, die bei unseren Hotelempfehlungen auf den Seiten 49 bis 57 angegeben wird.

Weitere Informationen zu Rom im Internet → „Wissenswertes von A bis Z“ auf S. 80.

Buchung per E-Mail/Fax

Man sollte immer eine schriftliche Buchung per E-Mail bzw. über das Buchungssystem des Hotels oder der jeweiligen Websites vornehmen und diese dann auch per E-Mail bestätigen lassen. Das Gleiche gilt für Buchungen per Fax. In der Regel muss die Nummer (und Ablaufdatum) der **Kreditkarte** angegeben werden, manche Hotels verlangen auch eine Anzahlung (in der Regel den Betrag einer Übernachtung), die man am besten per Kreditkarte oder (kaum noch üblich) **Auslandsüberweisung** vornimmt und bestätigen lässt.

Spartipps

Bei individueller Buchung lohnt es sich immer, nach **Sonder- und Wochenendtarifen** zu fragen. Wer über einen der großen deutschen Reiseveranstalter ein **Hotel-Pauschalarrangement** (bei eigener Anreise) bucht, übernachtet teilweise günstiger als bei individueller Buchung. Oft liegen auch die speziellen **Internet-** und/oder **Last-Minute-Tarife** der Hotels deutlich unter dem Normalpreis!

Saisonzeiten

Hochsaison in Rom ist von 1. bzw. 15. März bis 30. Juni und von 1. Sept. bis 2. Nov. sowie von Weihnachten bis 6. Januar und an Feiertagen. Die **Nebensaison** erstreckt sich also nicht nur über die kalten, ungemütlichen Monate, sondern auch über Juli und August, die als Reisezeit in den letzten Jahren deutlich an Attraktion gewonnen haben – die Stadt ist zwar heiß, aber auch etwas leerer als sonst (besonders im August). Ultimative Hochsaison (*Altissima Stagione*) sind die kirchlichen Feiertage Ostern und Pfingsten, hier sollte man unbedingt so früh wie möglich buchen!

Exrakosten

Kinder unter 14 Jahren zahlen in der Regel nicht den vollen Preis, das hierfür vorgesehene *Letto aggiunto* (Zustellbett) kostet etwa ein Fünftel bis ein Viertel des Zimmerpreises (DZ). Das Kinderbett (*Culla*) wird nach vorheriger Anmeldung oft kostenlos zur Verfügung gestellt, teilweise werden dafür ca. 10 €/Tag berechnet. Hunde kosten – sofern sie akzeptiert werden, was nicht allzu häufig der Fall ist – ebenfalls ca. 10 € pro Tag, sind manchmal aber auch umsonst. Weitere Extrakosten entstehen teilweise durch die Klimaanlage (bis zu 10 €/Tag), z. T. werden auch Balkon und/ oder Aussicht in Rechnung gestellt.

Die im Folgenden angegebenen **Zimmerpreise** beziehen sich auf die Hochsaison. Eventuelle Preisspannen ergeben sich aus Größe und Ausstattung der Zimmer, teilweise sind auch „Alta Stagione“ und „Altissima Stagione“ zusammengefasst. Sofern nicht anders angegeben, gelten die Preise für ein Zimmer mit Bad und TV. Sollte Frühstück im Preis enthalten sein, wird dies aufgeführt, ebenso ein eventueller Aufpreis dafür.

In der Nebensaison sind Ermäßigungen von 20–30 % möglich.

Hotels und Pensionen in Rom

Außerhalb der Innenstadt

*****L **Cavalieri Hilton**, am Monte Mario. Wohl einzigartig ist der Blick über die Stadt, dazu ein herrlicher Garten mit alten Pinien und Pool. Weit über die Grenzen Roms hinaus berühmt ist das angeschlossene 3-Sterne-Restaurant „La Pergola" unter der Leitung von Heinz Beck (Di–Sa abends geöffnet). „Grand Spa" mit Fitnessraum, Hallenbad, Sauna, türkischem Bad, Massage, Kosmetik u. a. Hoteleigene Garage, es verkehrt etwa stündlich ein Shuttle-Bus zur Piazza Barberini und retour. Die Preise variieren stark, unter bestimmten Voraussetzungen und bei frühzeitiger (Online-)Buchung ist das EZ/DZ ab 400 € zu haben, Frühstück ab 20 € pro Pers. Via Cadlodo 101, 00136 Roma, ✆ 06/35091, 📠 06/35092241, www.romecavalieri.it.

**** **Shangri La Corsetti**, im ehemaligen Weltausstellungsgelände EUR, heute ein begehrtes und recht ruhiges Wohn- und Geschäftsviertel mit Parkanlagen und monumentalen Gebäuden. Sehr gute Verkehrsanbindung zur Innenstadt mit Metro und Bussen. Hat was vom Charme vergangener Zeit, gehobene Ausstattung, mit Garten, Pool und Restaurant, das Hotel (52 Zimmer) ist auch bei Amerikanern beliebt. Bewachter Parkplatz. EZ ab 121 €, DZ ab 161 €, Dreibett-Zimmer ab 201 €, Vierbett-Zimmer ab 224 €, Frühstück inkl. Viale Algeria 141, 00144 Roma, ✆ 06/5916441, 📠 06/5413813, www.shangrilacorsetti.it.

**** **Holiday Inn Rome Aurelia**, an der viel befahrenen Via Aurelia, jedoch nicht unmittelbar an der Straße und daher relativ ruhig. Mit Pool und Garten. Am Wochenende manchmal Spezial-Arrangements. Bewachter Parkplatz (gegen Gebühr). Vom Autobahnring Ausfahrt 1 (Aurelia) gelangt man automatisch auf die Via Aurelia. Busverbindung zum Hotel mit der Nr. 246. EZ 115–150 €, DZ 130–150 €, Dreibett-Zimmer ab 145 €, Frühstück inkl. Via Aurelia, km 8,4, 00163 Roma, ✆ 06/66411200, 📠 06/66414437, www.alliancealberghi.it.

Centro Storico (Pantheon, Pzza. Navona, Campo de'Fiori)

*****L **Grand Hotel de la Minerve** 52 → Karte S. 156/157, direkt an der Piazza Minerva mit Berninis Elefanten (Pantheon). Das Gebäude stammt aus dem 17. Jh. und wurde mehrfach renoviert. Mit Dachterrasse, von einigen Zimmern herrlicher Blick. Luxusausstattung in den Zimmern, Bäder z. T. mit Whirlpool. Viele amerikanische Gäste. Diverse Internet- und Sondertarife! Als Anhaltspunkt gelten: EZ 330–470 €, DZ 380–520 €, Dreibett-Zimmer 480–570 €, Frühstück extra (30 € pro Pers.). Piazza della Minerva 69, 00186 Roma, ✆ 06/695201, 📠 06/6794165, www.grandhoteldelaminerve.com.

*****L **Raphael** 23 → Karte S. 156/157, wenige Schritte von der Piazza Navona. Die traditionsreiche Herberge verbirgt sich hinter einer vollständig mit Efeuranken bewachsenen Fassade. Vom Dachgarten Blick auf das Kloster Santa Maria della Pace, die Zimmer sind gediegen-komfortabel und z. T. mit Antiquitäten eingerichtet. Mit Restaurant. EZ 230–330 €, DZ 280–380 €, Frühstück inkl., auch hier diverse Sondertarife (bei Internetbuchung). Largo Febo 2, 00186 Roma, ✆ 06/682831, 📠 06/6878993, www.raphaelhotel.com.

**** **Albergo del Sole al Pantheon** 34 → Karte S. 156/157, gegenüber dem Pantheon, 1467 eröffnet und damit das älteste noch existierende Hotel der Stadt. Heute gibt sich das Sole in schlichter Eleganz und profitiert von seiner idealen Lage im autofreien Centro Storico. EZ 330 €, DZ 450–490 €, Frühstück inkl. Diverse Sondertarife bei Online-Buchung. Piazza della Rotonda 63, 00186 Roma, ✆ 06/6780441, 📠 06/69940689, www.hotelsolealpantheon.com.

››› Unser Tipp: *** **Portoghesi** 7 → Karte S. 156/157, in der schmalen Via dei Portoghesi (nördlich der Piazza Navona). Äußerst malerische Ecke der Stadt, ruhige Lage, einladendes Hotel in einem kleinen Palazzo neben der gleichnamigen Kirche. Herrliche Dachterrasse, gute Ausstattung, alle Zimmer mit WI-FI. EZ 160–180 €, DZ 200 €, Dreibett-Zimmer 280 €, Vierbett-Zimmer 300 €, inkl. Frühstück. Garage 25 € pro Tag. Via dei Portoghesi 1, 00186 Roma, ✆ 06/6864231, 📠 06/6876976, www.hotelportoghesiroma.com. ‹‹‹

»» Unser Tipp: *** **Due Torri** **2** → Karte S. 156/157, ein angenehmes und empfehlenswertes Haus in ruhiger Gasse nahe der Piazza Ponte Umberto I. Nur 26 gepflegte Zimmer mit viel Rot, freundlicher Service, Zimmer mit Bad, TV und Aircondition. Besonders zu empfehlen sind die Zimmer im vierten und fünften Stock mit Balkon oder kleiner Terrasse. EZ 125–150 €, DZ 170–230 €, Dreibett-Zimmer 230–280 €, Vierbett-Zimmer 270–300 €, inkl. Frühstück. Vicolo del Leonetto 23, 00186 Roma, ✆ 06/68806956, ℻ 06/6865442, www.hotelduetorriroma.com. ««

*** **Santa Chiara** **50** → Karte S. 156/157, zentrale Lage beim Pantheon, gegenüber der Kirche Santa Maria Sopra Minerva. Mit kleinem Innenhof, die Zimmer sind elegant und komfortabel eingerichtet mit Bad, TV, Aircondition. EZ 155–205 €, DZ 250 €, Frühstück inkl. Via di Santa Chiara 21, 00186 Roma, ✆ 06/6872979, ℻ 06/6873144, www.albergosantachiara.com.

Komfortable Unterkunft beim Campo de'Fiori

*** **Albergo Abruzzi** **37** → Karte S. 156/157, einmalige Lage gegenüber dem Pantheon (am Eck der Piazza della Rotonda). Die Traditionsherberge wurde vor einigen Jahren renoviert, die Zimmer sind nun mit Bad, TV und Aircondition ausgestattet, gegen den abendlichen Trubel helfen Doppelglasfenster. EZ 180 €, DZ 250 €, Dreibett-Zimmer 290 €, Vierbett-Zimmer 350 €, kleines Frühstück inkl. Piazza della Rotonda 69, 00186 Roma, ✆ 06/6792021, ℻ 06/69788076, www.hotelabruzzi.it.

**** **Campo de'Fiori** **17** → Karte S. 138/139, efeuumranktes Haus fast direkt an einem der malerischsten Plätze, dem Campo de'Fiori, im historischen Zentrum gelegen. Die Dachterrasse lädt zum Entspannen ein, die vor einigen Jahren renovierten Zimmer sind z. T. sehr klein. Nur zwölf Zimmer. EZ 170–200 €, DZ 190–220 €, Frühstück inkl. Via del Biscione 6, 00186 Roma, ✆ 06/68806865, ℻ 06/6876003, www.hotelcampodefiori.com.

*** **Teatro di Pompeo** **22** → Karte S. 138/139, kleines Hotel (nur 13 Zimmer), wenige Schritte vom Campo de'Fiori entfernt, sehr ruhig. Das Haus befindet sich auf einem Abschnitt der Zuschauertribüne des antiken Pompejustheaters (55 v. Chr.), wo vermutlich Julius Caesar ermordet wurde; im Hotel sind noch Reste des antiken Gemäuers erhalten. Gepflegtes Haus mit typisch römischem Charakter, alle Zimmer mit Bad und TV. EZ 140–160 €, DZ 180–210 €, Frühstück inkl. Largo del Pallaro 8, 00186 Roma, ✆ 06/6872812, ℻ 06/68805531, www.hotelteatrodipompeo.it.

»» Unser Tipp: ** **Albergo del Sole al Biscione** **18** → Karte S. 138/139, in unmittelbarer Nähe des Campo de'Fiori. Ansprechendes, beliebtes Haus mit Travelleratmosphäre und angemessenem Preis-Leistungs-Verhältnis, viele jüngere Gäste aus aller Welt. Mit Dachgarten und kleinem Innenhof, nette, kleine Zimmer, teilweise jedoch recht hellhörig. Hoteleigene Garage (18–23 € pro Tag). EZ ohne Bad 75 €, mit Bad 100–130 €, DZ ohne Bad 100–110 €, mit Bad 125–145 €, mit Dachterrasse kostet das DZ 160 €. Frühstück wird nicht angeboten, dafür gibt es die Bar nebenan. Via del Biscione 76, 00186 Roma, ✆ 06/68806873, ℻ 06/6893787, www.solealbiscione.it. ««

* **Navona** 48 → Karte S. 156/157, über 100 Jahre alte Traditionsherberge nahe der gleichnamigen Piazza (mitten im Zentrum), im ersten Stock eines Palazzo. Jüngst renoviert, gemütlich und komfortabel, trotz Nähe zum Zentrum sehr ruhig. 21 Zimmer mit Bad und Aircondition. EZ 170 €, DZ 260 €, Dreibett-Zimmer 310 €, Vierbett-Zimmer 335 €, Frühstück inkl. Via di Sediari 8, 00186 Roma, ✆ 06/68301252, 📠 06/68803802, www.hotelnavona.com.

*** **Smeraldo** 31 → Karte S. 138/139, versteckt in einer winzigen Gasse zwischen Campo de'Fiori und Via Arenula gelegen. Nach der Renovierung sind die Zimmer schlicht und funktional, aber nicht ungemütlich. Optimale Lage. EZ 115–130 €, DZ 150–170 €, Dreibett-Zimmer 175–180 €, Frühstück inkl. Via dei Chiodaroli 9, 00186 Roma, ✆ 06/6892121, 📠 06/68805495, www.smeraldoroma.com.

** **Arenula** 41 → Karte S. 138/139 , einfaches, ordentliches und sauberes Hotel mit 50 Zimmern an der viel befahrenen Via Arenula (Nähe Largo Argentina), daher teilweise auch nachts etwas laut. Nur wenige Schritte über die Brücke zum Ausgehviertel Trastevere, und auch der Campo de'Fiori ist nur wenige Minuten entfernt. Alle Zimmer mit Bad, TV, Aircondition. EZ 98 €, DZ 133 €, Frühstück inkl. Via di Santa Maria de'Calderari 47, 00186 Roma, ✆ 06/6879454, 📠 06/6896188, www.hotelarenula.com.

* **Mimosa** 49 → Karte S. 156/157, ideale Lage bei der Piazza Minerva (Pantheon), kleine und sympathische Herberge (im zweiten Stock, mit Aufzug), vor allem bei jungen Leuten beliebt, etwas laut und hellhörig. Nur elf Zimmer, mit Aircondition. EZ 88 €, DZ 118 €, Frühstück inkl. Via di Santa Chiara 61, 00186 Roma, ✆ 06/68801753, 📠 06/6833557, www.hotelmimosa.net.

Albergo Pomezia 26 → Karte S. 138/139, einfaches Albergo unweit des Campo de'Fiori, bei entsprechend hervorragender Lage schnörkellos und günstig. EZ 100 €, DZ 120 €, mit Frühstück. Via dei Chiavari 13, 00186 Roma, ✆/📠 06/6861371, www.hotelpomezia.it.

Spanische Treppe, Piazza del Popolo, Trevi-Brunnen, Via Veneto

Im Zentrum um die Spanische Treppe und die Via Veneto befinden sich zahlreiche Luxushotels, darunter auch nahezu unbezahlbare Institutionen wie das Hassler (Spanische Treppe), das Grandhotel Eden und das Excelsior in der Via Veneto, einst der Inbegriff für Dolce Vita. Eine kleine Auswahl:

***** L **De Russie** 2 → Karte S. 176/177, Ⓜ Spagna, das vielleicht schönste Hotel der Stadt liegt nur wenige Meter von der Piazza del Popolo entfernt. Das Ambiente der Luxusherberge könnte kaum edler sein, zum Hotel gehören ein herrlicher Garten und eine Terrasse. Außerdem gibt es diverse Bars (darunter die berühmte *Strawinskij-Bar* mit ihren nicht minder berühmten Cocktails) und mehrere Restaurants, das Spa (u. a. mit Jacuzzi, Sauna, türkischem Dampfbad) soll zu den besten in Rom zählen. Ruhige Lage, sehr entspannend, dennoch ganz zentral. Mit Parkplatz. EZ ca. 360–690 €, DZ ca. 490–690 €, Frühstück inkl. Via del Babuino 9, 00187 Roma, ✆ 06/328881, 📠 06/32888888, www.hotelderussie.it.

***** L **Hassler Villa Medici** 35 → Karte S. 176/177, Ⓜ Spagna. Das Hotel mit der wohl spektakulärsten Aussicht (auf Spanische Treppe und Peterskirche) und den prominentesten Gästen. Dachterrasse und idyllischer Innenhof, Luxus in Vollendung, beim traditionsreichen Hassler bleibt kaum ein Wunsch offen. EZ/DZ ab 500 €, Frühstück inkl. Piazza Trinità dei Monti 6, 00187 Roma, ✆ 06/699340, 📠 06/69941607, www.hotelhasslerroma.com.

***** L **Excelsior** 4 → Karte S. 217, Ⓜ Barberini. Einst der Inbegriff des Dolce Vita und Jetsets auf der Via Veneto; der legendäre Ruhm ist zumindest in den USA noch nicht verblasst: Die meisten Gäste kommen aus Amerika. Prunkvolle Ausstattung und perfekter Service, wie es sich für ein Grandhotel von Weltruhm gehört. EZ 415–450 €, DZ ab 456 €. Via Veneto 125, 00187 Roma, ✆ 06/47081, 📠 06/4826205, www.starwoodhotels.com.

***** L **Grand Hotel Eden** 6 → Karte S. 217, Ⓜ Barberini, zwischen Spanischer Treppe und Via Veneto. Die Luxusherberge stammt aus dem Jahr 1889, wurde aber vor einigen Jahren gründlich renoviert, der Flair der Belle Epoque blieb erfreulicherweise erhalten. Zimmer mit allem erdenklichen Komfort, großzügigen Marmorbädern (z. T. mit Whirlpool), von den obersten Stockwerken bietet sich auch ein fantastischer Blick. Panorama-Restaurant. EZ ab 335 €, DZ ab 371 €, Frühstück inkl., hoteleigener Parkplatz ca. 25 €/Tag. Via Ludovisi 49, 00187 Roma, ✆ 06/478121, ℻ 06/4821584, www.lemeridien.com/eden.

Il **Palazzetto** 27 → Karte S. 176/177, Ⓜ Spagna. Gehört zum Hassler (s. oben) und liegt wie dieses fast unmittelbar an der Spanischen Treppe. Nur wenige Zimmer. Das Spa im Hassler steht auch den Gästen des Hotels Palazzetto zur Verfügung. DZ 310–360 €, Frühstück inkl. (wird im Hassler eingenommen). Vicolo del Bottino 8, 00187 Roma, ✆ 06/699341000, ℻ 06/6991065, www.il palazzettoroma.com.

***** **D'Inghilterra** 44 → Karte S. 176/177, Ⓜ Spagna. Schon seit Mitte des 19. Jh. ein erstklassiges Hotel, zu dessen prominentesten Gästen u. a. Ernest Hemingway zählte. Ruhig und zentral in der autofreien Zone um die Piazza di Spagna (nahe der Via Condotti) gelegen. Nobles Ambiente und Service der alten Schule. Schöne Aussicht von den Zimmern im fünften Stock, Dachgarten. EZ ab 270 €, DZ 360–520 €, Frühstück 28 € pro Pers. Via Bocca di Leone 14, 00187 Roma, ✆ 06/699811, ℻ 06/69922243, www.royaldemeure.com.

**** L **Valadier** 7 → Karte S. 176/177, Ⓜ Spagna. In Stil und Ausstattung mit dem D'Inghilterra vergleichbar, ebenfalls ruhig gelegen, aber noch idyllischer in einer Gasse bei der Piazza del Popolo. Saisonabhängig starkes Preisgefälle. EZ 237–307 €, DZ 284–354 €, Dreibett-Zimmer 385–455 €, Frühstück inkl. Via della Fontanella 15, 00187 Roma, ✆ 06/3611998, ℻ 06/3201558, www.hotel valadier.com.

**** **Ottocento** 8 → Karte S. 217, Ⓜ Barberini. Das kleine Hotel in einer ruhigen Seitenstraße bei der Piazza Barberini gibt es seit 2002. Gepflegte Einrichtung in einem Palazzo aus dem 19. Jh. Nur 23 Zimmer, die zumeist nicht sehr groß sind. Moderne Einrichtung, Dachterrasse (mit Restaurant), alle Zimmer mit Bad, TV und WI-FI. EZ ab 170 €, DZ 230–250 €, Dreibett-Zimmer 298 €, Frühstück inkl. Via dei Cappuccini 19, 00187 Roma, ✆ 06/42011900, ℻ 06/42011020, www. albergottocento.it.

**** **Locarno** 5 → Karte S. 176/177, Ⓜ Flaminio. In dieser Kategorie sehr empfehlenswert, wenige Schritte von der Piazza del Popolo, ruhige Lage, geschmackvolles Haus, z. T. im Art-déco-Stil der 1920er Jahre, angenehme Atmosphäre, von der Dachterrasse hat man einen schönen Blick bis zur Kuppel der Peterskirche. Mit Bar, im Sommer kann man hier mittags im Innenhof essen. Kostenloser Fahrradverleih. 68 Zimmer, alle mit Bad, TV und Aircondition, WI-FI, Garage vorhanden (25 €/Tag). EZ/DZ um 250 €, Dreibett-Zimmer 320 €, Frühstück inkl. Via della Penna 22, 00186 Roma, ✆ 06/3610841, ℻ 06/3215249, www.hotellocarno.com.

»» **Unser Tipp:** *** **Trevi** 17 → Karte S. 217, Ⓜ Barberini. Gepflegtes, kleines Hotel in einem alten Palazzo, nur wenige Schritte vom Trevi-Brunnen. Mit Dachterrasse und 25 komfortablen Zimmern mit Bad, TV, WI-FI und Aircondition. EZ 169 €, DZ 239 €, Dreibett-Zimmer 309 €, Frühstück inkl. Diverse Sondertarife! Vicolo del Babuccio 21, 00187 Roma, ✆ 06/6789563, ℻ 06/69941407, www.hoteltrevirome.com. ««

*** **Fontana** 16 → Karte S. 217, Ⓜ Barberini, unschlagbare Lage gleich gegenüber der Fontana di Trevi, entsprechend groß ist hier der Rummel, nachts wird es kaum ruhiger. 25 geschmackvoll eingerichtete Zimmer, einige mit Blick auf den berühmten Brunnen, ansonsten auch schöner Blick von der Dachterrasse. EZ ab 160 €, DZ ab ca. 190 €, Dreibett-Zimmer ab 280 €, Frühstück inkl. Piazza di Trevi 96, 00187 Roma, ✆ 06/6786113, ℻ 06/6790024, www.hotelfontana-trevi.com.

*** **Gregoriana** 43 → Karte S. 176/177, Ⓜ Spagna/Barberini. Vor einigen Jahren renoviert, 19 Zimmer mit Bad, Aircondition und TV, freundlicher Service und gute Lage oberhalb der Spanischen Treppe. EZ 168 €, DZ 258–288 €, Dreibett-Zimmer 310 €, Frühstück inkl. Via Gregoriana 18, 00187 Roma, ✆ 06/6794269, ℻ 06/6784258, www.hotel gregoriana.it.

*** **Madrid** 56 → Karte S. 176/177, Ⓜ Spagna, wenige Schritte von der Via Condotti entfernt, im noblen Einkaufsviertel. 26 renovierte Zimmer, die Badezimmer sind ganz modern. Es gibt auch eine Dachterrasse. DZ 200–250 €, Frühstück inkl. Via Mario de'Fiori 93, 00187 Roma, ✆ 06/6991510, ℻ 06/6791653, www.hotelmadridroma.com.

*** **Piazza di Spagna** 28 → Karte S. 176/177, Ⓜ Spagna. Efeuumranktes Haus in der fast autofreien Via Mario de'Fiori, nur 20 Zimmer, freundlicher Service. Zentraler geht es kaum. EZ 130–170 €, DZ 190–260 €, Frühstück inkl. Via Mario de'Fiori 61, 00187 Roma, ✆ 06/6796412, ℻ 06/6790654, www. hotelpiazzadispagna.it.

*** **Pincio** 54 → Karte S. 176/177, Ⓜ Barberini, in der Nähe der Spanischen Treppe.

Nettes, ordentliches kleines Hotel (nur 16 Zimmer), mit Dachterrasse, auf der man bei schönem Wetter frühstücken kann. Teilweise kleine Zimmer mit Bad und Aircondition, TV und Kühlschrank. EZ ab 110 €, DZ 195 €, Dreibett-Zimmer 230 €, Frühstück inkl. Via Capo le Case 50, 00187 Roma, ✆ 06/6790758, 📠 06/6791233, www.hotelpincio.com.

*** **City** 60 → Karte S. 176/177, Ⓜ Barberini. Gute Mittelklasse im zweiten Stock eines Stadtpalazzos (altersschwacher Aufzug), ganz in der Nähe der Spanischen Treppe und somit in Bestlage. Schönes Ambiente mit dunklem altem Mobiliar, alle Zimmer mit modernem Bad, Aircondition, TV. EZ 155–175 €, DZ 210 €, Dreibett-Zimmer 245 €, Frühstück inkl. Via dei Due Macelli 97, 00187 Roma, ✆ 06/6784037, 📠 06/6797972, www.hotelcityroma.it.

Guesthouse Eva's Rooms 62 → Karte S. 176/177, Ⓜ Barberini. Nur elf Zimmer mit Bad, TV und Aircondition, freundliche Einrichtung, für die Gegend einigermaßen günstig. EZ um 110 €, DZ ca. 170 €, Dreibett-Zimmer 195–250 €, Frühstück inkl. (wird im Zimmer serviert). Via dei Due Macelli 31, 00187 Roma, ✆ 06/69190078, 📠 06/45421810, www.evasrooms.com.

** **Suisse** 52 → Karte S. 176/177, Ⓜ Barberini. Nahe der Spanischen Treppe am Rand des noblen Einkaufsviertels. Einrichtung im alten Stil, mit dunklen Möbeln und Parkettböden. Bar vorhanden. EZ 95 €, DZ 165 €, Dreibett-Zimmer 200 €, Frühstück inkl. Via Gregoriana 54, 00187 Roma, ✆ 06/6783649, www.hotelsuisserome.com.

Noble Adresse: Hotel Excelsior

››› Unser Tipp: * **Boccaccio** 10 → Karte S. 217, Ⓜ Barberini. Eine der günstigsten Unterkünfte in dieser zentralen Lage, das Hotel befindet sich im ersten Stock eines Eckhauses in der Via Rasella (bei der Piazza Barberini). Nur acht einfache Zimmer, fünf davon mit Bad, für den Preis okay. Achtung: nicht beschildert und nur am Klingelschild zu erkennen, daher leicht zu übersehen. Sehr freundliche und hilfsbereite Wirtin. EZ 60 € (ohne Bad), DZ ohne Bad 90 €, mit Bad 115 €. Kein Frühstück. Via del Boccaccio 25, 00187 Roma, ✆ 06/4885962, 📠 06/39798125, www.hotelboccaccio.com. ‹‹‹

Um Kolosseum, Forum Romanum und Aventin

**** **Forum** 4 → Karte S. 97 und 2 → Karte S. 122/123, Ⓜ Cavour, direkt neben dem Forum des Augustus. Ein Kloster aus dem Mittelalter, das 1962 zur Luxusherberge umfunktioniert wurde. Einmalig ist der Blick von der Dachterrasse auf das antike Rom, hier befindet sich auch das noble Ristorante des Hotels. 78 Zimmer mit Bad, TV und Aircondition, die Zimmer zur Via dei Fori Imperiali sind leider etwas laut. EZ 145–260 €, DZ 280–340 €, Frühstück inkl. Via Tor de'Conti 25, 00184 Roma, ✆ 06/6792446, 📠 06/6786479, www.hotelforum.com.

*** **Nerva** 1 → Karten S. 97 und S. 122/123, Ⓜ Cavour, sehr zentral und – zumindest nachts – ruhig gelegenes, kleines Hotel gegenüber dem gleichnamigen Forum (Foro di Nerva). Alle 19 Zimmer relativ neu renoviert, mit Bad, TV und Aircondition, kleine Zimmer, aber recht gemütlich. Sehr freundlicher Service. Garage vorhanden. EZ 115–149 €, DZ 184–234 €, Dreibett-Zimmer 224–254 €, Vierbett-Zimmer 264–312 €, Frühstück inkl. Via Tor de'Conti 3, 00184 Roma, ✆ 06/6781835, 📠 06/69922204, www.hotelnerva.com.

**** **Duca d'Alba** 40 → Karte S. 198/199, Ⓜ Cavour. Hervorragende Lage mitten im netten Stadtteil Monti, Metrostation in Sichtweite. Abends ist das Viertel voller Menschen, aber kein Autorverkehr (Fußgängerzone), zahlreiche Restaurants in unmittelbarer Umgebung. 27 gepflegte Zimmer, freundlicher Service. Preise variieren stark, EZ ab ca. 150 €, DZ ca. 200 €, Frühstück inkl. Via Leonina 14, 00184 Roma, ✆ 06/484471, 📠 06/4884840, www.hotelducadalba.com.

** **Grifo** **27** → Karte S. 198/199, Ⓜ Cavour, in der Via del Boschetto zwischen Via Nazionale und Kolosseum, zur besonders hübschen Piazza Madonna dei Monti mit Bars/Cafés sind es nur wenige Schritte. Renoviertes Hotel, alle Zimmer mit Bad und TV, einige auch mit Zugang zur Dachterrasse. EZ ab 119 €, DZ ab 125 €, Dreibett-Zimmer ab 169 €, Vierbett-Zimmer ab 209 €, Frühstück inkl. Via del Boschetto 144, 00184 Roma, ✆ 06/4871395, ℻ 06/4742323, www.hotelgrifo.com.

Antica Locanda **22** → Karte S. 198/199, Ⓜ Cavour. Einfaches Albergo, ebenfalls in der Via del Boschetto, 15 Zimmer mit Bad, TV und Aircondition. Z. T. recht klein, aber nicht ungemütlich. Das Hotel gehört zum B & B „Il Covo" (→ S. 44). EZ/DZ 140 €, Dreibett-Zimmer 160 €, Vierbett-Zimmer 180 €, Frühstück inkl. Via del Boschetto 84, 00184 Roma, ✆ 06/484894, ℻ 06/4871164, www.antica-locanda.com.

**** **Sant'Anselmo** **12** → Karte S. 97, Ⓜ Circo Massimo. Schöne, ruhige Lage auf dem Aventin, beim Palazzo des Malteserordens. Villa mit gepflegten Zimmern, die Einrichtung variiert zwischen modern-funktional und Neo-Rokoko. Von den oberen Stockwerken bietet sich ein wunderbarer Blick, hübscher Garten, in dem im Sommer gefrühstückt wird. EZ ab 175 €, DZ 215–265 €, Frühstück inkl. Piazza di Sant'Anselmo 2, 00153 Roma, ✆ 06/570057, ℻ 06/5783604, www.aventinohotels.com.

Hotel Forum – Zimmer mit direktem Blick auf die Antike

*** **Domus Aventina** **10** → Karte S. 97, Ⓜ Circo Massimo. Kleines, elegantes Hotel, ruhige Lage auf dem Aventin-Hügel, aber dennoch so zentrumsnah, dass man viele Sehenswürdigkeiten noch zu Fuß erreichen kann. Von den meisten der 26 Zimmer (alle mit Bad, Aircondition, TV und Kühlschrank) bietet sich ein schöner Blick auf den angrenzenden Park. Parkmöglichkeiten an der Piazza Prisca (unbewacht). EZ 100–150 €, DZ 130–240 €, Dreibett-Zimmer bis 320 €, Frühstück inkl. Via di Santa Prisca 11/B, 00153 Roma, ✆ 06/5746135, ℻ 06/57300044, www.hoteldomusaventina.com.

*** **Fori Imperiali Cavalieri** **6** → Karte S. 97, und **4** → Karte S. 122/123, Ⓜ Colosseo. Kleines Hotel ums Eck vom Kolosseum in einer ruhigen Gasse bei der Via dei Fori Imperiali. Nur 24 Zimmer, alle mit Bad, TV und Aircondition, WI-FI. Bar und Dachterrasse. EZ 120–165 €, DZ 180–215 €, Frühstück inkl., Garage 30 €/Tag. Via Frangipane 34, 00184 Roma, ✆ 06/6796246, ℻ 06/6797203, www.cavalieri.it.

*** **Aventino** **11** → Karte S. 97, Ⓜ Circo Massimo. Sehr ruhig und im Grünen mitten auf dem Aventin-Hügel. Gehört zum Sant'Anselmo. Die Zimmer sind gediegen eingerichtet, die Bäder modern. Zum Haus gehört ein kleiner Garten. Unbewachte Parkmöglichkeit an der Straße. EZ 141 €, DZ 170 €, Dreibett-Zimmer 190 €, Frühstück inkl. Via S. Domenico 10, 00153 Roma, ✆ 06/570057, ℻ 06/5783604, www.aventinohotels.com.

** **Romano** **7** → Karte S. 97 und **5** → Karte S. 122/123, Ⓜ Colosseo. Zentrale Lage zwischen Antikem Rom und dem Ausgehviertel Monti. Vieles befindet sich ab hier in Laufweite und auch die Metrostation ist nur wenige Schritte entfernt. Bars und Restaurant vor dem Haus. 16 recht schlichte Zimmer, Bad und TV sowie Aircondition. EZ ab 80 €, DZ 150 €, Dreibett-Zimmer 170 €, Frühstück inkl. Largo Corrado Ricci 32, 00184 Roma, ✆ 06/6795851, ℻ 06/6786840, www.albergoromano.it.

Um den Hauptbahnhof Stazione Termini

***** **Exedra** 13 → Karte S. 198/199, Ⓜ Repubblica. Im Halbrund der prachtvollen neoklassizistischen Arkaden an der Piazza della Repubblica, Nobelherberge mit 241 Zimmern in moderner Eleganz, mit Spa, Bar und Restaurant, absolutes Highlight ist allerdings der Pool auf der Dachterrasse mit Aussicht und Bar. Sondertarife für EZ/-DZ ab 330–380 € (es ist aber auch das Doppelte bis Dreifache möglich), Frühstück 30 € pro Person. Piazza della Repubblica 47, 00185 Roma, ✆ 06/489381, 06/48938000, www.boscolohotels.com.

***** **Radisson Blu es** 26 → Karte S. 198/199, Ⓜ Vittorio E. In nicht sehr schicker Umgebung liegt dieses Designhotel mit herrlicher Dachterrasse im siebten Stock: hier befinden sich der Pool (nur Juni bis Sept. geöffnet), die hippe „Zest-Bar" und das Restaurant „Sette". Das Design der 232 Zimmer ist modern-minimalistisch, z. T. gruppieren sie sich um den Innenhof. Öffentliches Parkhaus nebenan. EZ ab 250 €, DZ ab 265 € (Sonderangebote im Internet, dann teilweise günstiger), Frühstück inkl. Via Filippo Turati 171, 00185 Roma, ✆ 06/444841, www.radissonblu.com.

**** **Artdeco** 5 → Karte S. 198/199, Ⓜ Castro Pretorio. Gehört zur Best-Western-Kette. Die Innenausstattung ist im Art-déco-Stil gehalten, dank aufwändiger Renovierung ist aller moderne Komfort (inkl. Sauna) vorhanden. Mit Restaurant. 68 Zimmer mit Bad, TV, WI-FI und Aircondition. Ca. 200 m nördlich vom Hauptbahnhof Termini. EZ ab 129 €, DZ 169–209 €, Frühstück inkl. Via Palestro 19, 00185 Roma, ✆ 06/4457588, 06/4441483, www.bestwestern.it.

*** **Alpi** 8 → Karte S. 198/199, Ⓜ Castro Pretorio, etwas nördlich vom Bahnhof an der Piazza Indipendenza gelegen. Komfortabel ausgestattetes Hotel in einem Palazzo aus dem 19. Jh., alle 48 Zimmer mit Bad, TV und Aircondition. EZ 185 €, DZ 185–250 €, Dreibett-Zimmer 280 €, Vierbett-Zimmer 330 €, Frühstück inkl. Via Castelfidardo 84, 00185 Roma, ✆ 06/4441235, 06/4441257, www.hotelalpi.com.

*** **Astoria Garden** 11 → Karte S. 198/199, Ⓜ Castro Pretorio, relativ ruhig nahe der Piazza Indipendenza gelegen, netter Garten nach hinten hinaus, innen edel mit Marmor und dunklem Mobiliar. Viele Geschäftsleute steigen hier ab. Zimmer mit Bad, TV und Aircondition. EZ 85–125 €, DZ 130–180 €, Dreibett-Zimmer 180–200 €, Vierbett-Zimmer 198–220 €, Frühstück inkl., Garage gegen Aufpreis. Via V. Bachelet 8, 00185 Roma, ✆ 06/4469908, 06/4453329, www.hotelastoriagarden.it.

*** **Kennedy** 19 → Karte S. 198/199, Ⓜ Termini. In direkter Nachbarschaft zum Hauptbahnhof, daher nicht ganz ruhig gelegen (aber mit Schallschutzfenstern). Vor einigen Jahren renoviert, solide und komfortable Zimmer mit Bad, TV, Kühlschrank und Aircondition, gar nicht mal so teuer. Von Lesern empfohlen. EZ 89 €, DZ/Dreibett-Zimmer 159 €, Frühstück inkl. Via Filippo Turati 62, 00185 Roma, ✆ 06/4465373, 06/4465417, www.hotelkennedy.net.

*** **Impero** 15 → Karte S. 198/199, Ⓜ Termini, nur wenige Schritte vom äußerlich eher unspektakulären Opernhaus entfernt. Einige der 75 Zimmer sind mit Möbeln der 1920er Jahre ausgestattet, insgesamt eine elegant-gediegene Einrichtung. Garage vorhanden. EZ ab 135 €, DZ ab 189 €, Dreibett-Zimmer ab 245 €, Frühstück inkl. Via Viminale 19, 00184 Roma, ✆ 06/4820066, 06/483762, www.hotelimperorome.com.

*** **Villa Florence** 1 → Karte S. 198/199, ein wenig außerhalb der Porta Pia, zu Fuß ca. 15 Minuten zum Bahnhof Termini (auch Busse ab Via Nomentana). Etwas zurückversetzt von der breiten Via Nomentana, daher nicht allzu laut, mehr Ruhe bietet allerdings ein Zimmer nach hinten hinaus. Ruhige Atmosphäre, 32 Zimmer mit nachempfundenen Stilmöbeln und viel Rot; mit Terrasse und Parkplatz. EZ 194 €, DZ 243 €, Dreibett-Zimmer 281 €, Vierbett-Zimmer 305 €, Frühstück inkl. Parkplatz 25 €/Tag. Via Nomentana 28, 00161 Roma, ✆ 06/4403036, 06/4402709, www.hotelvillaflorence.it.

** **Lilium** 3 → Karte S. 198/199, Ⓜ Repubblica. Nette Herberge im dritten Stock (Aufzug) eines Palazzos in der Via XX Settembre, nicht weit von Quirinal und Piazza Barberini. Freundlicher Service, im Aufenthaltsraum zwitschern Kanarienvögel in der Voliere, netter Frühstücksraum. Die 14 Zimmer sind schlicht, aber angenehm eingerichtet, gute Ausstattung, einige auch mit Balkon zum Innenhof. EZ ab 120 €, DZ 170–200 €, Dreibett-Zimmer 286–316 €, Frühstück inkl.,

Garage in der Nähe. Via XX Settembre 58/A, 00187 Roma, ✆ 06/4741133, ✆ 06/23328387, www.liliumhotel.com.

*** **Re di Roma** 20 → Karte S. 122/123, Ⓜ Re di Roma. Etwas außerhalb der Innenstadt im Viertel San Giovanni liegt dieses gepflegte und moderne Hotel, nur wenige Gehminuten von der Metrostation der Linea A. Schickes, originelles Ambiente, 38 einladende Zimmer mit Bad, TV, Aircondition und kostenlosem Internetanschluss. Brave Hunde sind hier erlaubt. Das Hotel wird auch von Lesern empfohlen. EZ 109–199 €, DZ 119–209 €, Dreibett-Zimmer ab 179 €, Vierbett-Zimmer ab 199 €, Frühstück inkl. Via Vercelli 21, 00182 Roma, ✆ 06/70302501, ✆ 06/70399231, www.hotelrediroma.com.

** **Tre Stelle** 10 → Karte S. 198/199, Ⓜ Castro Pretorio. Es sind zwar nur zwei Sterne, dennoch ein gut ausgestattetes Hotel und relativ günstig, alle Zimmer mit Bad, TV und Aircondition. EZ 75 €, DZ 93–112 €, Dreibett-Zimmer 135 €, Frühstück inkl. Bar vorhanden. Via S. Martino della Battaglia 11, 00185 Roma, ✆ 06/4463095, ✆ 06/4468229, www.hoteltrestelle.it.

** **Papa Germano** 9 → Karte S. 198/199, Ⓜ Repubblica. Unser Tipp fürs kleinere Budget. Familiär-freundliche Atmosphäre, das Hotel ist besonders bei Rucksackreisenden beliebt. Nur neun renovierte Zimmer (z. T. mit TV und Kühlschrank), im Erdgeschoss Internet-Ecke, Frühstücksraum und eine kleine Bibliothek. Relativ ruhige Lage zwischen Piazza Indipendenza und Finanzministerium. Papa Germano ist sehr um seine Gäste bemüht. EZ ohne Bad 60 €, DZ ohne Bad 95 €, DZ mit Bad 120 €, Dreibett-Zimmer ohne Bad 100 €, mit Bad 140 €, Vierbett-Zimmer ohne Bad 130 €, mit Bad 150 €, Bett im Schlafsaal (ohne Bad) 30 € (bis max. 45 Jahre möglich), alle Preise inkl. Frühstück. Via Calatafimi 14 a, 00185 Roma, ✆ 06/486919, ✆ 06/47825202, www.hotelpapagermano.com.

** **Porta Pia** 2 → Karte S. 198/199, in einer Seitenstraße nahe der Porta Pia. Die 19 Zimmer sind renoviert und gut ausgestattet, freundlicher und hilfsbereiter Service. EZ 100 €, DZ 160 €, Frühstück 6 € pro Pers. Via Messina 25 (zweiter Stock), 00198 Roma, ✆/✆ 06/44249911, www.hotelportapia.it.

* **Castelfidardo** 6 → Karte S. 198/199. Einfach und sauber, freundliche Atmosphäre, nur 13 ordentliche und für die 1-Stern-Kategorie durchaus komfortable Zimmer. Ca. 200 m vom Hauptbahnhof Roma Termini. EZ ohne Bad 40–60 €, EZ mit Bad 50–90 €, DZ ohne Bad 60–100 €, mit Bad 80–120 €, Dreibett-Zimmer mit Bad 120–150 €, Vierbett-Zimmer mit Bad 130–160 €, Frühstück inkl. Via Castelfidardo 31 (dritter Stock), 00185 Roma, ✆ 06/4464638, ✆ 06/4941378, www.hotelcastelfidardo.com.

Trastevere

*** **Santa Maria** 17 → Karte S. 236/237, in einer Gasse im Herzen von Trastevere, nur wenige Schritte von der Kirche Santa Maria in Trastevere entfernt. Hübscher Innenhof mit Orangenbäumen, in dem bei schönem Wetter auch gefrühstückt wird. 17 Zimmer. Den Gästen stehen kostenlos Internetnutzung und ein Fahrradverleih zur Verfügung. Freundlicher Service. EZ 160–190 €, DZ 175–230 €, Dreibett-Zimmer 210–280 €, Vierbett-Zimmer 240–310 €, Frühstück inkl. Vicolo del Piede 2, 00153 Roma, ✆ 06/5894626, ✆ 06/5894815, www.hotelsantamaria.info.

** **Trastevere** 31 → Karte S. 236/237, relativ zentral in Trastevere gelegen. Nicht mehr ganz neu, alle Zimmer mit Bad und TV, relativ günstig. EZ 80–95 €, DZ 105 €, Dreibett-Zimmer 130 €, Vierbett-Zimmer 155 €, Frühstück inkl. Via Luciano Manara 25, 00153 Roma, ✆ 06/5814713, ✆ 06/5881016, www.hoteltrastevere.net.

Um den Vatikan

**** **Residenza Paolo VI** 30 → Karte S. 250/251, Ⓜ Ottaviano. Seit 1999 gibt es dieses Hotel in der ehemaligen Pilgerherberge eines Augustinerklosters fast direkt am Petersplatz. 28 elegant eingerichtete Zimmer, von der Hotelterrasse bietet sich ein schöner Blick auf Petersplatz und Peterskirche. Deutschsprachiger Service, persönliche Atmosphäre. EZ 242 €, DZ 280–295 €, Dreibett-Zimmer 387 €, Frühstück inkl. Bei frühzeitiger Online-Buchung bis zu 40 % Rabatt. Via Paolo VI 29, 00193 Roma, ✆ 06/684870, ✆ 06/6867428, www.residenzapaolovi.com.

****S **Atlante Star** 22 → Karte S. 250/251, Ⓜ Ottaviano, zwischen Engelsburg und Piazza Risorgimento. Herrliche Aussicht von der Dachterrasse auf Peterskirche und Vatikanpalast, die man auch vom Restaurant im sechsten Stock des Hotels hat. Zimmer zur Straße teilweise etwas laut. Komfortables Haus mit hervorragendem Service, alle 70 Zimmer mit Bad, TV, Aircondition und Kühlschrank, Frühstück auf der Dachterrasse. Besonderer Bonus: kostenlose Abholung vom Flughafen. EZ ab 190 €, DZ ab 225 €, Dreibett-Zimmer ab 260 €, Frühstück inkl. Diverse Arrangements (v. a. online), die wesentlich preisgünstiger sind, evtl. kann es sich auch lohnen, über einen der Reiseveranstalter von Deutschland aus zu buchen. Via G. Vitelleschi 34, 00193 Roma, ✆ 06/68638, 📠 06/6872300, www.atlantehotels.com.

**** **Atlante Garden** **19** → Karte S. 250/251, Ⓜ Ottaviano, in unmittelbarer Nachbarschaft zum feineren Schwesterhotel Atlante Star (s. o.). 55 komfortable Zimmer, kürzlich renoviert, zur stark befahrenen Via Crescenzio etwas laut. Kostenlose Abholung vom Flughafen. EZ ab 180 €, DZ ab 205 €, Dreibett-Zimmer ab 240 €, Frühstück inkl., diverse Sonderangebote online, ebenso über die großen Reiseveranstalter. Via Crescenzio 78, 00193 Roma, ✆ 06/6872361, 📠 06/6872315, www.atlantehotels.com.

**** **Farnese** **5** → Karte S. 250/251, Ⓜ Lepanto, Palazzo am Eck zum breiten Viale Giulio Cesare, dennoch ruhig. Metrostation vor der Tür. Gediegenes Ambiente, Terrasse, Zimmer mit eleganten Marmorbädern. EZ 200 €, DZ 200–300 €, Dreibett-Zimmer 310 €, Frühstück inkl. Via Alessandro Farnese 30, 00192 Roma, ✆ 06/3212553, 📠 06/3215129, www.hotelfarnese.com.

*** **Arcangelo** **17** → Karte S. 250/251, Ⓜ Lepanto. Mitten im Stadtviertel Prati und unweit des Vatikans in einer ruhigen Straße liegt dieses elegante Hotel in einem Palazzo aus dem 19. Jh. Gediegene Einrichtung, teilweise mit Jugendstil-Elementen, es gibt einen Salon mit Kamin und eine Dachterrasse mit herrlichem Blick. 33 Zimmer, elegante Marmorbäder. Kostenloser Parkplatz. EZ ab 135 €, DZ ab 170 €, Dreibett-Zimmer ab 220 €, Frühstück inkl. Via Boezio 15, 00192 Roma, ✆ 06/6874143, 📠 06/6893050, www.hotelarcangeloroma.com.

*** **Sant'Anna** **24** → Karte S. 250/251, Ⓜ Ottaviano. Das empfehlenswerte, kleine Hotel (mit Innenhof) liegt nur wenige Schritte von der Peterskirche entfernt in einer ruhigen Gasse, dennoch zentral. Angenehme Atmosphäre, komfortable Ausstattung, 20 Zimmer mit Bad, TV, Aircondition und Kühlschrank. EZ 130 €, DZ 200 €, Dreibett-Zimmer 210 €, Frühstück inkl., Garage ca. 25 €/Tag. Borgo Pio 134, 00193 Roma, ✆/📠 06/68801602, www.hotelsantanna.com.

*** **Spring House** **15** → Karte S. 250/251, Ⓜ Cipro. Best-Western-Hotel in einer ruhigen Gegend in der Nähe vom Eingang zu den Vatikanischen Museen. 51 Zimmer. Vom Frühstücksraum mit Dachterrasse im sechsten Stock hat man einen schönen Blick. Hoteleigene Garage (ca. 20 €/Tag). EZ 170 €, DZ 190–230 €, Frühstück inkl. Via Mocenigo 7, 00192 Roma, ✆ 06/39720948, 📠 06/39721047, www.hotelspringhouse.com.

»» Unser Tipp: *** **Bramante** **27** → Karte S. 250/251, Ⓜ Ottaviano. Traditionsherberge in einer winzigen Gasse in unmittelbarer Nähe der Peterskirche, aber dennoch recht ruhig. Das Gebäude stammt aus dem 14. Jh. Die 19 Zimmer sind komfortabel und angenehm eingerichtet, eine Garage kann vermittelt werden. EZ 160 €, DZ 230–240 €, Dreibett-Zimmer 250 €, Vierbett-Zimmer 260 €, Frühstück inkl. Vicolo delle Palline 24, 00193 Roma, ✆ 06/68806426, 📠 06/68133339, www.hotelbramante.com. ««

** **Vatican Garden Inn** **12** → Karte S. 250/251, Ⓜ Ottaviano/Lepanto. Kleines Hotel (nur acht Zimmer) in der relativ ruhigen Via Germanico. Gepflegte Zimmer, Möbel im Stil des 18. Jh., Seidentapeten, aber auch mit Flatscreen-TV, Teppichböden und modernen Bädern ausgestattet. Zum Hotel gehört ein kleiner Garten. Parkplatz vorhanden. EZ 110–115 €, DZ 140–145 €, Dreibett-Zimmer ca. 165 €, Vierbett-Zimmer 200 €, Frühstück inkl. Via Germanico 201, 00192 Roma, ✆ 06/3217559, 📠 06/3226752, www.vaticangardeninn.com.

** **Al San Pietrino** **3** → Karte S. 250/251, Ⓜ Ottaviano. Gepflegtes, kleines Hotel (nur zwölf Zimmer) in der dritten Etage eines alten Wohnhauses, jenseits des Viale Giulio Cesare, zu Fuß ca. 5 Min. zur Metro. Freundlich eingerichtete Zimmer, z. T. mit Balkon, ruhig, nette Atmosphäre. Von vielen Lesern empfohlen. EZ 90 €, DZ 118 €, Dreibett-Zimmer 148 €, Vierbett-Zimmer 168 €, ohne Frühstück. Via Giovanni Bettolo 43, 00195 Roma, ✆ 06/3700132, 📠 06/3701809, www.sanpietrino.it.

Frisches Gemüse vom Blumenfeld – Marktstand auf dem Campo de'Fiori

Essen und Trinken

Italien ist ein kulinarisches Paradies, da macht auch die wahre „Cucina alla Romana", die oftmals aus sehr deftigen, traditionellen und einfachen Gerichten besteht, keine Ausnahme. Besonderen Wert legt man hier – wie überall in Italien – auf die frischen Zutaten.

Seit der Antike ist den Römern das Essen heilig. Berühmtheit erlangte v. a. der steinreiche Berufssoldat und Feinschmecker *Lucullus*, ein Zeitgenosse Caesars. Berichte über ausschweifende Galadiners in seinen Gärten (heute Villa Borghese) sind bestens überliefert. Von seinen Feldzügen brachte Lucullus zahlreiche exotische Früchte nach Europa; ihm verdanken wir z. B. die Kirsche aus Asien und die Artischocke aus Afrika.

Heute basiert die Küche Roms auf zwei Säulen: die traditionelle römisch-jüdische Küche aus dem ehemaligen Ghetto und die volkstümliche Arme-Leute-Küche aus dem Stadtviertel Testaccio. In Testaccio nämlich befand sich der riesige Schlachthof (*Mattatoio*) der Stadt, und aus den – für die Armen – übrig gebliebenen Fleischstücken entstand eine eigene Küche: die des *Quinto quarto,* des so genannten „fünften Viertels" vom Rind – also Hirn, Innereien, Schwanz etc. Heute sind sie auf jeder Speisekarte traditioneller römischer Trattorien und Osterien zu finden, und auch in den „moderneren" Restaurants führt kaum ein Weg an den volkstümlichen Gerichten des alten Schlachthofviertels vorbei. Hinzu kommen – quasi als Relikt aus dem antiken Rom – oftmals recht exotische Gewürze wie z. B. Zimt. Weitere Einflüsse in der traditionellen römischen Küche kommen aus dem Umland aus Latium, man denke nur an die beliebten *Bucatini all'amatriciana* aus dem kleinen Städtchen Amatrice im Nordosten der Region.

Frisches Gemüse in zahlreichen Variationen mit Olivenöl ist charakteristisch für den Speiseplan römischer Restaurants. Fischgerichte spielen eine eher untergeordnete Rolle, werden traditionell aber oft am Freitag aufgetischt. Groß ist die Auswahl an Pasta und Gnocchi, die als erster Gang (*primo piatto*) vor dem obligatorischen zweiten Hauptgericht (*secondo*) serviert werden. Überhaupt wird in den römischen Lokalen ausgiebig geschlemmt – ein gemeinsam zelebriertes Abendessen im Ristorante oder in der Trattoria dauert Stunden.

Die Lokale

Eine Einteilung ist nach Art und Bezeichnung des Lokals nur bedingt möglich. Hinter mancher als ursprünglich-zünftig geltenden Osteria (römisch auch Hostaria) verbirgt sich ein schickes Ristorante, das Gleiche gilt für die Trattoria. Generell kann man sagen, dass das Ristorante für hohe Preise steht, die Pizzeria oder Spaghetteria für ein eher gemäßigtes Preisniveau.

Römische Spezialitäten

Antipasti: Das typische Antipasto (Vorspeise) der römischen Küche ist die **bruschetta** (dicke geröstete *Brotscheibe* mit Olivenöl, Knoblauch und Tomaten), die in römischen Lokalen so selbstverständlich ist, dass sie manchmal gar nicht auf der Speisekarte steht. Oftmals wird auch der **carciofo alla giudea** (gebackene Artischocke) als Antipasto angeboten.

Primi: Beim Primo (erster Gang) greift man zu **bucatini all'amatriciana**, dickere Spaghetti mit einer Tomaten-Speck-Soße und scharfen Peperoncini, darüber wird der würzige Hartkäse **pecorino romano** gerieben. Das zweite traditionelle Pastagericht sind die **tonarelli cacio e pepe** – denkbar einfach mit frisch gemahlenem schwarzem Pfeffer und würzigem Pecorino, ebenso die **spaghetti alla gricia** mit Speck (bzw. Schweinebacke) und Pecorino. Charakteristisch für Rom sind auch die **gnocchi** (aus Kartoffeln und Mehl), die meist mit kräftiger Tomatensoße serviert werden.

Secondi: Typische Hauptgerichte sind Innereien, von denen besonders **trippa alla romana**, in Weißwein und Gemüse gekochte Kutteln (Innereien), hervorzuheben sind. Ebenfalls zu den Standards zählen **coratella d'abbacchio con carciofi** (Innereien vom Lamm mit Artischocken) und **fritto misto alla romana** (Hirn, Bries, Stockfisch, Gemüse und Mozzarella im Backteig), das auch fleischlos als **fritto misto vegetario** zu haben ist. Weitere typische Fleischgerichte sind **abbacchio** (Milchlamm), **coda alla vaccinara** (Ochsenschwanz), die bekannte **saltimbocca alla romana** (Kalbsschnitzel mit Schinken und Salbei in Weinsoße) und **porchetta** (gefülltes Spanferkel, in Scheiben geschnitten), eines der beliebtesten Fleischgerichte der Römer. Beim Fisch ist das Spektrum kleiner. Hier werden **anguilla** (Aal am Spieß oder gegrillt), **zuppa di pesce** (Fischsuppe), **baccalà alla romana** (in Teig ausgebackener Stockfisch) und **fritto misto di pesce** (verschiedene Fischsorten, in Olivenöl ausgebacken) angeboten.

Contorni: Als Beilagen gibt es häufig **carciofi** (Artischocken), entweder **alla romana** (mit Minze, Petersilie und Knoblauch gekocht) oder **alla giudea** (nach jüdischer Tradition in Olivenöl knusprig gebacken) zubereitet. Außerdem stehen immer wieder **fave al guanciale** (mit Schweinebacke gegarte Saubohnen) auf dem Programm.

Ein römisches Mahl wird nach dem Dessert oft traditionell mit Käse abgeschlossen, besonders mit dem scharfen **pecorino romano**, aber auch mit **mozzarella, ricotta** oder **gorgonzola.**

Viele Restaurants verfügen über eine Terrasse, auch im Herbst und frühen Frühjahr kann – unterm Heizpilz – draußen gegessen werden kann.

Achtung: Sehr viele Restaurants machen im August mindestens zwei, oftmals drei Wochen Betriebsferien, manche auch den ganzen Monat über!

Ristorante: Eine Bezeichnung, hinter der sich fast alles verbergen kann – das an eine Pizzeria angeschlossene Restaurant auf eher einfachem Niveau bis hin zum edlen Gourmet-Tempel, in dem römische Geschäftsleute ihre Kunden prestigeträchtig zum gemeinsamen Arbeitsessen ausführen. Ein Blick auf Ausstattung und Speisekarte genügt meist, um sich ein Bild vom Niveau eines Ristorante zu verschaffen.

Trattoria: Die einfachere, bodenständigere und ursprünglichere Variante des Ristorante. Früher (heute kaum noch) oft ein Familienbetrieb, mittlerweile nennen sich auch manche piekfeinen Ristoranti scheinbar bescheiden Trattoria, um Traditionsbewusstsein vorzuspiegeln. Die Bezeichnung Trattoria sagt nichts über die Preise, die können hier nämlich genauso hoch liegen wie bei einem Ristorante.

Osteria/Hostaria: Eigentlich das Gasthaus um die Ecke, in dem Arbeiter und Angestellte ihre Mittagspause verbringen. Die traditionelle Osteria ist fast immer ein Familienbetrieb mit einfacher, unverfälschter Hausmannskost und wechselnden Tagesmenüs, die nur zum Mittagstisch geöffnet ist. Man findet sie in Rom inzwischen immer seltener. Eine typische Osteria ist spartanisch eingerichtet und bietet nur wenige, täglich wechselnde, deftige, aber stets frisch zubereitete Gerichte, dazu gewöhnungsbedürftigen, aber passenden weißen Hauswein. Die Rechnung fällt moderat und meist auch ziemlich rund aus – der Wirt hat im Kopf überschlagen. Die traditionellen Osterien haben sonntags geschlossen.

Pizzeria: Taucht oft in Verbindung mit dem Zusatz *Ristorante* auf, was besagt, dass es neben einer großen Auswahl an Pizza auch alle anderen Gänge und Speisen gibt; allerdings in aller Regel einfacher als im reinen Ristorante. Die Pizza kommt gewöhnlich aus dem Steinofen, der eigens dafür angestellte Pizzabäcker hat allabendlich alle Hände voll zu tun. Eine preiswerte Möglichkeit, in Rom gut zu essen. In den Pizzerien wird der Ofen in der Regel nur abends angeworfen.

Spaghetteria: Auf Nudelgerichte aller Art spezialisiert, daneben auch eine beschränkte Palette an Secondi, Contorni, Dolci etc. Gemäßigtes Preisniveau, nur selten legt man Wert auf ein gestyltes Ambiente.

Enoteca/Winebar: Ideal für ein nicht ganz so umfangreiches Mittagsmenü, dazu ein gutes Glas Wein. Viele der alteingesessenen römischen Enoteche bieten Mittagstisch mit täglich wechselnden Gerichten – oft Pasta, Gemüse, Salate, Wurst- und Käseteller, aber auch die klassischen Secondi und Desserts. Eine passende Auswahl an Weinen wird glasweise angeboten und ist im angeschlossenen Weingeschäft natürlich auch zu kaufen. Relativ günstiger Mittagstisch, viele Enoteche sind aber oft bis auf den letzten Platz besetzt, daher früh kommen oder Wartezeiten einkalkulieren. Sonntags meist geschlossen.

Pizza al taglio oder Tavola Calda/Rosticceria: Die noch preisgünstigere Alternative zu Ristorante/Trattoria, vor allem für einen Imbiss am Mittag. Die traditionellen italienischen Fast-Food-Lokale findet man überall in der Stadt. Bei der *Pizza al taglio* werden verschiedene Pizzasorten nach Gewicht verkauft (die Preisangaben beziehen sich immer auf ein „etto" – 100 Gramm –, für eine Portion sollte man mit etwa 250 Gramm rechnen. In der *Tavola Calda* wird von der Vorspeise bis zum Dessert alles geboten; die ganztägig mäßig warm gehaltenen Speisen sucht man sich in der Vitrine aus (Pizza al taglio oft nur mit Außer-Haus-Verkauf, wogegen die Tavola Calda meist auch über einige Tische verfügt).

Bar: Hier trifft man sich tagsüber, z. B. um ein spärliches Frühstück einzunehmen oder einen der unzähligen Kaffees des Tages zu trinken. Aber auch für ein Glas Wein oder ein Panino (belegtes Brötchen) suchen viele Römer die Bar auf. Man zahlt erst an der Kasse und legt den Bon (*scontrino*) dann dem Barmann vor. Achtung: Lässt man sich in der Bar an einem Tisch (*al tavolo*) oder gar draußen nieder, wird es erheblich teurer als stehend am Tresen (*al banco*)!

Caffè: Unterscheidet sich zunächst durch die zahlreichen Sitzplätze von der Bar. Meist werden im Caffè auch Kuchen, andere Konditoreiwaren und kleine Gerichte angeboten, die Preise liegen merklich höher als in der Bar. In den meisten Cafés kann man sein Getränk übrigens auch am Tresen einnehmen. Am bekanntesten ist das traditionsreiche und sehr teure Caffè Greco in der Via Condotti (→ S. 178).

Gelateria: Das italienische Eis ist zu Recht weltberühmt, jede größere Gelateria, die etwas auf sich hält, arbeitet mit streng gehüteten Familienrezepten. Hoch aufgetürmte Eisberge in der Vitrine, vielfach mit Obst garniert, die kleinste Portion kostet ab ca. 1,80–2 €, Riesenportionen gibt es für bis zu 8 €.

Frühstück (colazione)

Spielt in Rom, wie in ganz Italien, kaum eine Rolle. Auf dem Weg zur Arbeit nimmt man in einer der etwa 5000 römischen Bars einen *Cappuccino* oder *Caffèlatte* (Milchkaffee) zu sich, dazu isst man ein *Cornetto* (Hörnchen). Die Bar betritt man in Rom zwar auch nach dem Frühstück noch mindestens ein halbes Dutzend Mal pro Tag, dann aber trinkt man *Caffè* (hierzulande als Esp-

Eine Institution: die Enoteca Buccone

resso bekannt); Cappuccino bestellt man eigentlich nur zum Frühstück und eventuell am Vormittag. Reichhaltige Frühstücksbuffets werden von vielen Hotels der oberen Kategorie angeboten (ab ***), z. T. gibt es sie auch im gehobenen Caffè (aber nicht in der Bar).

Mittagessen (pranzo) und Abendessen (cena)

Was am Morgen versäumt wurde, wird beim Mittagessen, häufiger aber bei einem ausgiebigen Abendessen nachgeholt. Die Zeiten hierfür werden ziemlich strikt eingehalten: Mittags zwischen 12.30 und 14.30 Uhr, am Abend erscheint man nicht vor 20 Uhr, meistens sogar erst um 21 Uhr im Lokal. Da sich in Italien mittlerweile feste Bürozeiten durchgesetzt haben, wird die Hauptmahlzeit immer öfter am Abend eingenommen. Mittags setzt sich immer mehr auch das Buffet durch: Zum Preis von ca. 12–15 € kann man sich am warmen (Pasta-)Buffet nach Belieben bedienen, dazu werden auch Salat, Quiches etc. angeboten. Gibt es mittlerweile in vielen „moderneren" Restaurants/Caffès.

Noch früh am Abend: Trattoria in Trastevere

Spätestens abends wird dann alles etwas umfangreicher, das Menü umfasst dann in der Regel mindestens vier Gänge:

Man beginnt mit der Vorspeise (*antipasto*), dann kommt der erste Gang (*primo piatto*), meist Pasta oder Risotto (Nudel- bzw. Reisgerichte), aber auch Gnocchi (aus Kartoffeln). Es folgt der Hauptgang (*secondo*) mit einem Fleisch- oder Fischgericht (*carne* bzw. *pesce*) und Beilagen (*contorni*) bzw. Salat (*insalata*). Zum Schluss gibt es Süßes (*dolci*), Obst (*frutta*) und/oder Käse (*formaggio*), dann geht man zu Caffè und Grappa über.

Wenn Sie nicht so viel essen können oder wollen, wird es Ihnen niemand übel nehmen, wenn Sie den einen oder anderen Gang auslassen. Sich aber am Abend in einem Ristorante bzw. einer Trattoria niederzulassen und nur eine Pasta oder ein einzelnes Hauptgericht zu bestellen, stößt in der italienischen Gastronomie auf Befremden: Ein Antipasto *oder* Primo sowie das Secondo mit Contorno/Salat und eines der Dessert-Angebote (z. B. Obst *oder* Dolce) sowie der abschließende Caffè sollten es schon sein. Alternative für den kleinen Hunger bzw. das kleinere Budget ist am Mittag die Enoteca oder Tavola Calda (→ S. 60), am Abend die Pizzeria, in der man getrost nur eine Pizza und ein Getränk bestellen kann.

Gut essen in Rom – einige Hinweise

Wie in jeder Großstadt kann man in Rom hervorragend (und vergleichsweise günstig), aber auch – und das passiert nicht selten – miserabel und teuer essen. Um dem Nepp zu entkommen, möchten wir Ihnen folgende Tipps geben.

Vorsicht ist zunächst bei zu „gemütlichen" und nach vermeintlichem Touristengeschmack eingerichteten Lokalen geboten – besonders in der Nähe bedeutender Sehenswürdigkeiten und an den besonders schönen Plätzen der Stadt. Wenn Essen und Preise stimmen, lässt sich kein Römer von spartanischer Einrichtung mit Neonlicht abschrecken, ebenso wenig von einer abseitigen Lage. Indiz für eine Touristenfalle kann auch die vielsprachige Speisekarte sein, wobei mittlerweile auch renommierte Restaurants eine englischsprachige Speisekarte bereithalten. Allzu günstige und am Eingang großformatig (und mit Fotos) angepriesene „Touristenmenüs" sollten ebenfalls Grund zur Skepsis bieten – besonders wenn der Laden ausschließlich mit Touristen gefüllt ist. Aber auch ein fast leeres Restaurant (auch hier: besonders in der Nähe bedeutender Sehenswürdigkeiten) sollte Anlass zu größtem Misstrauen geben. Dieses Lokal wartet in aller Regel nicht darauf, von Ihnen entdeckt zu werden, das zweifelhafte Glück hatten schon andere Gäste, die hier über den Tisch gezogen wurden, was sich dann auch herumspricht. Nicht nur mit schlechtem, lieblos zubereitetem Essen in winzigen Portionen, sondern auch und besonders bei den Getränken wird in den einschlägigen Lokalen geneppt, vor allem bei Wein und Softdrinks. Ebenso ist bei der Preisangabe „a etto"/pro 100 g Vorsicht geboten: ein simples kleines Steak wird Ihnen hier leicht mal als 600-g-Stück in Rechnung gestellt, das Gegenteil beweisen können Sie nicht.

Am besten fährt, wer sich ein Lokal aussucht, in dem viele Römer, am besten mit Familie oder Freunden, vertreten sind – Italiener sitzen nicht zufällig in irgendeinem Restaurant, sondern immer genau dort, wo sie auch essen wollen.

Preise

Das Essen in den Ristoranti/Trattorien ist nicht billig. Für ein 4-Gänge-Menü mit Hauswein sollte man ca. 30–50 € pro Person rechnen, es geht natürlich auch wesentlich teurer – z. B. im Gourmetrestaurant, wo ein Menü kaum unter 100 € zu haben ist. Allgemein ist im Preis bereits der Service von 15 % enthalten (*servizio compreso*). Brot und Gedeck (*pane e coperto*) sind allerdings oft extra zu zahlen, die Preise hierfür liegen dann bei etwa 1,50–3 € pro Person. Trinkgeld ist üblich, wenn man mit dem Service zufrieden war, in der Regel lässt man diskret ein paar Münzen zurück, etwa 5–10 % des Rechnungsbetrages.

Platzwahl

Sich beim Restaurantbesuch auf den nächstbesten freien Platz zu stürzen ist in Italien unüblich. Man wartet, bis man vom Ober einen Tisch zugewiesen bekommt, das gilt auch in der einfachsten Osteria und auch, wenn alle Tische (noch) leer sind. Selbstverständlich kann man auch Wünsche äußern. *Achtung*: In Restaurants muss man fast immer reservieren, um am Abend einen Tisch zu bekommen, entspannter ist die Situation mittags.

Die Rechnung

Sie kommt diskret und verdeckt auf einem Tellerchen, man legt Geld (oder

Kreditkarte) darauf und erhält das Wechselgeld zurück. Wer Trinkgeld geben will, lässt dieses beim Gehen auf dem Teller zurück. Getrennte Rechnungen gibt es selbst bei größeren Gruppen in Italien nicht.

Per Gesetz muss die Rechnung (*ricevuta fiscale*) beim Verlassen des Lokals mitgenommen werden und bei eventuellen Kontrollen der Finanzpolizei vorgezeigt werden – was in der Praxis so gut wie nie vorkommt. Dennoch sollten Sie sich möglichst eine ordnungsgemäße Rechnung geben lassen.

Getränke

Eine große Flasche Mineralwasser (*acqua minerale*), mit oder ohne Kohlensäure (*gassata/non gassata* bzw. *naturale*) gehört selbstverständlich zu jedem Essen in Italien und ist mit 2–3 € (in einem mittelpreisigen Lokal) entsprechend günstig. Der offene rustikale römische Hauswein (*vino della casa*) stammt meist aus den Castelli, dem Gebiet östlich von Rom um Frascati, er darf ebenso bei keinem Menü fehlen und passt gut zur traditionell deftigen Küche.

Wem beim Wein etwas Besseres vorschwebt, dem sei der leichtere Flaschenwein *Frascati* aus dem benachbarten Anbaugebiet empfohlen.

Selbstverständlich sind in Rom auch alle anderen italienischen Weine von Rang und Namen zu haben, z. B. die piemontesischen und mehr noch die toskanischen Weine.

Bier zählt in Pizzerien zu den Getränkestandards, ist aber wesentlich teurer als in Deutschland. Neben den heimischen Sorten (wir empfehlen an dieser Stelle das hervorragende *Menabrea* aus Norditalien) werden auch Importbiere wie Amstel, Heineken und Becks angeboten. Exotischere Biere erhält man in den Pubs in der Innenstadt.

Als Digestif trinkt man auch in Rom Grappa, den es hier für jeden Geschmack und Geldbeutel gibt, daneben aber auch *Sambuca, Amaretto* und alle Arten Kräuterliköre (*Amaro*), z. B. der auch hierzulande bekannte *Averna* oder *Ramazotti.*

Auch die schöne Tradition des gemeinsamen *Aperitivo* wird in Rom gepflegt, man trifft sich ab ca. 19 Uhr in den Bars, Cafés und Enoteche für einen „Magenöffner": Martini, Bellini, Prosecco, ein Cocktail oder einfach ein Glas Wein zählen zu den beliebtesten Aperitifs, dazu werden Chips, Nüsschen, kleine belegte Brote u. Ä. gereicht; in einigen Cafés gibt es auch ein oftmals recht opulentes Buffet. Teilweise kostet der Aperitivo dann einheitlich um 8 € und man bekommt Teller und Besteck, mit dem man sich am Buffet bedienen kann.

Caffè Italiano

Der italienische Caffè ist mindestens so berühmt wie das italienische Gelato und, ohne übertreiben zu wollen, wahrscheinlich auch der beste der Welt. Es gibt ihn ganz banal als *caffè* (klein, stark und schwarz), mit viel Milch als *macchiato* (gefleckt), außerdem als *caffè correto,* der mit Grappa, Sambuca oder einem Amaro „korrigiert" wird. *Caffè lungo* ist mit Wasser verlängert, *caffè americano* wird mit Wasser aufgefüllt in einer großen Tasse serviert.

Auch beim morgendlichen Cappuccino gibt es feine Unterschiede: *bollente* heißt die kochend heiß servierte Variante, *tiepido* die lauwarme, *poca schiuma* ist Cappuccino mit wenig Schaum und *senza schiuma* ganz ohne Schaum. Filterkaffee gibt es in Italien nur in größeren Hotels.

Ein Eis bei Giolitti gehört zum Abendprogramm in der Innenstadt

Nachtleben

Campo de'Fiori und Piazza Navona, Trastevere, Testaccio und San Lorenzo sind die größeren Ausgehviertel im Innenstadtbereich. Ein großer Teil des römischen Nachtlebens spielt sich aber auch ganz einfach auf der Straße ab.

Man flaniert auf den Straßen und Plätzen der Innenstadt, u. a. auf der *Piazza della Rotonda* (Pantheon) und nördlich davon in der Via della Maddalena, auf der *Piazza Navona,* der *Via del Governo Vecchio* und in der Gegend um die nahe gelegene *Via della Pace,* rund um die *Piazza di Spagna* (Spanische Treppe), den *Trevi-Brunnen,* am *Campo de'Fiori* und durch die Gassen von *Trastevere.* Im Sommer sind auf der Trastevere-Seite des *Tiberufers* zahlreiche temporäre Bars aufgebaut, auf der *Tiberinsel* wird Sommerkino geboten (→ S. 78), nicht zu vergessen natürlich die zahlreichen Veranstaltungen der „Estate Romana", des römischen (Kultur-)Sommers, → S. 78.

Wer sich in das „wirkliche" römische Nachtleben stürzen will, kann vorher noch gemütlich essen gehen, denn dieses fängt kaum vor Mitternacht an. Neben zahlreichen Bars, Cafés, Pubs und einigen Diskotheken in der Innenstadt zieht es Nachtschwärmer vor allem in den südlichen Stadtteil *Testaccio* (→ S. 116ff.). In der tagsüber sehr ruhigen Gegend ist nachts (besonders am Wochenende) der Teufel los, und in der *Via Monte di Testaccio* reiht sich ein Club an den anderen (die Straße führt im Halbkreis um den antiken „Scherbenhaufen" Testaccio herum). *Achtung*:

Aktuelle Informationen über abendliche Veranstaltungen findet man im Stadtmagazin **Roma c'è** (wöchentlich am Kiosk) und **Trovaroma** (Donnerstagsbeilage der Tageszeitung *La Repubblica*). Im Internet u. a. bei www.2night.it.

Der Schein einer heruntergekommenen Gegend trügt. Um in einen Club hineinzukommen, sollte man – wie auch in der Innenstadt – möglichst cool und trendig gekleidet sein, manchmal reicht auch eine sichtbar teure Garderobe.

Achtung: Testaccio und vor allem die Gegend um die Via Ostiense sind in den Sommermonaten (Mitte Juni bis Anfang September) fast menschenleer, dann ziehen die Clubs an den Strand nach Ostia!

Ein weiterer Szene-Spot in Sachen Nightlife hat sich *östlich der Via Ostiense* etabliert, besonders in der *Via Libetta* und der *Via degli Argonauti* befinden sich diverse Clubs und Discos, in denen man z. T. auch essen kann (erreichbar mit der Metro Linea B, Station Garbatella).

Treffpunkt: Giordano Bruno am Campo de'Fiori

Bars, Kneipen, Pubs und Discobars

Um Campo de'Fiori und Largo Argentina

La Vineria Reggio, traditionsreiche und beliebte „Winebar" am Campo de'Fiori, meist sehr voll – vor allem zum Aperitivo ist kaum ein Platz zu ergattern, aber auch später in der Nacht sehr gut besucht. Legere Atmosphäre, moderates Preisniveau. Hier kann man auch essen. Geöffnet tägl. 8.30–2 Uhr nachts, So 17–2 Uhr. Campo de'Fiori 15, ✆ 06–68803268, www.vineriareggio.com.

The Drunken Ship, Eckhaus am Vicolo del Gallo, vor allem Studenten. Ab und zu Live-Auftritte, öfter aber DJs, Motto-Partys, Happyhour, all you can drink, Ladies Night etc. – Alkohol fließt hier in Strömen, das Preisniveau ist hoch. Tägl. 16–2 Uhr geöffnet. Campo de'Fiori 20/21, ✆ 06/68300535, www.drunkenship.com.

Achtung: Neuerdings gibt es einen Erlass der Stadt, der das **Konsumieren von Alkohol** auf den Straßen (also auch: vor den Kneipen) des historischen Zentrums verbietet!

Aristocampo, am Eck zum Campo de'Fiori, laute Musik und eine große Leinwand für Sportübertragungen; sehr beliebt bei Römern unter 30, die Terrasse ist meist bis auf den letzten Platz besetzt, relativ teure Getränke, auch Salate, Sandwichs und andere Snacks. Campo de'Fiori 30, www.aristocampo.net.

Bartaruga, extravagante Bar an der wunderbaren Piazza Mattei mit Schildkrötenbrunnen, einige Plätze auch draußen, dort verpasst man aber die sehenswerte Einrichtung mit plüschigen Sofas, Ohrensesseln, Flügel und schummrig glitzernden Lüstern. Schon zum Aperitivo bestens besucht, je später der Abend, desto unkonventioneller werden die Gäste und desto lauter wird die Musik, ab und zu auch Live-Auftritte (gelegentlich Jazz). Teure Cocktails. Nur abends ab 18 Uhr geöffnet, Mo geschl. Piazza Mattei 9, ✆ 06/6892299, www.bartaruga.com.

Um Piazza Navona und Pantheon

Auf der Piazza Navona flaniert abends Alt und Jung, die Preise in den Cafés sind immens. Jüngere Römer und Touristen treffen sich eher in und um die **Via della Pace** (nur wenige Meter westlich der Piazza Navona).

Caffè/Bar della Pace, eine der bekanntesten Bars der Innenstadt, viele bestens gestylte, gut aussehende Römerinnen und Römer, aber auch bei jungen Touristen sehr beliebt – sehen und gesehen werden. Wer von der stilvollen Einrichtung des alten Cafés etwas mitkriegen will, sollte tagsüber kommen. Ziemlich teuer, aber gut. Tägl. 9 bis ca. 3 Uhr nachts geöffnet, Via della Pace 5, ✆ 06/6861216, www.caffedellapace.it.

Fluid, coole Cocktail- und Winebar, am späteren Abend Live-Musik oder DJs; junges Publikum. Ab 18 Uhr geöffnet. Via del Governo Vecchio 46/47, ✆ 06/6832361, www.fluideventi.com.

Jonathan's Angels, alteingesessene Kneipe, die hauptsächlich wegen der kuriosen Einrichtung einen Besuch wert ist: Porträts des Besitzers zieren die Kneipe von oben bis unten. Gelegentlich Live-Musik, der Gegend entsprechend hohes Preisniveau. Tägl. (außer Mo) 16–3 Uhr, im Mai geschl. Via della Fossa 16 (ums Eck von der Piazza del Fico), ✆ 06/6893426.

Abbey Theatre, in einem Eckhaus an der Via Governo Vecchio (nahe Piazza Navona), Irish Pub mit allem, was dazugehört, einschließlich TV-Übertragungen aller wichtigen Fußballspiele (und sonstiger Sportveranstaltungen); dann stehen die Zuschauer oft bis auf die Straße. Zu essen gibt es Pasta, Sandwichs, Salate, Burger, Steaks usw. Böse schauender Türsteher in Security-Uniform. Tägl. ab mittags bis ca. 2 Uhr nachts geöffnet. Via del Governo Vecchio 51, ✆ 06/6861341, www.abbey-rome.com.

The Black Duke, im Stil eines irischen Pubs mit irischem Essen und Getränken (z. B. Guinness). Tägl. 12–2 Uhr, Via della Maddalena 29 (Nähe Pantheon), ✆ 06/68300381.

Zahlreiche gemütliche Lokale finden sich in den Gassen der Altstadt

Riccioli Café, in einer Seitengasse der Via della Maddalena, in einer der angesagtesten Ecken des Centro Storico. Eigentlich ein sehr schickes Restaurant mit Schwerpunkt Austern, Fisch und Sushi, beliebt aber auch zum Aperitivo und nach dem Essen als Lounge und Cocktailbar. Teuer. Geöffnet täglich 10–2 Uhr (Bar), So geschl. Piazza delle Coppelle 10 A, ✆ 06/68210313, www.ricciolicafe.com.

Trinity College, gleich bei der Via del Corso, nahe dem Palazzo Doria Pamphilj befindet sich dieser große Pub nach irischer Art, auf zwei Etagen, sehr beliebt, viele Studenten und Touristen. Auch hier diverse Gerichte (u. a. Burger, Steaks, Pasta, Salate, Mexikanisches) und Sportübertragungen (meist Fußball). Geöffnet 12–3 Uhr. Via del Collegio Romano 6, ✆ 06/6786472, www.trinity-rome.com.

Außerdem in der Innenstadt

Flann O'Brien, nahe der Piazza Repubblica, einer der größten Irish Pubs der Stadt mit skurriler Dekoration, reichhaltiger Speisekarte und vielen Biersorten, häufig Fußballübertragungen (und sonstiger Sport) auf großer Leinwand. So ab 10 Uhr Brunch, tägl. 17.30–20.30 Uhr Aperitivo. Durchgehend 8–2 Uhr (Fr/Sa bis 4 Uhr) geöffnet. Via Nazionale 17 (Ecke Via Napoli), ✆ 06/4880418, www.flannobrien.it.

Zest Bar, angesagte Bar auf der Dachterrasse (siebter Stock) des *Radisson Blu es. Hotels* nahe Bahnhof Termini. Täglich ab 18 Uhr gruppiert man sich hier um den Pool auf dem Dach zum Aperitif, bis spät in die Nacht werden hier auch für Nicht-Hotelgäste Cocktails ausgeschenkt. Auch Restaurant. Bis 1 Uhr geöffnet. Via Filippo Turati 171, ✆ 06/444841.

La Bottega del Caffè, an der herrlich beschaulichen, enorm beliebten Piazza Madonna dei Monti im Stadtteil Monti (zwischen Via Nazionale und Kolosseum) befindet sich diese einladende Bar, die bereits zur Aperitivo-Zeit bis auf den letzten Platz besetzt ist. Man kann hier auch zu Abend essen, später gibt es dann Cocktails. Piazza Madonna dei Monti 5, ✆ 06/4741578.

Micca Club, im Gewölbe eines ehemaligen Weinkellers unweit der Stazione Termini (Via Giolitti Richtung Porta Maggiore, dann rechts in die Via Pietro Micca). Zahlreiche Veranstaltungen auch unter der Woche, Aperitivo (19–22 Uhr, 10 € inkl. Buffet), Cocktailabende, DJs, Konzerte, Cabaret, Burlesque-Shows und diverse Themenabende, So abends Flohmarkt. Täglich bis ca. 2 Uhr nachts geöffnet, Juni bis Mitte/Ende Sept. geschl. Eintritt je nach Event um 15 €, wenn man im Internet reserviert, wird es günstiger! Via Pietro Micca 7, ✆ 06/87440079, www.miccaclub.com.

Libreria Caffè Bohemien, winziges Café in Monti, Lesungen, Konzerte etc. Via degli Zingari 36, www.caffebohemien.it → S. 209.

Trastevere

Besonders in der **Via della Scala** oder ihren Seitengassen reihen sich Kneipen und Restaurants aneinander, z. B. das **Caffè della Scala** (Via della Scala 4) mit Tischen auf der malerischen Piazza. Typische Birreria mit kleiner Speisekarte. Tägl. 16–2 Uhr geöffnet, ✆ 06/5803610.

Noch beliebter ist hier in der Gegend das Café **Ombre Rosse** an der Piazza Sant'Egidio 12. Relaxte Atmosphäre, durchgehend kleine Küche, auch Aperitivo. Einige schattige Plätze auf der Terrasse an der Piazza, die aber meist besetzt sind. Tägl. 7.30–2 Uhr geöffnet, So erst ab 18 Uhr. ✆ 06/588415.

Freni e Frizioni, „Place to be" bei der Piazza Trilussa, großes Aperitivo-Buffet, Cocktails, aus Mangel an Plätzen sitzt man auch draußen auf der Mauer. Via Politeama 4–6, www.freniefrizioni.com.

Art Two, Cocktailbar und Ristorante bei der Piazza Sant'Egidio, beliebt zu Aperitivo und Cocktails (je 8 €), hier kann man auch essen. Raucherbereich (Time Tunnel) im Untergeschoss, hier auch teilweise DJs/Konzerte; WI-FI. Tägl. ab 17.30 Uhr geöffnet. Largo M. D.Fumasoni Biondi 5, ✆ 06/5880398, www.art-two.it.

San Lorenzo

Rive gauche 2, eine der angestammten Kneipen von San Lorenzo, oft sehr voll. Mit WI-FI. Tägl. 19–2 Uhr geöffnet, Via dei Sabelli 43, ✆ 06/4456722, www.rive-gauche.it.

Testaccio

Alibi, hauptsächlich Disco, schriller Treffpunkt der römischen Schwulenszene, bei Heteros aber ebenfalls beliebt. Am Wochenende finden oft Themenpartys oder Shows auf der kleinen Bühne statt. Drei Säle auf zwei Etagen mit jeweils unterschiedlichen Musikrichtungen, im Sommer wird die Dachterrasse geöffnet. Do–Sa 23–4.30 Uhr geöffnet (teilweise auch mal länger), Eintritt je nach Veranstaltung 5–10 €, Via Monte Testaccio 40/44, ✆ 06/5743448, www.lalibi.it.

AKAB, früher Fabrik, heute Konzertsaal und Club, hier sind schon hochkarätige Musiker aufgetreten. Einige der besten DJs von Rom legen auf, auch Konzerte. Di–Sa ab 22.30 Uhr geöffnet, Eintritt je nach Event ca. 10–15 €, Via Monte Testaccio 69, ✆ 06/57250585, www.akabcave.com.

Caffè Latino, oft Live-Musik, danach oder ansonsten Disco. Drei Säle und Café nebenan. Do–Sa und zu Veranstaltungen geöffnet (22.30–2.30 Uhr), Eintritt 8–15 €, Via Monte Testaccio 96, ✆ 06/57288556, www.caffelatinodiroma.com.

Caruso – Café de Oriente, sehr beliebte Disco für kubanische Musik und andere lateinamerikanische Rhythmen, an manchen Tagen auch Reggae, Hip Hop, Black, Salsa etc. Di–So 23–4 Uhr geöffnet, Eintritt je nach Veranstaltung um 10 €, sonntags ist der Eintritt frei. Via Monte Testaccio 36, ✆ 06/5745019.

Radio Londra Disco Bar, jüngeres Publikum, verschiedene DJs, Mi–So geöffnet. Via di Monte Testaccio 67, www.radiolondradiscobar.com.

Zum schwulen und lesbischen Nachtleben in Rom → S. 88f.

Südlich von Testaccio (Ostiense)

Alpheus, ehemalige Käsefabrik in der Nähe des Gasometers, heute Kulturzentrum mit riesiger Disco, Bühne für Live-Musik, Kabarett, beliebter Studententreff, viel Latino und Blues. Sa manchmal Gay-Partys. Fr–So und zu Konzerten/Events geöffnet, Eintritt um 10 €, Via del Commercio 36, ✆ 06/5747826, www.alpheus.it.

Goa, bekannte Disco links ab von der Via Ostiense (von Piramide Richtung Basilica San Paolo), in der schon viele berühmte DJs aufgelegt haben, hauptsächlich House, Techno und anderes einst Wegweisendes. Junges Publikum. Geöffnet Do–Sa 23–4 Uhr, ansonsten zu Events, Eintritt je nach Veranstaltung 10–25 €. Via Libetta 13, ✆ 06/5748277, www.goaclub.com.

Classico Village, unweit des Goa, häufig Live-Konzerte der verschiedensten Musikrichtungen, auch Theater, Jam Sessions etc. Nur zu Veranstaltungen von 21.30–3 Uhr geöffnet, Eintritt ca. 10 €. Via Libetta 3, ✆ 06/57288857, www.classico.it.

Achtung: Viele Clubs schließen im Sommer bzw. ziehen in ihre Strandbars/-discos in Ostia Lido um!

Jazzclubs

Es gibt in Rom einige ausgezeichnete Jazzclubs, in denen nicht selten große Stars auftreten. Konzerttermine stehen in der Donnerstagsbeilage (*Trovaroma*) der Tageszeitung *La Repubblica*. Um die Stadt in den Sommermonaten attraktiver zu machen, werden seit Jahren zu dieser Zeit aufwändige *Festivals* auf öffentlichen Plätzen veranstaltet, u. a. das Sommer-Jazz-Festival in der Villa Celimontana. Hinweise auf die Konzerte sind auf Plakaten oder ebenfalls im Veranstaltungsmagazin *Trovaroma* zu finden.

Big Mama, die Kellerkneipe in einem Gässchen links vom Viale Trastevere gibt es seit über einem Vierteljahrhundert – ein Muss für jeden Jazzkenner, es gibt kaum eine Jazzgröße, die hier noch nicht aufgetreten ist. Bier vom Fass und kleine Gerichte. Geöffnet 21–1.30 Uhr (Konzerte beginnen um 22.30 Uhr), So/Mo geschl. Die Mitgliedskarte (*tessera*) kostet 15 € und ist ein Jahr gültig, mit ihr sind die meisten Konzerte

kostenlos (ansonsten: 12–15 €). Vicolo S. Fancesco a Ripa 18, ✆ 06/5812551, www.bigmama.it.

Alexanderplatz, im Viertel nördlich des Vatikans liegt der älteste Jazzclub Italiens. Schicker als im Big Mama, weiß getünchte Kellergewölbe, Snacks und Cocktails. Internationale Jazz- und Blues-Stars treten regelmäßig hier auf. Im Sommer zieht man in den Park der Villa Celimontana um, wo auch Filme gezeigt werden. Mit Restaurant, 19–2 Uhr geöffnet, Eintritt nur mit Mitgliedskarte (*tessera*), die man am Eingang kaufen kann (15 € für einen Monat, die Jahreskarte kostet 45 €). Die Konzerte beginnen meist um 21.45 Uhr (am Wochenende 22.30 Uhr), essen kann man schon ab 20.30 Uhr, davor gibt es ab 19 Uhr „Jazz"-Aperitivo. Via Ostia 9, ✆ 06/39742171, www.alexanderplatz.it.

Discotheken

Die Ausstattung römischer Discotheken ist sehr schick, und der Türsteher sorgt dafür, dass es die Gäste auch sind. Gut aussehen ist nirgends so wichtig wie hier. Für Männer gilt oft Krawattenzwang! Bei manchen Etablissements wie etwa dem super-angesagten „Babel Club" in der Villa Borghese hilft aber auch das beste Styling nichts: Hier braucht man einfach nur eine Einladung, um drin zu sein. Die Eintrittspreise für Diskotheken liegen bei ca. 15–25 € (Getränke ab 5 €); Frauen haben manchmal freien Eintritt. Achtung: An Wochentagen oder vor 24 Uhr ist hier nichts los! Das gilt auch für den Freitag, da für viele der Samstag ein normaler Arbeitstag ist. Richtig voll wird es nur Samstagnacht.

Gilda, in der feinen und teuren Disco mit bequemen Sofas und hohen Decken trifft sich seit über 20 Jahren hauptsächlich Roms Schickeria und Prominenz. Entsprechend sorgfältig wird das Publikum ausgewählt (sofern Sie nicht zur Prominenz gehören: Sakko für Herren obligatorisch, Damen kommen bevorzugt in Schwarz, tief ausgeschnitten und High Heels). Man kann hier auch essen (Ristorante „Le Cru"). Zum Gilda gehört eine der meistbesuchten Pianobars in Rom. Geöffnet Do–So ab 23 Uhr, im Sommer geschl., Eintritt ca. 25 €. Via Mario de'Fiori 97 (Nähe Spanische Treppe), ✆ 06/6784838, www.gildabar.it. Von Mai bis einschließlich Sept. zieht Gilda nach Fregene ans Meer, dort dann auch Strandbad, Bar, Ristorante, Sportprogramm etc. und natürlich die Discothek Gilda.

Piper Club, älteste Großdisco Roms aus dem Jahr 1965, mit riesiger Leinwand. Gemischtes, auch viel jüngeres Publikum, jeden Abend andere Musikschwerpunkte

(z. B. House, Underground, Rock, 70er), auch Themenabende (z. B. regelmäßig samstags Gay-Disco), donnerstags häufig Live-Konzerte. Fr/Sa 23–4 Uhr, sonst nur zu Events, im Juli/August geschl. Eintritt ca. 15 €. Via Tagliamento 9, ✆ 06/8555398, www.piperclub.it. Ein gutes Stück nördlich vom Bahnhof Termini bei der Piazza Buenos Aires gelegen, die Via Tagliamento zweigt vom großen Viale Regina Margherita ab.

Oper, Theater und Kino

Opern und Konzerte kommen bei den musikbegeisterten Italienern gut an. Die Oper ist zudem ein gesellschaftliches Ereignis, zu dem man nur in entsprechender Garderobe erscheint. Großer Beliebtheit erfreut sich auch das sommerliche Kulturprogramm, das sich hier fast ausschließlich im Freien abspielt. Für zusätzliche Attraktion sorgt das 2002 eröffnete „Auditorium di Roma" im Norden der Stadt.

Wer sich von Juni bis Ende September in der Ewigen Stadt aufhält, kommt in den Genuss des *Römischen Sommers (Estate Romana)* mit zahlreichen Open-Air-Konzerten (meist Klassik), Musiktheater und anderen Aufführungen.

Das römische *Theaterangebot* ist vielfältig. Neben den Bühnen für vorwiegend klassische Werke gibt es zahlreiche winzige (teilweise experimentelle) Theater. Die Finanzprobleme römischer Bühnen und das Fehlen fester Ensembles führen allerdings dazu, dass nicht immer professionellste Theaterkunst angeboten wird. In jedem Fall ist eine Kartenvorbestellung zu empfehlen. Nähere Infos können Sie den zahlreichen Veranstaltungsprogrammen entnehmen. Die Tickethotline („Hello Ticket") für Theater/Konzerte ist unter ✆ 800907080 kostenlos zu erreichen (aus dem Ausland gebührenpflichtig unter ✆ 0039/06/480781); Tickets können auch online unter www.helloticket.it geordert werden.

Mit dem *Auditorium di Roma* (→ unten und S. 194) verfügt Rom auch über ein repräsentatives Konzerthaus – eines der weltweit größten und spektakulärsten Konzertzentren der Gegenwart, in dem nicht nur hochkarätige Musikdarbietungen von Klassik bis Pop stattfinden, sondern immer Ende Oktober auch das *Internationale Filmfestival* der Stadt Rom.

Unüberschaubar ist die Anzahl der *Kinos*, deren Besuch bei den Römern sehr beliebt ist. Vielleicht aus Nostalgie – schließlich war die Filmbranche mal der Hauptindustriezweig der Region. Heute entstehen am Stadtrand an der Via Tuscolana in den Studios der *Cinecittà* (→ S. 269) hauptsächlich Fernsehproduktionen. „Hollywood Europas" nennt sich die Filmstadt aber schon lange nicht mehr.

Eine Übersicht über die laufenden Filme mit Preisen und Zeiten findet man in *Trovaroma* und in *Roma c'è*.

Oper/Klassikkonzerte

Teatro dell'Opera, Via Firenze 72, Piazza Beniamino Gigli 1 (Nähe Via Nazionale). Von außen eher unscheinbares Opernhaus, das 1880 an das Hotel Quirinal vom damaligen Hotelinhaber angebaut wurde. Hinzu kommt das **Teatro Nazionale** in der Via Viminale 51 (beim Palazzo del Viminale, dem italienischen Innenministerium), hier Ballett und auch Oper. Karten sind schwer zu bekommen, Vorverkauf Di–Sa 9–17 Uhr, So nur bis 13.30 Uhr, Mo geschl. Karten für das Teatro dell'Opera ab 17 € (Loge 150 €), bei Ballett und Konzerten zahlt man etwas weniger; im Teatro Nazionale Ballett 23 €, Oper 33 €. ✆ 06/4817003, 📠 06/4881755 (Nov. bis Juni), www.operaroma.it. Im Rahmen des Sommerkulturprogramms finden bei gutem Wetter in den Ruinen der Caracalla-Thermen Freilichtaufführungen statt (Tickets 25–135 €).

Auditorium di Roma, Gebäudekomplex im Norden der Stadt (zwischen Olympischem Dorf und Stadio Flaminio), drei futuristische Konzerthallen, die den Rahmen für Konzerte, Ausstellungen, das internationale Kinofestival und sonstige Aufführungen und Veranstaltungen bieten, außerdem Heimat des römischen Spitzenorchesters *Accademia di Santa Cecilia*; auch Café und Restaurant. Viale Pietro de Coubertin 30, 00196 Roma, Tickets täglich 11–20 Uhr bzw. bis zu Beginn der Aufführung bei der Verkaufsstelle des Auditoriums, telefonische Ticketbestellung mit Kreditkartenzahlung unter ✆ 060608 (aus dem Ausland ✆ 0039/02/60060900) oder unter www.auditorium.com. Näheres zum Auditorium → S. 194.

Einen Kalender der wichtigsten Konzerte, Theater- und sonstigen Aufführungen findet man u. a. auch unter www.060608.it (unter „Eventi e Spettacoli").

Sehenswert sind auch die **Freilichtveranstaltungen** in Parks (z. B. im Nymphäum der Villa Giulia, in der Villa Celimontana und im Park der Villa Doria Pamphilj, auf Plätzen (z. B. vor dem Lateran) oder in Innenhöfen und Klostergärten. Über das aktuelle Angebot informieren Plakate, die Info-Pavillons und *Trovaroma*, die Donnerstagsbeilage der Zeitung *La Repubblica* (nicht im August!).

Accademia Nazionale di S. Cecilia, von Nov. bis Mai gibt es regelmäßige Sinfoniekonzerte in den neuen Konzertsälen des Auditoriums (Tickets 18–50 €). Im Sommer werden außerdem Konzerte im Park der Villa Giulia organisiert. Auditorium Parco della Musica, Largo Luciano Berio 3, ✆ 06/80242501. Weitere Informationen unter www.santacecilia.it.

Teatro Argentina

Das Teatro Argentina existiert bereits seit 1731. Im Jahr 1816 wurde Rossinis „Barbier von Sevilla" hier uraufgeführt. Heute inszeniert man in der Regel italienische Klassiker und Komödien. Die Bühnenbilder des Theaters sind berühmt. Vorverkauf Di–So 10–14 und 15–19 Uhr, Mo geschl. Karten 12–27 €. Largo Argentina 52, ✆ 06/684000311, www.teatrodiroma.net.

Weitere Theater

Teatro Sistina, hauptsächlich ist das Theater für seine Musical-Inszenierungen bekannt, es finden hier aber auch Shows und Chansonabende statt. Die Ticketpreise variieren je nach Vorstellung (um 20–40 €). Kartenvorverkauf Mo–Sa 10–19 Uhr, So 11–18 Uhr. Via Sistina 129 (Nähe Piazza Barberini), ✆ 06/4200711, www.ilsistina.com,

Sala Umberto, hier gastieren oft ausländische Ensembles. Tickets um 20–40 €, Vorverkauf Mo–Sa 10.30–19 Uhr, So 14–17 Uhr. Via della Mercede 50, ✆ 06/6794753, www.salaumberto.com.

Il Puff ist nicht das, was Sie jetzt womöglich denken, sondern eine der besten Kleinkunst- und Kabarettbühnen Roms. Das Programm entnimmt man der *Trovaroma*, der Donnerstagsbeilage der Zeitung *La Repubblica*, oder aber der Website www.ilpuff.it. Ristorante ab 20 Uhr, die Vorstellungen beginnen um 22.30 Uhr, So am Nachmittag, Mo geschl. Vorverkauf Di–So 10–24 Uhr. Tickets 32–37 €. Via Giggi Zanazzo 4 (bei der Piazza Sonnino in Trastevere), ✆ 06/5810721.

Die einzelnen Bühnen bieten im Sommer auf vielen Plätzen zusätzliche Freiluftveranstaltungen an. Ein besonderes Erlebnis sind die Freilichtaufführungen (meist klassische griechische Stücke) im nahezu perfekt erhaltenen antiken Theater von Ostia Antica. Informationen darüber erhalten Sie beim Teatro Argentina (Di–So 10–14 und 15–19 Uhr, Mo geschl.).

Kinos

Neben den unzähligen Multiplex-Kinos im ganzen Stadtgebiet mit den üblichen Blockbustern (zentral z. B. das **Metropolitan** in der Via del Corso 7) bietet das Programmkino **Nuovo Sacher** immer montags Filme im OmU. Largo Ascianghi 1 (bei der Porta Portese, Trastevere), ✆ 06/5818116, www.cinemadelsilenzio.it. **Deutsche Filme** laufen hin und wieder im **Goethe-Institut**, Via Savoia 15, ✆ 06/8440051. Großer Beliebtheit erfreut sich auch das **Sommerkino** auf der Tiberinsel → S. 78.

Rom sportlich

Wer Rom bei seinem Aufenthalt ausgiebig erkunden will, hat wahrscheinlich wenig Zeit für sportliche Aktivitäten. Dennoch im Folgenden ein paar Anregungen.

Die Römer selbst sind vom Sportwahn übrigens nur durchschnittlich befallen. Jogger sieht man zwar allerorten, aber der Großteil der (männlichen) Einwohnerschaft der Hauptstadt beschränkt sich doch oft auf eher passive Ambitionen: Das Herz schlägt für den *calcio*, den Fußball, und hier spaltet sich die Stadt in die unversöhnlichen Lager der *Romanisti* (Anhänger des AS Roma) und der *Laziali* (Anhänger von Lazio Roma) – dazwischen gibt es nichts. Während die Laziali verstärkt aus dem Umland kommen, bezieht „die Roma" ihre Anhängerschaft hauptsächlich aus dem Stadtgebiet.

Fitness-Club

Die meisten Clubs verlangen längerfristige Mitgliedschaft, nur für einen Tag besuchen kann man z. B. das **Roman Sport Center**, mit über 6000 qm das größte der Stadt. Im Angebot sind u. a. Squash, Schwimmen, Sauna, Dampfbad, Hydromassage, Massage, Jacuzzi, Aerobic, Pilates, Yoga, Bodybuilding und Beauty-Center, Restaurant, Bar und Internet-Point vorhanden. Eine Tageskarte kommt auf ca. 30 € (vorher telefonisch anmelden). Geöffnet Mo–Fr 7–22.30 Uhr, Sa 7–20.30 Uhr, So 9–15 Uhr. Viale del Galoppatoio 33 (in der Villa Borghese), ✆ 06/3201667, www.romansportcenter.com. Parkgarage Parking Villa Borghese gleich nebenan.

Golf

Mehrere Golfplätze in der Umgebung von Rom, z. B. der **Parco de'Medici Golf Club**, Viale Salvatore Rebecchini 39 (an der Autobahn Rom–Flughafen Fiumicino, km 4,5), 00148 Roma, ✆ 06/6553477, 📠 06-6553344.

Südöstlich außerhalb liegt der **Castelgandolfo Golf Club**, Via di Santo Spirito 13, 00040 Castel Gandolfo (22 km von Rom), ✆ 06/9312301, 📠 06/9312244, www.countryclubcastelgandolfo.it.

Infos zu weiteren Golfclubs bekommt man von der **Federazione Italiana Golf**, Viale Tiziano 74, 00196 Roma, ✆ 06/3231825, 📠 06/3220250. Auf deren Website www.federgolf.it sind sämtliche Golfclubs in Latium mit detaillierter Beschreibung aufgelistet (inkl. Lageplan).

Joggen

Wer sein tägliches Laufpensum auch in Rom absolvieren will, kann das problemlos in einem der vielen Parks tun, z. B. in der **Villa Borghese** oder in der **Villa Doria Pamphilj**, dem größten römischen Park.

Schwimmen

Nächste Möglichkeit im Meer zu baden ist der **Lido di Ostia** (→ S. 272) mit unzähligen Strandbädern (*Stabilimenti*) und Restaurants, Bars und Discos. Gute Bademöglichkeiten finden sich auch nördlich (z. B. in Fregene) und südlich an der Küste (ab Anzio südwärts). Wer im sommerlichen Rom eine Erfrischung braucht oder ein paar Bahnen schwimmen will, fährt am besten zum großen Freibad im Stadtteil E.U.R. (Metro B bis zur Station „E.U.R. Palasport"): **Piscina delle Rose**, Viale America 20, ✆ 06/54220333, www.piscinadellerose.it. 50-Meter-Becken, geöffnet 1. Juni bis 30. Sept. tägl. 10–22 Uhr, am Wochenende 9–21 Uhr, Eintritt 15 €, halber Tag 8–12 €. Angeschlossen sind Fitnesszentrum und Ruderclub, außerdem das schicke Restaurant und Lounge-Bar „Acqua".

Tennis

Z. B. beim **Circolo Tennis della Stampa** an der Piazza Mancini (beim Foro Italico), ✆ 06/3232454. Die Platzmiete beträgt ca. 15 € pro Stunde, Schläger und Bälle müssen selbst mitgebracht werden, es werden auch Unterrichtsstunden angeboten. Ganzjährig geöffnet, mit Flutlicht; Tram Nr. 2 ab Piazzale Flaminio (dorthin mit Metro A, Station „Flaminio").

Wissenswertes von A bis Z

Ärztliche Versorgung

Die medizinische Versorgung in Rom ist gut; grundsätzlich braucht man bei einem Besuch der Ewigen Stadt keine besonderen Vorsorgemaßnahmen zu treffen. Wer Mitglied einer gesetzlichen Krankenkasse ist, kann – falls noch nicht vorhanden – bei seiner Versicherung die European Health Insurance Card (*EHIC*) anfordern (ca. 10 Tage vor Reisebeginn). Sie ersetzt das bisherige Formular E 111. Mit der EHIC kann man im akuten Krankheitsfall im europäischen Ausland direkt zum Arzt gehen, ohne dabei die Kosten vorstrecken zu müssen. Theoretisch zumindest, denn viele Ärzte behandeln nicht im Rahmen des staatlichen Gesundheitssystems, sodass man die Behandlung oftmals bar bezahlen muss. Für Privatversicherte gilt ohnehin grundsätzlich Barzahlung. Gegen Vorlage einer detaillierten Quittung (*ricevuta*) des behandelnden Arztes einschließlich Übersetzung werden die Kosten in der Regel zu Hause erstattet.

Private Auslandskrankenversicherung: kann durchaus sinnvoll sein, zumal sie sehr günstig angeboten werden (auch über Banken, Automobilclubs etc.).

Erste-Hilfe-Behandlung: in römischen Krankenhäusern (wie in ganz Italien) auch für Ausländer kostenlos.

Notrufnummer: ✆ 118 (pronto soccorso) oder ✆ 112, beide auch über das Handy.

Krankenhäuser (ospedale): *Policlinico Agostino Gemelli* (öffentlich), Largo Gemelli 8 (Via Pineta Sacchetti, riesige Uniklinik im Norden der Stadt, Stadtteil Trionfale), ✆ 06/30151, www.policlinicogemelli.it.

Internationales Krankenhaus *Salvator Mundi* (privat), Via Mura Gianicolensi 57 (Trastevere), ✆ 06/588961, www.salvatormundi.it.

European Hospital (privat), Via Portuense 700 (weit südlich von Trastevere, Stadtteil Portuense), ✆ 06/659759, www.europeanhospital.it.

Clinica Mater Dei (privat), Via Bertoloni 32 (nördlich der Villa Borghese, Stadtteil Pinciano), ✆ 06/802201, www.materdei.it.

Kinderkrankenhaus: *Ospedale Pediatrico Bambino Gesù*, Piazza di Sant'Onofrio 4 (nur ein Stück südlich vom Petersplatz), ✆ 06/68591, www.opbg.net.

Krankentransport: *Croce Bianca Italiana*, ✆ 06/8181011, www.crocebiancaitaliana.it; *Nuova Croce Verde Romana*, ✆ 06/24302222, www.croceverderomana.it.

Deutschsprachige Ärzte: *Dr. Marcus Fröhlich und Dr. Michael Haas*, Alphamed Clinic, Via Zanardelli 36 (nördlich Piazza Navona), ✆ 06/68309493.

Dr. Andreas Heinz, Via Stazione San Pietro 45 (südlich Vatikan), ✆ 06/39387984.

Dr. Dagmar Rinnenburger-Spinsanti, Via Buonarroti 7 (bei Piazza Vittorio Emanuele II.), ✆ 06/77207573.

Dr. Tobias Wallbrecher, Via Domenico Silveri 30 (südlich Vatikan, bei Stazione di San Pietro), ✆ 06/6380569.

Zahnärzte: *Dr. Roswitha und Dr. Peter Althoff*, Via Salaria 280/int.21 (nordöstlich Villa Borghese, Stadtteil Salario), ✆ 06/8848512.
Dr. Wolfgang Hornstein, Corso del Rinascimento 49 (bei Piazza Navona), ✆ 06/3224649.

Apotheken (farmacie): gibt es fast an jeder Straßenecke, in der Regel sind sie Mo–Fr 8.30–13 und 16.30–19.30 Uhr, Sa nur bis 13 Uhr geöffnet, So geschl. Hinweisschilder über Nacht- und Wochenenddienste findet man an jeder Apotheke.

Internationale Apotheken

Piazza Cinquecento 51 (gegenüber von Stazione Termini), an der Piazza Barberini 49 und die Vatikanapotheke (Eingang an der Porta Angelica). Einen **24-Stunden-Dienst** bietet neben den Apotheken an der Piazza Cinquecento und an der Piazza Barberini auch eine Apotheke in der Via Cola di Rienzo 213 (Nähe Vatikan).

Ausweispapiere

Generell benötigen Sie einen gültigen Personalausweis (*carta d'identità*) oder Reisepass (*passaporto*). Kinder unter 16 Jahren brauchen einen Kinderausweis oder müssen im Pass der Eltern eingetragen sein. Wer mit dem eigenen Fahrzeug unterwegs ist, muss außerdem Führerschein (*patente di guida*) und Fahrzeugschein (*libretto di circolazione*) immer bei sich haben. Die internationale grüne Versicherungskarte (*carta verde*) ist zwar nicht mehr Pflicht, aber immer noch sehr hilfreich bei der Schadensregulierung.

Barrierefreie/Behindertengerechte Einrichtungen

Beim öffentlichen Verkehrssystem alles andere als flächendeckend, lediglich die *Buslinie Nr. 590* (der Metro Linea A folgend) ist behindertengerecht ausgestattet. Die Verkehrsbetriebe ATAC bieten darüber hinaus einen Fahrdienst an (nicht sonntags), Infos unter ✆ 06/46954001. In Teilen barrierefrei ist auch das Kolosseum.

Das Portal *www.handyturismo.it* bietet zahlreiche, sehr detaillierte Informationen zu barrierefreien Hotels, Restaurants und Sehenswürdigkeiten wie z. B. Ausgrabungen, Museen etc. in der Ewigen Stadt; außerdem alles zu Parkmöglichkeiten und Transportmöglichkeiten für Rollstuhlfahrer, mit genauen Angaben zu Stufen, Auffahrten, Türschwellen etc. Auch Infos für Gehbehinderte und Blinde sowie zahlreiche Links.

Botschaften/Konsulate

Sie helfen im akuten Notfall, z. B. beim Verlust sämtlicher Reisedokumente und -finanzen. Man bekommt ein Ersatzdokument ausgestellt und erhält notfalls ein Überbrückungsdarlehen, das die Heimreise ermöglicht (und unverzüg-

lich zurückgezahlt werden muss). Die Vertretungen sind in der Regel Mo–Fr 9–12 Uhr geöffnet.

Deutsche Botschaft: Via San Martino della Battaglia 4 (nördlich des Bahnhofs Termini), 00185 Roma, ✆ 06/492131, ℻ 06/49213320, www.rom.diplo.de.

Österreichische Botschaft: Via Pergolesi 3 (nordöstlich Villa Borghese), 00198 Roma, ✆ 06/8440141 (Konsularabteilung für Notfälle: ✆ 06/8418212), ℻ 06/8543286, www.aussenministerium.at/rom.

Schweizer Botschaft: Via Barnaba Oriani 61 (nördlich Villa Borghese), 00197 Roma, ✆ 06/809571, ℻ 06/8080871, www.eda.admin.ch/roma.

Deutsche Buchhandlung

Die internationale *Buchhandlung Herder* befindet sich mitten im Zentrum an der Piazza Montecitorio (gegenüber dem Parlament, nahe der Piazza Colonna), Näheres → S. 191.

Wo, wenn nicht hier?
Shopping für die Geistlichkeit

Einkaufen

Für Mode sind die beliebtesten Einkaufsstraßen der Innenstadt die *Via del Corso* und die *Via Cola di Rienzo* beim Vatikan. Hier sind alle gängigen italienischen Modemarken und -ketten zu finden. In der *Via dei Condotti* und in den umliegenden Straßen befinden sich die großen Designer, diese Gegend ist entsprechend teuer. Interessante Entdeckungen lassen sich (im Zentrum) am ehesten noch in den Gassen von *Trastevere*, in der *Via del Governo Vecchio* (nahe Piazza Navona), um den *Campo de'Fiori* und im Viertel *Monti* (zwischen Via Nazionale und Kolosseum/Esquilin) machen.

Schnäppchen sind u. a. noch bei den *Saldi* (Sommer- und Winterschlussverkauf) ab Anfang Juli und Anfang Januar möglich – bis zu 50 % Rabatt. Die *Öffnungszeiten* bei den großen Ketten in der Innenstadt sind meist Mo–Sa durchgehend, bei kleineren Läden mit Mittagspause (ca. 13–16 Uhr). *Achtung*: Viele der kleineren Geschäfte öffnen am Montag erst nachmittags ab 15 Uhr. Ein riesiges, unkompliziert zu erreichendes Shopping-Center namens *Cinecittàdue* (hauptsächlich Mode und Accessoires) befindet sich südöstlich der Innenstadt neben der Filmstadt Cinecittà in der Via Tuscolana (Metro Linea A bis Station Cinecittà).

Die richtige Größe

Taglia ist die Größe für Kleider, hier muss man bei Damen + 6 rechnen: Größe 44 in Italien ist also Größe 38 in Deutschland. Die Herrengrößen sind in Italien und Deutschland identisch. Wer Schuhe anprobieren will, fragt dagegen nach der passenden *Misura* oder *Numero di Scarpe*.

Bei Antiquitäten und Kunst liegt das Preisniveau im Allgemeinen sehr hoch, hier findet man in der *Via del Babuino*

(Piazza del Popolo), *Via dei Coronari* und *Via del Governo Vecchio* (beide nahe Piazza Navona) sowie der *Via del Pellegrino* (nahe Campo de'Fiori) das entsprechende Angebot. In letzter Zeit haben sich vermehrt in der *Via Margutta* einige Galerien angesiedelt.

Eintrittspreise/Ermäßigungen

Die Eintrittspreise in Rom sind hoch. Für die wichtigsten Ausgrabungen und Museen zahlt man ab etwa 8 € pro Person (Kapitolinische Museen 12 €), für Kolosseum/Palatin 12 € und für die Vatikanischen Museen sogar 15 €! Allerdings gewähren viele staatliche bzw. städtische Museen EU-Bürgern unter 18 und über 65 Jahren (gegen Nachweis) freien Eintritt; Jugendliche zwischen 18 und 25 Jahren zahlen hier den halben Preis (*intero* ist der volle Preis, *ridotto* heißt ermäßigt). Private Museen gewähren nur selten Ermäßigungen.

Lohnenswert kann der *Roma Pass* sein: Zum Preis von 25 € können Sie drei Tage lang alle öffentlichen Transportmittel im Stadtgebiet benutzen und haben freien Eintritt in zwei von 47 angeschlossenen Museen (nach eigener Wahl, u. a. sind dies Ara Pacis, Kapitolinische Museen, Engelsburg, Nationalmuseum, Kolosseum), in den anderen wird eine Ermäßigung gewährt. Erhältlich an den Tourist-Informationspunkten in der Stadt sowie in den Museen (www.romapass.it).

Rom umsonst

Grundsätzlich frei ist in Italien immer der Eintritt in Kirchen, also auch in die Peterskirche, die Lateranskirche (San Giovanni in Laterano) und das Pantheon. Kostenlos zu sehen sind auch Spanische Treppe, Trevi-Brunnen, das berühmte Schlüsselloch auf dem Aventin-Hügel und mit Ausnahme des Palatin sowieso alle sieben Hügel der Stadt. Des Weiteren haben Sie am letzten Sonntag des Monats freien Eintritt in die Vatikanischen Museen. Von Letzterem möchten wir Ihnen allerdings abraten: Die Schlange am Eingang reicht an besagten Sonntagen mehrere hundert Meter fast bis hinunter zum Petersplatz!

Die *Archeologia Card* zum Preis von 23 € (erm. 13 €) ist sieben Tage gültig und beinhaltet den Eintritt zu Kolosseum, Forum Romanum, Palatin, Nationalmuseum mit Palazzo Massimo, Palazzo Altemps, Krypta Balbi und Diokletians-Thermen, Grabmal der Cecilia Metella, Villa dei Quintili (beides Via Appia Antica) und Caracalla-Thermen. Die *Appia Antica Card* (sieben Tage gültig) zum Preis von 6 € (erm. 3 €) umfasst Caracalla-Thermen, Villa dei Quintili und Grabmal der Cecilia Metella. Erhältlich bei den angeschlossenen Museen.

Achtung: In manchen Hotels (v. a. im drei-Sterne-Bereich) liegen auch *Rabattkarten* für Stadtrundfahrten, bestimmte Restaurants, Geschäfte u. ä. aus.

Feiertage

Zu Zeiten der antiken Imperatoren gab es in Rom 93 offizielle Feiertage. Das ist heute allein aus wirtschaftlichen Gründen nicht mehr möglich. Dennoch: In Italien nutzt man auch heute noch gerne jeden Anlass für ein Fest.

Gesetzliche Feiertage

Weihnachten (Natale), **Neujahr** (Capodanno) und **Dreikönigstag** (Epifania, 6. Januar)

Karfreitag (Venerdì santo) ist nur im Vatikan Feiertag (die Museen sind geschlossen), **Ostermontag** (Lunedì di Pasqua) jedoch wie gewohnt.

25. April: **Anniversario della Liberazione** (Tag der Befreiung von der deutschen Wehrmacht).

1. Mai: selbstverständlich auch hier **Tag der Arbeit** (Festa del Lavoro); es fahren keine öffentlichen Verkehrsmittel, viele

Restaurants und fast alle Museen sind geschlossen.

Pfingsten (Pentecoste) – nur der Sonntag ist Feiertag.

2. Juni: Fondazione della Repubblica (Republikgründung).

29. Juni: San Pietro e Paolo (Peter und Paul), Rom feiert den heiligen Petrus in einer großen Messe mit dem Papst, viele kleinere Geschäfte bleiben an diesem Tag geschlossen.

15. August: Ferragosto (Mariä Himmelfahrt) – eines der wichtigsten Feste; fast alles ist geschlossen und jeder, der kann, macht Urlaub am Meer. Ferragosto ist keine katholische Erfindung, auch wenn man das wegen des zeitgleich stattfindenden Kirchenfestes Mariä Himmelfahrt annehmen könnte. Der Name leitet sich vielmehr aus dem Lateinischen ab: *feriae Augusti* – „Ferien des Augustus". Bereits in der Antike unter Kaiser Augustus fuhren die Römer in den Urlaub ans Meer oder in die Berge.

1. November: Allerheiligen (Ognissanti).

8. Dezember: Marias unbefleckte Empfängnis (Festa dell'Immacolata).

Weitere Feste/Feiertage

Ende Januar und Anfang Juli: Alta Roma/ Alta Moda – die römischen Modeschauen, zuletzt in wechselnden Locations. Infos unter www.altaroma.it.

8. März: Festa delle Donne – das Fest der Frauen mit Kundgebungen und Demonstrationen.

19. März: Festa di San Giuseppe (Josephstag) – besonders im Trionfale-Viertel (nahe der Peterskirche).

Palmsonntag – auf dem Petersplatz werden feierlich Palmwedel geweiht.

Karfreitag – Papst-Prozession am Kolosseum; der österliche Segen dann am Vormittag des Ostersonntag am Petersplatz.

24. Juni: Johannistag, besonders um die Lateranskirche (San Giovanni in Laterano).

L'Isola del Cinema, Kinosommer auf der Tiberinsel, allabendlich von Mitte Juni bis Anfang Sept., Preise zwischen umsonst und 6 € pro Film, Programm unter www.isoladelcinema.com.

Juli bis Ende September: L'Estate Romana („Römischer Sommer") – zahlreiche Open-Air-Konzerte, Ausstellungen und andere Veranstaltungen. Programm unter www.estateromana.comune.roma.it.

Mitte Juli: Tevere-Expo, am Tiberufer (auf Seite und Höhe von Trastevere) zahlreiche Stände mit Kunsthandwerk (auch Verkauf), Essensstände, Bars etc.

Ab ca. 15. Juli: Festa de Noantri, die letzten beiden Juliwochen in Trastevere, buntes Volksfest mit vielen Verkaufsständen, Folklore, Musik, Essen etc.

Ende Oktober: Festa Internazionale del Cinema, gut eine Woche dauert das noch junge Filmfestival der Ewigen Stadt (seit 2006). Gezeigt werden die Filme nicht ausschließlich in den Sälen des Auditoriums, sondern auch in einigen Kinos der Innenstadt (Termine und Tickets unter www.romacinemafest.org).

Ab Ende Oktober: Antiquitätenschau in der Via Coronari (nahe Piazza Navona).

November: Drei Wochen lang findet im Auditorium das **Roma Jazz Festival** statt. Programm unter www.romajazzfestaval.it.

Dezember bis 6. Januar: Weihnachtsmarkt auf der Piazza Navona.

Frauen allein unterwegs

Generell gibt es nicht mehr Probleme als in anderen Großstädten der Welt, fast jede Ecke der Ewigen Stadt ist mittlerweile *Video-sorvegliato* (videoüberwacht), was zumindest die gefühlte Sicherheit erhöhen mag. Als Frau sollten Sie sich dennoch spät abends und nachts nicht unbedingt alleine in der Gegend um *Stazione Termini, Piazza Vittorio Emanuele, Piazza Albania* und anderen wenig frequentierten Plätzen aufhalten. Von der Benutzung der Metro möchten wir Ihnen ab ca. 22 Uhr v. a. an den Haltestellen *Vittorio E.* und weiter stadtauswärts abraten. Bei den auch spät abends noch viel besuchten Stationen der Innenstadt ergeben sich nach unseren Erfahrungen kaum Probleme.

Geld

Wer keine größeren Summen mit auf die Reise nehmen oder sich nicht ausschließlich auf die Kreditkarte und/oder Geldautomaten verlassen will, kann zu *Reiseschecks* greifen (die Kaufquittung ist aus Versicherungsgründen getrennt aufzubewahren, bei der Auszahlung in der Bank wird ein Ausweisdokument verlangt). Ansonsten wechselt man nach wie vor am besten bei der Bank.

Banken: Mo–Fr 8.30–13.30 Uhr geöffnet, am Nachmittag meist 14.30–16 Uhr. Einige Banken haben am Do Nachmittag erweiterte Öffnungszeiten, z. T. sind Banken im Zentrum auch Sa vormittags geöffnet.

Kreditkarten werden in fast allen Geschäften, Restaurants, Hotels etc. als Zahlungsmittel akzeptiert, in kleineren Lebensmittelgeschäften oder Handwerksbetrieben, einfachen Trattorien oder Bars zahlt man dagegen immer bar. Bei Verlust der Kreditkarte kann man sich an folgende einheitliche Notrufnummer (in Deutschland) wenden: ✆ 0049/116116 (der Fall wird an die jeweilige Bank weitergeleitet). Wer ganz auf Nummer sicher gehen will, kann die aktuelle Sperr-Hotline vor der Reise bei der heimischen Bank bzw. dem Kreditkarteninstitut erfragen. Auskünfte über die Sperrnummern erteilen auch die Botschaften (s. S. 75).

Im Notfall

Im Fall eines Totalverlustes an Geld kann man sich über „Western Union Money Transfer" von einer Kontaktperson zu Hause innerhalb weniger Stunden Geld überweisen lassen. Einzahlung u. a. bei allen Filialen der Postbank. Auszahlung bei Postfilialen, bestimmten Banken und Reisebüros, Reisepass oder Personalausweis muss vorgelegt werden (und die Transaktionsnummer, die man vom Sender des Geldes erhält). Generell hohe Gebühren. Näheres unter www.westernunion.com. Etwas günstiger ist die Überweisung über „Money Gram" (www.moneygram.com), aber die Annahme- und Ausgabestellen sind deutlich dünner gesät.

Freundlicher Wächter auf dem Campo de'Fiori

Hunde

Bei der Einreise nach Italien braucht das Tier ein Tollwut-Impfzeugnis, das mind. 30 Tage und max. zwölf Monate vor Einreise ausgestellt sein muss, ebenso einen EU-Heimtierausweis und eine *Identitätskennung* mit Mikrochip (seit Juli 2011). Hunde werden in einigen Hotels akzeptiert, und auch im Terrassenristorante gibt es keine Probleme. Wer in Rom (bzw. auf dem Weg dorthin) mit einem größeren Hund ein öffentliches Verkehrsmittel benutzen will, hat allerdings schlechte Karten: Nur Hunde bis max. sechs Kilo können im geschlossenen Transportkorb auf dem Schoß gehalten werden. Schwierig wird es auch mit dem Hundespaziergang: Selbst durch die kleinste römische Gasse braust der (Vespa-)Verkehr, Grünflächen in der Innenstadt sind rar.

Information

Informationsmaterial zu Rom erhält man in Deutschland von der ENIT (Ente Nazionale Industrie Turistiche). Der Versand von Broschüren, Hotellisten, Stadtplänen etc. ist kostenlos, man kann aber auch im Internet downloaden.

Italienische Fremdenverkehrsbüros

Deutschland, Barckhausstr. 10, 60325 Frankfurt/M., ✆ 069/237434, 📠 069/232894, frankfurt@enit.it; Mo–Fr 9.15–17 Uhr.

Österreich, Mariahilfer Str. 1b, 1060 Wien, ✆ 01/5051639, 📠 01/5050248, vienna@enit.it; Mo–Do 9–17, Fr 9–15.30 Uhr.

Schweiz, Uraniastr. 32, 8001 Zürich, ✆ 044/4664040, 📠 044/4664041, zurich@enit.it; Mo–Fr 9–17 Uhr.

Im Internet: www.enit.it.

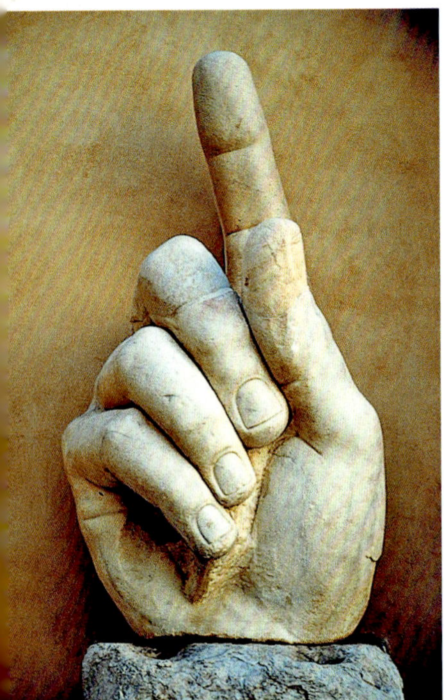

Daneben stehen den Besuchern in der Innenstadt mehrere (grüne) Informationspavillons (*PIT* – Punti Informativi Turistici) zur Verfügung: u. a. an der Piazza Pia (Engelsburg), der Piazza Sonnino (Trastevere), in der Via dell'Olmata bei der Kirche Santa Maria Maggiore, an der Piazza delle Cinque Lune (Piazza Navona), in der Via Nazionale (Palazzo delle Esposizioni) und an der Piazza Cinquecento vor dem Hauptbahnhof Termini, außerdem an den Flughäfen Fiumicino und Ciampino jeweils bei den „Arrivi Internazionali". Alle Pavillons sind tägl. 9.30–19 Uhr geöffnet (Flughäfen: 9.30–18.30 Uhr). Man erhält neben allgemeinem Info-Material auch einen kostenlosen Stadtplan (ohne Straßenregister), außerdem werden hier Stadtpläne mit *Bus- und Straßenbahnlinien* der römischen Verkehrsbetriebe verkauft (nur Innenstadt 1,50 €, mit Außenbezirken 3 €, beide empfehlenswert).

Internet

Wer sich schon vor der Reise im Internet über Rom informieren will, findet bei zahlreichen Websites aktuelle und ausführliche Angaben. Eine Auswahl:

www.060608.it, die offizielle touristische Seite der Stadt Rom mit riesiger Datenbank zu Unterkünften, Essen, Museen, Kirchen und sonstigen Sehenswürdigkeiten, Events, praktischen Infos, öffentlichem Transport, nützlichen Adressen etc. Alles unkommentiert, auch in Englisch.

www.comune.roma.it, offizielle Website der Stadtverwaltung, nur auf Italienisch.

www.romeguide.it: in Englisch, Infos zu Sehenswertem, Hotels, Restaurants, Nightlife, aktuellen Ausstellungen etc.

www.roma-online.de: ausführliche deutschsprachige Seite zu allen Fragen rund um die Ewige Stadt.

www.roma-antiqua.de: noch eine Seite auf Deutsch, umfangreich, zahlreiche Infos und Diskussionsforum.

www.museionline.it: Museen, Ausstellungen und Ausgrabungen in ganz Italien, nur in italienischer Sprache.

www.enjoyrome.com: hier auch günstige Unterkünfte, Ausflüge und allgemeine Infos überwiegend für jüngere Romreisende, nur auf Englisch.

www.pilgerzentrum.de: Infos nicht nur für Pilger.

www.vatican.va: alles rund um den Vatikan und die Vatikanischen Museen sowie neueste Infos zu Papst und katholischer Kirche.

www.adr.it: Flughafeninfos sowohl zu Fiumicino als auch zu Ciampino, auch in Englisch.

www.fsitaliane.it: Zugverbindungen der italienischen Bahn online.

www.aci.it: italienischer Automobilclub, nur in italienischer Sprache.

www.atac.roma.it: die römischen Verkehrsbetriebe mit ausführlichen Infos, auch in Englisch.

www.meteo.it: das Wetter in Italien.

Internet-Cafés/WI-FI

Zahlreich im Innenstadtbereich vertreten, in der Regel kostet eine Stunde Surfen oder Mailen ca. 5 €. Viele einfachere Internet-Cafés befinden sich um den Hauptbahnhof Stazione Termini.

W-LAN/WI-FI

Wireless LAN heißt in Italien WI-FI und ist in der Hauptstadt in zahlreichen Hotels zu finden. Auch diverse Cafés bieten – teilweise kostenlos – WI-FI, meist macht ein Schild am Eingang darauf aufmerksam.

Kirchen

Von den unzähligen römischen Kirchen sind nur die vier Patriarchalkirchen (Peterskirche, Santa Maria Maggiore, San Giovanni in Laterano und San Paolo fuori le Mura) ganztägig durchgehend geöffnet. Die anderen drei Pilgerkirchen der Stadt – Santa Croce in Gerusalemme, San Lorenzo fuori le Mura und San Sebastiano alle Catacombe (Via Appia) – sind über Mittag geschlossen.

Für sie und die anderen Kirchen Roms gelten etwa folgende Öffnungszeiten: 8–12.30 und 16–19 Uhr, im Winter abends oft kürzer. Wer eine Kirche besichtigen will, sollte auf angemessene Kleidung achten (Schultern bedeckt, nicht bauchfrei, lange Hosen oder Röcke, die übers Knie reichen). Handys sind in Kirchen unbedingt auszuschalten.

Die Kirche der deutschsprachigen katholischen Gemeinde in Rom heißt *Santa Maria dell'Anima* und befindet sich gleich bei der Piazza Navona in der Via Santa Maria dell'Anima 64 (geöffnet tägl. 9–12.45 und 15–19 Uhr), deutschsprachige Gottesdienste tägl. um 18 Uhr (im Sommer 7.30 Uhr) und sonntags um 10 Uhr. Die *evangelisch-lutherische Kirchengemeinde* in Rom hat ihren Sitz in der Via Toscana 7 (bei der Via Veneto), in der dortigen

Christuskirche finden immer sonntags um 10 Uhr deutschsprachige Gottesdienste statt.

Klima und Reisezeit

Rom hat ein gemäßigt warmes Klima, im Winter sinken die Temperaturen nur selten unter null Grad. Im Sommer kann es dafür ziemlich heiß werden. Zwar ist Rom ganzjährig eine Reise wert, das besondere Flair der Stadt entfaltet sich aber am schönsten in der Zeit zwischen April und Oktober, wenn die Cafés, Trattorien und Restaurants ihre Außenterrassen geöffnet haben.

Besonders angenehm ist das Klima von Anfang April bis Juni; man sollte aber bedenken, dass die Stadt an Ostern und Pfingsten quasi komplett ausgebucht ist. Der meist sehr heiße Sommer beginnt z. T. schon Ende Juni und verabschiedet sich – oft von Gewittern begleitet – etwa Ende August. Wem die Hitze nichts ausmacht, wird auch im Hochsommer einen gelungenen Aufenthalt erleben können (zumal im Juli/August die Hotels oft Sonderpreise anbieten), sollte aber bedenken, dass in den beiden Wochen um Ferragosto, dem 15. August (→ S. 78), sehr viele Restaurants und Geschäfte geschlossen haben und die meisten Römer im Urlaub sind – das öffentliche Leben ist eingeschränkt.

Anfang September sinken die Temperaturen in den angenehmen Bereich von ca. 25 Grad, und auch der Oktober ist in aller Regel ein idealer Reisemonat für die Ewige Stadt. Die Tage sind oft bis in den Dezember hinein angenehm warm. In der Vorweihnachtszeit geht es erwartungsgemäß auch in Rom hektisch zu, eigentlich ein ungünstiger Zeitpunkt, die Ewige Stadt kennen zu lernen. Weihnachten sind viele Restaurants der Stadt geschlossen (der öffentliche Nahverkehr ist deutlich eingeschränkt bzw. findet gar nicht statt), Silvester in Rom ist nur nach langfristiger Vorausbuchung einer Unterkunft möglich. Entspannter ist die Lage dagegen im Januar und im Februar, jedoch kann es dann durch den schneidend kalten *Tramontana* (ein eisiger Wind aus dem Apennin) unangenehm werden, vor allem wenn die Sonne ausbleibt. Ab Mitte, Ende März werden die Temperaturen freundlicher, und im April klettert das Thermometer auf durchschnittlich 19 Grad.

Klimadaten

	Durchschnittstemperatur	Regentage
Januar	10 °C	8
Februar	12 °C	9
März	15 °C	8
April	19 °C	8
Mai	23 °C	7
Juni	27 °C	4
Juli	30 °C	2
August	31 °C	2
September	25 °C	5
Oktober	21 °C	8
November	16 °C	10
Dezember	12 °C	10

Carabinieri bei der Arbeit – gesehen am Kolosseum

Kriminalität

Die Situation unterscheidet sich wenig von der in anderen europäischen Großstädten. Die Innenstadtstraßen sind bis spät in der Nacht voller Menschen, sodass sich hier eigentlich kaum Gefahren ergeben. Wer die üblichen Vorsichtsmaßnahmen einhält und spät abends dunkle und einsame Viertel meidet, sich also auf den gängigen Wegen durch die Stadt bewegt, wird in Rom kaum Probleme haben. Ab ca. 23 Uhr sollte man das Bahnhofsviertel sowie die Gegend um die Piazza Vittorio Emanuele II und Piazza Albania sowie die dunklen Parks der Stadt (auch Villa Borghese) meiden.

Weit verbreitet ist der *Taschendiebstahl:* Gewarnt sei hier vor kleineren Gruppen (meist Kinder), die Ihnen, oft unter dem Vorwand zu betteln, unbemerkt Ihre Brieftasche entwenden wollen.

Private Wachdienste sollen in den U-Bahn-Stationen und in den U-Bahnen selbst für mehr Sicherheit sorgen, ebenso eine enorme Zahl an Überwachungskameras.

Literatur- und Filmtipps

Wer sich der Ewigen Stadt erst mal literarisch oder durch den Film nähern will, kann aus einem immensen Fundus schöpfen. Hier ein paar Anregungen:

Literatur aus der Antike

Aus der Antike eröffnen zahlreiche Werke einen zeitgenössischen Blick auf die Stadt und ihre Geschichte und Mythen, u. a. **Vergil, Horaz, Ovid, Tacitus, Juvenal, Cicero** und auch Kaiser **Marc Aurel** mit seinen „Selbstbetrachtungen".

Alte und neue Klassiker

William Shakespeare – Julius Caesar (vermutlich 1599): Eine der berühmtesten historischen Tragödien von Shakespeare, bei der er sich genau an historischen Vorgaben orientierte.

Johann Wolfgang von Goethe – Italienische Reise (1816–1817): Während seiner zweijährigen Italienreise (1786–88) blieb Goethe mit Unterbrechung über ein Jahr in Rom, gewohnt hat er in der Via del Corso 18. Ein echter Klassiker der Reiseliteratur.

Alberto Moravia – Die Römerin (1947): Moravia, nach dem Zweiten Weltkrieg eine der bedeutenden Persönlichkeiten und Gesellschaftskritiker in Italien, beschreibt mit diesem Roman die Geschichte von Adriana und ihrer Suche nach Glück in der Ewigen Stadt. In Moravias Erzählungen **Racconti Romani** (Römische Geschichten, 1954) stehen die kleinen Leute im Vordergrund.

Elsa Morante – La Storia (1974): Die Geschichte der römischen Lehrerin Ida, die mit ihren Söhnen das Rom, während und nach dem Zweiten Weltkrieg erlebt. Ein bewegendes Buch und Chronik zugleich, einer der wichtigsten und größten literarischen Erfolge Italiens der letzten vier Jahrzehnte.

Tom Rachman – Die Unperfekten (2010): In skurrilen und düsteren, rührenden und heiteren, immer aber lebendigen Episoden erzählt der Roman vom Niedergang einer internationalen Zeitung in Rom. In jeder Episode wird ein anderer Protagonist aus der Redaktion beleuchtet, gemeinsam ergeben die Geschichten ein geschickt geflochtenes Gesamtbild mit viel römischem Flair. Sehr lesenswert.

Kollegen unter sich: Goethe und ...

Eher unterhaltend

Dan Brown – Illuminati (2003): Auf den Spuren einer ungeheuerlichen Verschwörung schickt der amerikanische Bestsellerautor seinen Protagonisten und den Leser auf eine temporeiche Jagd durch die Ewige Stadt. Der Thriller wurde auch schon verfilmt (s. u.).

Iain Pears: Seit 1990 veröffentlicht der englische Schriftsteller Krimis vor kunsthistorischem Hintergrund. Das Ermittlerduo besteht aus dem in Rom lebenden Engländer Jonathan Argyll und Flavia di Stefano, Ermittlerin in einer römischen Spezialeinheit, die sich um Kunstdiebstahl kümmert. Der erste von insgesamt sieben Romanen war **The Raphael Affair (1990)**, zuletzt lag auf Deutsch **Die makellose Täuschung (2004)** vor; mittlerweile sind die Titel nur noch antiquarisch bzw. auf Englisch erhältlich.

Sachbücher

Birgit Schönau – Gebrauchsanweisung für Rom (2004): Die SZ- und ZEIT-Autorin mit dem besonderen Faible für Fußball führt mit viel Elan und Humor in die Alltagswinkel der Ewigen Stadt. Viele nette und lustige Anekdoten, eine schöne Vorbereitungslektüre für Rom. Mittlerweile in zweiter, aktualisierter Auflage von 2010 erhältlich.

Hanns-Josef Ortheil – Rom: Eine Ekstase. Oasen für die Sinne (2009). Dieses Buch des ehemaligen Villa-Massimo-Stipendiaten macht Lust auf Rom, ebenso wie die **Spaziergänge in Rom (2006)** und **Inseln in Rom: Streifzüge durch die Ewige Stadt (2003)**, beide vom Schriftsteller und Journalisten **Marco Lodoli**, der u. a. auch für die römische *La Repubblica* arbeitet.

Reiseliteratur

Merianheft Rom: Wie gewohnt fundierte Beiträge, kleine Geschichten am Rande und herrliche Bilder – eine hervorragende Einstimmung auf die Stadt.

Eckart Peterich – Rom. Ein Reisebegleiter (1961 bzw. 1998): Der im Prestel-Verlag erschienene Rom-Begleiter des bekannten Reisebuchautors umfasst an die 500 Seiten Kulturgeschichte, lebendig erzählt mit zahlreichen Illustrationen. Bei Peterich bleibt kaum eine Frage offen. Leider nur mehr antiquarisch erhältlich.

Rom – ein literarischer Streifzug (2011). Von Ovid über Titus Livius bis hin zu Freud, Fontane, Wolfgang Koeppen und Ingeborg Bachmann kommt hier jeder zu Wort, der eine mehr oder minder lange Romreise unternommen und darüber geschrieben hat. Besonders prominent natürlich Johann Wolfgang von Goethe. Lesenswerte Einstimmung aus dem Fischer-Verlag.

Film

Roma – città aperta (Rom, offene Stadt, 1944/45): Der neorealistische Film von Roberto Rossellini über den Widerstand gegen die Nationalsozialisten entstand kurz nach dem Ende der deutschen Besatzung Roms. Gilt als Meisterwerk des Neorealismus.

Ladri di Biciclette (Fahrraddiebe, 1948): Vittorio de Sicas Rom der kleinen Leute nach Kriegsende gilt als weiteres Hauptwerk des Neorealismus. Mehrfach ausgezeichnet.

Quo Vadis? (1951): Monumentalfilm, der in 170 Minuten unsere Vorstellungen von Brot und Spielen samt Christenverfolgung nachhaltig geprägt hat. Gab es jemals einen anderen Nero als Sir Peter Ustinov?

Spartacus (1960): 3-Stunden-Monumentalschinken über den Spartacus-Aufstand 73–71 v. Chr. Kirk Douglas als Spartacus, Sir Lawrence Olivier als sein Gegenspieler Crassus, in Nebenrollen u. a. Peter Ustinov und Jean Simmons. Regie führte Stanley Kubrick.

Roman Holiday – Ein Herz und eine Krone (1953): Audrey Hepburn und Gregory Peck auf der Vespa im Rom der 1950er Jahre – sehr romantisch.

La Dolce Vita (1959): Fellinis Kultfilm über den Klatschreporter Marcello (Marcello Mastroianni) und seine Ausschweifungen in Rom. Unvergesslich: Anita Ekberg beim nächtlichen Bad im Trevi-Brunnen.

Fellinis Roma (1971): Eine Hommage an die Ewige Stadt von Meisterregisseur Federico Fellini. Wer seine Filme mag, sollte sich u. a. auch **Fellinis Gauner** (Il Bidone, 1955) und **Fellinis Intervista** (L'Intervista, 1986) anschauen – Letzterer wieder mit Marcello Mastroianni und Anita Ekberg.

Mamma Roma (1962): Die Geschichte einer römischen Prostituierten (gespielt von Anna Magnani), die versucht, ihrem Milieu zu entfliehen. Regisseur Pier Paolo Pasolini wurde 1975 am Strand von Ostia ermordet.

... Lord Byron im Park Villa Borghese

Von Pasolini ist auch **Accattone – Wer nie sein Brot mit Tränen aß (1961)**, sein erstes Werk als Regisseur, das er mit Laiendarstellern im Stadtviertel Pigneto (östlich der Innenstadt und bei jungen, alternativen Römern zurzeit gerade ziemlich „in") drehte.

Der talentierte Mr. Ripley (1999): Eine gelungene Neuverfilmung des gleichnamigen Patricia-Highsmith-Klassikers: Tom Ripley, Habenichts und Möchtegern, geht hier sprichwörtlich über Leichen. Neben den herrlichen Bildern von der Amalfiküste, Neapel und besonders Rom der späten 1950er überzeugt die hochkarätige Besetzung: Matt Damon, Jude Law, Gwyneth Paltrow und Cate Blanchett.

Illuminati (2009), Popcorn-Kino von Oscar-Regisseur Ron Howard mit Tom Hanks in der Hauptrolle. Gedreht wurde die Verfilmung von Dan Browns gleichnamigen Thriller natürlich in Rom.

Marktstand am Campo de'Fiori

Rom (2005–2007), die detailversessene und atmosphärisch ungemein dichte Fernsehserie (u. a. von BBC und RAI produziert) erzählt in zwei Staffeln vom Untergang der Römischen Republik.

Märkte

Am liebsten kaufen die Römer ihre Lebensmittel frisch von den Bauern, die jeden Morgen (werktags 8–13 Uhr) ihre Erzeugnisse auf einem der über hundert Märkte anbieten. Eine Auswahl:

Campo de'Fiori, teurer als auf anderen Märkten, aber vor malerischer Kulisse in der Altstadt, viele Souvenirstände und etwas Obst und Gemüse, auch Haushaltswaren und Kleidung.

Nuovo Mercato Esquilino, Markt im ehemaligen Kasernengebäude auf der Südseite des Bahnhofs Termini (zwischen Via Turati und Via Principe Amedeo auf Höhe Via Ricasoli). In den Markthallen bietet sich eine reiche Auswahl an preiswerten und auch exotischen Lebensmitteln (herrliche Gewürze).

Markthalle, Piazza dell'Unità an der Via Cola di Rienzo (Nähe Engelsburg).

Mercato di Testaccio, Piazza Testaccio im gleichnamigen Stadtviertel südlich des Aventin-Hügels. Einfacher, ursprünglicher Markt (kaum Touristen) mit sehr großer Auswahl an Obst, Gemüse, Käse, Salami und Fisch. Soll bald in ein neues Areal am ehem. Schlachthof (ebenfalls in Testaccio) umziehen.

Via Trionfale, günstig, aber weitab vom Schuss (nördlich vom Vatikan). Dienstagvormittag ist Blumenmarkt (auch exotische Pflanzen und Samen).

Flohmarkt Porta Portese

Roms riesiger Flohmarkt findet immer am Sonntagvormittag in der Via Portuense, Via Ippolito Nievo und der Via Ettore Rolli statt. Viel Ramsch, ein wenig Brauchbares, günstige Kleidung, Schuhe, Haushaltsgeräte und Imbissstände. *Anfahrt*: Tram Linie 8 ab Largo Argentina nach Trastevere bis Station Piazza Ippolito Nievo und dann den Menschenmengen folgen.

Museen

Dem Kulturinteressierten bietet die Ewige Stadt an die 80 Museen, von denen in diesem Buch die bedeutendsten und interessantesten beschrieben sind.

Fast alle staatlichen bzw. städtischen Museen sind montags geschlossen. Ansonsten sind die Museen in der Regel von 9 bis 19 Uhr (weniger bedeutende auch nur bis 14 Uhr) geöffnet. In den Sommermonaten (Juli/Aug.) wurden die städtischen Museen zuletzt auch am Samstagabend von 20 bis 24 Uhr geöffnet.

Achtung: Wer die *Galleria Borghese* besichtigen will, muss sich dafür telefonisch anmelden (weitere Infos → S. 228ff.).

Notrufnummern

Polizei: ✆ 113
Carabinieri: ✆ 112
Rettungsdienst: ✆ 118
Feuerwehr: ✆ 115

Öffnungszeiten

Für die großen Ketten in der Innenstadt gelten ganzjährig lange Öffnungszeiten, und manche Supermärkte an touristisch stark frequentierten Orten öffnen Mo–Sa 8–21 Uhr sowie So 9–19 Uhr.

Die meisten kleineren Lebensmittelgeschäfte öffnen dagegen 8.30–14 Uhr und ca. 16–19.30 Uhr und sind am Do nachmittags geschlossen, andere Läden öffnen 9–13 und 16–19.30 Uhr und haben am Mo vormittags zu. Generell sind etwa ab Ende Juli bis Ende August viele kleinere Geschäfte geschlossen.

Papstaudienz

Die päpstlichen Generalaudienz findet immer mittwochs um 10.30 Uhr je nach Wetter auf dem Petersplatz oder in der Audienzhalle statt (außer im August, da findet die Audienz in Castel Gandolfo statt). Die Teilnahme ist kostenlos, allerdings bedarf es einer schriftlichen Anmeldung, die spätestens drei Wochen vor der Audienz beim deutschen Pilgerzentrum eingehen muss. Audienzkarten können am Dienstagnachmittag 15–18 Uhr oder Mittwochmorgen ab 8 Uhr im Büro des Pilgerzentrums abgeholt werden. Anmeldeformulare kann man unter *www.pilgerzentrum.de* im Internet downloaden und per E-Mail oder Fax an das Pilgerzentrum senden: Centro Pastorale Pellegrini di Lingua Tedesca, Via del Banco di S. Spirito 56, 00186 Roma, ✆ 06/6897197, 📠 06/6869490, pilgerzentrum@libero.it. Geöffnet ist das Pilgerzentrum Mo, Do und Fr 8.30–17 Uhr, Di 8.30–18 Uhr, Mi 8-17 Uhr, Sa/So geschlossen.

Parks

Der beliebteste und zentralste Stadtpark Roms ist zweifelsohne die *Villa Borghese* (→ S. 224ff.), einen Besuch wert ist aber auch die *Villa Doria Pamphilj,* mit 140 Hektar der größte Park der Stadt (westlich von Trastevere, Zugang über die Via S. Pancrazio). Weitläufige Pinienwälder, Wiesen und ein kleiner Wasserfall sorgen für Entspannung – ideal für ein Picknick im Grünen; wer es sportlicher mag, findet hier auch optimale Joggingrouten. Nordöstlich der Villa Borghese lädt außerdem die kleinere *Villa Ada* zu einem Abstecher ein; südöstlich des Kolosseums außerdem die *Villa Celimontana,* der älteste Park der Stadt, in dem im Sommer Jazzkonzerte stattfinden. An der Via Nomentana (nordöstlich der Innenstadt) befindet sich die erst vor einigen Jahren wieder hergerichtete *Villa Torlonia.*

Post

Die italienische Post ist für ihre Langsamkeit bekannt: Wer Urlaubsgrüße nach Hause schicken will, sollte davon ausgehen, dass diese erst nach der eigenen Rückkehr ankommen. Mit einer Woche für eine Postkarte muss man generell rechnen.

Öffnungszeiten: Die Postämter in Rom sind Mo–Fr 8.30–14 Uhr geöffnet, Sa nur bis 13 Uhr. Längere Öffnungszeiten (Mo–Fr 8–19 Uhr, Sa bis 13.15 Uhr) bei der Hauptpost Piazza San Silvestro (nahe Trevi-Brunnen), in der Via Terme Diocleziano 30 (nahe Piazza Repubblica) und in der Via di Porta Angelica (nahe Piazza Risorgimento/Vatikan). Die Auskunft der Post ist unter ✆ 06/160 zu erreichen, im Internet: www.poste.it.

Geldanweisung: → S. 79.

Porto: Für Postkarten und Briefe bis 20 g 0,75 € (für EU-Länder und die Schweiz). Briefmarken (francobolli) gibt es bei der Post und in Tabacchi-Läden.

Vatikanpost: Sie transportiert die Post in der Regel schneller und zuverlässiger, allerdings nur mit den eigenen Vatikan-Briefmarken. Die Vatikanpost befindet sich am Petersplatz (Kolonnaden, bei der Touristeninformation). Geöffnet ist sie Mo–Sa 8.30–18.30 Uhr; eine weitere Poststelle gibt es am Ausgang der Vatikanischen Museen.

Rauchen

Rauchen in öffentlichen Räumen ist in Italien verboten, die Bußgelder liegen bei 27,50–275 €. Wer neben einer Schwangeren oder Kindern raucht, muss sogar mit dem doppelten Bußgeld rechnen. Wird ein Wirt mit rauchenden Gästen erwischt, zahlt er selbst ebenfalls ein Bußgeld, das zwischen 220 und 2200 € liegt.

Rechnungen

Was Sie auch kaufen, Sie bekommen immer eine Rechnung *(ricevuta fiscale)* oder einen Bon *(scontrino)*. Den Beleg muss man laut Gesetz bis 50 Meter nach Verlassen des Geschäftes behalten. Von Kontrollen haben wir zwar noch nicht gehört, sie sind aber nicht grundsätzlich auszuschließen.

Schwule und Lesben

Verglichen mit anderen Metropolen der Welt ist Rom in dieser Beziehung tiefste Provinz. Es gibt keine pulsierenden Schwulenviertel wie in Berlin, Paris oder Madrid, und es ist noch nicht einmal eine gewisse Konzentration von Szeneadressen auszumachen. Einzelne schwule/lesbische Bars und Clubs gibt es zwar, doch die liegen über das Stadtgebiet verstreut und oft in den Randbezirken. Dennoch hat die römische Gay-Community langsam ihr Coming-out. Angesagte Hetero-Clubs bieten regelmäßig an einem bestimmten Tag der Woche ein schwules oder lesbisches Event, im Sommer gibt es sogar eine Fülle von Veranstaltungen, die ein recht gemischtes Publikum anziehen. Außerhalb von solchen Happenings sind schwule und lesbische Paare in der Öffentlichkeit aber immer noch kaum wahrnehmbar. Ein gewisser Schwerpunkt der Szene scheint sich langsam zwischen Kolosseum und Lateran zu bilden. Von Juni bis etwa Mitte September findet das *Gay Village* im Stadtteil EUR statt. Dort gibt es dann fast jeden Abend Programm mit Partys, Konzerten, Filmen usw. (www.gayvillage.it).

Infos www.gayroma.it; www.guidagay.it; www.gayclubbing.it.

Gruppen **Arcigay**, Via di San Giovanni in Laterano 10, www.arcigay.it. **Arcilesbica Roma**, www.arcilesbica.it.

Bars/Pubs **Hangar**, die älteste Schwulenbar Roms. Besonders am Wochenende und bei Partys sehr voll. Di und im August geschl., sonst 22.30–2 Uhr. Via in Selci 69 (Metro Linea B, Station Cavour), ✆ 06/48813971, www.hangaronline.it.

Coming Out Pub, diese gut besuchte Birreria und Cocktailbar ist die einzige schon tagsüber geöffnete Schwulenbar in Rom. Regelmäßig Live-Musik. Tägl. 11–2 Uhr. Via San Giovanni in Laterano 8 (direkt beim Kolosseum), ✆ 06/7009871, www.comingout.it.

Garbo, Szene-Bar in Trastevere. Vicolo di S. Margherita 1A (zwischen Via della Scala und Tiber), ✆ 06/5812766.

Danceclubs **Alibi**, eine der angesagtesten Discos der römischen Szene. Über zwei Etagen tanzt man hier am Wochenende bis in den frühen Morgen. In lauen Nächten kann man sich auf der Dachterrasse erholen. Viele Veranstaltungen und Partys. Do–So regulär 23–4 Uhr, am Wochenende oft auch länger. Via di Monte Testaccio 39–44, ✆ 06/5743448, www.lalibi.it.

Max's Bar, Szene-Bar mit Disco. Via A. Grandi 7A (Metro Linie A, Station Manzoni, in der Nähe der Piazza Porta Maggiore), Do–So ab 22.30 Uhr, ✆ 06/70301599.

Musiker auf der Piazza Navona

Danceclubs mit regelmäßigen Gay-Events Freitags „Muccassassina" im **Qube**, Via Portonaccio 212 (im Stadtviertel Prenestino, nahe dem Bahnhof Prenestina), ✆ 06/5413985, www.muccassassina.com.

Samstags „Gorgeous" im **Alpheus Multiclub** (wo 2500 Personen Platz finden), oft Livemusik, Via del Commercio 36 (beim Gasometer), nur von Okt. bis Mai, www.alpheus.it.

Sprachschulen

Ein paar Worte in Italienisch sind schnell gelernt, und viele Römer sprechen auch Englisch, sodass die Verständigung eigentlich kein Problem ist. Wenn Sie Italienisch aber ernsthaft lernen und korrekt sprechen wollen, wird es – wie bei allen Sprachen – schwieriger. Wer sich dennoch dafür entscheidet, ist in einer der Sprachschulen Roms bestens aufgehoben. Da es sich hier fast ausnahmslos um internationale Klassen handelt, ist die Kurs- und Konversationssprache immer Italienisch. Die Sprachschulen bieten günstige (oft auch ganz zentrale) Unterkünfte an. Eine umfangreiche Informationsbroschüre über Sprachreiseveranstalter und italienische Sprach- und Hochschulen erhalten Sie bei der *Aktion Bildungsinformation (ABI)*, Lange Straße 51, 70174 Stuttgart, ✆ 0711/22021630, 📠 0711/22021640, www.abi-ev.de (die Broschüre heißt „Italienisch lernen in Italien" und kostet inkl. Versand 16 €).

Supermärkte

Die Supermärkte in der römischen Innenstadt heißen *DeSpar, DiperDi, CONAD, Standa* bzw. *Billa* (Lebensmittelabteilungen im Untergeschoss von Kaufhäusern) und neuerdings auch *Carrefour*. Einen kleineren, aber bestens sortierten *DeSpar*-Supermarkt finden Sie z. B. ganz zentral in der Via del Pozzetto 119 (gleich ums Eck von der Piazza San Silvestro) und in der Via Nazionale 211; *CONAD* im Forum Termini (Einkaufszentrum im Untergeschoss der Stazione Termini) und an der Stazione Tiburtina (nordwestlich vom Zentrum); *Standa* auf dem Viale Trastevere 60 (in Trastevere, Untergeschoss des Kaufhauses Oviesse) und *Billa* in der Via Cola di Rienzo (Untergeschoss von Coin).

Bio-Supermärkte bzw. *Reformhäuser* sind in der Innenstadt rar, einen zentral gelegenen Laden finden Sie in der Via S. Maria del Pianto 20 (Nähe Campo de'Fiori; → S. 153) sowie in Trastevere in der Via San Francesco a Ripa 106 und in der Via Santa Dorotea 11 (→ S. 245).

Telefonieren

Wichtiges Accessoire im römischen Alltag ist das *telefonino* bzw. *cellulare*: das Handy. Jeder Römer hat eins und manche sind auf der Straße nur noch mit Headset anzutreffen. Im Fahrzeug darf das Handy nur mit Freisprechanlage benutzt werden. EU-weit kosten (netz- und betreiberunabhängig) abgehende Anrufe maximal 0,41 €/Minute, eingehende Anrufe 0,13 €/Minute, abgehende SMS 0,13 €, ankommende SMS sind gebührenfrei.

Günstiger ist es noch immer über die öffentlichen Telefone: Telefonkarten (*carta telefonica*) hierfür werden zu 5 € bei Zeitschriften- und Tabacchi-Läden sowie in Bars und bei der Post verkauft. Sie funktionieren nur, wenn man zuvor die perforierte Ecke abgebrochen hat!

Auslandsvorwahlen: von Deutschland, Österreich und der Schweiz nach Italien ✆ 0039; von Italien nach Deutschland ✆ 0049, in die Schweiz ✆ 0041, nach Österreich ✆ 0043.

Die Vorwahl von Rom ist 06, sie muss immer mitgewählt werden, auch bei Telefonaten innerhalb des Stadtgebiets; ebenso bei Anrufen aus dem Ausland (✆ 0039-06 plus Anschlussnummer). Jedoch fällt die Null bei der deutschen, österreichischen und schweizerischen Vorwahl weg (z. B. ✆ 0049-69 für Frankfurt plus Anschlussnummer).

Trinkgeld

In Italien nicht ganz so üblich wie hierzulande, zufriedene Gäste geben im Restaurant jedoch stets ein Trinkgeld (dezent ein paar Münzen auf dem Tellerchen mit der Rechnung, ca. 5–10 % der Summe), im Hotel bekommt das

Zimmermädchen 1–2 € pro Tag, ebenso Gepäckträger und Portiere. Im Taxi wird nicht generell Trinkgeld gegeben.

Trinkwasser/Brunnen

Schon in der Antike beförderte man große Mengen Wasser nach Rom. Auch heute sprudelt aus unzähligen römischen Brunnen bestes Trinkwasser (einige Brunnen sind allerdings mit dem Hinweis *acqua non potabile* ausdrücklich gekennzeichnet – hier kein Trinkwasser!). Auch die kleinen Brunnen an jeder Straßenecke (genannt *il nasone* – „die große Nase“) liefern hervorragendes kaltes Trinkwasser. Der Trick, um sich beim Trinken nicht allzu sehr zu verrenken: Halten Sie die große Öffnung zu, das Wasser kommt dann – im hohen Bogen! – mundgerecht aus dem kleinen Loch auf der Oberseite der Leitung.

Zeitungen/Zeitschriften

Typische Boulevardblätter gibt es fast nicht (diesen Part übernehmen wö-

Der Ferrari unter den römischen Brunnen – Fontana di Trevi

chentlich erscheinende Regenbogenblätter wie *Di Più*, *Oggi*, *Gente* und *Chi)*. Auch die Vertriebsstruktur unterscheidet sich erheblich von der nördlich der Alpen: Die meisten Zeitungen gehen per Straßenverkauf an ihre Leser, der Anteil der Abonnements ist gering. Die auflagenstärksten italienischen Tageszeitungen sind der konservative Mailänder *Corriere della Sera*, die linksliberale römische *La Repubblica*, die liberale *La Stampa* aus Turin und das ebenfalls in Rom herausgegebene linksliberale Traditionsblatt *Il Messagero*. Meistgelesene Tageszeitung Italiens ist und bleibt aber die rosafarbene *Gazzetta dello Sport*.

Überregionale deutsche Zeitungen wie die *Süddeutsche Zeitung* und die *FAZ* erreichen die größeren Zeitungsläden in der Innenstadt am selben Morgen, die Preise liegen etwa 20–30 % höher als zu Hause. Auch der *Spiegel* ist am römischen Zeitungskiosk wie gewohnt montags zu haben.

Zollbestimmungen

Im Zuge des Binnenmarktes gelten großzügige Richtlinien für die Ein- und Ausfuhr. So unterliegt das persönliche Reisegepäck keinerlei Beschränkungen mehr. Gleiches gilt im Prinzip auch für Genuss- und Lebensmittel, allerdings muss hier im Zweifelsfall glaubhaft gemacht werden, dass man größere Mengen tatsächlich privat verbraucht. Bei folgenden Richtmengen pro Erwachsenem wird der private Bedarf nicht in Frage gestellt:

800 Zigaretten, 400 Zigarillos, 200 Zigarren, 1 kg Tabak, 10 l Spirituosen, 20 l Alkoholika bis 22 %, 90 l Wein (dabei 60 l Schaumwein) und 110 l Bier.

Beim Transit durch die *Schweiz* ist eine freiwillige Deklaration der mitgeführten Waren fällig, wenn die geltenden Freimengen (200 Zigaretten, 50 Zigarren, 2 l Wein und 1 l Spirituosen) überschritten werden. Für Waren, die das Limit überschreiten, muss eine Kaution in Landeswährung hinterlegt werden, die man bei der Ausreise zurückerhält.

▲ Blick vom Tiber auf den Vatikan

Stadttouren

Rundgang 1

Antikes Rom

Kapitol, Forum, Palatin, Circus Maximus und Aventin

Der Kapitolshügel war in der Antike als Sitz des obersten Gottes Jupiter das Herz der Stadt und das Symbol staatlicher Ordnung. In unmittelbarer Nähe befinden sich östlich die Überreste der Kaiserforen, südöstlich das Forum Romanum mit dem Palatin und südlich der Circus Maximus und der Aventin.

In der Antike spielte sich hauptsächlich in diesem Gebiet das öffentliche Leben der Stadt ab. Der älteste besiedelte Hügel der Stadt war der Palatin, der in republikanischer Zeit zu einem der begehrtesten Wohnviertel im alten Rom avancierte. Das Gleiche gilt für den Aventin, den südlichsten der sieben römischen Hügel, auf dem die Mächtigen während der späteren Kaiserzeit in prachtvollen Villen residierten.

Zwischen diesen beiden Hügeln wurde im Circus Maximus bis ins 6. Jh. n. Chr. das Volk bei Laune gehalten. Nur wenige Schritte vom Circus Maximus entfernt (an der heutigen Piazza Bocca della Verità) befand sich das Forum Boarium, einer der ältesten Marktplätze der Stadt, auf dem der römische Viehmarkt abgehalten wurde.

Der Kapitolshügel oberhalb der belebten Piazza Venezia und neben dem alles überragenden Nationalmonument *Vittoriano* bzw. *Altare della Patria* (→ S. 179/180) war vor 2000 Jahren das politische und geistige Zentrum des römischen Weltreichs. Alle wichtigen Staatshandlungen und auch jeder Triumphzug eines siegreichen Feldherrn fanden hier, am Tempel des Jupiter, ihren kultischen Abschluss. Heute wird Rom vom Bürgermeister der Stadt im Senatorenpalast an der Kopfseite des Kapitolsplatzes regiert.

Im Mittelalter und in der Renaissance dienten die Überreste der antiken Gebäude als Steinbruch: Zahlreiche Bauteile, besonders die kostbaren antiken Säulen, wurden zur Errichtung von Kirchen benutzt. Mit Ausnahme des

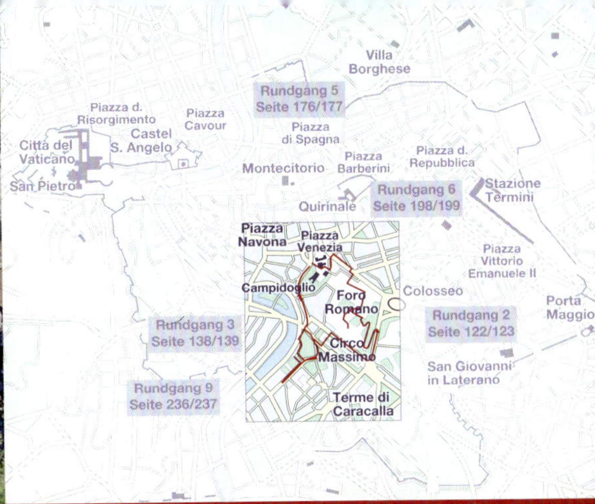

Aventin ist das Gebiet südlich und östlich des Kapitols heute reines Ausgrabungsgebiet; lediglich große Straßenzüge wie die in den Jahren 1924 bis 1932 unter Mussolini entstandene Via dei Fori Imperiali von der Piazza Venezia zum Kolosseum und einige Wohnhäuser bzw. Kirchen unterbrechen das größte archäologische Gelände der Stadt.

La Lupa Capitolina

Die Kapitolinische Wölfin ist seit jeher das heilige Wahrzeichen der Stadt. Schließlich war es eine Wölfin, die die Zwillinge Romulus und Remus im Ufergestrüpp des Tibers fand, sie säugte und ihnen so das Leben rettete (→ S. 17). Am Kapitolsplatz ist links neben dem Senatorenpalast eine verkleinerte Kopie der berühmten Wölfin mit den beiden Säuglingen aufgestellt. Das Original der etruskischen Bronzeskulptur stammt vermutlich aus dem 6. oder 5. Jh. v. Chr. und ist im Konservatorenpalast der Kapitolinischen Museen zu sehen. Ein Blitzschlag im Jahr 65 v. Chr. stürzte die Wölfin vom Sockel, Spuren davon sind am linken Hinterlauf noch zu sehen. Romulus und Remus wurden übrigens erst Ende des 15. Jh. von *Antonio Pollaiolo* hinzugefügt. Der Wölfin als Wahrzeichen Roms begegnet man auch heute noch immer wieder, z. B. im Vereinswappen des Fußballclubs AS Roma.

Spaziergang

Ausgangspunkt des Spaziergangs ist der **Kapitolsplatz**, auf dem sich in den **Kapitolinischen Museen** eine der wichtigsten Sammlungen zur römischen Antike befindet.

Um dem Verkehrschaos an der Piazza Venezia zu entkommen, geht es nun – vorbei an der **Wölfin** (→ S. 95) – auf der heutigen Rückseite des Kapitols hinunter zu den **Kaiserforen**. Auf dem Weg dorthin lohnt ein Abstecher zum **Mamertinischen Kerker**, in dem angeblich Petrus gefangen war.

Von den Kaiserforen, die sich zu beiden Seiten der Via dei Fori Imperiali erstrecken, ist es nur ein kurzes Stück zum **Forum Romanum** (Eingang am Largo Romolo e Remo/Largo della Salara Vecchia). Nach Abschluss des Rundgangs auf dem Forum geht es nun hinauf auf den **Palatin**. Hier oben genießen Sie von der Aussichtsterrasse einen herrlichen Blick auf Forum und Kapitol. Lohnend ist auch ein kurzer Streifzug durch das **Antiquarium Palatino**, das kleine Museum auf dem weitläufigen Gelände des Palatins.

Für den Rundgang sollte man – je nach Intensität der Besichtigungen (z. B. Kapitolinische Museen) – vier bis sechs Stunden einkalkulieren, wer das Kolosseum (im Kombiticket beinhaltet) mit einbeziehen möchte, sollte noch mal ca. 1,5 Stunden draufschlagen. Bars und Restaurants auf der Strecke sind rar, die Imbisswagen an der Via dei Fori Imperiali und der Via di San Gregorio bieten wenig bei viel zu teueren Preisen. Gastronomische Lichtblicke sind das Panoramacafé der Kapitolinischen Museen (→ S. 113) und das Caffè auf der Rückseite des Vittoriano (→ S. 113), nur wenige Schritte links vom Haupteingang der Kirche S. Maria in Aracoeli entfernt.

Auf der Ostseite des Palatins führt ein Pfad in Serpentinen hinunter zur Via di San Gregorio, auf die man nach rechts in Richtung **Circus Maximus** einbiegt. Nach wenigen Metern erreichen Sie die Piazza Porta Capena am südöstlichen Ende des Circus Maximus; von hier hat man einen schönen Blick über das weite Gelände bis zur Kuppel der Peterskirche im Hintergrund. Rechts geht es in die Via dei Cerchi, auf der man am etwas verwahrlosten, grasbewachsenen Gelände des Circus entlangläuft und dann quer über den Circus und die Treppen hinaufgeht. Ein kurzes Stück nach rechts, dann geht es gegenüber in den Clivo del Publicii hinein und bergauf.

Links der Straße erstreckt sich am Hang ein Rosengarten (im Sommer tägl. 8–19.30 Uhr, über Mittag geschlossen, im Winter nur Mo–Fr 8–16.30 Uhr). Folgen Sie immer geradeaus der etwas steiler werdenden Straße (jetzt Via S. Sabina), nach wenigen hundert Metern – Parco Savello und Kirche Santa Sabina zunächst noch rechts liegen lassen – landen Sie auf der beschaulichen **Piazza dei Cavalieri di Malta**. Hinter hohen Mauern verbirgt sich hier das Stammhaus des Malteserordens. Der Blick durch das berühmte **Schlüsselloch** am grünen Tor auf der Piazza eröffnet eine reizvolle Aussicht auf die Kuppel der Peterskirche.

Einige Meter zurück auf dem gleichen Weg stößt man links auf die **Kirche Santa Sabina**, kurz danach geht es links ab in den kleinen **Parco Savello (Giardino degli Aranci)**, von dessen Aussichtsterrasse sich ein weiteres Mal ein grandioser Blick auf die Stadt bietet.

Zurück geht man nun zunächst Richtung Circo Massimo, biegt aber direkt neben dem Parco Savello nach links in

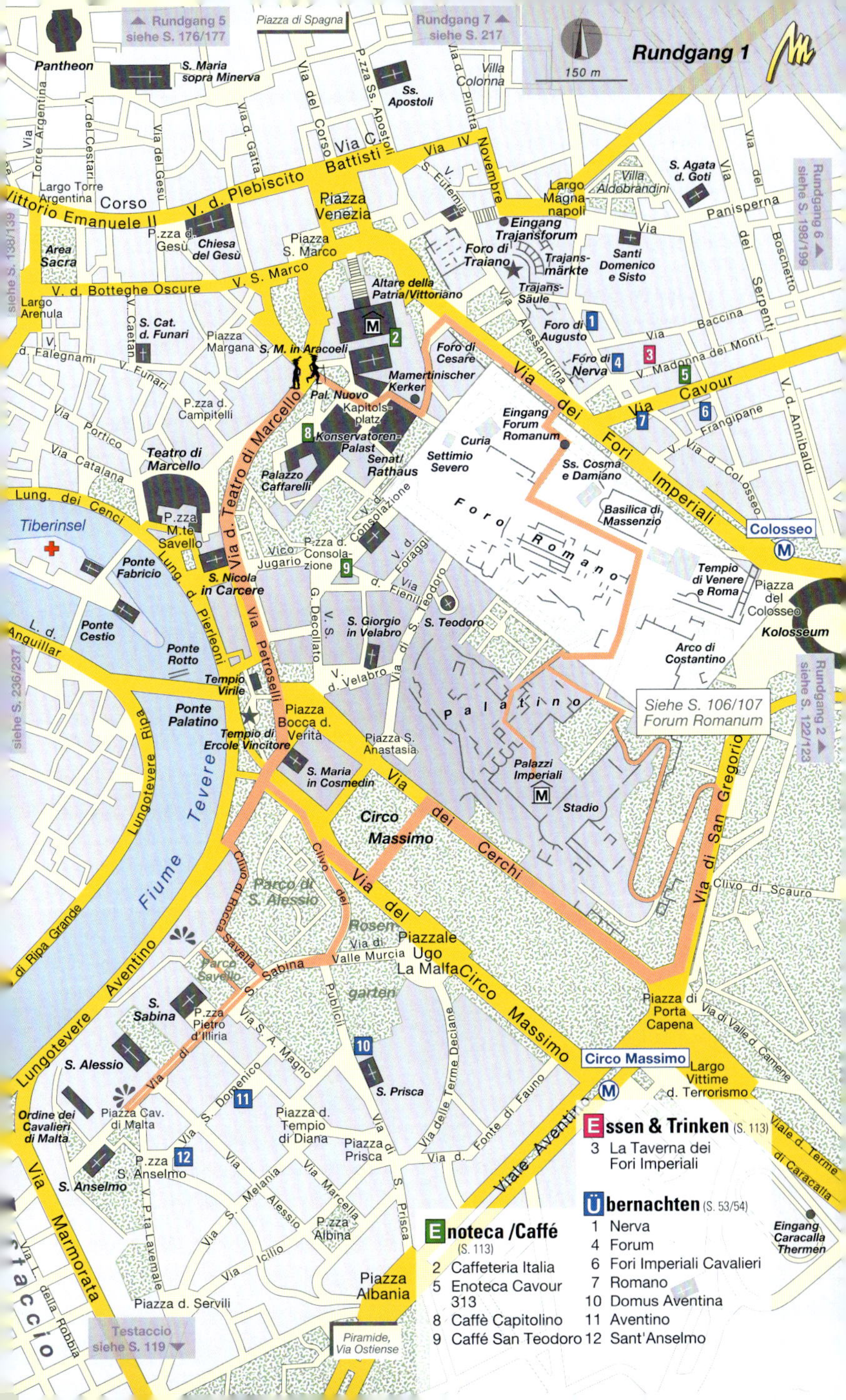

Rundgang 1
150 m
Rundgang 5 siehe S. 176/177
Piazza di Spagna
Rundgang 7 siehe S. 217
Rundgang 6 siehe S. 198/199
siehe S. 138/139
siehe S. 236/237
Rundgang 2 siehe S. 122/123
Testaccio siehe S. 119
Piramide, Via Ostiense
Pantheon
S. Maria sopra Minerva
Ss. Apostoli
Villa Colonna
Via C. Battisti
Via IV Novembre
V. d. Plebiscito
Corso Vittorio Emanuele II
Largo Torre Argentina
Piazza Venezia
P.zza d. Gesù
Chiesa del Gesù
Piazza S. Marco
Area Sacra
Largo Arenula
V. d. Botteghe Oscure
V. S. Marco
Altare della Patria/Vittoriano
Largo Magnanapoli
Eingang Trajansforum
Foro di Traiano
Trajansmärkte
Trajans-Säule
S. Agata d. Goti
Villa Aldobrandini
Via Panisperna
Santi Domenico e Sisto
Foro di Augusto
Foro di Nerva
Via Baccina
V. Madonna dei Monti
Via Cavour
Via Frangipane
V. d. Annibaldi
Via dei Fori Imperiali
S. Cat. d. Funari
Piazza Margana
S. M. in Aracoeli
Foro di Cesare
Mamertinischer Kerker
Pal. Nuovo
Kapitolsplatz
Konservatoren-Palast
Senat/Rathaus
Palazzo Caffarelli
P.zza d. Campitelli
Via Portico
Via Catalana
Teatro di Marcello
Via d. Teatro di Marcello
Curia
Settimio Severo
Eingang Forum Romanum
Ss. Cosma e Damiano
Basilica di Massenzio
Foro Romano
Colosseo
Tempio di Venere e Roma
Piazza del Colosseo
Kolosseum
Arco di Costantino
Siehe S. 106/107 Forum Romanum
Lung. dei Cenci
Tiberinsel
P.zza M.te Savello
Ponte Fabricio
Ponte Cestio
S. Nicola in Carcere
Vico Jugario
P.zza d. Consolazione
V. d. Foraggi
Via Fienili
S. Teodoro
S. Giorgio in Velabro
V. d. Velabro
Palatino
Lung. d. Pierleoni
L. d. Anguillara
Ponte Rotto
Tempio Virile
Via Petroselli
Ponte Palatino
Tempio di Ercole Vincitore
Piazza Bocca d. Verità
Piazza S. Anastasia
S. Maria in Cosmedin
Palazzi Imperiali
Stadio
Via dei Cerchi
Circo Massimo
Via di San Gregorio
Clivo di Scauro
Fiume Tevere
Lungotevere Aventino
Lungotevere Ripa
Clivo di Rocca Savella
Parco di S. Alessio
Clivo dei Publicii
Rosengarten
Via del Circo Massimo
Via di Valle Murcia
Piazzale Ugo La Malfa
Parco Savello
Via S. Sabina
S. Sabina
P.zza Pietro d'Illiria
Via di S. Alessio
S. Alessio
Via S. A. Magno
Piazza di Porta Capena
Largo Vittime d. Terrorismo
Via di Valle d. Camene
Circo Massimo
Ordine dei Cavalieri di Malta
Piazza Cav. di Malta
Via S. Domenico
Piazza d. Tempio di Diana
S. Prisca
Via delle Terme Deciane
Via di Fonte di Fauno
Viale Aventino
Viale d. Terme di Caracalla
P.zza S. Anselmo
S. Anselmo
Piazza Prisca
Via Marcella
P.zza Albina
Via S. Melania
Via Icilio
V. P.ta Lavernale
Via Marmorata
Piazza d. Servili
Piazza Albania
Testaccio
Eingang Caracalla Thermen
Essen & Trinken (S. 113)
3 La Taverna dei Fori Imperiali
Übernachten (S. 53/54)
1 Nerva
4 Forum
6 Fori Imperiali Cavalieri
7 Romano
10 Domus Aventina
11 Aventino
12 Sant'Anselmo
Enoteca /Caffé (S. 113)
2 Caffeteria Italia
5 Enoteca Cavour 313
8 Caffè Capitolino
9 Caffé San Teodoro

die autofreie Gasse Clivo di Rocca Savella und geht dann steil hinunter zur Piazza Bocca della Verità (das Tor in der Via S. Sabina ist ganztägig geöffnet). Rechts ab auf der Via S. Maria in Cosmedin sind es nur wenige Schritte zur gleichnamigen **Kirche** mit der berühmten **Bocca della Verità** (dem Mund der Wahrheit).

Entlang der verkehrsreichen Via Petroselli (vorbei am Marcellus-Theater, → S. 143) geht man nur wenige Minuten zurück zum Ausgangspunkt Kapitol bzw. Piazza Venezia.

Sehenswertes

Kapitolsplatz (Piazza di Campidoglio)

Den vielleicht elegantesten Platz der Stadt betritt man über die **Cordonata**, eine breite Rampe, die wie weitere Teile des **Campidoglio** nach Plänen Michelangelos entstand. Flankiert wird die große Freitreppe am unteren Ende von zwei Wasser spendenden ägyptischen Löwen aus Basalt. Ein Stück weiter oben auf der linken Seite befindet sich die **Statue von Cola di Rienzo**, dem selbst ernannten Volkstribun aus der papstlosen Zeit des 14. Jh., der hier, am Fuß des Kapitols, 1354 von seinem Volk erschlagen wurde.

Einer der beiden Dioskuren

Am oberen Ende der breiten Rampe bilden die Dioskuren **Castor und Pollux** quasi das Eingangsportal zur Piazza di Campidoglio. Die beiden Kolossalstatuen aus der Antike wurden Ende des 16. Jh. hier aufgestellt, gefunden hatte man sie kurz zuvor im benachbarten jüdischen Ghetto.

Der Kapitolsplatz hatte in der Antike eine entgegengesetzte Ausrichtung: Vor dem Bau des Senatorenpalasts (13. Jh.) am heute hinteren Ende der Piazza war der Blick frei auf das gesamte Forum Romanum. Hier stand einst der vermutlich größte und prächtigste **Jupitertempel** des Imperiums. Er war ebenfalls zum Forum hin ausgerichtet und nur von dort aus über einen schmalen Prozessionsweg zu erreichen. Daneben vermutet man den **Tarpeischen Felsen**, von dem Staatsverbrecher in die Tiefe gestürzt wurden. Der Kapitolshügel ist der niedrigste der sieben römischen Hügel.

Der Kapitolsplatz liegt über einer Senke zwischen zwei (heute nicht mehr erkennbaren) Gipfeln. Auf dem höheren namens **Arx** befand sich der **Tempel der Juno Moneta** (heute die Kirche Santa Maria in Aracoeli, s. u.). In der Senke zwischen den beiden Gipfeln hat man zu Zeiten des römischen Imperiums einen kleinen, dem Gott Asylius geweihten Tempel für Schutzsuchende gebaut, das **Asylum**.

Von all dem ist heute nichts mehr zu sehen. Mit dem Niedergang des Weltreichs verfiel auch das Kapitol, lediglich die mächtigen Tempelmauern waren noch bis ins 6. Jh. erhalten. Im Mittelalter standen hier die Festungen reicher Adelsfamilien; auf dem Arx-Hügel bauten die Franziskaner um 1250 eine Marienkirche, deren äußeres Erscheinungsbild bis heute kaum verändert ist (Santa Maria in Aracoeli). Im 13. Jh. wurde der **Senatorenpalast** gebaut. Er steht auf den Fundamenten des **Tabulariums**, des antiken Staatsarchivs.

Sein heutiges Aussehen erhielt das Kapitol Mitte des 16. Jh. durch Michelangelo, den Papst Paul III 1538 mit der Gestaltung des Platzes beauftragt hatte. Den Senatorenpalast ließ er mit einer symmetrischen Freitreppe versehen, davor entstand ein Brunnen mit den Statuen der Flussgötter **Tiber** und **Nil**.

Michelangelo wurde auch mit dem Umbau des **Palazzo dei Conservatori** auf der rechten Seite des Platzes betraut; außerdem sollte er einen neuen Palast, den **Palazzo Nuovo**, bauen, der das gegenüberliegende symmetrische Gegenstück bilden sollte. Beide Paläste wurden aber erst nach seinem Tod (1564) von seinem Schüler Giacomo della Porta und dessen Nachfolgern vollendet.

Zentraler Punkt der mit einer sternförmigen Pflasterung versehenen Piazza Campidoglio ist die antike **Reiterstatue des Marc Aurel**.

Antikes Rom → Karte S. 97

Das Reiterstandbild des Marc Aurel

Die berühmte Bronzestatue des „Philosophenkaisers" Marc Aurel (161–180 n. Chr.) entstand ca. 177 n. Chr. und überstand nur durch eine Verwechslung die Zerstörungswut des mittelalterlichen Christentums, die gegen die als heidnisch gebrandmarkten Standbilder der Antike gerichtet war: Man hielt die Darstellung des Marc Aurel irrtümlich für ein Abbild Kaiser Konstantins, dessen Toleranzedikt im Jahr 313 das Christentum im römischen Staat hoffähig gemacht hatte. Seit dem 10. Jh. stand die Statue deshalb im Vorhof der Lateransbasilika und wurde 1538, als man die Verwechslung erkannte, auf das Kapitol versetzt.

Marc Aurel ging als gütiger und bescheidener Herrscher in die Geschichte ein. Trotz Kriegswirren, Naturkatastrophen und der Pest gelang es ihm, sein Riesenreich vorbildlich zu regieren. Als Anhänger der Stoiker bewahrte er immer eine ihm eigene Ausgeglichenheit – nachvollziehbar in seinen noch heute lesenswerten „Selbstbetrachtungen".

Die Marc-Aurel-Statue wurde 1979 vom Sockel auf dem Campidoglio entfernt und in zehn Jahre andauernden Restaurierungsarbeiten von Schäden der Umweltverschmutzung befreit. Heute befindet sie sich gut geschützt im Inneren der Kapitolinischen Museen (s. u.). Auf dem Kapitolsplatz ist eine exakte Kopie zu sehen.

Kapitolinische Museen (Musei Capitolini)

Bereits 1471 richtete man auf Veranlassung von Papst Sixtus IV. im **Palazzo dei Conservatori** eine kleine Ausstellung ein. Zweieinhalb Jahrhunderte später, im Jahr 1734, wurde hier auf Geheiß von Papst Clemens XII. das erste öffentliche Museum der Welt eröffnet.

Nach mehrjähriger Renovierung wurden die Kapitolinischen Museen im Jahr 2000 wiedereröffnet, in den letzten Jahren wurde noch ein Trakt des rückseitig angrenzenden Palazzo Caffarelli mit der Marc-Aurel-Exedra (und Überresten des Jupitertempels) in die Ausstellung integriert. Über einen unterirdischen Verbindungsgang gelangt man heute vom Palazzo dei Conservatori zum Palazzo Nuovo und kann dabei auch das **Tabularium** besichtigen. Von hier bietet sich ein herrlicher Blick wie von einer Tribüne auf das Forum Romanum. Während der Renovierung des Museums wurde ein Teil der Exponate in das eigens dafür eingerichtete **Museum Centrale Montemartini** (Via Ostiense, → S. 262) ausgelagert, wo sie bis heute zu besichtigen sind. Der Besuch dieses ehemaligen Elektrizitätswerks (1912 im Jugendstil erbaut) ist unbedingt empfehlenswert.

Die Kapitolinischen Museen bieten eine Fülle von sehenswerten Ausstellungsstücken, neben den Vatikanischen Museen sind sie die größte Sammlung in Rom. Interessierte können hier sicherlich einen ganzen Tag zubringen. Man betritt die Ausstellungsräume durch den Haupteingang des **Palazzo dei Conservatori**. Im Hof finden sich die Fragmente der größten Sitzstatue des antiken Rom (Kaiser Konstantin in riesigen Ausmaßen, u. a. Kopf, der berühmte Zeigefinger und der linke Fuß). Über eine Monumentaltreppe gelangt man ins erste Obergeschoss. Hier wurden 1957 die Römischen Verträge zur Gründung der EWG unterzeichnet. Fast 50 Jahre später, am 29. November 2004, unterzeichneten die europäischen Regierungschefs im gleichen Saal den Vertrag über die (später gescheiterte) europäische Verfassung.

Sehenswert im ersten Stock sind die prachtvollen Konservatorensäle, gleich im ersten und größten, der *Sala Orazi e Curazi*, Berninis Statue von **Papst Urban VIII.**, gegenüber die Bronzestatue seines Nachfolgers **Innozenz X.**, im *Triumphsaal (Sala dei Trionfi)* der **Spinario** („Der Dornauszieher", griech. Original aus dem 1. Jh. v. Chr.) und einen Saal weiter, in der *Sala della Lupa*, dann das Original der berühmten **Kapitolinischen Wölfin** *(Lupa Capitonlina)*. Die Wölfin, das Wahrzeichen der Stadt, entstand wahrscheinlich im 6. oder 5. Jh. v. Chr. und ist etruskischen Ursprungs (neuerdings umstritten). Die Zwillinge Romulus und Remus wurden erst im Jahr 1490 vom Bildhauer *Antonio Pollaiolo* hinzugefügt.

Im angrenzenden *Saal der Gänse* (*Sala delle Oche*) sind die antiken bronzenen Enten zu sehen, die man für Gänse hielt – daher der Name. Hier befindet sich auch ein eindrucksvolles Medusenhaupt von Bernini.

Die Gänse auf dem Kapitol

In der Antike lebten im Tempel der Juno jene berühmten Gänse, die den Auguren (Sehern) Aufschluss über die Zukunft gaben. Den Römern dienten sie gleichzeitig als Wachen, da sie beim geringsten Geräusch in lautes Geschnatter ausbrachen. Der Legende nach waren sie es, die das Forum 387 v. Chr. mit ihrem Getöse vor den Galliern warnten.

Hier im ersten Stock gelangt man auch zur **Esedra di Marco Aurelio** mit luftigem Glasdach, in der das Original des

Reiterstandbildes des Marc Aurel (→ S. 99) ausgestellt wird. Eine Rampe führt zum Fundament des **Jupitertempels** mit seinen mächtigen Steinquadern (6. Jh. v. Chr.), den man hier bei Restaurierungsarbeiten entdeckte.

Vom ersten Stock des Konservatorenpalastes gelangt man zur **Dachterrasse** mit dem Café der Museen (tolles Panorama).

Im zweiten Stock des Palazzo dei Conservatori ist die **Pinakothek** *(Pinacoteca Capitolina)* untergebracht, in der einige bedeutende Werke von Tizian, Caravaggio, Rubens und van Dyck zu sehen sind; im zweiten Stock des anschließenden **Palazzo Clementino Caffarelli** sind antike Büsten, Fresken und Reliefs zu sehen.

Vom Palazzo dei Conservatori gelangt man über einen Durchgang im Untergeschoss (hier geht es rechts ab zum Tabularium, von wo man unbedingt einen Blick auf das Forum Romanum werfen sollte) hinüber in den **Palazzo Nuovo**. Im Hof trifft man zunächst auf die riesige antike *Brunnenfigur des Marforio.* Im oberen Stockwerk befindet sich eine Ausstellung hervorragend erhaltener antiker Kunstwerke. Besonders hervorzuheben sind der *Sterbende Gallier,* eine Kopie nach griechischem Vorbild aus Pergamon in Kleinasien (*Sala del Gladiatore*), und die rote, marmorne *Faunstatue* aus der Hadriansvilla bei Tivoli (*Sala del Fauno*); von dort stammen auch die beiden Mosaike (trinkende Tauben und Satyrmasken) in der *Sala delle Colombe.*

Eines der Highlights der ersten Etage ist zweifelsohne der **Kaisersaal** (*Sala degli Imperatori*): Neben der *Sitzenden Helena* in der Raummitte sind hier zahlreiche Porträts römischer Kaiser zu sehen, u. a. die von Nero, Caracalla, Marc Aurel und Augustus. Nicht übersehen sollte man auch die *Kapitolinische Venus* in einem kleinen, separaten Kabinett neben der Galleria (*Gabinetto della Venere*), eine römische Kopie der

Spinario – der „Dornauszieher“

Aphrodite aus der Werkstatt des Praxiteles aus dem 4. Jh. v. Chr. Der **große Saal** *(Salone)* beeindruckt schließlich mit seiner prachtvollen Ausstattung und zahlreichen antiken Statuen, darunter die einer verwundeten Amazone.

Di–So 9–20 Uhr, Einlass bis 19 Uhr, Mo geschl. Eintritt 12 €, ermäßigt 10 € (EU-Bürger zwischen 6 und 25 J. und Senioren über 65 J.), Kinder unter 6 J. frei. Kombiticket mit Museo Montemartini (→ S. 262) 14 €, ermäßigt 12 € (eine Woche gültig). Audioguides in deutscher Sprache sind am Eingang für 5 € erhältlich, hierfür muss ein Ausweis hinterlegt werden. Führungen werden nur für Gruppen angeboten. Zu Vergünstigungen siehe außerdem „Roma Pass" → S. 77. Bookshop am Eingang. Piazza del Campidoglio 1, www.museicapitolini.org.

Wer nur das **Caffè Capitolino** besuchen möchte: eigener Eingang am Piazzale Caffarelli 4, ✆ 06-69190564; geöffnet Di–So 9–19 Uhr, Mo geschl.

Kirche Santa Maria in Aracoeli

Zu der Kirche mit schlichter Backsteinfassade führt vom Fuß des Kapitols neben der Cordonata (der Rampe) eine sehr steile Marmortreppe hinauf, die so genannte „Himmelsleiter" aus dem Jahr 1348. Bequemer geht es allerdings vom Kapitolsplatz (neben dem Rathaus) links ab einige Stufen hinauf zum Seiteneingang des Gotteshauses. Santa Maria in Aracoeli wurde auf dem höchsten Punkt des Kapitols, dem Arx, an der Stelle des antiken **Tempels der Juno Moneta** (zugleich der Sitz der antiken römischen Münzpräge) gebaut. Ein Vorgängerbau stammt wahrscheinlich bereits aus dem 6. Jh. n. Chr. Von der ursprünglichen Klosteranlage ist allerdings nichts mehr übrig geblieben. Mitte des 13. Jh. übergab Papst Innozenz IV. das Gotteshaus an die Franziskaner, die sogleich mit dem Bau der heute noch erhaltenen Kirche begannen (1320 vollendet).

Ihr prunkvolles Inneres steht in starkem Kontrast zur schlichten Fassade: Das Hauptschiff wird von antiken Säulen aus dem benachbarten Forum flankiert, der Hauptaltar birgt ein berühmtes *Madonnenbildnis*. Die vergoldete geschnitzte *Kassettendecke* entstand Ende des 16. Jh. und erinnert an die Seeschlacht von Lepanto von 1571. Besondere Attraktion der Kirche ist das hoch verehrte *Santo Bambino*, das „Jesuskind von Rom", dem man bis heute wundersame Heilkräfte nachsagt, und das, obwohl das 1994 gestohlene Original durch eine Kopie ersetzt wurde. Um seinen Altar in der *Cappella del Santo Bambino* (im rechten Seitenschiff neben dem Altar) stapeln sich Bittbriefe von Kindern aus aller Welt, die sich vom Jesuskind Hilfe erhoffen.

Täglich 9–12.30 und 15–18.30 Uhr (im Winter bis 17.30 Uhr). Links neben dem Haupteingang zur Kirche geht es zum Vittoriano und zum Panoramaaufzug (→ S. 179f.).

Mamertinischer Kerker (Carcere Mamertino)

Auf der heutigen Rückseite des Kapitols, gegenüber dem Septimius-Severus-Bogen, befindet sich in der Via San Pietro in Carcere unter der Kirche **San Giuseppe dei Falegnami** (16. Jh.) das antike römische Staatsgefängnis, das seinerzeit nach seinem Erbauer *Servius*

Prachtvoll: Santa Maria in Aracoeli

Tullius (6. Jh. v. Chr.) *Tullianum* genannt wurde. In den beiden Kerkerräumen wurden politische Häftlinge gefangen gehalten. Der Legende nach war auch Petrus hier eingesperrt. Der Kerker kann nur in Begleitung besichtigt werden, alle 20 Min. werden 25 Personen eingelassen.

Im Sommer tägl. 9–19 Uhr (letzter Einlass 18.20 Uhr), im Winter 9–17 Uhr (Einlass bis 16.20 Uhr), Eintritt 10 €, ermäßigt 7 € (6–18 J.), unter 6 J. frei. Der Audioguide in Engl./Ital. ist im Preis enthalten. Clivo Argentario 1.

Kaiserforen (Fori Imperiali)

Die Kaiserforen erstrecken sich beiderseits der von Mussolini erbauten und nach ihnen benannten Via dei Fori Imperiali. Die durch die Straße geschlagene, breite Schneise zwischen den Foren verfälscht die ursprüngliche Optik, denn in der Antike wirkten die Kaiserforen wie ein geschlossener Komplex dicht aneinandergereihter Bauwerke.

Schräg gegenüber dem Nationaldenkmal Vittoriano (→ S. 179f.) steht am Anfang der Prachtstraße die 35 Meter hohe **Trajanssäule**, die im Mai des Jahres 113 n. Chr. fertig gestellt wurde. Die hervorragend erhaltene Reliefdarstellung am Fries der Säule zeigt auf einem 200 Meter langen, sich spiralförmig nach oben windenden Reliefband die Geschichte der beiden Feldzüge Trajans gegen die Daker (101 und 105 n. Chr.). Ursprünglich befand sich auf ihr eine Statue Trajans, seit 1588 befindet sich hier eine Statue von Petrus.

Reliefband: Detail der Trajanssäule

Trajansforum (Foro di Traiano)

Wenige Meter östlich der Trajanssäule befindet sich mit dem **Trajansforum** das letzte und größte Kaiserforum. Um das verbliebene noch unbebaute Areal zwischen Caesar- und Augustusforum nutzen zu können, ließ Trajan die etwa 30 Meter hohe Ostseite des Quirinalhügels abtragen; die Trajanssäule mit der gleichen Höhe vermittelt noch heute eine Vorstellung von dieser Arbeit.

Das Trajansforum betrat man durch einen Triumphbogen. Im Inneren der 300 x 185 Meter großen Anlage befanden sich die **Basilica Ulpia**, eine Bibliothek, in deren Hof die Trajanssäule stand, und ein prächtiger Tempel. Fertig gestellt wurde das spektakulärste aller Foren erst knapp 30 Jahre nach dem Tod des Kaisers.

Trajansmärkte (Mercati di Traiano)

Nordwestlich des Forums schließen die **Trajansmärkte** (*Mercati di Traiano*) aus dem 2. Jh. n. Chr. an. Sie sind noch so gut erhalten, dass sie ein erstaunlich anschauliches Bild einer antiken Ladenpassage vermitteln. In den damals etwa 150 Läden wurden hauptsächlich Lebensmittel umgeschlagen, angeschlossen waren auch staatliche Verwaltungseinrichtungen und Büros privater Firmen.

Zunächst gelangt man aber vom Eingang (in der Via IV Novembre) in das **Museo dei Fori Imperiali**, in dem Funde und Erläuterungen aus allen Kaiserforen zu sehen sind, außerdem wird ein anschaulicher Einführungsfilm gezeigt. Augustusforum und Caesarforum werden in eigenen Abteilungen im Obergeschoss noch ausführlicher dargestellt. Eine steile Treppe (es gibt auch einen Lift) führt hinunter zum Halbrund der Märkte, von hier auf der anderen Seite hinauf zur Aussichtsterrasse und dem obersten Stockwerk. Hier oben sind auch regelmäßig Sonderausstellungen zu sehen.

Di–So 9–19 Uhr, im Winter 9–17 Uhr (letzter Einlass jeweils 1 Std. früher), der Außenbereich schließt bereits um 18.30 Uhr bzw. 16.30 Uhr. Eintritt 8,50 €, ermäßigt 6,50 €, bei Sonderausstellungen (was meist der Fall ist) 11 €, ermäßigt 9 €. Ermäßigt sind EU-Bürger von 6–25 und über 65 J., unter 6 J. freier Eintritt. Audioguide 3,50 € (auch in Deutsch), Bookshop im Museum. Eingang in der Via IV Novembre 94 kurz vor dem Largo Magnanapoli (über Treppen von der Via Alessandrina zu erreichen).

Augustusforum (Foro di Augusto)

Neben dem Trajansforum befindet sich das wesentlich kleinere Forum des Augustus (ab 42 v. Chr., eingeweiht 2 v. Chr.). Mittelpunkt dieser Anlage war der *Tempel des Mars Ultor*, der allerdings erst 40 Jahre nach dem Forum entstand und an den Mord an Julius Caesar erinnern sollte. Zu sehen sind noch einige Säulen und Teile der Treppe. Hier tagte der römische Senat in Kriegsangelegenheiten, links vom Tempel befand sich das Gericht, von dem noch die halbkreisförmigen Gänge zu sehen sind. Das Forum ist nur von außen einsehbar.

Südwestlich an das Augustusforum (in Richtung Kolosseum) schließt das schmale **Forum des Nerva** (Foro di Nerva) an: Das ursprünglich von Domitian begonnene Forum wurde im Jahr 97 n. Chr. von Nerva fertig gestellt. Noch weiter südwestlich, an der Ecke zur Via Cavour, befindet sich das **Friedensforum** (*Templum Pacis*) des Vespasian aus dem Jahr 75 n. Chr., das erst bei Grabungen im Jahr 2000 entdeckt wurde. Beide Foren sind ebenfalls nur von außen einsehbar.

Forum des Julius Caesar (Foro di Cesare)

Schräg gegenüber dem Augustusforum (auf der anderen Seite der Via dei Fori Imperiali) liegt das Forum des Julius Caesar. Das älteste der Kaiserforen wurde im Auftrag Julius Caesars zwischen 54 und 46 v. Chr. nördlich des Forum Romanum gebaut. Heute noch sichtbar sind Reste der Säulenhallen, die den rechteckigen Platz des Forums umgaben. Am Nordende der Anlage befand sich der *Tempel der Venus Genitrix,* den Caesar als Dank für die gewonnene Schlacht von Pharsalos (48 v. Chr.) bauen ließ; daneben schloss die *Basilica Argentaria* an, die Börse. Später ausgegraben wurde außerdem eine große Latrine (öffentliche Toilette), die von den Kolonnaden aus zugänglich war. Das gesamte Areal ist nur von der Straße einsehbar.

Forum Romanum (Foro Romano)

Das Forum liegt in einer Senke zwischen Kapitol und Palatin, den beiden ältesten Siedlungskernen der Stadt. Um ca. 500 v. Chr. begannen damals noch die Etrusker, das ehemalige Sumpfgebiet durch die **Cloaca Maxima** zu entwässern; der Abwasserkanal funktioniert noch heute und mündet in den Tiber. Das Forum, politisches und religiöses Zentrum, aber auch Marktplatz des antiken Rom, wurde in der republikanischen Zeit angelegt und im Lauf der Jahrhunderte immer prachtvoller gestaltet – aus dem alten Marktplatz eines Hirten- und Bauernstaates wurde der Schauplatz monumentaler staatlicher Selbstdarstellung einer Weltmacht.

Nach antiker Vorstellung befand sich hier der Mittelpunkt der Welt, symbolisch durch einen steinernen Nabel dargestellt. Mit dem Untergang des Römischen Reiches verfiel auch das Forum. Zunächst plünderten die Barbaren, später missbrauchten bauwütige Päpste die damals noch prächtigen Ruinen als Steinbruch, sodass sich zahlreiche antike Säulen heute in römischen Kirchen wiederfinden. Im Mittelalter weidete zwischen den Ruinen des Forums das Vieh. Ausgrabungen, die bis heute nicht abgeschlossen sind, wurden ab Anfang des 19. Jh. vorgenommen.

Der Rundgang auf dem Gelände führt vom Eingang am Largo Romolo e Remo/Largo della Salara Vecchia (Via dei Fori Imperiali) zunächst zur **Basilica Aemilia (12)** aus dem Jahr 179 v. Chr. Gleich daneben (vom Eingang rechts) befindet sich die wesentlich kleinere **Curia (11)**, wo der römische Senat tagte. Das vollständig erhaltene Gebäude ent-

Forum Romanum

stand unter Diokletian im Jahr 303 n. Chr. auf dem Fundament der ersten Kurie, die bereits 29 v. Chr. von Augustus eingeweiht worden war. Bei dem monumentalen Eingangstor handelt es sich um eine Kopie, das bronzene Original schließt seit 1660 das Hauptportal der Lateranskirche. Im Inneren der Kurie stößt man auf zwei große Reliefs aus trajanischer Zeit.

Gegenüber vom Eingang der Kurie liegt, zu erkennen an dem Absperrgitter, der **Lapis Niger (6)**. Dieser schwarze Marmorblock soll der Legende nach das Grab des Stadtgründers Romulus bedecken. Weiter rechts befindet sich der **Septimius-Severus-Bogen (5)** (203 n. Chr.), mit 21 Metern Höhe einer der größten Triumphbögen der Antike. Er

Triumphbögen

Bereits im 2. Jh. v. Chr. wurden Ehrenbögen errichtet, die man im Lauf der Zeit immer prächtiger ausschmückte. Durch Reliefdarstellungen erinnerten sie an die Triumphe der siegreich heimgekehrten Feldherren. In einer großen Prozession zogen damals vier weiße Pferde den Prunkwagen des Siegers durch die Stadt.

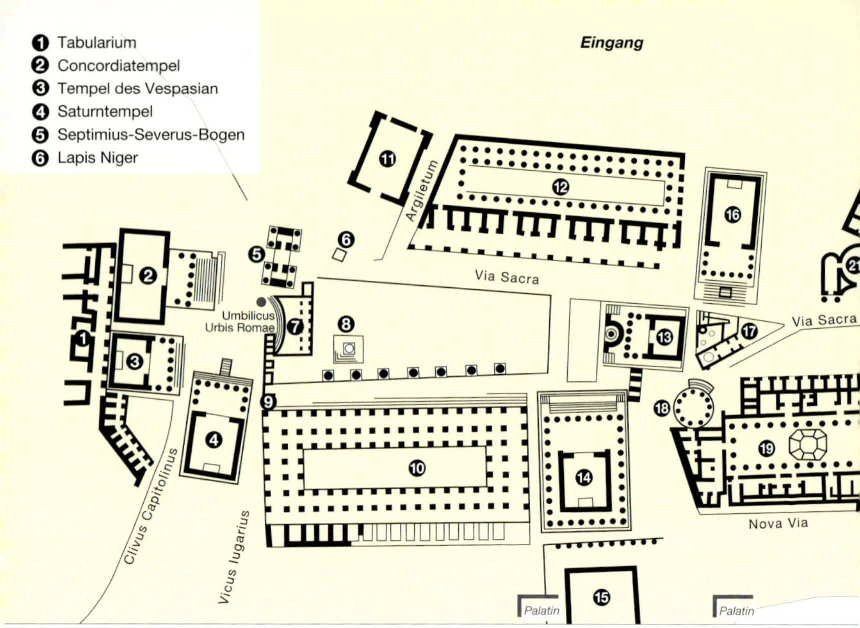

wurde zum zehnjährigen Dienstjubiläum des gleichnamigen Kaisers vom Senat errichtet und stellt auf den Reliefs dessen zahlreiche militärische Triumphe dar (z. B. die Schlachten und Eroberungsfeldzüge gegen die Parther).

Mit Blick auf die Rückseite des Kapitols stößt man links vom Septimius-Severus-Bogen auf die **Rostra (7)**, die Rednerbühne im antiken Rom. Benannt wurde die unter Julius Caesar erweiterte Tribüne (ursprünglich aus dem Jahr 338 v. Chr.) nach ihrer Dekoration aus bronzenen Schiffsschnäbeln erbeuteter Schiffe, auch Rammsporn genannt (eine Art Schwert am Bug), mit denen gegnerische Schiffe gerammt werden konnten.

Daneben befindet sich das unscheinbare, runde Fundament, auf dem der **Umbilicus Urbis Romae**, der „Nabel der Stadt Rom", als symbolischer Mittelpunkt der Welt ruhte.

Zwischen Rostra und **Tabularium (1)**, dem antiken römischen Stadtarchiv am Fuß des Kapitolshügels, erstrecken sich u. a. die acht noch erhaltenen Säulen des **Saturntempels (4)**, des ältesten Tempels auf dem Forum aus dem Jahr 498 v. Chr. Hier wurde ein Teil des Staatsschatzes aufbewahrt.

Nebenan (gegenüber der Basilica Aemilia) befindet sich die fünfschiffige **Basilica Julia (10)**, die 54 v. Chr. von Julius Caesar in Auftrag gegeben, aber erst unter Augustus vollendet wurde. Einige Bögen und Säulensockel sowie Treppenstufen zum Podium sind noch gut sichtbar.

An der östlichen Schmalseite der Basilica Julia schließt der **Dioskurentempel (14)** an, der auch **Castor-und-Pollux-Tempel** genannt wird; er stammt aus dem Jahr 484 v. Chr. Seine drei noch erhaltenen korinthischen Säulen gelten heute als das Wahrzeichen des Forums. Der Tempel wurde den Götterbrüdern Castor und Pollux zum Dank gestiftet, nachdem sie der Legende nach hier den Sieg über die Latiner (499 v. Chr.) verkündet hatten.

Rechts vom Dioskurentempel liegt der runde **Vestatempel (18)**, in dem ständig ein Feuer brannte, das Lebenslicht der Stadt. Was in der Vorzeit des Römi-

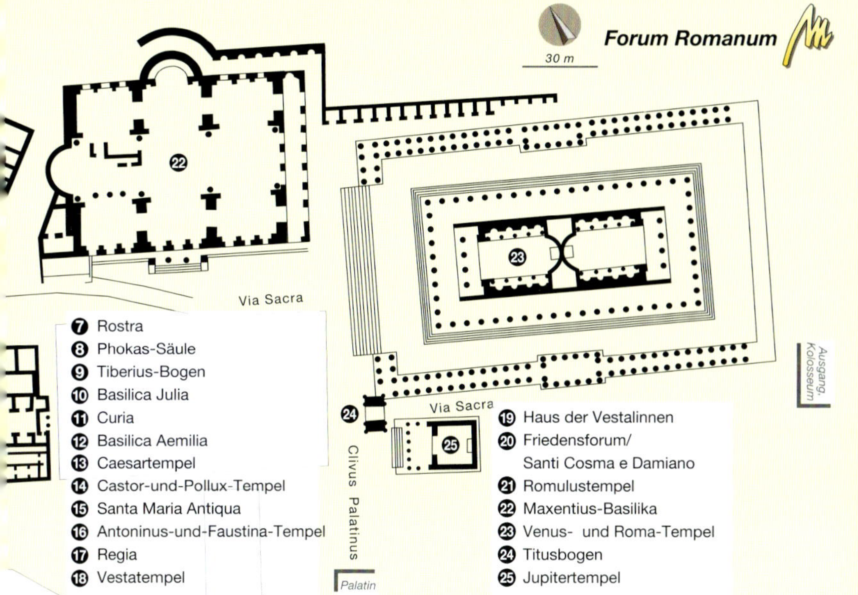

schen Reiches noch eine ganz praktische Funktion hatte, nämlich die Bewohner der Stadt jederzeit mit Feuer zu versorgen, wurde später zum Kult erhoben: Das nun heilige Feuer durfte von niemandem gelöscht werden, da man glaubte, dass sonst der Untergang des Reiches drohe. Bewacht wurde es von den Vestalinnen, den Priesterinnen der Schutzgöttin Vesta. Neben dem Tempel befand sich das prächtige **Wohnhaus der Vestalinnen (19)**. Marmorfußboden und Wandverkleidung dieses komfortablen antiken „Klosters" sind noch zu erkennen, ebenso der Innenhof mit Statuen der Vestalinnen, wenn z. T. auch ohne Kopf.

Zurück Richtung Forums-Eingang und vorbei an der **Regia (17)**, dem Priestersitz (des *pontifex maximus*), geht man frontal auf den **Antoninus-und-Faustina-Tempel (16)** zu. Die 17 Meter hohen Säulen der Eingangshalle sind noch erhalten. Antoninus Pius ließ den Tempel 141 n. Chr. zum Gedenken an seine verstorbene Frau Faustina errichten, nach seinem Tod wurde das Heiligtum dann auch ihm selbst geweiht. Mitte des 12. Jh. wandelte man den Tempel schließlich in eine Kirche um (*San Lorenzo in Miranda*). Das Gleiche geschah mit dem runden **Romulus-Tempel (21)** direkt nebenan. Dessen Name bezieht sich übrigens nicht auf den legendären Stadtgründer, sondern auf den 307 n. Chr. früh verstorbenen, gleichnamigen Sohn des Kaisers Maxentius.

Von hier führt der Rundgang auf der **Via Sacra** leicht bergauf zum Titusbogen (und dem Ausgang Richtung Kolosseum). Die „Heilige Straße", ein Prozessionsweg, verlief über das ganze Forum bis hinauf zum Kapitol. Erkennbar sind noch tiefe Wagenspuren, die jedoch nicht aus der Antike, sondern aus der Renaissance stammen, in der das Forum als Steinbruch geplündert wurde. Zu Zeiten des Römischen Reiches war das Forum Fußgängern vorbehalten.

Auf der Via Sacra gelangt man zur **Maxentius-Basilika (22)**, einem der eindrucksvollsten Gebäude der Kaiserzeit. Das Kolossalbauwerk wurde von Maxentius 306 n. Chr. begonnen und später von Konstantin vollendet. Es hatte eine

Blick vom Palatin auf Forum Romanum und Kolosseum

Grundfläche von über 6000 Quadratmetern und eine Höhe von etwa 35 Metern. Von diesen Ausmaßen liefert einzig der erhaltene Teil des niedrigeren Seitenschiffs Zeugnis.

Geradeaus auf der Via Sacra folgt der **Titusbogen (24)** aus dem Jahr 81 n. Chr. Der Triumphbogen wurde zur Erinnerung an den Sieg der Römer über die aufständischen Juden in Palästina und die Zerstörung des Großen Tempels in Jerusalem 71 n. Chr. erbaut. Dieses Ereignis ist auch das Thema der Reliefdarstellungen im Bogendurchgang: Titus mit Siegerkranz und dem sagenumwobenen Tempelschatz aus Jerusalem.

Neben dem Titusbogen gelangt man auf einer Terrasse zu den Resten des **Tempels der Venus und Roma (23)**, mit einer Grundfläche von 145 x 100 Metern einst der größte Tempel Roms. Kaiser Hadrian gab ihn nach eigenen Entwürfen 121 n. Chr. in Auftrag. Vom Titusbogen geht es nach rechts zum Palatin hinauf.

Tägl. 8.30–19.15 Uhr, im Frühjahr/Herbst bis 17.30 Uhr bzw. 18.30 Uhr, im Winter bis 16.30 Uhr, Einlass bis jeweils eine Stunde vor Schließung. Eintritt nur mit dem **Kombiticket** (2 Tage gültig) für Forum Romanum, Palatin und Kolosseum: 12 €, ermäßigt 7,50 € (EU-Bürger 18–24 J.), unter 18 und über 65 J. frei. Einen Audioguide in deutscher Sprache bekommt man an der Biglietteria, für Forum und Palatin je 4 €, für beide zusammen 6 €. Eingang am Largo della Salara Vecchia (Via dei Fori Imperiali, hier auch der Bookshop und Toiletten), beim Kolosseum und in der Via di San Gregorio 30 auf der anderen Seite des Palatin (hier kein Audioguide-Verleih).

Alles zum Kolosseum siehe unter Rundgang 2 → S. 120.

Palatin (Palatino)

Der Aufstieg zum ältesten Siedlungshügel der Stadt lohnt allein schon wegen des schönen Ausblicks, der sich von hier über das Forum Romanum zum Kapitol sowie über den Circus Maximus bis zum Vatikan bietet. Mit seinen Gärten und den vielen ruhigen Plätzchen auf dem weitläufigen Areal lädt der Palatin auch zum Picknick ein.

Der Legende nach wurde die Stadt Rom am 21. April des Jahres 753 v. Chr. exakt hier gegründet. Spuren der Besiedlung (u. a. Lehmhütten) reichen bis ins 10. Jh. v. Chr. zurück. Schon während der Republik avancierte der Palatin zum nobelsten Wohnviertel der Stadt. Augustus wählte den Palatin als Wohnsitz, spätere Kaiser folgten. Den prachtvollsten Palast baute Domitian im Jahr 80 n. Chr., zu diesem Zweck ließ er weite Teile des Hügels einebnen. Der Palatin wurde vermutlich nach der latinischen Hirtengöttin Pales benannt, gesichert ist, dass sich der Name „Palast" von „Palatin" ableitet.

Im Mittelalter wurde der kaiserliche Palast aus der Antike in Festungen verwandelt. Erst im 16. Jh. gewann der Hügel etwas von seinem alten Glanz zurück, als ein Neffe Papst Pauls III. hier die **Farnesischen Gärten** anlegen ließ. Den beliebten Gartenanlagen fielen allerdings zahlreiche Teile der antiken Kaiserpaläste zum Opfer.

Direkt südlich der Gärten befindet sich ein Bau, der für das **Haus der Livia** (Casa di Livia, der Ehefrau des Augustus) gehalten wird. Das Erdgeschoss des Gebäudes, das etwa aus dem Jahr 30 v. Chr. stammt, ist relativ gut erhalten, in den drei Räumen beeindrucken die schönen Fresken (zuletzt 9.30–16 Uhr jede halbe Stunde Einlass, mit englisch- und italienischsprachiger Begleitung im Wechsel). Südwestlich davon liegt das zeitgleich entstandene, einst prachtvoll ausgemalte **Haus des Augustus** (Casa di Augusto), die Wohnräume des Augustus. Heute nimmt man an, dass das gesamte Areal um die beiden Häuser Augustus gehörte.

Die **Casa di Augusto** ist nur Mi, Do, Sa und So 8.30–13 Uhr geöffnet, im Winter Mo, Mi, Sa und So 11 Uhr bis 30 Min. vor Schließung. Bei Regen geschl. Aus Sicherheits- und Denkmalschutzgründen werden immer nur 5 Personen gleichzeitig eingelassen.

Vom Haus der Livia in östliche Richtung gelangt man zur **Domus Flavia** (Haus der Flavier) auf der linken Seite. Die um 80 n. Chr. unter Domitian errichtete weitläufige Palastanlage erstreckte sich über das gesamte Zentrum des Palatin und umfasste neben dem Repräsentationspalast auch die **Domus Augustana**, das Wohnhaus des Kaisers Domitian. Außerdem legte er hier auf dem Hügel ein **Stadion** an.

Weiter im Süden schließen die Erweiterungsbauten des Septimius Severus an, der den Palatin durch eine aufwändige Konstruktion künstlich verlängerte. So gewann er Platz für seine **Thermenanlagen** (nicht zugänglich). Seit kurzem sind auch auch die **Arcate Severiane**, die mächtigen Mauern zum Circo Massimo hin, zugänglich (nur Di und Fr ab

Antikes Rom → Karte S. 97

Die Romulus-Grotte

Restaurierungsarbeiten beim Haus des Augustus brachten im Herbst 2007 eher zufällig eine kleine Sensation zutage: Die Archäologen stießen auf eine 16 Meter tiefe Höhle, von der man annimmt, sie sei die Grotte, auf der der Gründungsmythos der Stadt Rom fußt. Hier nämlich soll die berühmte Wölfin die Zwillinge Romulus und Remus gesäugt haben. Später wurde die Grotte, das *Lupercal*, zu einer bedeutenden Kultstätte, deren Verzierung mit Mosaiken und Muscheln (aus der Zeit des Augustus) noch heute erhalten ist. Die Höhle galt lange Zeit als unauffindbar und bis heute ist es umstritten, ob es sich dabei wirklich um die sagenumwobene Grotte handelt. Erkundet wurde sie bisher nur mit einer endoskopischen Kamera, weitere Forschungen sind geplant.

8.30 Uhr, Do ab 13.30 Uhr bis Schließung). Östlich des Stadions führt ein Weg hinunter zum Ausgang an der Via di San Gregorio.

Auf keinen Fall entgehen lassen sollte man sich einen Besuch des **Museo Palatino** im südlichen Teil des Palatin (gleich südlich des Domus Flavia): Die Exponate aus der Siedlungsgeschichte des Hügels sind in verschiedenen Sälen nach den jeweiligen Herrscherperioden geordnet. Sehenswert sind u. a. die Fresken aus der Zeit Neros im ersten Stock.

Tägl. 8.30–19.15 Uhr, im Frühjahr/Herbst bis 17.30 Uhr bzw. 18.30 Uhr, im Winter bis 16.30 Uhr, Einlass bis jeweils eine Stunde vor Schließung. Eintritt nur mit dem **Kombiticket** (2 Tage gültig) für Forum Romanum, Palatin und Kolosseum: 12 €, ermäßigt 7,50 € (EU-Bürger 18–24 J.), unter 18 und über 65 J. frei. Einen Audioguide in deutscher Sprache bekommt man an der Biglietteria am Largo Salara Vecchia, für Forum und Palatin je 4 €, für beide zusammen 6 €. Mehrere öffentliche **Toiletten** auf dem Gelände.

Tipp: Wer ein größeres Besichtigungsprogramm plant, sollte evtl. den Erwerb des *Roma Pass* oder der *Archeologia Card* in Erwägung ziehen (→ S. 77).

Circus Maximus (Circo Massimo)

In der größten und ältesten Arena Roms ging es vermutlich so ähnlich zu, wie im Filmklassiker „Ben Hur“ 1959 mit monumentaler Kulisse nachempfunden: turbulent, spektakulär und äußerst blutig. Der Circus Maximus hatte Ausmaße von 600 mal 120 Metern; die zwischen Palatin und Aventin hoch aufgebauten Zuschauertribünen der Arena fassten nach mehrmaligen Umbauten in der Antike mehr als 250.000 sensationslustige Besucher. In den Untergeschossen der Tribünen befanden sich die Imbissstände und Wettbüros, in denen schwindelerregende Summen auf die Wagenlenker (meist traten vier Parteien gegeneinander an) gesetzt wurden. Wein floss beim Rennspektakel in Strömen und nicht selten kam es zu gewalttätigen Ausschreitungen unter den Zuschauern.

Ein Wagenrennen führte über sieben Runden, schreckliche Unfälle – besonders in der berüchtigten „Titus-Kurve“ – gehörten zum Programm. Kaiser Nero, selbst begeisterter Wagenlenker, erließ während seiner Amtszeit eine Anordnung, nach der die Rennen eines Veranstaltungstages (bis zu 60 im Jahr) bis Sonnenuntergang zu dauern hatten, das waren bis zu 100 Rennen an einem Tag. Dabei kam nicht nur das klassische Vierergespann (*quadriga*) zum Einsatz, sondern auch Ein- und Zweispänner, bis zu zehn Pferde wurden vor einen Wagen gespannt. Ein Besuch des Circus Maximus galt im alten Rom als Volksbelustigung Nummer eins. Erst mit dem Bau des Kolosseums bekam der Circus Konkurrenz.

Im alten Rom Volksbelustigung Nr. 1: der Circus Maximus

Bereits um 500 v. Chr. vergnügten sich hier die Zuschauer bei Schaukämpfen und Spielen. Im Lauf der Zeit wurden die Veranstaltungen im Circo Massimo zu einem der wichtigsten Mittel im „Wahlkampf“ des jeweils Herrschenden – es galt, das Volk bei Laune zu halten; hierzu zählten auch die berüchtigten Gladiatorenkämpfe (→ S. 124). Eingestellt wurde der Wettkampfbetrieb des Circus erst Anfang des 6. Jh. n. Chr. durch die Goten.

Von der gigantischen Anlage sind nur einige spärliche Fundamentreste übrig geblieben. Der Circo Massimo ist heute nichts weiter als ein nur mäßig attraktiver Rasenplatz zwischen großen Straßenzügen, auf dem Jogger ihre Runden drehen und Hunde ausgeführt werden. Die gigantischen Ausmaße der Anlage sind allerdings noch immer eindrucksvoll und dienen im heutigen Rom immer wieder auch als Schauplatz moderner Massenspektakel: 2001 hielt der heimische Fußballclub *AS Roma* hier gemeinsam mit rund einer Million Fans seine ausgelassene Meisterfeier ab und im Juli 2006 jubelten auf dem Circus über eine halbe Million Tifosi ihren Weltmeistern zu. Auch für (politische) Großkundgebungen bietet der Circo Massimo – neben der Piazza del Popolo –heute den passenden Rahmen.

Aventin (Aventino)

Auf dem südlichsten Hügel der Stadt befand sich ab etwa dem 5. Jh. v. Chr. ein Wohn- und Geschäftsviertel des einfachen Volkes. Erst in der Kaiserzeit wurde die römische Oberschicht auf die bevorzugte Lage des Aventins aufmerksam und richtete sich hier in prächtigen Villen häuslich ein. Mit dem Einfall der Goten im 5. Jh. n. Chr. wurden die zahlreichen noblen Gebäude komplett geplündert und zerstört. Heute hat der Aventin seine Stellung als eine der besten Wohngegenden der Stadt zurückerobert: Beim Spaziergang fallen viele gepflegte Villen auf, dazwischen sieht

Auf dem Aventin

man aber auch einige eintönige Mietshäuser. Alles in allem eine ruhige und wenig spektakuläre Gegend.

Zu den beliebtesten Sehenswürdigkeiten auf dem Aventin zählt das berühmteste **Schlüsselloch** der Stadt an der Piazza dei Cavalieri di Malta: Von hier bietet sich ein ganz besonderer Ausblick auf die Kuppel der Peterskirche. Hinter der grünen Tür hat der Malteserorden seinen Stammsitz. Einen wesentlich weiteren, herrlichen Blick auf die Peterskirche (und ganz Rom) genießt man von der Terrasse des kleinen **Parco Savello/Giardino degli Aranci** (bis Sonnenuntergang geöffnet), neben der Kirche Santa Sabina.

Kirche Santa Sabina

Die Kirche der heiligen Sabina, einer römischen Märtyrerin, zählt zu den interessantesten frühchristlichen Basiliken in Rom – wenn auch nur in der Rekonstruktion. Die Kirche entstand bereits 422–432 n. Chr. Umbauten aus dem 9. und 13. Jh. sowie die barocke Umgestaltung Ende des 16. Jh. gaben der dreischiffigen Basilika zwischenzeitlich ein völlig anderes Aussehen. Anfang des 20. Jh. entschied man dann, Santa Sabina in den ursprünglichen Zustand zurückzuversetzen.

Wertvollstes Kunstwerk der Kirche ist die **Porta lignea** aus dem Jahr 432, die hölzerne Pforte im Mittelportal, das von der Vorhalle ins Innere führt. Von den 28 aus Zypressenholz geschnitzten Bildtafeln mit Szenen aus dem Alten und Neuen Testament sind noch 18 erhalten, ganz links oben ist die Kreuzigungsszene dargestellt. Im Innenraum finden sich Marmorsäulen mit korinthischen Kapitellen, die eigens für diese Kirche angefertigt wurden. Aus dem frühen 5. Jh. stammt auch die Wandverkleidung mit den verschiedenfarbigen Marmorintarsien. Das benachbarte Kloster geht auf das 13. Jh. zurück, errichtet wurde es vom heiligen Dominikus, dem Gründer des Dominikanerordens.

Tägl. 6.30–12.45 und 15–19 Uhr, im Winter nur bis 18 Uhr.

Piazza della Bocca della Verità

Der viel befahrene Platz verdankt seinen Namen und seine Anziehungskraft dem „Mund der Wahrheit" – der **Bocca della Verità** in der Vorhalle zur Kirche *Santa Maria in Cosmedin*. Vor dem furchterregenden Steinschlund und mittelalterlichem „Lügendetektor" herrscht gigantischer Andrang, sei es für das obligatorische Erinnerungsfoto oder den Beweis der eigenen Unschuld (es wird – in mehreren Sprachen – eine Spende von 0,50 € erhoben).

Das antike Marmorrelief stammt vermutlich schon aus dem 4. Jh. v. Chr., der ursprüngliche Zweck der Steinplatte ist unklar, man vermutet, es könne sich um eine Art antiken Kanaldeckel handeln. Im Mittelalter verwendete man sie zur Rechtsfindung (bzw. -beugung): Jeder, der eine Aussage machte, musste die Hand in den Mund des Ungeheuers legen. Der düsteren Legende zufolge wurde Lügnern die Hand abgebissen, und gelegentlich frischte wohl jemand mit einem Schwert hinter der Marmorplatte die abschreckende Wirkung des Höllenmauls wieder auf. In den 1950er Jahren erlangte das alte Steingesicht durch Audrey Hepburn und Gregory Peck in „Ein Herz und eine Krone" neue Popularität.

Kirche Santa Maria in Cosmedin

Hinter der Hauptattraktion Bocca della Verità in der offenen Vorhalle verbirgt sich eine außerordentlich sehenswerte frühmittelalterliche Kirche, die außer den gut erhaltenen Mosaiken und Fresken durch die hier herrschende Ruhe auch einen angenehmen Kontrast zum Verkehr des Platzes bietet.

Die Kirche entstand im 6. Jh. auf den Fundamenten eines antiken Gebäudes des *Forum Boarium*. Besonders sehenswert ist der wertvolle Fußboden der Kirche durch die Cosmaten-Arbeiten aus dem 12. Jh. – die Cosmaten waren eine Handwerkerfamilie, die durch ihre Marmormosaike berühmt wurde. Das kostbarste Mosaik von Santa Maria in Cosmedin befindet sich allerdings im Verkaufsraum neben der Kirche: Im Jahr 706 von Johannes VII. in Auftrag gegeben, stellt es die Heiligen Drei Könige zusammen mit Maria (mit dem Jesuskind auf den Knien) dar. Das Mosaik – nach seinem Auftraggeber auch **Mosaico di Giovanni VII** genannt – befand sich ursprünglich in der alten Peterskirche.

Tägl. 9.30–17.50 Uhr, der Zutritt zur Krypta kostet 1 € („Spende"). Die Bocca della Verità ist auch außerhalb der Öffnungszeiten gut einsehbar.

An der Piazza della Bocca della Verità befinden sich außerdem zwei antike Tempel: der runde **Tempel des Victor Hercules** (spätes 2. Jh. v. Chr.) und nur wenige Meter entfernt der fast vollständig (mit Dach) erhaltene **Tempel der Fortuna Virilis** aus dem 1. Jh. v. Chr. Das Areal um den Platz gehörte in der

Antike zum **Forum Boarium**, dem Viehmarkt. Wer von hier auf dem Ponte Palatino ein Stück Richtung Trastevere entlangläuft, sieht linker Hand die riesige, gemauerte Mündung des antiken Abwasserkanals **Cloaca Maxima** (auf Höhe des Temples des Victor Hercules).

Praktische Infos

→ Karte S. 97

Ristoranti

La Taverna dei Fori Imperiali 3 Schönes Lokal gleich bei den Kaiserforen in der beschaulichen Via della Madonna dei Monti. Gemütlich eingerichtet, mit karierten Tischdecken, viel gelobte Fleisch- und Fischgerichte. Beliebt bei Touristen, aber auch Römer kommen gerne her. Menü ca. 40 €. Mittags und abends geöffnet, Di Ruhetag. Via della Madonna dei Monti 9, ✆ 06/6798643, www.latavernadeiforiimperiali.com.

Cafés/Enoteche

Caffeteria San Teodoro 9 Schickes Café mit Terrasse (und Blick auf die Rückseite des Kapitolshügels), etwas abgelegen, mit angeschlossener – sehr teurer – Trattoria St. Teodoro. Im Café gibt es auch einige nicht allzu teure Mittagssnacks, außerdem Aperitivo. Via dei Fienilli 54, ✆ 06/6780933, So geschl.

Caffè Capitolino 8 Terrassencafé in den Kapitolinischen Museen im zweiten Stock des Palazzo Caffarelli, zu einem separaten Eingang für Nicht-Museumsbesucher geht es vom Palazzo dei Conservatori links herum und die Treppen hinauf. Relativ teures Essen, aber ein fantastischer Blick, der den Besuch hier unbedingt lohnt! Tägl. (außer Mo) 9–19 Uhr geöffnet. Piazzale Caffarelli 4.

Caffeteria Italia 2 Auf der Rückseite des Nationalmonumentes Vittoriano gelegen. Neuer Glaspavillon (zeitweise etwas warm), von draußen schöner Blick auf das Forum. Panini, Snacks und Mittagstisch, Kaffee und kühle Getränke. Noch relativ günstig: Ein Panino kostet 3,50 €, ein Nudelgericht um die 10 €. Geeignet für den Snack zwischendurch. Geöffnet Mo–Do 9.30–18.30 Uhr, Fr–So bis 19.30 Uhr, im Sommer auch länger. ✆ 06/6780905.

Enoteca Cavour 313 5 Diese Enoteca in der Via Cavour 313 gibt es hier schon seit 1979 – eine Institution in Sachen Wein. An-

Hochzeitspaar am Kapitol

geboten werden aber auch viele kalte Gerichte (Schinken, Salami, Käse, Räucherfisch, Salate und Desserts), Suppen und wechselnde Tagesgerichte, ideal für den kleineren Hunger am Mittag, dazu ein Glas Wein. Preislich noch im Rahmen, für ein Mittag- oder Abendessen sollte man mit ca. 25 € rechnen. Ca. 500 Flaschenweine, von denen einige auch im Ausschank sind (3–8 €/Glas). Mittags 12.30–14.45 Uhr (Weinverkauf ab 10 Uhr), am Abend 19.30–0.30 Uhr geöffnet. Im Sommer sonntags geschl., im August Betriebsferien. Via Cavour 313, ✆ 06/6785496, www.cavour313.it.

Abstecher zu den Caracalla-Thermen

Die großen öffentlichen Badeanlagen hatten im gesellschaftlichen Leben der Stadt eine wichtige soziale Funktion. Sie dienten als Begegnungsstätte, in der man Körper und Geist pflegte. Darüber hinaus trugen sie erheblich zum Hygienestandard der Römer aller Schichten bei, denn die geringen Eintrittspreise machten den Aufenthalt in einer der Badeanstalten Roms für jedermann erschwinglich. Man unterschied zwischen den kleineren, privat geführten *balnae* und den ungleich größeren öffentlichen *terme*.

In der gigantischen Badeanlage der Caracalla-Thermen, die auf einem fast quadratischen Areal von etwa elf Hektar angelegt waren, wurde neben dem Kalt- und Warmbad auch ein attraktives Umfeld für die Freizeitgestaltung geboten: ein Garten zum Lustwandeln, diverse Läden und Restaurants, Palästren (Sportplätze), Konferenz- und Vortragsräume und sogar eine Bibliothek. Geöffnet war das Bad von mittags bis Sonnenuntergang, viele Römer verbrachten den ganzen Nachmittag hier.

Verbindungen: Die Caracalla-Thermen liegen nur wenige hundert Meter vom Circo Massimo entfernt (an der Piazza Porta Capena in die Via di Terme di Caracalla, Eingang bestens beschildert). **Metro B** bis Circo Massimo (Piazza Porta Capena) oder **Bus Nr. 3** ab Kolosseum (Richtung Trastevere) bis Piazza Porta Capena bzw. **Bus Nr. 160** oder **628** ab Piazza Venezia bis Via delle Terme di Caracalla (s. auch Karte S. 97).

Die Tradition der römischen Badehäuser geht bereits ins 3. Jh. v. Chr. zurück. Die ersten öffentlichen Thermen wurden 19 v. Chr. von Agrippa auf dem Marsfeld (Campo Marzio → S. 136) eröffnet, private Badeanstalten existierten zu diesem Zeitpunkt bereits häufiger.

Die Caracalla-Thermen wurden 216 n. Chr. nach etwa fünfjähriger Bauzeit eingeweiht. Sie waren die luxuriösesten der antiken Welt und bis zum Bau der Diokletians-Thermen (beim Bahnhof Termini) etwa ein Jahrhundert später auch die größten. In puncto Ausstattung blieben die Caracalla-Thermen jedoch ungeschlagen: Die Wände waren mit Glas- und Marmormosaiken verkleidet, in den großzügigen Räumlichkeiten standen unzählige Bronze- und Marmorstatuen, und für die Fußwärme sorgten beheizte Mosaikfußböden. Berechnungen zufolge waren in den Caracalla-Thermen mindestens 250 Säulen aufgestellt, von denen einige über zwölf Meter hoch waren. Die Zahl der Besucher wird auf bis zu 8000 pro Tag geschätzt, 1600 Menschen konnten hier gleichzeitig baden.

Beim Rundgang durch die z. T. noch gut erhaltenen Überreste der Thermen werden die Ausmaße der Badeanlage deutlich, das Fundament mit den hoch aufragenden Mauern steht noch fast vollständig. Vom Inneren der Anlage sollte man allerdings nicht allzu viel erwarten; der bleibende Eindruck wird dem heutigen Besucher hier vor allem durch Größe vermittelt.

An der nördlichen Außenmauer des Badehauses befand sich das *Schwimmbad* (natatio) mit einer Fläche von

Die wuchtigen Ruinen der Caracalla-Thermen

Antikes Rom → Karte S. 97

50 x 22 Meter; es folgte das *Kaltbad* (frigidarium) in zentraler Lage mit unmittelbarem Zugang zu den anderen Sälen. Durch das *Warmwasserbad* (tepidarium) mit seitlichen Durchgängen zu den *Dampfbädern* (laconica) gelangte man in den wohl eindrucksvollsten Raum der gesamten Anlage, das *Schwitzbad* (caldarium). Es hatte einen kreisförmigen Grundriss und wurde von einem großen Kuppeldach überspannt (36 Meter Durchmesser), das sich auf acht Pilaster stützte. Die sieben Marmorbecken, in die heißes Wasser floss, wurden zusätzlich durch das darunter befindliche Heizungssystem erwärmt.

Die Wasserversorgung der Anlage funktionierte über ein eigenes Aquädukt, dessen Wasser in Zisternen mit etwa 80.000 Litern Fassungsvermögen an der Südseite der Anlage gesammelt wurde. Die Heizungsanlage befand sich unterhalb des Caldariums. Für den Badebetrieb wurden täglich etwa zehn Tonnen Brennholz benötigt.

Die Caracalla-Thermen waren bis 537 n. Chr. in Betrieb und wurden erst nach der Zerstörung des Aquädukts durch die Goten geschlossen. Ein Erdbeben im 9. Jh. zerstörte die Räume vollständig, und die verfallene Anlage geriet in Vergessenheit. Im 12. Jh. nutzte man sie als Steinbruch für den Bau von Kirchen und Palästen, ebenso während des Baubooms der Renaissance. Systematische Ausgrabungen der Caracalla-Thermen begannen 1824, dabei stieß man auch auf die Mosaike.

Die wertvollen Statuen der Anlage sind – soweit sie nicht in den Kalköfen der Renaissance-Baumeister verbrannt wurden – heute in Museen auf der ganzen Welt verstreut. Zwei Granitwannen aus dem Frigidarium wurden zu Brunnen umfunktioniert und sind auf der Piazza Farnese (beim Campo de'Fiori) zu bewundern.

Im Juli und August bildet die Ausgrabungsstätte den eindrucksvollen Rahmen für Opernaufführungen des römischen Opernhauses *Teatro dell'Opera* (weitere Infos unter www.operaroma.it, Karten ab 25 €).

Mo 9–14 Uhr, Di–So 9–19.15 Uhr, im Sept. nur bis 19 Uhr, im Okt. bis 18.30 Uhr, Nov. bis Mitte Febr. bis 16.30 Uhr, Mitte Febr. bis Ende März bis 17 Uhr bzw. 17.30 Uhr, die Biglietteria schließt jeweils eine Stunde vorher. Eintritt 6 €, ermäßigt 3 € (EU-Bürger 18–24 J.), EU-Bürger unter 18 und über 65 J. frei. Zu den Vergünstigungen mit der Appia Antica Card und der Archeologia Card → S. 77. Audioguide in Deutsch 4 €, 1-stündige Führungen in italienischer Sprache immer sonntags um 15 Uhr (kostenlos). Viale delle Terme di Caracalla 52.

Stadtviertel Testaccio

Das Viertel südwestlich des Aventin ist eines der volkstümlichsten in Rom. Äußerlich ist die Gegend nicht sehr attraktiv, denn lange, gerade Straßenzüge und etwas eintönige Wohnblocks prägen das Bild zwischen Tiberufer und Aurelianischer Stadtmauer. Besonders abends aber erfreut sich Testaccio großer Beliebtheit bei jüngeren Römern und Touristen.

In der Antike umgaben riesige Lagerhäuser den Hafen von Ostia. Übliche Transport- und Lagergefäße waren die Amphoren aus gebranntem Ton, die eine gute Haltbarkeit gewährleisteten, aber leicht zerbrachen. Die Scherben unzähliger Amphoren – man geht von schätzungsweise 25 Millionen aus – wurden zwischen dem 1. und 3. Jh. zu einem großen Schutthaufen, dem Monte Testaccio (Scherbenberg, von lat. *testa* = Scherbe) am südlichen Rand des gleichnamigen Stadtviertels aufgestapelt. Seinerzeit lag hier in direkter Nähe der antike Tiberhafen, von dem aus die Stadt mit Lebensmitteln versorgt wurde. Noch heute ist der Berg über 40 Meter hoch, die Scherben sind beim Rundgang entlang der Via di Monte Testaccio gut zu erkennen. Hier spielt sich ein reges Nachtleben ab (Näheres dazu → S. 65ff.). Ein Amphoren-Brunnen erinnert an der Piazza dell'Emporio am Ponte Sublicio an den Scherbenberg.

Über 80 Jahre lang, von 1891 bis in die 1970er Jahre, befanden sich unweit des Scherbenhaufens die riesigen Schlachthöfe (ital. *mattatoio*) der Stadt. Heute beherbergt ein Teil des stillgelegten Komplexes des *Ex-Mattatoio* das **MACRO Future Museum** (→ unten).

Zentrum Testaccios ist die große *Piazza di Santa Maria Liberatrice* (die gleichnamige Kirche entstand 1878–1903), auf der sich unter schattenspendenden Bäumen und auf zahlreichen Parkbänken die Nachbarschaft des Viertels

Die Piramide – vom protestantischen Friedhof aus betrachtet

trifft. Nur einen Block weiter, auf der kleineren Piazza Testaccio, stößt man auf die schon etwas heruntergekommene Markthalle des *Mercato di Testaccio*, einer der besten Lebensmittelmärkte Roms. Gebaut wird – schräg gegenüber des ehemaligen Schlachthofs – seit Jahren an einem deutlich größeren und topmodernen *Nuovo Mercato Testaccio*, der die stimmungsvollen alten Markthallen demnächst ersetzen soll. Testaccio ist traditionell das Viertel des Fußballclubs *AS Roma*, dessen Fanclub hier seit über 40 Jahren seinen Sitz hat. Testaccio erfreut sich nicht nur bei Nachtschwärmern großer Beliebtheit, sondern ist auch eine gute Adresse zum Essengehen – echt römisch und meist ziemlich günstig.

Sehenswertes

MACRO Future Museum: Die wechselnden Ausstellungen zeitgenössischer Künstler leisten einen wichtigen Beitrag zur kulturellen Aufwertung des Viertels, das doch eher ungewöhnliche Ambiente dazu liefern die blank polierten Schlachtbänke und andere Vorrichtungen zur industriellen Fleischverarbeitung in den Hallen der Schlachthöfe. Passend zu den Gewohnheiten des überwiegend jüngeren Publikums hat das MACRO Future bis 24 Uhr geöffnet – vom Museum in den Club zum Tanzen.

Zu Ausstellungen Di–So 16–24 Uhr geöffnet, Einlass bis 23.30 Uhr. Eintritt 4 €, erm. 2 €. Piazza Orazio Giustiniani 4, www.macro.roma.museum.

Cimitero Acattolico/Protestantischer Friedhof: Der Friedhof ist eine kleine Oase der Ruhe in der viel befahrenen Gegend um den Piazzale Ostiense. Unter hohen Zypressen befinden sich hier oftmals sehr kunstvoll gearbeitete Marmorgräber, darunter auch die zweier berühmter englischer Romantiker, Percy Bysshe Shelley und John Keats sowie das Grab von Antonio Gramsci und von Goethes Sohn August. Das

Grab von Keats liegt im alten Teil des Friedhofs (vom Eingang linker Hand durch den Torbogen) ganz hinten im Eck, von diesem Bereich hat man einen schönen Blick auf die „Piramide“.

Mo–Sa 9–17 Uhr (letzter Einlass 16.30 Uhr), So 9–13 Uhr (Einlass bis 12.30 Uhr), eine Spende von 2 € wird erwartet. Im Besuchszentrum am Eingang kann man einen deutschsprachigen Lageplan kaufen (3 €).

Piramide: Die *Cestius-Pyramide* entstand im Jahr 12 v. Chr. und wurde später in das aufwändigste römische Bauwerk, die ursprünglich 19 Kilometer lange *Aurelianische Stadtmauer* (3. Jh. n. Chr.), einbezogen. Der Volkstribun und Ägyptenliebhaber Caius Cestius gab die *Piramide* (mit Betonung auf dem „a“) als sein extravagantes Grabmal per Testament in Auftrag und verfügte, wie ein

Pharao darin beigesetzt zu werden. Nach nur 330 Tagen wurde der Bau fertig gestellt, eine Inschrift erinnert an den Auftraggeber. Die Anlehnung an ägyptische Baukunst war seinerzeit in Rom so selten nicht: Besonders unter Augustus holte man zahlreiche Obelisken zur Verzierung öffentlicher Plätze in die Stadt.

Am Fuß der nur von außen einsehbaren Pyramide haben etwa 40 streunende Katzen ihr Revier bezogen, die hier und im benachbarten Protestantischen Friedhof gerne in der Sonne dösen. Sie werden von Tierfreunden mit großem Engagement verpflegt und medizinisch betreut. Da es sich um eine private Initiative handelt, ist man für Spenden dankbar, am besten trifft man die Helfer am frühen Nachmittag an (Zugang über den Cimitero Acattolico). Näheres zum römischen Katzenasyl am Largo Torre Argentina → S. 141.

Porta San Paolo/Museo della Via Ostiense: Das Tor, das heute ziemlich einsam zwischen Piazza Porta San Paolo und Piazzale Ostiense (und neben der „Piramide") steht, war einst Bestandteil der im 3. Jh. n. Chr. gebauten Aurelianischen Stadtmauer (→ S. 262). Als Ausgangspunkt der Via Ostiense (Straße nach Ostia) wurde sie zunächst *Porta Ostiense* genannt. Zur Porta San Paolo wurde sie erst nach dem Bau der Basilica di San Paolo fuori le Mura (Ende des 4. Jh.) ein Stück weiter südlich. Die angrenzenden Stadtmauern der Porta San Paolo hielten über viele Jahrhunderte, erst 1920 wurde ein Teil für den Verkehr entfernt, das Verbindungsstück zur Piramide wurde bei Bombardements im Zweiten Weltkrieg zerstört. Im Inneren des Tores befindet sich das kleine **Museo della Via Ostiense**, das die Geschichte dieser wichtigen Verbindungsstraße dokumentiert.

Di–Sa 9–13.30 Uhr, Di + Do auch nachmittags 14.30–16.30 Uhr, So/Mo geschlossen. Eintritt frei.

Hinkommen: Mit der **Metro Linea B** bis zur Station Piramide, an selbiger und der Porta San Paolo vorbei geht es zum Protestantischen Friedhof von der breiten Via Marmorata gleich links ab in die Via Caio Cestio. Nach knapp 200 m auf der linken Seite befindet sich das Eingangstor (Via Caio Cestio 6). Das Stadtviertel Testaccio erreicht man z. B. mit dem **Bus Nr. 30** ab Piazza Venezia.

Ristoranti, Trattorien, Osterien

Ne Arte ne Parte 2 Eine richtig nette Osteria im Herzen von Testaccio. Typisch römische, sehr gute Küche (v. a. die frische Pasta), gute Fischgerichte. Schlichte Eleganz, freundlicher Service, einige Plätze auch draußen. Für das Gebotene günstig, das Menü kommt auf ca. 30–35 €. Via Luca della Robbia 15/17, ✆ 06/5750279. Mittags und abends geöffnet, Mo Ruhetag. Für abends und am Wochenende sollte man reservieren.

„Da Oio" a Casa mia 4 Ebenfalls sehr beliebt, überwiegend junges Publikum, einige Tische auch draußen auf der Via Galvani. Einfaches Ambiente in einer einfachen Trattoria, die Küche echt römisch und nicht zu teuer. Menü um 30 €. Via Galvani 43/45, ✆ 06/5782680. Mittags und abends geöffnet, So Ruhetag. Fr/Sa reservieren.

Checchino dal 1887 5 Feines Traditionsrestaurant und Institution gegenüber vom ehemaligen Schlachthof, nur wenige Schritte weiter pulsiert das Nachtleben. Auch hier gibt es traditionelle römische Küche,

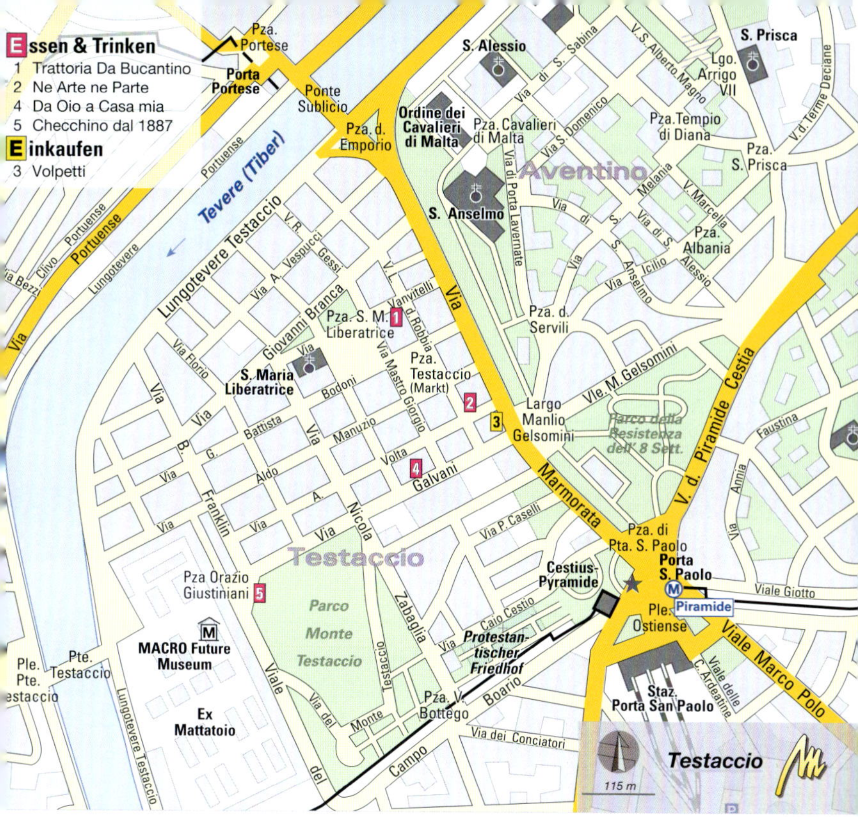

berühmt sind die *Coda Vaccinara* und die Innereien wie z. B. *Trippa alla romana*; dazu eine immense Weinauswahl. Teurer als die beiden oben Genannten, aber dennoch sehr empfehlenswert, Degustationsmenü 60 €, Tagesmenü ab 45 €. Einige Tische auch draußen. Via di Monte Testaccio 30, ✆ 06/5743816, www.checchino-dal-1887.com. Mittags und abends geöffnet, So/Mo geschl., ebenso im August.

Da Bucatino **1** Nette und familiäre Trattoria, selbstverständlich auch hier die typisch römische Küche und auch Fisch, abends gibt es Pizza. Günstig. Mittags und abends geöffnet, Mo geschl. Via Luca della Robbia 84/86, ✆ 06/5746886.

Einkaufen

Mercato di Testaccio, werktags von 7 bis 14 Uhr findet in den Markthallen auf der Piazza di Testaccio einer der besten **Lebensmittelmärkte** Roms statt, bekannt vor allem für hervorragenden frischen Fisch und bestes Obst und Gemüse. Soll bald in eine neue Markthalle ein paar Blocks weiter südlich umziehen. ■

››› Unser Tipp: **Volpetti** **3** Ein wunderbares Feinkostgeschäft, in dem der Kunde wie ein Gast empfangen wird, hier einen Pecorino probieren soll, dort ein Stück Schinken – das alles in freundlicher, herzlicher Atmosphäre. Volpetti versorgt Rom mit Delikatessen – Parmaschinken, Parmesan in verschiedenen Reifegraden oder auch Pecorino, außerdem Trüffel, Räucherlachs, getrocknete Steinpilze, Bottarga (getrockneter Fischrogen), Wein, Öl, Balsamico, Süßes und vieles mehr. Ein umwerfendes Angebot an Köstlichkeiten aus ganz Italien, allerdings nicht ganz billig. Sehr empfehlenswert die stets frische und absolut leckere Pizza al taglio. Via Marmorata 47, ✆ 06/5742352, www.volpetti.com. Mo–Sa 8–14 Uhr und 17–20.15 Uhr, So geschl. ‹‹‹

Rundgang 2

Um das Kolosseum

Das eindrucksvolle Bauwerk aus der römischen Kaiserzeit lässt sich kaum ein Rom-Reisender entgehen. Mächtig thront das Kolosseum in der Senke zwischen den beiden Hügeln Esquilin und Celio, täglich umlagert von Tausenden Besuchern. Bei einem Streifzug durch die Gegend um das Kolosseum und zum benachbarten Caelius-Hügel stößt man auch auf mehrere interessante frühchristliche Kirchen.

Die Gegend am Esquilin (der Hügel direkt nördlich des Kolosseums) war bereits im 6. Jh. v. Chr. eines der am dichtesten besiedelten Wohngebiete Roms. Zunächst lebte hier das einfache Volk, während der Republik und Kaiserzeit wurde der weitläufige Hügel genau wie der südlich des Kolosseums gelegene Monte Celio zur bevorzugten Wohngegend der römischen Adligen. Vor der Fertigstellung des alles dominierenden „Amphitheaters der Flavier" (80 n. Chr.), so der antike Name des Kolosseums, hatte Kaiser Nero auf dem Gelände zwischen Esquilin und Caelius mit seiner *Domus Aurea* eine der berühmtesten und die größte der Palastanlagen der Antike bauen lassen. Bald darauf entstanden auf den beiden Hügeln mehrstöckige Mietshäuser, am Celio wurden zusätzlich Kasernen errichtet.

Zur Zeit des frühen Christentums wurden besonders auf dem Caelius-Hügel zahlreiche Kirchen gebaut, von denen einige noch heute nahezu unverfälscht erhalten sind. Die Südseite des Esquilin verfiel im Mittelalter zusehends, erst Ende des 16. Jh. schenkten die Stadtplaner der Gegend wieder Aufmerksamkeit.

Ab dem 4. Jh. n. Chr. lag das neue Zentrum der Gegend östlich des Celio: Mit dem Lateran entstand hier ein Stadtteil, der bis zum Papstexil (ab 1309) bewohnt blieb. Danach verkam die Gegend, prächtige Zeugnisse der Renaissance sucht man daher vergebens. Im 19. Jh. wurde das Gebiet an der Südseite des

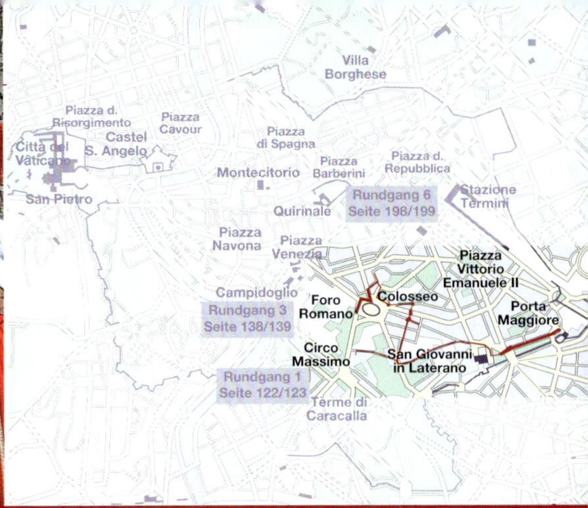

Um das Kolosseum

Esquilin und der Nordseite des Celio zum Wohnviertel. Zwischen Kolosseum und Lateran findet man einige Restaurants und Osterien – das Spektrum reicht von der einfachen römischen Küche bis hin zum gehobenen Lokal.

Spaziergang

Ausgangspunkt des Spaziergangs ist das Kolosseum, gleich daneben sieht man den gut erhaltenen **Konstantinsbogen**. Vom Kolosseum geht es über die Via dei Fori Imperiali zur Metro-Station und hier die Treppen hinauf zum Largo Peikov (links unterhalb rauscht die Via degli Annibaldi vorbei) und weiter bergauf in die Via della Polveriera. Am Ende der Straße links ab, kurz darauf stehen Sie vor der technischen Fakultät (Ingenieurwesen) der römischen Universität; an den kleinen, ineinander übergehenden Plätzen im Umkreis finden sich einige belebte Bars. Nur wenige Schritte weiter gelangt man zur **Piazza San Pietro in Vincoli** mit der gleichnamigen Kirche, die wegen der Marmorplastik des *Moses* von Michelangelo berühmt ist.

Von der Kirche links hinunter geht man nun auf der Via Terme di Tito (links der Parco di Traiano) wieder auf das Kolosseum zu. Dann biegt man links ab in die Via Nicola Salvi und folgt deren Verlängerung Via Domus Aurea, bis man nach wenigen Metern zum Eingang der **Domus Aurea** gelangt (linker Hand). Die heute unterirdisch liegenden Säle und Korridore des gigantischen Palastes von Kaiser Nero lohnen unbedingt den Besuch (zuletzt wegen „Lavori" geschlossen).

Im kleinen **Parco Oppio** lädt unweit der Domus Aurea ein kleiner Kiosk unter schattigen Bäumen zum Rasten ein.

Abstecher nach Monti: Von der Kirche San Pietro in Vincoli führen rechter Hand Treppen hinunter auf die Via Cavour, diese überqueren und gegenüber wieder ein paar Stufen hinunter. So kommt man auf die Via Leonina mitten im Viertel Monti (→ S. 197) mit vielen Restaurants, Cafés und Enotheken (→ S. 207).

Kurz davor rechts die Treppen hinunter kreuzt man die Via Labicana und geht zunächst geradeaus ein Stück auf der Via Celimontana. An der nächsten Ecke kommt man auf die Via San Giovanni, hier nach links, dann sind es nur wenige Schritte zur romanischen Kirche **San Clemente** mit ihrem berühmten *Mithräum*. Wenige Meter weiter auf der rechten Seite geht es in die Via dei Querceti und dann gleich links ab in die Via dei SS. Quattro Coronati bergauf (die Apsis der gleichnamigen Kirche sieht man schon) und dann rechts ab, man geht nun direkt auf das geöffnete Tor des Klosters zu.

Zurück auf der Via Celimontana gelangt man nun geradeaus hinauf auf den **Monte Celio**. Die Piazza Celimontana ist heute ein Parkplatz (hinter der Fassade links verbirgt sich ein großes

Militärkrankenhaus), am Largo di Sanità Militare oberhalb davon geht es steil rechts durch den Torbogen Arco di Dolabella in die Via S. Paolo della Croce und zu den Kirchen **Santi Giovanni e Paolo** und **San Gregorio Magno**. Hier oben auf dem Monte Celio herrscht Ruhe: keine Autos, nur ein wenig Lärm dringt vom Viale di San Gregorio hinauf. Fast ein kleines Idyll erwartet Sie im kleinen Park **Villa Celimontana** links der Straße. Im Sommer finden hier im Rahmen der Kulturveranstaltungen des „Estate Romana" Open-Air-Jazzkonzerte statt (dann auch Bar und Tanz). Der Park ist täglich von 7 Uhr bis Sonnenuntergang geöffnet.

Vom Largo di Sanità Militare führt nun ein kurzer Abstecher zunächst zur schräg gegenüber gelegenen Kirche **Santa Maria in Domnica alla Navicella**, dann in die Via di Santo Stefano Rotondo und zur **Rundkirche Santo Stefano Rotondo** gleich auf der rechten Seite. Auf dieser Straße geht es – vorbei an Altersheim und Ospedale – auf direktem Weg zum riesigen, verkehrsumtosten Platz vor dem **Lateran**. Von hier aus gelangen Sie auf dem Viale Carlo Felice weiter zur **Kirche Santa Croce in Gerusalemme**. Rechter Hand sehen Sie die Porta San Giovanni und die Aurelianische Mauer aus dem 3. Jh. n. Chr., die heute von der Porta S. Paolo (Piazza Ostiense/Piramide) bis zur Porta Maggiore (bei Santa Croce in Gerusalemme) auf einer Länge von rund zehn Kilometern gut erhalten ist (→ S. 262).

Vom Lateran bis zur Pilgerkirche Santa Croce in Gerusalemme sind es etwa 15 Minuten zu Fuß (Verbindungen von dort zur Innenstadt → S. 134). Der gesamte Rundgang dauert etwa vier Stunden.

Brot und Spiele

Bei den „Spielen" im Kolosseum unterschied man zwischen den *venationes*, den Tierkämpfen, und den Gladiatorenkämpfen. Dazu kamen nachgestellte Seeschlachten, zu deren Zweck das Kolosseum geflutet werden konnte. Für die Tierkämpfe – sie fanden meist am Vormittag statt – hielt man sich im Untergeschoss eine Artenvielfalt, wie sie heute selbst im Zoo kaum anzutreffen ist: Dutzende von Löwen, Tigern, Leoparden, Braunbären und Hyänen, aber auch Elefanten, Wildpferde und Giraffen wurden im Lauf der Zeit aus ihren Käfigen über Aufzüge mitten in die Arena gehoben und mussten zum Kampf antreten – gegeneinander oder gegen einen eigens ausgebildeten Tierkämpfer. Allein bei den 100-tägigen Feierlichkeiten zur Eröffnung sollen bei den Kämpfen 5000 Tiere getötet worden sein. Nicht selten kämpften die Tiere auch gegen zum Tode verurteilte Gefangene. Über die etwaige Begnadigung eines besonders starken oder tapferen Kämpfers entschied der Kaiser, natürlich unter Berücksichtigung der Stimmungslage im Publikum.

Eingeleitet wurde das Spektakel mit harmlosen Schaukämpfen, am Nachmittag fanden die Gladiatorenkämpfe (von lat. *gladius* = Schwert) statt. Hier traten unterschiedlich ausgerüstete Männer – manche in voller Rüstung, andere fast nackt – zum Kampf gegeneinander an. Meist handelte es sich um professionelle Kämpfer, die es bei spektakulären Siegen durchaus zu Ruhm und Vermögen bringen konnten.

Die Kämpfe im Kolosseum wurden im Lauf der Zeit immer brutaler. Von ihrer Ursprungsform, den Tierkämpfen, die man bereits Anfang des 2. Jh. v. Chr. zelebrierte, entwickelten sie sich mehr und mehr zum Massengemetzel. Dem Verlangen des Publikums nach immer spektakuläreren Spielen konnten sich die Herrschenden nicht entziehen – schließlich hing hiervon ein großer Teil ihrer Popularität ab. Die ca. 70.000 Zuschauer hatten im Kolosseum freien Eintritt. Das Unterhaltungsprogramm war Bestandteil einer geschickten „Sozialpolitik", zu der auch die Verteilung kostenloser Lebensmittelrationen gehörte: *panem et circenses*, Brot und Spiele, wie es der zeitgenössischen Satirendichter Juvenal (etwa 55–127 n. Chr.) treffend beschrieben hat.

Das Kolosseum mit seiner überaus blutrünstigen Vergangenheit dient heute aber auch als politisches Symbol und Mahnmal: Wann immer in einem Land der Welt die Todesstrafe ausgesetzt oder abgeschafft wird, erstrahlt das Kolosseum für 48 Stunden in buntem Licht, zuletzt war das 2009 für Togo der Fall.

Damals wie heute eine Attraktion

Sehenswertes

Kolosseum (Colosseo)

Das Wahrzeichen der Stadt am Ende der Via dei Fori Imperiali beeindruckt auch nach fast 2000 Jahren unverändert und ist wohl der wichtigste Touristenmagnet in der Ewigen Stadt. Mit einer Höhe von 54 Metern und Grundrissausmaßen von 188 x 156 Metern ist der ovale Bau das größte Amphitheater der Antike. Seinen heutigen Namen erhielt es erst im frühen Mittelalter, und zwar in Anlehnung an den *Colossos,* eine etwa 36 Meter hohe Statue Neros, die sich ursprünglich in der nahen Eingangshalle der Domus Aurea befunden hatte und zum Sonnengott umgestaltet vor das Theater versetzt wurde (nicht erhalten).

69 n. Chr. begannen unter Kaiser Vespasian die Arbeiten, elf Jahre später wurde die „kolossale" Arena von seinem Sohn Titus eingeweiht. Veranstaltet wurden hier blutrünstige Kämpfe auf Leben und Tod, die das Volk bei Laune halten sollten. Tatsächlich begeisterten die „Spiele" die Römer mehr als jedes andere Freizeitangebot, das die Stadt zu bieten hatte.

Das Theater war bis 523 n. Chr. in Betrieb, die letzten Spiele fanden unter dem Ostgotenkönig Theoderich statt. Im Mittelalter wurde das im Verfall begriffene Kolosseum in eine Festung umgebaut, in der Renaissance diente es als Steinbruch für den Bau von Kirchen und Palästen.

Da man glaubte, dass hier auch Christen umgebracht worden seien, weihte Papst Benedikt XIV. den Bau 1750 allen Märtyrern. Die Ruine wurde gesichert, Pilger aus aller Welt trafen sich in der Freiluftkirche, um der Leiden der ersten Christen zu gedenken. Zu diesem Zweck wurde auch ein Kreuz im Inneren aufgestellt. Als sich die Legende von der Christenverfolgung im Kolosseum nicht bestätigte, wurden die Passionsbilder wieder entfernt, aber noch heute schreitet der Papst immer am Karfreitag den Kreuzweg am Kolosseum in einer feierlichen Prozession ab.

Beim **Rundgang** durch das riesige Amphitheater stößt man im Erdgeschoss auf den Arkadengang. Hier mündeten die 80 Eingänge, von denen aus die Zuschauer der Antike über ein gut durchdachtes System von Gängen und Treppen auf ihre nummerierten Plätze gelangten – auf dem zweiten Rang saß die Ritterschaft, im dritten und vierten das übrige Volk, und auf dem fünften, dem obersten Rang mit einer Holztribüne, saßen die Frauen. Der erste Rang direkt an der Arena hatte einen gesonderten Zugang und war dem Kaiser, Staatsbeamten, Senatoren, Priestern und Vestalinnen vorbehalten.

Vom dritten Rang der Zuschauertribüne eröffnet sich ein guter Blick auf das heute freigelegte Untergeschoss des Kolosseums. Hier befanden sich die Tierkäfige, die Ankleide- und Lagerräume, dazu diverse Aufzüge, mit denen Tiere schnell in die Arena transportiert werden konnten. Am oberen Rand des Baus ragen außen einige Stützsteine aus dem Mauerwerk. Sie dienten als Sockel für die Holzbalken, an denen das Sonnensegel aufgehängt war, das mittels Seilzügen und Winden ausgerollt werden konnte.

Etwa im jährlichen Wechsel finden im Kolosseum oftmals hochkarätige Ausstellungen zur Antike statt.

Tägl. 8.30–19.15 Uhr, im Frühjahr/Herbst bis 17.30 Uhr bzw. 18.30 Uhr, im Winter bis 16.30 Uhr, Einlass bis jeweils eine Stunde vor Schließung. Eintritt nur mit dem **Kombiticket** (2 Tage gültig) für Forum Romanum, Palatin und Kolosseum: 12 €, ermäßigt 7,50 € (EU-Bürger 18–24 J.), unter 18 und über 65 J. frei. Zu Vergünstigungen s. unter „Roma Pass" → S. 77. Gut einstündige Führungen in englischer Sprache finden tägl. um 10.15, 11.15, 12.30 und 15 Uhr statt, in den Sommermonaten auch 16 und 17 Uhr, Dauer 45 Min., 4 €, Reservierung wird empfohlen unter ✆ 06/39967700, Reservierungsgebühr 1,50 € (unter dieser Nr. kann man auch ein Eintrittsticket reservieren). Zuletzt wurde auch eine Führung in den dritten Rang und in das Untergeschoss angeboten, Dauer 2 Std., 8 € pro Pers., Reservierung obligatorisch (s. o.). Audioguide in Deutsch 4,50 €, es muss ein Ausweisdokument als Pfand hinterlegt werden. Tagsüber oft sehr lange Schlangen am Eingang, wir empfehlen daher, das Eintrittsticket am Forum Romanum (am Largo della Salara Vecchia) zu kaufen, dann kann man sich das Warten sparen. Zur Galerie hinauf führt auch ein Fahrstuhl, das Kolosseum ist zumindest in Teilen **barrierefrei**. Piazza del Colosseo.

Konstantinsbogen (Arco di Constantino)

Der jüngste und besterhaltene der drei großen römischen Triumphbögen (direkt neben dem Kolosseum) wurde Kaiser Konstantin vom Senat zur Erinnerung an seinen Sieg an der Milvischen Brücke (→ S. 195) über seinen Kontrahenten Maxentius gestiftet (312 n. Chr.), das Bauwerk befindet sich hier seit 315 n. Chr. Vorbild für den dreitorigen Bogen war der Septimius-Severus-Bogen (→ Forum Romanum, S. 104ff.).

Foto mit dem Gladiator

In letzter Zeit kamen sie ein wenig in Verruf, die neuzeitlichen Gladiatoren und Legionäre, von denen es um das Kolosseum heute gut zwei Dutzend gibt: eine Schlägerei untereinander um die Gunst der Touristen, dann Ärger mit Schutzgelderpressern, die erst von verdeckten Ermittlern der Polizei dingfest gemacht werden konnten. Dabei geht es den Gladiatoren mit falschem Schwert und Riemchensandalen hauptsächlich um die Anerkennung ihres Berufes als Touristenattraktion, schließlich erfreuen sie sich bei Besuchern aus aller Welt großer Beliebtheit.

Ein Foto mit dem Gladiator – im Hintergrund das Kolosseum – macht sich jedenfalls gut, ist aber nicht umsonst: Feste Preise gibt es zwar nicht, um die 5 € werden für ein „Shooting" aber schon erwartet.

Für den auffallend reich geschmückten Konstantinsbogen wurde auf Fragmente älterer römischer Bauwerke zurückgegriffen: Zahlreiche Reliefs stammen aus der Zeit Trajans, Hadrians und Marc Aurels, die für den Konstantinsbogen umgearbeitet wurden (die Porträtdarstellungen früherer Kaiser wurden durch die Konstantins ersetzt). Durch den Konstantinsbogen führte der traditionelle Weg des Triumphzugs.

San Pietro in Vincoli

Hinter der unscheinbaren Fassade nahe der technischen Fakultät der römischen Universität befindet sich im vergleichsweise spärlich ausgestalteten Inneren der Kirche eines der Meisterwerke Michelangelos: die **Statue des Moses** am Grabmal für Papst Julius II. im rechten Seitenschiff.

Der Moses von Michelangelo

Die Gestaltung seines Grabes hatte Julius II. bereits 1505 bei Michelangelo in Auftrag gegeben, vorgesehen war ein Monument mit über 30 Skulpturen. Da Julius II. aber entgegen ursprünglicher Planung nicht in der neuen Peterskirche, sondern in seiner Kardinalskirche San Pietro in Vincoli beigesetzt wurde, fiel das Grabmal schließlich deutlich bescheidener aus. Neben der Sitzstatue des Moses aus den Jahren 1513–1516 stammen auch die biblischen Schwestern Lea (rechts) und Rachel (links), die den Moses umrahmen, von Michelangelo. Die anderen Teile wurden von unbekannten Künstlern gefertigt.

Die eindrucksvolle Statue des Moses – sie gilt als eines der wichtigsten Werke der Hochrenaissance – ist von zwei Hörnern gekrönt. Michelangelo hat damit einen Übersetzungsfehler in Stein gemeißelt: Im hebräischen Urtext heißt es, Moses' Gesicht habe bei seiner zweiten Sinaibesteigung nach der Unterredung mit dem Herrn „Strahlen geworfen", in der Vulgata, der Bibelübersetzung des Hieronymus ins Lateinische, ist aber nicht von einem strahlenden Gesicht die Rede, sondern von einem gehörnten *(facies cornuta* statt *facies coronata).* Nach dem Tod von Julius II. im Jahr 1513 wurde das Projekt durch dessen Nachfolger Leo X. nach und nach auf Eis gelegt, Michelangelo in andere Aufträge eingebunden. Schließlich wurde das Grabmal deutlich verkleinert, den Moses vollendete Michelangelo 1542–1545, wobei er der schon fast fertigen Statue noch den Kopf nach links drehte und so den Charakter des Moses komplett veränderte – eine technische wie künstlerische Meisterleistung.

Ein Meisterwerk der Renaissance

Um das Kolosseum → Karte S. 122/123

Die dreischiffige Basilika entstand bereits im 5. Jh. n. Chr. und sollte zum würdigen Aufbewahrungsort für die Ketten werden, mit denen angeblich Petrus gefesselt worden war; daher auch der Name „Sankt Peter in Ketten". Sie befinden sich in dem prachtvollen Renaissance-Tabernakel unter dem Hochaltar. Papst Sixtus IV. veranlasste 1475 eine grundlegende Erneuerung der Kirche; aus dieser Zeit stammen auch Vorhalle und Fassade des Bauwerks. Das Deckenfresko wurde im 18. Jh. hinzugefügt.

Täglich 8–12.30 und 15–18 Uhr. Kirchensouvenirs im Devotionalienshop auf der linken Seite. Auf sittsame Kleidung wird hier besonders streng geachtet.

Domus Aurea

Eines der eindrucksvollsten Beispiele für den Größenwahn Neros: Der riesige Palast, der den Staatshaushalt ruinierte, wurde von Nero 68 n. Chr. in Auftrag gegeben, nachdem der große Brand (64 n. Chr.) ausreichend Platz dafür geschaffen hatte.

Das **Goldene Haus** *(Domus Aurea)* brachte es mit allen Nebengebäuden auf eine Frontlänge von 1500 Metern. Zur Anlage gehörten ein künstlicher See, der später trocken gelegt wurde und an dessen Stelle das Kolosseum entstand, sowie die 36 Meter hohe kolossale Statue von Nero selbst. Nach einem weiteren Brand im Jahr 104 n. Chr. verschwand die Domus Aurea aus dem Stadtbild. Man füllte die Innenräume mit Schutt und nutzte das entstandene Plateau am Fuß des Esquilin-Hügels als Fundament für die Trajans-Thermen.

Noch heute zugänglich sind einige der unterirdisch gelegenen Räume des Haupthauses, das 1506 durch einen Zufall entdeckt wurde. Damals fand man hier auch die berühmte Laokoon-Gruppe (→ S. 256). Erst 1907 begannen die Ausgrabungen des Palastes, von dem man vermutet, dass er an die 500 Räume zählte. 88 davon wurden freigelegt. Nur ein kleiner Teil davon ist heute zu besichtigen.

Der Rundgang in der Domus Aurea findet in kleinen Gruppen mit Begleitung statt (Achtung: Hier ist es kalt, ganzjährig ca. zwölf Grad; nehmen Sie sich auch im Hochsommer eine Jacke mit!). Zu sehen sind Reste der Mosaikfußböden, zahlreiche Stuckfragmente und Fresken, für die die Domus Aurea berühmt ist. Diese Dekoration diente Raffael, der selbst hier war, als Vorlage für die Loggien des Vatikans (→ S. 257). Höhepunkt der Besichtigung ist der *oktagonale Kuppelsaal,* der nach einem Teileinsturz im Jahr 2001 wieder aufgebaut wurde. Er lag in der Mitte der Palastanlage und konnte nur durch eine Öffnung in der Decke beleuchtet werden. Die Kuppel gilt als Vorbild für das später erbaute Pantheon (→ S. 157f.).

Die Besichtigung der oberhalb gelegenen **Trajans-Thermen** lohnt nur für speziell Interessierte: Einige wenige erhaltene Mauerreste sind weit über das Gelände des Parco di Colle Oppio verteilt.

Wegen Restaurierungsarbeiten ist die Domus Aurea seit Jahren geschlossen, Zeitpunkt der Wiedereröffnung soll voraussichtlich 2012 sein. Näheres bei den Pavillons der Touristeninformation.

San Clemente

Bei der dreischiffigen Kirche in der Via di San Giovanni in Laterano treffen drei Epochen römischer Baukunst aufeinander: die romanische Basilika aus dem Jahr 1108, die auf dem Fundament einer größeren Basilika aus dem 4 Jh. n. Chr. gebaut wurde, und darunter schließlich die Überreste einer Mithras-Kultstätte aus dem 2. Jh. n. Chr.

Man betritt zunächst die romanische Basilika (Oberkirche), in deren Innerem ein noch gut erhaltener Marmorfußboden und die Chorschranken mit Cosmaten-Arbeiten zu sehen sind. Berühmt ist die Apsis mit dem **Goldmosaik**. Die

Kaiser Nero: Eitelkeit und Größenwahn

Mord und Totschlag sowie jede Menge Größenwahn gehörten bei einigen römischen Cäsaren fraglos dazu – eine Eigenschaft, die besonders Kaiser Nero (37–68 n. Chr.) zu zweifelhaftem Ruhm verhalf. Die Erziehung durch den Philosophen Seneca – ihn zwang Nero später in den Selbstmord – brachte nicht den gewünschten Erfolg. Vielmehr war mit Nero einer der größten Narzissten des römischen Imperiums an der Macht, und seine Eitelkeit lebte er hemmungslos aus. Im Laufe seiner Regierungszeit widmete er sich aktiv den schönen Künsten, vornehmlich Gesang und Schauspiel – und wenn Nero den ganzen Abend über sang, war es dem Publikum unter Androhung der Todesstrafe verboten, das Theater zu verlassen. Es soll sogar Leute gegeben haben, die sich während einer Darbietung des Kaisers tot gestellt haben, um der quälenden Langeweile zu entkommen.

Kaiser Nero, der Eitle

Den Ruf, wahnsinnig gewesen zu sein, erhielt Nero wegen des großen Brandes 64 n. Chr., bei dem mehrere Stadtviertel Roms in Flammen aufgingen. Allerdings zweifeln Historiker heute daran, ob der Kaiser hier tatsächlich als Brandstifter tätig war. Eindeutig auf sein Konto geht jedoch die anschließende Verfolgung der Christen, die als Sündenböcke für den Brand herhalten mussten. Quellen berichten, dass Christen – in brennende Tücher eingehüllt – als lebende Fackeln in Gärten aufgestellt wurden.

später überbaute Basilika aus dem 4. Jh. (Unterkirche) wurde von den Normannen 1080 weitgehend zerstört.

Zum **Mithräum** (2./3. Jh. n. Chr.) noch unter der ersten Basilika (auf dem sehr viel tiefer gelegenen antiken Straßenniveau) gelangt man vom rechten Seitenschiff durch ein gut erhaltenes römisches Wohnhaus aus dem 1. Jh. n. Chr. Der *Mithras-Kult* war bereits im 4. Jh. v. Chr. in Persien bekannt und zählte zu den wichtigsten Mysterienreligionen in der Antike, die nur Männern offen stand. Über ihre Riten ist heute nur wenig bekannt, man weiß jedoch, dass ein Mithras-Jünger sieben Grade der Einweihung zu durchlaufen hatten, um Aufnahme in die Religionsgemeinschaft zu finden. Im frühen Christentum wurden die meisten Mithräen mit Kirchen überbaut oder zugeschüttet – wodurch man sie ungewollt doch noch der Nachwelt erhielt.

Um das Kolosseum → Karte S. 122/123

Ein wichtiger Bestandteil des Mithras-Kults war das Segen spendende Stieropfer, das als **Altarrelief** im Mithräum von San Clemente zu sehen ist: Mithras, der Sohn des Lichtgottes, tötet den Urstier, dessen Blut (bzw. das Bad darin) neues Leben spendet.

Mo–Sa 9–12.30 (letzter Einlass 12.10 Uhr) und 15–18 Uhr (letzter Einlass 17.40 Uhr), So nur 12–18 Uhr. Eintritt Mithräum/römische Villa: 5 €, ermäßigt 3,50 € (Studenten bis 26 J.). Piazza San Clemente.

Santi Quattro Coronati

Die Basilica dei Santi Quattro Coronati, so der vollständige Namen, liegt etwas abseits und wird nur wenig besucht, lohnt aber gerade deshalb den Abstecher. Bereits im 4. Jh. befand sich hier ein Gotteshaus, das vier Märtyern aus der Zeit Diokletians gewidmet war, die, da sie sich weigerten heidnische Götter zu verehren, mit schweren Eisenkronen auf dem Kopf zu Tode gemartert wurden – daher der Name der „vier Gekrönten".

Ein Neubau aus dem 9. Jh. wurde mit dem Normanneneinfall von 1084 zerstört, Anfang des 12. Jh. als wehrhafte Klosteranlage wiederaufgebaut und Anfang des 15. Jh. umgebaut.

Man betritt die Anlage durch ein Tor mit Campanile und kommt in zwei aufeinanderfolgende Innenhöfe. Im zweiten Innenhof auf der rechten Seite befindet sich das **Oratorio di San Silvestro** von 1246 mit seinem Freskenzyklus, der Szenen aus dem Leben Konstantins und Sylvesters darstellt. Das Innere der dreischiffigen **Kirche** ist mit antiken Säulen mit korinthischen Kapitellen, Cosmatenfußboden und einer dunklen Holzdecke (16. Jh.) ausgestattet, die Apsis wurde im 17. Jh. mit Szenen aus dem Leben der vier Märtyrer ausgemalt. Auf der linken Seite des Kirchenraums geht es zu dem sehr schönen, kleinen Kreuzgang **Chiostro San Silvestro** aus dem 13. Jh.

Kirche Mo–Sa 6.15–20 Uhr, So 6.45–12.30 und 15–19.30 Uhr; **Oratorio** Mo–Sa 9.30–12 und 16.30–18 Uhr, So 9–10.40 und 16–17.45 Uhr; **Kreuzgang** Mo–Sa 10–11.45 und 16.45–17.45 Uhr, So 9.30–10.30, 12–12.30 und 16.45–17.45 Uhr (Spende erwünscht). Via dei Santi Quattro Coronati.

Celius (Monte Celio)

Ähnlich wie Palatin und Aventin war der Celius-Hügel (benannt nach dem etruskischen Feldherrn Caelius Vibenna) eine der bevorzugten Wohngegenden in der Antike; darüber hinaus gab es hier einige Kasernen. Nero erbaute im 1. Jh. n. Chr. einen Teil seiner weitläufigen Domus Aurea am Hang des Monte Celio. Heute herrscht hier noch ein wenig Ruhe im ansonsten oft hektischen Rom. Ein Abstecher zu den am Hügel gelegenen Kirchen (s. u.) lohnt ebenso wie ein Besuch des Parks **Villa Celimontana** (Eingang gegenüber der Kirche Santi Giovanni e Paolo und neben der Kirche Santa Maria in Domnica, geöffnet tägl. 7 Uhr bis Sonnenuntergang).

Santi Giovanni e Paolo

An der gleichnamigen Piazza stößt man auf die frühchristliche Kirche aus dem 4. Jh. mit angeschlossenem Kloster. Im 12. Jh. wurde die Kirche umgebaut, das Innere ist heute barock ausgestaltet. Sehenswert ist ein mittelalterliches Fresko (Christus mit den Aposteln) hinter dem linken Seitenaltar. Unter dem Hauptaltar werden die Reliquien der Heiligen aufbewahrt, denen die Kirche geweiht ist. Sehenswert ist auch die **Cappella di San Paolo della Croce** mit ihrer reichen barocken Ausgestaltung. Achtung bei einer Besichtigung am Wochenende: Hier oben wird gerne geheiratet, bevorzugt am Samstag, bis zu 400 Eheschließungen finden jährlich in der Kirche statt – während der Zeremonien ist eine Besichtigung natürlich nicht möglich.

Tägl. 8.30–12 und 15.30–18.30 Uhr.

Case Romane

Die bereits Ende des 19. Jh. entdeckten **römischen Häuser** unter der Kirche Santi Giovanni e Paolo wurden im Jahr 2002 nach längerer Restaurierung der Öffentlichkeit zugänglich gemacht. In elf Räumen sind schöne und zum Teil sehr gut erhaltene Wandmalereien überwiegend aus dem 3. Jh. n. Chr. zu sehen, das Ganze recht dunkel, labyrinthartig und auch ein wenig unheimlich. Im angeschlossenen Antiquarium sind diverse Funde aus der Kirche und den Case ausgestellt.

10–13 Uhr und 15–18 Uhr, Di/Mi geschl. Eintritt 6 €, 12–18 J. und über 65 J. 4 €, Kinder unter 12 J. frei. Am Wochenende werden Führungen angeboten (Reservierung unter ✆ 06/70454544). Eingang zu den Case Romane von der Straße zur Kirche San Gregorio Magno auf der rechten Seite (Clivo di Scauro), www.caseromane.it.

San Gregorio Magno

Die Kirche mit spätbarocker Fassade wurde nach Papst Gregor I. benannt, der hier Ende des 6. Jh. im angeschlossenen Kloster gelebt hat. Von der ursprünglichen mittelalterlichen Kirche ist allerdings nichts mehr zu sehen. Im Inneren der Klosteranlage gibt es außerdem drei Kapellen mit gut erhaltenen Fresken (unregelmäßig geöffnet).

Mo–Sa 9–12 und 15.30–18.30 Uhr, So nur zum Gottesdienst (11 Uhr). Piazza San Gregorio 1.

Santa Maria in Domnica alla Navicella

Eine Kirche entstand hier schon im 9. Jh. im Auftrag von Papst Paschalis I., Anfang des 16. Jh. wurde sie im Stil der Renaissance restauriert und die Vorhalle angefügt. Das dreischiffige Kircheninnere ist durch antike Säulen mit korinthischen Kapitellen gegliedert, die ausgesprochen schöne Kassettendecke stammt aus dem 16. Jh. Besondere Betrachtung verdient die Apsis mit Mosaiken aus dem frühen 9. Jh. Die „navicella“, das Schiff auf dem Brunnen vor der Kirche, soll einem antiken Votivschiff nachempfunden worden sein.

Tägl. 8.30–12.30 und 16.30–19 Uhr. Die Apsis kann für 1 € beleuchtet werden. Piazza della Navicella.

Santo Stefano Rotondo

Eine sehr sehenswerte Kirche, die allein schon durch ihren kreisrunden Grundriss beeindruckt. Die frühchristliche Kirche aus dem späten 5. Jh. ist im Inneren fast schmucklos, 22 ionische Säulen tragen das Dach. Ursprünglich hatte das Gebäude, das vermutlich auf den Fundamenten eines antiken römischen Bauwerks steht, einen Durchmesser von über 65 Metern, wurde dann aber im Zuge grundlegender Restaurierungsarbeiten Mitte des 15. Jh. auf 40 Meter verkleinert. Von den vier Kapellen (sie bildeten ein griechisches Kreuz innerhalb des runden Grundrisses) ist nur eine erhalten; von den Mosaiken nur ein Apsismosaik aus dem 7. Jh. Ziemlich grausam sind die Darstellungen der Martyrien im Freskenzyklus des späten 16. Jh.

Die kaum besuchte Kirche am Anfang der gleichnamigen Straße, die zum Lateran führt, war 25 Jahre lang die Titularkirche von Friedrich Kardinal Wetter, dem ehemaligen Erzbischof von München und Freising.

Di–Sa 9.30–12.30 und 15–18 Uhr (im Winter bis 17 Uhr), So nur 9.30–12.30 Uhr, Mo geschl. Via di Santo Stefano Rotondo 7.

Lateran (San Giovanni in Laterano)

Die Lateranskirche gehört zu den *Basilicae maiores* (bzw. Patriarchalbasiliken). Vier Kirchen der Stadt tragen diesen Ehrentitel: San Pietro in Vaticano (Peterskirche), San Paolo fuori le Mura, Santa Maria Maggiore und eben San Giovanni in Laterano.

Um das Kolosseum → Karte S. 122/123

Ursprünglich befand sich hier das prachtvolle Wohnhaus der Laterani, einer reichen römischen Familie, die unter Nero enteignet wurde. Als Kaiser Konstantin 312 n. Chr. auf wundersame Weise zum Christentum bekehrt wurde, schenkte er das inzwischen von seiner Familie genutzte Areal dem Papst. 326 entstand hier die erste große christliche Kirche, die als *caput et mater omnium ecclesiarum* (Haupt und Mutter aller Kirchen) gilt. Mehrere Jahrhunderte lang residierten hier die Päpste, bis der Papstsitz 1309 nach Avignon verlegt wurde. Nach ihrer Rückkehr im Jahr 1377 zogen die Päpste in den Vatikan, der Lateranspalast verlor an Bedeutung.

Für das Heilige Jahr 1650 wurde die fünfschiffige Basilika im barocken Stil grundlegend renoviert. Baumeister war Francesco Borromini (1599–1667), der ewige Widersacher von Bernini (→ S. 162). Die Lateranskirche ist bis heute die Kirche des Bischofs von Rom, also des Papstes. Hier wurden insgesamt acht ökumenische Konzile abgehalten.

San Giovanni in Laterano

Zum Gebäudekomplex des Lateran gehören neben der Lateranskirche auch der *Lateranspalast* und das *Sancta Sanctorum* mit der *Scala Santa,* der „Heiligen Treppe“.

Lateranskirche

Auf dem Vorplatz befindet sich der mit einer Höhe von 31,5 Metern größte Obelisk der Welt, der im 4. Jh. n. Chr. von Ägypten nach Rom gebracht wurde. Ursprünglich ließ ihn Thutmoses III. im 15. Jh. v. Chr. vor dem Tempel des Ammon in Theben aufstellen.

Auf der nachträglich vorgesetzten **Hauptfassade** der Lateranskirche aus dem Jahr 1736 erheben sich kolossale, bis zu sieben Meter hohe Statuen: in der Mitte Christus als Erlöser, links neben ihm Johannes der Täufer, rechts Johannes der Evangelist, dazu die wichtigsten Kirchenlehrer.

Das mächtige **Eingangstor** aus Bronze stammt aus der antiken Kurie im Forum Romanum, wo sich heute eine Kopie davon befindet. Ganz rechts sieht man die **Porta Santa**, die „Heilige Pforte“, die nur während eines Heiligen Jahres geöffnet ist, zuletzt im Jahr 2000.

Im **Inneren** der fünfschiffigen Kirche dominiert der barocke Stil, den Borromini hier Mitte des 17. Jh. geschaffen hat: Er gab dem Mittelschiff eine stärkere Betonung als Hauptachse der Kirche, indem er die ursprünglich 14 Arkaden auf fünf je Seite reduzierte. In den Nischen der Pfeiler (mit der Pamphilj-Taube, dem Wappen des päpstlichen Bauherrn im Giebel) befinden sich Statuen der zwölf Apostel, die im 18. Jh. u. a. von Schülern Berninis geschaffen wurden. Am ersten Pfeiler des rechten Seitenschiffes ist noch das Fragment eines Freskos von Giotto zu sehen, das Papst Bonifaz VIII. bei der Ankündigung des ersten Heiligen Jahres (1300) darstellt.

Die prachtvolle **Kassettendecke** des Hauptschiffes mit vergoldeten Schnitzereien stammt aus dem 16. Jh. Der **Hauptaltar** besteht aus einem gotischen Baldachin aus dem Jahr 1367, in dem sich angeblich in Goldgefäßen die Köpfe von Petrus und Paulus befinden; vor dem Altar, in der Confessio, ist Papst Martin V. (1417–1431) beigesetzt. In der Apsis des Hauptaltars schmückt die Kopie eines goldenen Mosaiks aus dem 13. Jh. die Wände. Im linken Querschiff sieht man die vergoldeten Säulen des antiken Jupitertempels.

Im kleinen **Lateransmuseum** (Museo Sacro) im rechten Schiff sind u. a. Teile des Kirchenschatzes und prachtvolle Messgewänder zu sehen; links vom linken Querschiff gelangt man zum sehenswerten romanischen *Kreuzgang* (Chiostro Lateranese) aus den Jahren 1215–1232. Er gilt neben dem von San Paolo fuori le Mura (→ S. 263f.) als einer der schönsten Kreuzgänge in Rom.

Kirche tägl. 7–18.30 Uhr, **Kreuzgang** 9–18 Uhr. Eintritt Kreuzgang 2 €, Kinder und Studenten frei. **Museo della Basilica** 10–17.30 Uhr, Eintritt 1 €, Kinder und Studenten frei. Audioguide für den gesamten Lateran 5 €, ermäßigt 4 € (Studenten und über 65 J.). Piazza di San Giovanni in Laterano 4.

Baptisterium

Verlässt man die Kirche durch den Hinterausgang (rechts des Hauptaltars), gelangt man hinter der Mauer links zum Baptisterium. Es handelt sich um die älteste christliche Taufkirche, die als Prototyp aller Baptisterien gilt. Der achteckige Bau geht auf einen der Baderäume im antiken Haus der Laterani zurück. Kaiser Konstantin selbst ließ ihn im 4. Jh. zur Kapelle umbauen, die acht Porphyrsäulen sind ein persönliches Geschenk von ihm.

Täglich 7–12.30 und 16–19 Uhr.

Scala Santa und Sancta Sanctorum

Auf der gegenüberliegenden Straßenseite gelangt man zum Gebäude mit der „Heiligen Treppe", der **Scala Santa**. Die Treppe stammt angeblich aus dem Jerusalemer Palast des Pontius Pilatus und soll von Jesus beschritten worden sein, auch am Tage seiner Verurteilung. Die 28 Stufen aus weißem Marmor wurden mit einer schützenden Nussbaumverkleidung versehen, die allerdings inzwischen fast durchgewetzt ist: Hier darf man – als Zeichen der Ehrerweisung an den leidenden Jesus – nur auf Knien nach oben gelangen und ist angehalten, auf jeder Stufe den Rosenkranz zu beten. Als Lohn winkt der „vollkommene Ablass", wie eine Tafel in sechs Sprachen verspricht, dies allerdings nur am Karfreitag oder an Freitagen der Fastenzeit. An allen anderen Tagen des Jahres ist ein Teilablass möglich, vorausgesetzt allerdings, dass man „vollkommene Reue" empfindet (rechts und links der Scala Santa befinden sich Nebentreppen, die aufrecht begangen werden können).

Ursprünglich wurden die Stufen 326 n. Chr. von der heiligen Helena, der frommen Mutter Kaiser Konstantins, als Reliquien nach Rom geschafft. Seit dieser Zeit werden sie an diesem Ort verehrt.

Die Stufen führen zur **Sancta Sanctorum**, der schon im 8. Jh. urkundlich erwähnten Privatkapelle der Päpste, in der im Mittelalter die prestigeträchtigsten Reliquien der Kirche aufbewahrt wurden. Unterhalb des Gebäudes (Richtung Busbahnhof) an der Piazza San Giovanni in Laterano befindet sich eine große, mit Mosaiken geschmückte, offene Apsis aus dem Jahr 810. Sie ist der einzige noch erhaltene Teil des Speisesaals vom alten Papstpalast.

Scala Santa tägl. 6.15–12 und 15–18.45 Uhr (im Winter bis 18.15 Uhr). **Sancta Sanctorum** Mo–Sa 10.30–11.30 und 15.30–16.30 Uhr (im Winter 15–16 Uhr), Mittwochmorgen geschl., So nur nach Voranmeldung unter ✆ 06/7726641.

Um das Kolosseum → Karte S. 122/123

Santa Croce in Gerusalemme

Santa Croce in Gerusalemme

Die Kirche gehört zu den sieben Pilgerkirchen, die ein gläubiger Katholik am selben Tag besucht haben muss, um Sündenablass zu erhalten. Sie wurde vermutlich ebenfalls von Helena, der Mutter Konstantins, gestiftet, um die von ihr aus Jerusalem mitgebrachten Kreuzreliquien hier aufzubewahren. In der Antike befand sich hier das **Anfiteatro Castrense**, das erst bei Grabungen in den 1990er Jahren entdeckt wurde (nicht zugänglich).

Die drei Schiffe der barocken Basilika werden durch korinthische Säulen getrennt. Der Fußboden besteht aus Cosmaten-Arbeiten, die Apsis wird von einem Fresko aus dem späten 15. Jh. geschmückt, das die Entdeckung des Kreuzes durch die heilige Helena darstellt. Im rechten Seitenschiff führt eine Treppe zur Kapelle St. Helena, vom linken Seitenschiff gelangt man in die *Reliquienkapelle*. Hier befinden sich in einem Glaskasten hinter dem Altar u. a. Bruchstücke der Inschriftentafel des Kreuzes, ein Kreuznagel, zwei Dornen aus der Dornenkrone sowie der Zeigefingerknochen des Apostels Thomas, der mit jenem Finger die Seitenwunde Christi berührt haben soll.

Tägl. 7–12.45 und 15.30–19.30 Uhr (im Winter nur bis 18.30 Uhr). Piazza Santa Croce in Gerusalemme.

Zurückkommen: Von der Piazza Santa Croce in Gerusalemme gelangen Sie mit dem **Bus Nr. 3** zurück zum Kolosseum, mit der **Buslinie 571** via Kolosseum ins Zentrum (Piazza Venezia und Largo Torre Argentina).

Praktische Infos

(→ Karte S. 122/123)

Nur wenige Gehminuten vom Kolosseum entfernt bietet sich eine erstaunlich große Auswahl an Lokalen, in denen man gut und gar nicht mal teuer essen kann. Richtig günstig wird es in den (Snack-)Bars rund um die Uni bei der Kirche San Pietro in Vincoli: Panini, Pizza al taglio, kleiner Mittagstisch und Salate, teilweise mit Tischen draußen auf der Straße, teilweise nur zum Mitnehmen für die Parkbank.

Ristoranti, Trattorien, Osterien

Charly's Sauciere 16 Schönes Ambiente und gehobene schweizerisch-französische Küche, gute Weinkarte, sehr freundlicher Service. Hauptgerichte um 22 €, Menü um 50 €. Mittags und abends geöffnet (Mo und Sa nur abends), So Ruhetag, im August Ferien. Via San Giovanni in Laterano 270, ✆ 06/70495666.

Trattoria Da Domenico 13 Typisches römisches Gasthaus (schon seit über 40 Jahren), in dem die traditionelle Küche gepflegt wird. Das Menü kostet um die 35–40 €. Mittags und abends geöffnet, So abends und Mo geschl. Via San Giovanni in Laterano 134, ✆ 06/77590225.

Osteria Il Bocconcino 14 Etwas abseits gelegen und von diversen Gastro-Guides geadelt. Einige Tische auch draußen, karierte Tischdecken, freundlicher Service. Serviert wird klassische römische Küche wie auch die der Region Latium, dazu saisonale Angebote, auch Vegetarisches, Antipasti/Primi ca. 8–12 €, Secondi 11–14 €, das Menü kommt auf ca. 30 €. Mittags und abends geöffnet, Mi Ruhetag. Via Ostilia 23, ✆ 06/77079175, www.ilbocconcino.com.

Ristorante/Pizzeria Naumachia 11 Sehr beliebtes Lokal (fast genauso beliebt wie das „Luzzi" nebenan), prompter und freundlicher Service, auch mittags Pizza, leckere Ravioli. Manko: keine Terrasse, dafür innen oft sehr voll. Relativ günstig. Tägl. mittags und abends geöffnet. Via Celimontana 7, ✆ 06/7002764.

Trattoria/Pizzeria Luzzi 10 Bodenständiges und schlichtes Lokal, immer voll und recht laut, viele Touristen und Römer verbringen hier ihre Mittagspause. Eine günstigere Trattoria werden Sie in diesem Radius um das Kolosseum nicht finden, schwierig wird es allerdings, zu Stoßzeiten überhaupt einen Platz zu bekommen. Freundlicher Besitzer. Im Sommer kann man draußen sitzen. Pizza auch mittags, Menü ca. 20 €, passabler Hauswein. Via S. Giovanni in Laterano 88, ✆ 06/7096332. Mittags und abends geöffnet, Mi Ruhetag.

La Taverna dei Quaranta 15 Nettes Lokal etwas abseits, klassische römische Küche, angenhmes Ambiente mit karierten Tischdecken, freundlicher Service, einige Tische auch draußen an der Straße. Abends gibt es auch Pizza. Primi um 7–8 €, Secondi 8–13 €. Täglich mittags und abends geöffnet, kein Ruhetag. Via Claudia 24, ✆ 06/7000550.

Hostaria Isidoro 12 Große Auswahl an Primi und Hauptgerichten. Für ein Menü zahlt man um die 30 €. Via San Giovanni in Laterano 59–63, ✆ 06/7008266. Mittags und abends geöffnet, Sa und So mittags geschl.

Hostaria da Nerone 6 Einladende Osteria der alten Garde, die auch mittags oft bis auf den letzten Platz besetzt ist – sehr beliebt bei Touristen: nah am Kolosseum und für die Lage noch relativ erschwinglich (Menü um 25–30 €), römische Spezialitäten, nette Terrasse. Mittags und abends geöffnet, So Ruhetag. Via delle Terme di Tito 96, ✆ 06/4817952.

Hostaria Cannavota 17 Gegenüber dem Lateran, alteingesessenes Lokal, Kellner der alten Schule. Typisch römisch mit traditioneller Küche, Antipasto-Vitrine, empfehlenswert z. B. die Saltimbocca. Nicht teuer, das Menü kommt auf ca. 25–28 €. Freundlicher und aufmerksamer Service. Mittags und abends geöffnet, Mi geschl. Piazza San Giovanni in Laterano 20, ✆ 06/77205007.

Enoteche, Bars, Cafés

Enoteca Cavour 3 → S. 113.

Divin Ostilia Enoteca 9 Ganz in der Nähe des Kolosseums, Winebar und Bistro mit großer Weinauswahl, zu essen gibt es auch Salate und Nudelgerichte sowie Pizza (auch mittags). Relativ günstig. Auch draußen ein paar Tische. 12–1 Uhr geöffnet, So geschl. Via Ostilia 4, ✆ 06/70496526.

Chiosco Da Nunzia al Colle Oppio 8 Bei der Domus Aurea, gerade mal 200 m vom Kolosseum entfernt, von Touristenströmen ist hier trotzdem wenig zu sehen. Ein nettes Plätzchen, man sitzt unter schattenspendenden Pinien bei einem kühlen (aber leider teuren) Bier. Hunde tollen auf der Wiese umher, verliebte Paare sitzen im Gras, Nonnas fahren stolz ihre Enkel im Kinderwagen umher – sehr entspannend und mit Blick auf das Kolosseum. Tägl. 9–21 Uhr geöffnet.

Caffeteria L'800 18 Gemütliche Terrasse, wenn auch etwas laut, ganz in der Nähe des Lateran. Schlichtes Café, innen auch Bar, auch Snacks und Tramezzini sowie günstige Touristenmenüs. So Ruhetag. Via San Giovanni in Laterano 278/B, ✆ 06/70451306.

Caffè dello Studente 7 Hier gibt es leckere Panini für 4 €, aber auch ein Tagesgericht. Auch einige Plätze draußen, gegenüber vom Parco del Colle Oppio. Via delle Terme di Tito 95.

Shopping

Coin 19 An der Porta S. Giovanni (Lateran). Kaufhaus für Bekleidung und Accessoires (große Auswahl!) für Damen und Herren, nicht allzu teuer. In der Bar im obersten Stock gibt es zum Aperitivo Cocktails und Snacks. Tägl. 10–20.30 Uhr geöffnet.

Zahlreiche **Bekleidungsgeschäfte** für Damen und Herren von trendig bis klassisch mit vergleichsweise moderaten Preisen finden Sie auf der Via Appia Nuova zwischen Piazza Porta S. Giovanni und Piazza Re di Roma (= Metrostation Linea A).

Um das Kolosseum → Karte S. 122/123

Rundgang 3

Largo Argentina, jüdisches Viertel und Campo de'Fiori

Das Altstadtviertel zwischen dem Kapitolshügel im Osten, dem breiten Corso Vittorio Emanuele II und dem östlichen Tiberufer ist eine der schönsten Ecken im historischen Zentrum. Besonders reizvoll ist der Kontrast zwischen den prächtigen Palazzi und den einfachen Häusern in engen mittelalterlichen Handwerksgassen, wo mancherorts die Zeit stehen geblieben zu sein scheint.

Das Viertel um Largo Argentina und Campo de'Fiori gehörte in der Antike zum Campo Marzio (*campus martius*), dem Marsfeld außerhalb des heiligen Stadtgebiets (*pomerium*), in dem keine Waffen getragen werden durften. Benannt wurde der Campo Marzio nach dem Kriegsgott Mars; hier befanden sich seit der republikanischen Zeit auch die Übungsplätze für das römische Militär. Während der Kaiserzeit baute man auf dem Marsfeld verschiedene Theater und Thermen.

Im Mittelalter verödete das Stadtviertel – mit Ausnahme des Campo de'Fiori – und wurde erst Ende des 15. Jh. wieder bebaut. Damals entstanden auch die vielen engen und verwinkelten Handwerksgassen, die den Besucher auch heute noch in eine längst vergangene Zeit zurückversetzen. Gerade in der Via del Pellegrino, der Via Cappellari, der Via di Montoro, der Via Monserrato und der Via Banchi Vecchi wechseln sich heute schicke, kleine Galerien mit einfachen Schreinereien, Werkstätten, Buchläden und Einrichtungsgeschäften ab, dazwischen Fahrradläden oder Teppichgeschäfte im Kleinformat – die Gegend zwischen Corso Vittorio Emanuele II und dem Fluss lädt unbedingt zur Entdeckungsreise ein.

Die Via del Pellegrino führte früher übrigens vom Campo de'Fiori, auf dem während der Inquisitionszeit viele Menschen den Tod auf dem Scheiterhaufen

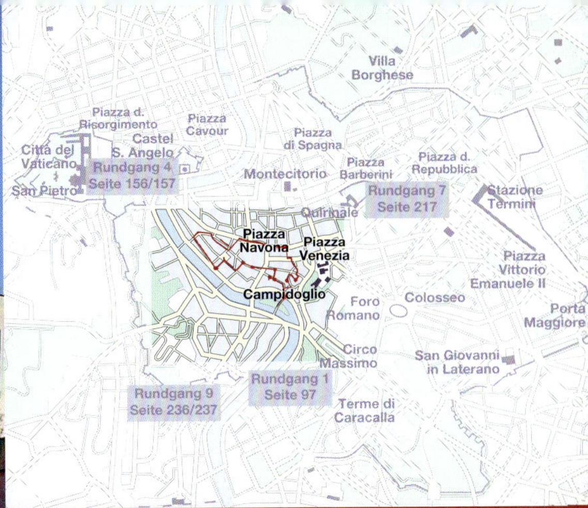

Largo Argentina, jüdisches Viertel und Campo de'Fiori

fanden, direkt zum Vatikan – wie auch die von Papst Julius II. in Auftrag gegebene schnurgerade Prachtstraße Via Giulia parallel zum Tiber.

Das Areal zwischen Piazza Mattei, Marcellus-Theater, Tiber und Piazza delle Cinque Scole wurde von Papst Paul IV. 1555 zum jüdischen Ghetto erklärt und mit hohen Mauern umgeben. Erst nach mehr als drei Jahrhunderten, kurz nach der Einigung Italiens, verschwanden die Ghettomauern.

Spaziergang

Ausgehend vom **Largo (di Torre) Argentina**, einem der wichtigsten Verkehrsknotenpunkte in der Innenstadt, folgt man zunächst ein Stück dem viel befahrenen Corso Vittorio Emanuele II in Richtung Nationalmonument bis zu **Il Gesù**, der ersten großen Jesuitenkirche in Rom.

Von hier gelangt man durch die schmale Via Celsa zur Via delle Botteghe Oscure mit der **Crypta Balbi**. Von der Via delle Botteghe Oscure geht es dann rechts in die Via dei Pollachi. Durch enge, von kleinen Plätzen unterbrochene Gassen erreichen Sie die Via dei Funari, in die Sie hineinbiegen. Vorbei an der Kirche Santa Maria in Campitelli (aus dem Jahr 1656) geht es dann links ab in die Via Tribuna di Campitello zum **Marcellus-Theater** mit angeschlossenem Ausgrabungsgebiet zwischen Portico d'Ottavia (2. Jh. v. Chr.), den Augustus später seiner gleichnamigen Schwester stiftete, und der Via del Teatro di Marcello.

Direkt dahinter befindet sich mit **Sant' Angelo in Pescheria** eine der Kirchen des ehemaligen Ghettos, in der Juden im 16. Jh. zum katholischen Glauben zwangsbekehrt werden sollten. Der Name *Pescheria* erinnert daran, dass an dieser Stelle einst der antike Fischmarkt abgehalten wurde. Vorbei an der **Großen Synagoge** am Lungotevere Cenci (Eingang auf der Rückseite in der Via Catalana) gelangt man über den Ponte Fabricio auf die **Tiberinsel**.

Der Spaziergang führt nun zurück durch das Zentrum des jüdischen Viertels zur **Piazza Mattei** mit ihrer anmuti-

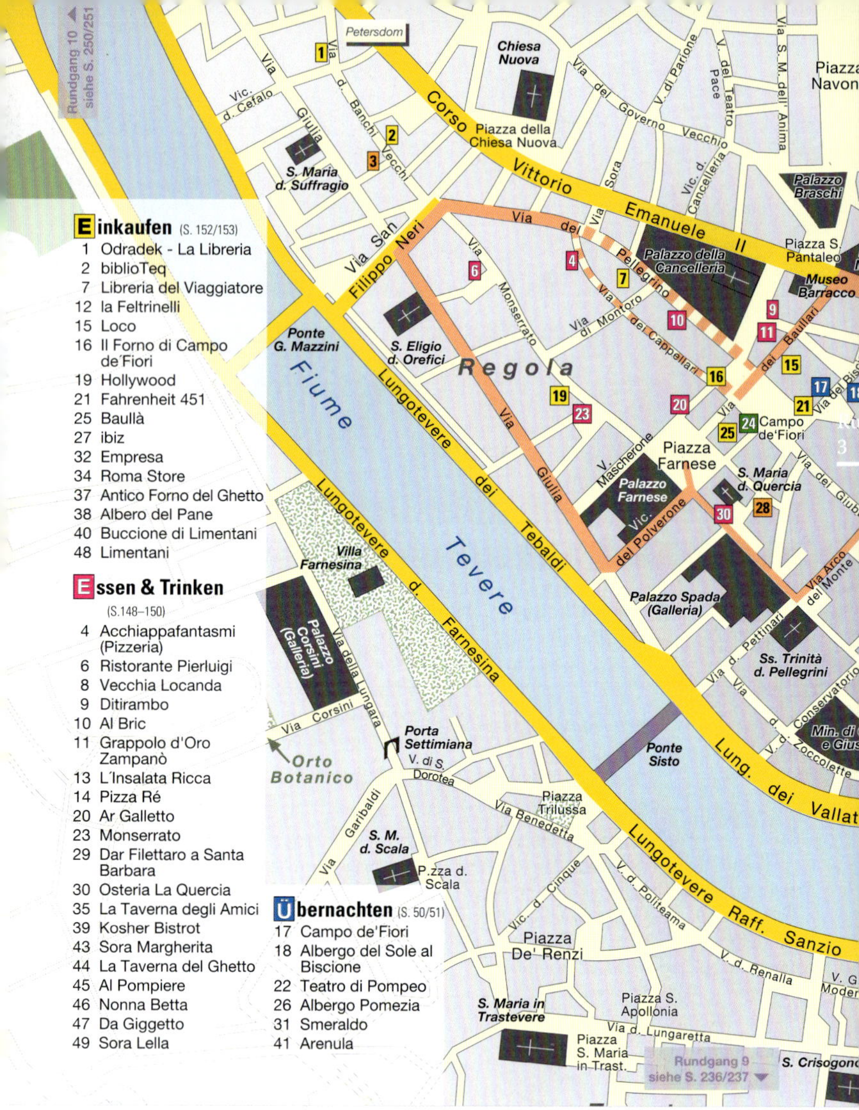

gen **Fontana delle Tartarughe** (Schildkrötenbrunnen). Von hier geht es auf der Via dei Falegnami in westlicher Richtung weiter. Man überquert die breite Via Arenula und die beschauliche Piazza Cairoli (Parkbänke laden hier zur Rast ein). Auf dem Platz thront die Statue von Benedetto Cairoli, einem Anhänger von Giuseppe Mazzini, dem radikalen Führer im Risorgimento. Cairoli war zwischen 1879 und 1881 Ministerpräsident des geeinten Italien.

Die Piazza Cairoli mündet in die Via dei Giubbonari, eine der beliebtesten Einkaufsstraßen im Altstadtzentrum. Nach einem Abstecher zum **Palazzo Spada** gelangen Sie zur eleganten **Piazza Farnese**. Links vorbei am **Palazzo Farnese**

geht es nun in die **Via Giulia**, eine der schönsten Straßen der Stadt.

An deren Ende gelangen Sie im großen Bogen zurück und durch die Via del Pellegrino (die Pilgerstraße) oder die Via dei Cappellari zum **Campo de'Fiori**, auf dem vormittags einer der beliebtesten Märkte der Stadt stattfindet. Von hier sind es nur wenige Schritte zum **Museo Barracco** (Eckhaus am Corso Vittorio Emanuele II). Wenn Sie nach rechts in den Corso einbiegen, stoßen Sie nach wenigen Metern auf die Kirche **Sant'Andrea della Valle** mit ihrer sehenswerten Kuppel. In wenigen Minuten gelangen Sie zurück zum Ausgangspunkt am Largo Argentina. Der Spaziergang dauert etwa drei Stunden.

Das jüdische Ghetto

In der Antike lebten die römischen Juden meist in Trastevere. Nachdem Judäa im Jahr 71 n. Chr. zur römischen Provinz geworden war, kam eine erste größere Zahl von Juden als Sklaven in die Hauptstadt, einige freie Handwerker und Händler folgten und gründeten hier ihre erste Gemeinde in der Diaspora. Im 14. Jh. übersiedelten viele von Trastevere auf die andere Flussseite – in die Gegend, die sie ab 1555 zwangsweise zu bewohnen hatten. Antisemitische Stimmungen gegen Juden und Benachteiligungen waren in den vorhergegangenen Jahrhunderten in Rom zeitweise gang und gäbe, doch kam mit Papst Paul IV. 1555 ein Fanatiker an die Macht, der zu drastischeren Maßnahmen gegen die damals über 8000 Mitglieder zählende Gemeinde griff: Das nur etwa drei Hektar große Ghetto wurde mit einer Mauer umgeben, die Juden durften das Gelände nur bei Tag verlassen und mussten als Zeichen ihrer gesellschaftlichen Diskriminierung dabei einen roten Mantel bzw. roten Rock tragen. Der Zugang zu bestimmten Berufen wurde ihnen verwehrt, sie zahlten den höchsten Steuersatz und mussten sich jeden Freitag vollzählig in einer der vier Kirchen im Ghetto versammeln, um sich von frommen Franziskanern Predigten anzuhören, die sie zum Christentum bekehren sollten.

Nach der Einigung Italiens 1870 und der Entmachtung der Kirche zerstörte man die Ghettomauern und gab den Juden die vollen Bürgerrechte. Die Freiheit hielt jedoch nur, bis Mussolini eine Reihe antijüdischer Gesetze verabschieden ließ. Das Ghetto, in dem die Juden unter den Faschisten wieder separiert waren, wurde in der Nacht des 16. Oktober 1943 von der Gestapo gestürmt; 2091 Juden wurden in die Konzentrationslager von Auschwitz und Bergen-Belsen deportiert. Von ihnen überlebten nur 15. Die Namen der Opfer sind auf einer Gedenktafel bei der Synagoge verzeichnet. Heute leben im ehemaligen Ghetto wieder etwa 500 jüdische Familien.

Sehenswertes

Ausgrabungen am Largo di Torre Argentina

Im Zentrum des verkehrsreichen Largo Argentina liegt unterhalb des Straßenniveaus die **Area Sacra**, der „heilige Bezirk", in dem vier antike Tempel aus republikanischer Zeit ausgegraben wurden: drei rechteckige und ein runder Tempel aus dem 3. bzw. 2. Jh. v. Chr., die 1926 bei Bauarbeiten für einen hier geplanten Platz entdeckt wurden. Gut erhalten sind noch Fundamente, Treppen und einige antike Säulen, ebenso die antike Pflasterung. Da nicht bekannt ist, welchen Göttern die Tempel geweiht waren, nannte man sie einfach A, B, C und D.

Von Tempel D ist nur ein kleiner Teil sichtbar, der Rest liegt unter der Via delle Botteghe Oscure, die das Areal im Süden begrenzt. Einige Historiker gehen davon aus, dass sich an der Stelle, wo heute zwei Zypressen stehen, die **Curia Pompeja** befand, in der angeblich am 15. März des Jahres 44 v. Chr. Julius Caesar ermordet wurde. Wahrscheinlicher ist aber, dass der Schauplatz des

Ausgrabung und Katzenasyl: die Area Sacra

Geschehens am Pompejus-Theater beim Campo de'Fiori lag (→ S. 146). Die Ausgrabungen sind nur von der Straße einzusehen, hilfreich ist die Schautafel an der Straßenbahnhaltestelle Via Torre Argentina, Ecke Via delle Botteghe Oscure.

Das von außen unscheinbare **Teatro Argentina** am Platz gibt es bereits seit 1731. Hier wurde 1816 Rossinis „Barbier von Sevilla" uraufgeführt. Heute inszeniert man in der Regel italienische Klassiker und Komödien.

Vorverkauf Di–So 10–14 und 15–19 Uhr. Karten 12–27 €, Vorverkauf 2–3 €. Largo Argentina 52, ✆ 06/684000311, www.teatrodiroma.net.

Das römische Katzenasyl

Da das archäologische Gebiet Schutz vor Straßenverkehr und Menschen bietet, haben sich in der Area Sacra ausgesetzte und verwilderte Katzen niedergelassen. Um sie kümmert sich seit Jahren eine Gruppe von engagierten Freiwilligen, die Geld und Freizeit opfern, um die Tiere zu versorgen und wenigstens für einige von ihnen – in ganz Rom geht man von etwa 200.000 herrenlosen Katzen aus – ein neues Zuhause zu finden. Inzwischen leben ständig ca. 300 Katzen im Bereich des Largo Argentina; wer von der Straße einen Blick hinunter auf die Ausgrabungsstätte wirft, sieht viele der Vierbeiner hier faul in der Sonne dösen.

An der Ecke Largo Arenula/Via Florida führt eine Treppe hinunter zum Katzenasyl (tägl. 12–18 Uhr geöffnet). Hier kann man etwas spenden, eine Patenschaft übernehmen oder auch ein Tier adoptieren (tägl. 13–17 Uhr ist ein zuständiger Mitarbeiter anwesend). Ein weiteres Katzenasyl befindet sich an der Cestius-Pyramide (→ S. 117f.). Detaillierte Infos im Internet unter www.romancats.com, ✆ 06/45425240.

Largo Argentina, jüdisches Viertel und Campo de'Fiori → Karte S. 138/139

Theaterfreunden sei ein Abstecher zum kleinen **Museo del Burcardo** in der Via del Sudario 44 (Seitenstraße vom Teatro Argentina) empfohlen. Zu sehen ist eine bedeutende Sammlung von Bühnenbildern, Masken, Kostümen und anderen Ausstellungsstücken rund um das Thema Theater.

Mo–Fr 9–13.30. Eintritt frei. ✆ 06/6819471, www.burcardo.org.

Il Gesù

Die Mutterkirche des Jesuitenordens am gleichnamigen Platz liegt unmittelbar an der viel befahrenen Via del Plebiscito. Umso entspannender wird es, wenn man das Gotteshaus betreten hat und die Ruhe hier genießen kann. Die prunkvolle Barockgestaltung diente vielen Kirchen als Vorbild und wurde so stilprägend für den Jesuitenbarock.

Der 1540 von Ignatius von Loyola gegründete Jesuitenorden musste sich in Rom anfangs mit einem bescheidenen Kirchlein zufrieden geben. Mit dem Neubau der Kirche Il Gesù konnte 1568 dank der großzügigen Unterstützung durch Kardinal Alessandro Farnese begonnen werden. Baumeister war zunächst Giacomo Vignola, nach seinem Tod im Jahr 1573 wurde die Kirche vom jungen Giacomo della Porta bis zum Jahr 1584 vollendet.

Die gegenreformatorische Kirche wurde bei ihrem Bau zunächst noch schmucklos gestaltet. Um sich von der Schlichtheit des Protestantismus abzuheben, setzten die Jesuiten allerdings schon bald auf Reichtum und Pracht in der Ausgestaltung. Im Inneren von Il Gesù wird das besonders beim 1696–1700 von Andrea Pozzo errichteten Altar des heiligen Ignatius (dessen Grab sich unter dem Altar befindet) im linken Querschiff deutlich. Die Weltkugel oben am Altar besteht aus dem angeblich größten Lapislazuliblock der Welt, die versilberte Statue des Ordensgründers Ignatius steht lebensgroß in der Mitte des Altars. Zu beiden Seiten des Grabes sind allegorische Figurengruppen platziert: In der rechten Marmorgruppe vertreibt die personifizierte Wahrheit mit dem Kreuz die (protestantischen) Irrlehren. Sehenswert ist auch die barocke Ausmalung der Kuppel und des Gewölbes im Längsschiff.

Mo–Sa 6.45–12.45 und 16–19.45 Uhr, So 7.30–13.30 und 16–20 Uhr.

Crypta Balbi

Keine Krypta, sondern das kleinste von drei antiken Theatern auf dem Campo Marzio, das aber immerhin Platz für rund 6500 Zuschauer bot. Benannt ist es nach Lucio Cornelio Balbo, einem Militärberater von Kaiser Augustus, der es um 15 v. Chr. bauen ließ. Die Bezeichnung *Crypta* geht vielleicht auf die düsteren Arkaden mit Tavernen zurück, die sich einst in einem Hof unmittelbar hinter der Bühne befanden (sozusagen der antike Gastronomiebereich). Es könnte aber auch sein, dass sie erst im Mittelalter gebräuchlich wurde, als es hier neben zahlreichen Geschäften und Handwerksbetrieben auch Grabstätten gab.

Nach rund 20 Jahren Ausgrabungs- und Restaurierungsarbeiten befindet sich in der Crypta Balbi heute ein Teil des Römischen Nationalmuseums – anschaulich wird die bauliche Entwicklung dieses Ortes von der Antike bis heute mit zahlreichen Modellen dargestellt (Erläuterungen in Italienisch und Englisch). Zu sehen sind auf zweieinhalb Stockwerken auch viele Kleinfunde, Schmuck, Öllampen etc. In Begleitung eines Museumsmitarbeiters können auch die römischen Mauern im Untergeschoss (u. a. Zisterne) besichtigt werden.

Di–So 9–19.45 Uhr (Einlass bis 18.45 Uhr), Mo geschl., Eintritt 7 € (gilt auch für Palazzo Altemps, Palazzo Massimo und Terme di Diocleziano), ermäßigt 3,50 € (EU-Bürger zwischen 18 und 25 J.), unter 18 und über 65 J. frei; immer So um 15 Uhr findet eine kostenlose Führung statt (Italienisch). Via delle Botteghe Oscure 31, ✆ 06/6780167.

Marcellus-Theater (Teatro di Marcello)

Das wohl einzige antike Theater der Welt, in dem heute Menschen wohnen! Das Gebäude mit dem halbrunden Zuschauerraum wurde unter Julius Caesar begonnen und um das Jahr 12 v. Chr. von Augustus zu Ehren seines früh verstorbenen Neffen und Schwiegersohnes Marcellus vollendet. Im Mittelalter baute man es zur Festung aus, heute sind hier begehrte Privatwohnungen untergebracht. Ursprünglich bot das Theater ca. 15.000 Zuschauern Platz. Erhalten sind noch die ersten beiden Stockwerke mit Arkaden mit dorischen und ionischen Säulen. Das Marcellus-Theater ist nur von außen einsehbar. Die *Area Archeologica* (tägl. 9–19 Uhr, im Winter bis 18 Uhr, Eintritt frei) ist gleichzeitig auch ein Durchgang zwischen Portico d'Ottavia und Via del Teatro di Marcello (Richtung Kapitol). Zu sehen sind ein paar aufgerichtete korinthische Säulen und diverse Mauerreste.

Ausgrabungsgelände um das Marcellus-Theater

Tiberinsel (Isola Tiberina)

Die Insel in Form eines Schiffes war bereits im 3. Jh. v. Chr. Äskulap, dem Gott der Heilkunde, geweiht, und auch heute befindet sich hier ein Krankenhaus. Die Isola Tiberina erreicht man wie bereits in der Antike vom Marcellus-Theater über den *Ponte Fabricio*: Die Brücke aus dem Jahr 62 v. Chr. zählt zu den ältesten Steinbrücken über den Tiber; nach der Statue auf der linken Seite wird sie auch „Ponte dei Quattro Capi„ (Brücke der vier Köpfe) genannt. Der *Ponte Cestio*, die Brücke hinüber nach Trastevere, ist ebenfalls teilweise noch antiken Ursprungs. Von der Tiberinsel bietet sich ein guter Ausblick auf das Bogenfragment des antiken *Ponte Rotto* (Pons Aemilius), der vermutlich ältesten Tiberbrücke, die den Viehmarkt auf dem Forum Boarium mit Trastevere verband. Die Brücke wurde 1598 durch ein Hochwasser zerstört.

Synagoge/Jüdisches Museum (Museo Ebraico)

Die prachtvolle Große Synagoge am Lungotevere dei Cenci entstand nach Auflösung des jüdischen Ghettos (1870) in den Jahren 1899–1904. Das Grundstück am Tiber hatte die Stadt der israelischen Universität geschenkt. Das Gebäude ist rund um die Uhr von bewaffneten Carabinieri bewacht, man erinnert sich noch immer an ein Bombenattentat der PLO vom 9. Oktober 1982, bei dem ein zweijähriger Junge getötet und zahlreiche Menschen verletzt wurden. Nach dem 11. September 2001 wurden die Sicherheitsmaßnahmen nochmals verschärft. Die Synagoge kann im Rahmen einer englischsprachigen

Führung (nach telefonischer Anmeldung auch auf Deutsch) vom Museum aus besichtigt werden.

Im **Museo Ebraico** sind in sechs Sälen neben Sakralgegenständen auch Dokumentationen zur Geschichte der jüdischen Gemeinde in Rom und Italien sowie zur Verfolgung der Juden zu sehen.

Mitte Juni bis Mitte Sept. So–Do 10–18.15 Uhr, Fr 10–15.15 Uhr, Mitte Sept. bis Mitte Juni So–Do 10–16.15 Uhr, Fr 10–13.15 Uhr, Sa und an jüdischen Feiertagen geschl. Eintritt 7,50 €, Studenten 4 €, Kinder unter 10 J. frei; im Preis ist die italienisch- oder englischsprachige Führung durch die Synagoge (findet stündlich statt) inbegriffen. Deutschsprachige Führungen sind für Gruppen nach Voranmeldung unter ✆ 06/68400661 möglich. Fotografieren verboten! Strenge Sicherheitskontrollen am Eingang. Vom Museum werden auch englischsprachige Führungen durch das jüdische Viertel veranstaltet: mind. 3 Teilnehmer, telefonische Voranmeldung, Erw. 8 €, Studenten 5 €, Dauer 1 Std. Weitere Infos: www.museoebraico.roma.it.

Fontana delle Tartarughe (Schildkrötenbrunnen)

Auf der beschaulichen Piazza Mattei an der Rückseite des gleichnamigen Palazzos (die Mattei waren eine einflussreiche römische Familie des 16. Jh.) steht ein Brunnen, der seinen Namen den vier Schildkröten am Rand der Schale verdankt. Den Auftrag für den Brunnen, ein Geschenk an das römische Volk, gab 1585 Papst Gregor XIII. Ausgeführt wurde er von den beiden berühmten Architekten und Bildhauern Giacomo della Porta und Taddeo Landini. Die Schildkröten wurden erst 1658 hinzugefügt.

Fontana delle Tartarughe – der Schildkrötenbrunnen

Palazzo Spada/ Galleria Spada

Nur wenige Meter von der Piazza Farnese entfernt liegt der 1550 für Kardinal Capodiferro erbaute Palazzo Spada mit reich verzierter manieristischer Fassade, der gut 80 Jahre später von Bernardo Spada – ebenfalls Kardinal – übernommen wurde. Er gab Francesco Borromini den Auftrag zum Umbau des Komplexes. Der Palazzo Spada zählt zwar sicherlich nicht zu den Hauptattraktionen Roms, lohnt aber allein schon wegen Borrominis faszinierender **Prospettiva** (1632–1635) einen Besuch. Die nur knapp neun Meter lange Kolonnade im linken, kleineren Innenhof wirkt durch eine optische Täuschung wesentlich länger; erst wenn jemand hindurchgeht, bemerkt man, dass die Säulen im Verlauf immer kleiner werden und der Fußboden leicht ansteigt. Die Statue am Ende der Kolonnade hat schließlich gerade noch eine Höhe von 60 cm. Sehenswert sind auch der größere Innenhof, über den man zum Museum gelangt, und der Garten des Palazzo.

In der zweiten Etage des Gebäudes befindet sich die **Galleria Spada**. In vier repräsentativen Räumen ist die beachtliche Kunstsammlung der Spada-Familie zu sehen. Dicht an dicht hängen knapp 200 Bilder an den Wänden, darunter auch Werke von Jan Breughel d. Ä., Lorenzo Lotto, Orazio Gentileschi, Domenico Tintoretto und Guido Reni. Zudem sind neben Möbeln, Uh-

Café mit Blick auf den Palazzo Farnese

ren sowie antiken Büsten und Statuen auch zwei Globen aus dem frühen 17. Jh. ausgestellt, einer zeigt die Welt, der andere das Himmelszelt.

Di–Sa 8.30–19 Uhr, Auslass bis 19.30 Uhr, Mo geschl. Eintritt 5 €, ermäßigt 2,50 € (18–25 J.), unter 18 und über 65 J. frei.

Die *Prospettiva* befindet sich im kleineren Innenhof linker Hand, der nur über das Museum zu erreichen ist. Borrominis perspektivisches Kunstwerk darf leider vom Besucher nicht betreten werden. Eine Mitarbeiterin wird aber gerne bereit sein, die Kolonnade abzugehen und somit die optische Täuschung entlarven. Sollte im Innenhof niemand sein, fragen Sie an der Kasse. Piazza Capo di Ferro 13, ✆ 06/6832409 oder 06/6874896, www.galleriaborghese.it/spada/it.

Piazza Farnese/Palazzo Farnese

Trotz relativ schlichter Fassade ein eindrucksvoller, mächtiger Palazzo, den Alessandro Farnese, der spätere Papst Paul III., hier bauen ließ. Die Arbeiten dauerten insgesamt ein dreiviertel Jahrhundert (1514–1589); beteiligt waren die bedeutendsten Baumeister ihrer Zeit, unter ihnen auch Michelangelo und Giacomo della Porta. Der Palazzo Farnese gilt als einer der schönsten Renaissancepaläste Roms und diente vielen ähnlichen Stadtpalästen als Vorbild. Vor allem das Innere mit der Freskenausmalung von Annibale Carracci (ca. 1597) im ersten Stock beeindruckt beim Blick von außen durch die Fenster, wenn im Palazzo abends das Licht angeschaltet ist. Das Gebäude gelangte per Erbfolge in den Besitz der Bourbonen und wurde später französisches Staatseigentum. Heute hat hier die französische Botschaft ihren Sitz. Der Palazzo kann normalerweise nicht besichtigt werden, war 2011 jedoch im Rahmen einer Ausstellung für mehrere Monate geöffnet. Ob und wann dies wieder der Fall sein wird, ist unklar.

Auf der majestätischen Piazza Farnese, dem Vorplatz des gleichnamigen Palazzo, stehen heute in symmetrischer Anordnung zwei große, zu Brunnen umfunktionierte Wannen aus den antiken Caracalla-Thermen (→ S. 114f.). Die Schale mit der Lilie aus dem Wappen der Fürsten Farnese wurde natürlich erst später als Schmuck angefügt. Im Gegensatz zum nur wenige Schritte entfernten und meist überfüllten Campo de'Fiori herrscht hier Beschaulichkeit. Man sitzt gemütlich auf den sonnengewärmten Steinbänken des Palazzo Farnese und genießt die Ruhe.

Via Giulia

Papst Julius II. (Pontifikat 1503–1513) ließ die nach ihm benannte schnurgerade Straße knapp ein Kilometer weit quer durch das Gewirr mittelalterlicher Gässchen schlagen. Die Gestaltung übernahm der berühmte Renaissance-Architekt Bramante, der spätere Baumeister der Peterskirche. Für viele ist die Via Giulia die schönste Straße Roms mit zahlreichen eleganten, aber nicht überladenen Renaissancepalästen zu beiden Seiten, durch deren geöffnete Tore man immer wieder in herrliche Innenhöfe schauen kann. Obwohl nicht komplett zur Fußgängerzone erklärt, geht es in der Via Giulia relativ ruhig, fast idyllisch zu, die hektische Großstadt scheint weit entfernt. Hinter alten Fassaden verbergen sich z. T. sehr schicke Wohnungen, vornehme Kunstgalerien und teure Antiquitätengeschäfte.

Gleich am Anfang der Via Giulia stößt man – an der Rückseite des Palazzo Farnese – auf den *Fonte Mascherone* (Brunnen der großen Maske), der ebenfalls mit der Lilie der Fürsten Farnese geschmückt ist. Hier soll bei Feierlichkeiten der Farnese angeblich Wein statt Wasser geflossen sein. Gleich daneben ist eine unvollendete Brücke (auch hier Lilien) zu sehen: Sie wurde von den Farnese gebaut, um ihren Palazzo mit der Villa Farnesina auf der anderen Tiberseite zu verbinden (→ S. 238f.). Die Farnese hatten nach dem Niedergang der Familie Chigi deren prachtvolle Villa 1580 erworben und sie – nicht ohne Häme – in *Farnesina*, also „kleine Farnese" umgetauft.

Campo de'Fiori

Das „Blumenfeld" zählt heute zu den lebhaftesten Plätzen der Altstadt. Abends treffen sich hier überwiegend junge Leute entweder am Denkmal auf der Piazza oder in einer der vielen Bars rund um den Platz. Besonders nachts strahlt der Campo de'Fiori eine ganz besondere Atmosphäre aus.

Vormittags findet hier einer der beliebtesten Märkte Roms statt. Frisches Obst und Gemüse, Fisch und Fleisch werden hier immer noch angeboten, doch nimmt die Zahl der Souvenir- und Ramschstände beständig zu. Am Mittag wird der Platz geräumt und von Abfällen gesäubert, dann geht es in die zweite Schicht: Restaurants und Bars öffnen, der Platz füllt sich mit neuer Kundschaft, die zum Essen hierher kommt. Seinen Namen hat der Campo de'Fiori übrigens nicht etwa von den Blumenständen, sondern von der Blumenwiese, die sich hier vor der Bebauung des Platzes im 15. Jh. befand.

Am südöstlichen Ende des Campo de' Fiori (am Anfang der Via dei Giubbonari) befand sich in der Antike das **Pompejus-Theater**, das vermutlich älteste Theater der Stadt aus dem Jahr 55 v. Chr. Wenn man rechts in die Via di Grotta Pinta einbiegt, kann man am gekrümmten Straßenverlauf noch das Halbrund der Zuschauertribünen nachvollziehen. Zu sehen ist von dem antiken Theater selbst allerdings nichts mehr.

Nach der vorherrschenden Meinung in Historikerkreisen wurde in der Kurie hinter dem Theater am 15. März des Jahres 44 v. Chr. Julius Caesar von seinen politischen Gegnern ermordet. Caesar war durch seine militärischen Erfolge und sein politisches Geschick (u. a. bei der Beendigung des Bürgerkriegs) zum Alleinherrscher geworden. Die Folge war ein Mordkomplott der einflussreichsten konservativen Senatoren.

Giordano Bruno

In all der Geschäftigkeit steht mitten auf dem Platz das eindrucksvolle Denkmal für den Dominikanermönch und Philosophen Giordano Bruno (1548–1600).

Düsterer Wächter auf dem Campo de'Fiori: Giordano Bruno

Er wurde am 17. Februar 1600 hier als Ketzer auf dem Scheiterhaufen verbrannt, nachdem er sich geweigert hatte, seinen Ideen abzuschwören. Bruno widersprach den Glaubenssätzen der Kirche gleich mehrfach: im Gegensatz zur Vorstellung, die Erde sei das Zentrum des Universums, glaubte Bruno, dass das Weltall unendlich sei. Daher konnte es keinen Mittelpunkt haben. Außerdem lehnte er es ab, von Jesus als Gottes Sohn zu sprechen.

Für diese Auffassungen war er die meiste Zeit seines Lebens auf der Flucht, Stationen waren u. a. Genf, Paris, Oxford, Wittenberg, Prag und Frankfurt. Dabei floh er nicht immer nur vor der römisch-katholischen Inquisition, auch von den Calvinisten und den Lutheranern wurde er exkommuniziert. 1591 kehrte er nach Italien zurück, 1593 wurde er bis zu seiner Hinrichtung in der Engelsburg eingekerkert. Das Denkmal Brunos mit gesenktem Kopf und düsterem Blick wurde 1887 – nach Auflösung des Kirchenstaates – aufgestellt. Während der Inquisition wurden viele Menschen am Campo de'Fiori verbrannt.

Nach 23 Dolchstößen brach Caesar tot am Sockel der Statue des Pompejus zusammen, den er vier Jahre zuvor in einer Schlacht vernichtend geschlagen hatte. So zumindest berichtet Plutarch ca. 100 n. Chr. über die Ermordung Caesars.

Museo Barracco di scultura antica (Piccola Farnesina)

Vom Campo de'Fiori Richtung Corso Vittorio Emanuele II stößt man linker Hand auf den Renaissancepalast, der 1523 auf Veranlassung des französischen Diplomaten Thomas Leroy gebaut wurde. Der Name „Piccola Farnesina" beruht auf der fälschlichen Annahme, dass die Lilien im Wappen an der Fassade der Familie Farnese zuzuordnen seien. Der Baron Giovanni Barracco schenkte der Stadt Anfang des 20. Jh. seine Antikensammlung, die seitdem hier untergebracht ist. Zu sehen sind im Museo Barracco hauptsächlich Fragmente antiker Skulpturen und Reliefs, darunter ägyptische, assyrische, phönizische und griechische Werke. Sehenswert sind die **Marmorskulptur der verwundeten Hündin** aus dem 2. Jh. v.

Largo Argentina, jüdisches Viertel und Campo de'Fiori → Karte S. 138/139

Chr. und die Ausgrabungen der Grundmauern eines antiken Wohnhauses im Untergeschoss.

Di–So 9–19 Uhr, Einlass bis 18.30 Uhr, Mo geschl. Eintritt 5,50 €, ermäßigt 4,50 € (EU-Bürger 6–25 und über 65 J.), unter 6 J. ist der Eintritt frei. Audioguide (in Deutsch) 3,50 €. Corso Vittorio Emanuele II 166/A, www.museobarracco.it.

Sant'Andrea della Valle

Die für den Theatinerorden unter dem berühmten Baumeister Giacomo della Porta begonnene und vom nicht weniger berühmten Carlo Maderno fortgeführte Kirche (Bauzeit 1591–1622) weist eine der größten und schönsten Kuppeln Roms auf. Das Innere der Kuppel ist mit einem Fresko von Giovanni Lanfranco ausgemalt, einem der bedeutendsten Barockmaler der Stadt, der hier seine Vorstellung vom Paradies dargestellt hat. Später diente Sant'Andrea della Valle dem Komponisten Puccini als Schauplatz für den ersten Akt seiner Oper „Tosca".

Mo–Sa 7.30–12 und 16.30–19.30 Uhr, So 7.30–12.45 und 16.30–19.45 Uhr.

Praktische Infos

(→ Karte S. 138/139)

Ristoranti, Trattorien, Osterien

Gehoben bis mittleres Preisniveau

Sora Lella 49 Das edle Restaurant auf der Tiberinsel (Isola Tiberina) bietet neben dem einladend eleganten Ambiente auch eine hochklassige römische Küche und hervorragenden Service. Gehobenes Preisniveau, ein Menü kostet um 50–60 €, Weine werden auch glasweise angeboten. Via Ponte Quattro Capi 16, ✆ 06/6861601, www.soralella.com. Mittags und abends geöffnet, So geschl. **Bar** und **Gelateria** nebenan.

Monserrato 23 Ca. 100 m von der Piazza Farnese entfernt liegt diese alteingesessene Trattoria. Auf der Speisekarte stehen hauptsächlich Fisch und Meerestiere, je nach Saison z. B. *Sauté di vongole* (große Venusmuscheln, in Weißwein und Kräutern gegart). Gute Flaschenweine, guter Service. Menü um 50 €. Das Restaurant wurde auch von Lesern mehrfach empfohlen. Via Monserrato 96, ✆ 06/6873386. Mittags und abends geöffnet, Mo Ruhetag.

Ristorante Pierluigi 6 Großes und schickes, 2011 nach Renovierung wiedereröffnetes Restaurant mit vielen Tischen auf der malerischen kleinen Piazza dé Ricci (an der Via Monserrato). Gute römische Küche und viele Fischgerichte. Drinnen wie draußen nett zu sitzen. Beliebt bei Römern und bei amerikanischen Touristen, Reservierung daher dringend empfehlenswert. Menü ca. 55–60 €. Piazza dè Ricci 144, ✆ 06/6861302, www.pierluigi.it. Mittags und abends geöffnet, Mo geschl.

Vecchia Locanda 8 → Rundgang 4, S. 168.

Al Bric – Osteria Enoteca 10 Schick und modern gestylt, mit erlesener Weinauswahl, man kann hier aber auch ein mehrgängiges Abendmenü einnehmen. Tolle Käseauswahl. Schönes Ambiente, nur wenige Schritte vom Campo de'Fiori entfernt. Gehobenes Preisniveau, das Menü kommt auf ca. 50 €. Via Pellegrino 51–52, ✆ 06/6879533, www.albric.it. Nur abends geöffnet, So auch mittags, Mo geschl.

››› Unser Tipp: **Ditirambo** 9 Dieses sympathische, kleine Lokal liegt zwischen Corso Vittorio Emanuele II und Campo de'Fiori. Innen rustikaler Schick, auf den Tisch kommt eine feine, raffinierte Küche. Die Speisekarte wechselt saisonal, es sind immer auch vegetarische Gerichte dabei, die Weinkarte ist exzellent, der Hauswein absolut empfehlenswert. Auch die köstlichen hausgemachten Desserts sollte man nicht auslassen. Menü ca. 35–40 €. Piazza della Cancelleria 74, ✆ 06/6871626, www.ristoranteditirambo.it. Mittags und abends geöffnet, Mo mittags geschl. Reservierung erforderlich. ‹‹‹

Grappolo d'Oro Zampanò 11 Nur wenige Schritte vom Campo de'Fiori entfernt (und gegenüber vom Ditirambo). Moderne, freundliche Trattoria, in der traditionelle römische Küche (Innereien) und sehr gute Fischgerichte geboten werden. Menü um 35–40 €. Piazza della Cancelleria 80–84, ✆ 06/6897080. Jeden Abend geöffnet, Sa und So auch mittags.

Gut besucht: Da Giggetto

Ar Galletto 20 Der alteingesessene, freundliche Familienbetrieb in einer Ecke der herrlichen Piazza Farnese bietet gut zubereitete, traditionelle römische Gerichte, z. B. die „fiori di zucca fritti" (frittierte Zucchiniblüten) oder aber hervorragendes „saltimbocca alla romana". Menü um 40 €. Nette Terrasse, die oft auch mittags bis auf den letzten Platz besetzt ist, deshalb besser reservieren. Piazza Farnese 102, ✆ 06/6861714. Mittags und abends geöffnet, So geschl.

Günstig **Osteria La Quercia** 30 Sehr beliebtes Ristorante schräg gegenüber vom Palazzo Spada unweit der Piazza Farnese und dem Campo de'Fiori. Draußen sitzt man herrlich auf der schönen Piazza della Quercia unter der namensgebenden Eiche. Umsichtiger Service, der auch in der größten Hektik die Nerven behält. Wir probierten leckere *Filetti di Baccalà* und *Fiori di Zucca* gefüllt mit Mozzarella und Anchovis, das *Pollo al Forno* (Secondo) kommt auf 12 €, die hervorragenden *Spaghetti Cacio e Pepe* auf 7 €, dazu knackig frischer Salat, die Flasche guten Hauswein gibt es für 10 €. Das Preisniveau ist für das Gebotene günstig, Menü um 25–30 €. Möglichst reservieren oder etwas Zeit mitbringen. Piazza della Quercia 23, ✆ 06/68300932, www.laquerciaosteria.com. Mittags und abends geöffnet.

Dar Filettaro a Santa Barbara 29 Auf dem kleinen Platz mit der Kirche S. Barbara erkennt man das von den Römern heiß geliebte Lokal allein schon an der Menschenmenge davor und darin. Wie das Schild am Eingang schon sagt, dreht sich hier (fast) alles um die *Filetti di baccalà*, den Stockfisch. Bei der Bestellung muss man angeben, wie viele Stücke man vom Fisch haben möchte (serviert wird ohne Teller nur auf einer Serviette). Man sollte allerdings etwas Geduld mitbringen und auch mal eine Weile anstehen. Für das Essen zahlt man ca. 15 €. Largo dei Librai 88 (Ecke Via dei Giubbonari), ✆ 06/6864018. Nur abends ab 17.30 Uhr geöffnet, So Ruhetag.

Lokale im ehemaligen Ghetto

Al Pompiere 45 Hier pflegt man eine ganz besondere, sehr traditionsreiche und speziell jüdisch-römische Küche, hier soll es die besten frittierten Artischocken der Stadt geben. Das Restaurant im ersten Stock des Palazzo Cenci verfügt über 120 Plätze in mehreren einladenden Speisesälen mit dunkler Holzvertäfelung und Fresken. Der Preis für ein Menü liegt um die 50 €. Sehr zuvorkommender Service. Via S. Maria dei Calderari 38 (zweigt gegenüber der Piazza B. Cairoli von der Via Arenuela ab), ✆ 06/6868377. Mittags und abends geöffnet, So Ruhetag.

Largo Argentina, jüdisches Viertel und Campo de'Fiori → Karte S. 138/139

Da Giggetto 47 Weithin bekanntes Traditionsrestaurant direkt neben dem Tempel am Marcellustheater; im Sommer sitzt man draußen auf der Straße neben antiken Säulen. Das labyrinthartige Innere des Lokals ist riesig, aber oft bis auf den letzten Platz besetzt, gepflegt wird die klassische römisch-jüdische Küche – wir probierten *Fior di Zucca* (2 €/Stück), *Carciofo* (gebackene Artischocke) und ein leckeres *Filetto di Baccalà* (6 €). Trotz der vielen Touristen angemessenes Preis-Leistungs-Verhältnis, Menü ca. 35–40 €. Via del Portico d'Ottavia 21a, ✆ 06/6861105, www.giggettoalportico.com. Mittags und abends geöffnet, Mo Ruhetag.

La Taverna degli Amici 35 An der schönen, ruhigen Piazza Margana liegt dieses einladende Traditionslokal mit Terrasse zur Piazza. Es gibt eine Tageskarte und einige ausgewiesen vegetarische Gerichte, das Menü kommt auf ca. 40–45 €. Freundlicher Service. Mittags und abends geöffnet, Mo geschl., für abends reservieren. Piazza Margana 36/37, ✆ 06/69200493.

La Taverna del Ghetto 44 In einem Gebäude aus dem 13. Jh. wird auch hier traditionelle jüdisch-römische Küche serviert, natürlich koscher (empfehlenswert die auf jüdische Art frittierten Artischocken), freundlicher Service. Menü um 35 €. Via del Portico d'Ottavia 8, ✆ 06/68809771, www.latavernadelghetto.com. Mittags und abends geöffnet, Fr abends geschl.

Nonna Betta 46 Im Herz des jüdischen Viertels, auch hier kann man traditionell jüdisch-römisch koscher essen, einfach und gut und dabei sogar vergleichsweise günstig: Menü um 25–30 €. Auch Pizza und Couscous, Falafel etc. Mittags und abends geöffnet, Fr abends und Sa mittags geschl., Sa abends ab 21 Uhr geöffnet. Via del Portico d'Ottavia 16, ✆ 06/68806263, www.nonnabetta.it.

Sora Margherita 43 Nur wenige Tische im kleinen Gastraum, schlichte Einrichtung, deftige Hausmannskost. Serviert werden jeden Tag wechselnde traditionelle Gerichte, darunter immer frische Pasta und eine kleine Auswahl an Hauptgerichten. Typischer Hauswein, familiäre Atmosphäre. Menü um 25–30 €. Piazza delle Cinque Scole 30 (rechts neben der Kirche), ✆ 06/6874216. Etwas komplizierte Öffnungszeiten: Im Winter Mo–Sa mittags und Mo, Mi, Fr und Sa auch abends, So geschl.; im Sommer Mo–Fr mittags und Mo, Mi, Do und Fr abends; Sa/So geschl. Abends wird in zwei Schichten gegessen, die eine beginnt um 20 Uhr, die andere um 21.30 Uhr, dementsprechend muss man für einen der Termine am Abend auch reservieren.

Pizzeria/Snacks

Acchiappafantasmi 4 Gute und reichlich belegte Pizza für 7–11 € (auch mittags) und andere Gerichte (vieles davon aus der Küche Kalabriens), Menü ca. 20 €. Via dei Cappellari 66, ✆ 06/6873462, www.acchiappafantasmi.it. Mittags und abends geöffnet, Mo geschlossen.

Kosher Bistrot 39 Eine der seltenen Gelegenheiten, koschere Pizza zu essen. Das bunte, kleine Bistro bietet wunderbare *Pizza a taglio* (vom Blech), aber auch Hamburger, Falafel, Würstchen und Brötchen, alles zum Mitnehmen, ökologisch hergestellt und garantiert koscher, wie die vielen Bescheinigungen des Rabbinats bezeugen. Auch Wine-Bar. Via S. Maria del Pianto 69, ✆ 06/6864398. Ganztägig geöffnet, Fr abends und Sa geschlossen. ■

Eine günstige Alternative zu dem zuweilen doch eher hochpreisigen kulinarischen Angebot bieten die nebeneinander liegenden **Pizza Ré** 14 (moderne Einrichtung, solide Pizza, flotter Service, Pizza/Primo und Getränk mittags unter 10 €, Largo dei Chiavari 83/84, ✆ 06/68808074) und **L'Insalata Ricca** 13: große Auswahl an Salaten, aber auch an Antipasti, Pasta, Secondi und Pizza, Largo dei Chiavari 85/86, ✆ 06/68803656; beide tägl. mittags und abends geöffnet.

Enoteche/Winebars

Il Goccetto 3 Treffpunkt für Journalisten der Wein- und Gastronomieszene, aber auch für „einfache" Weinliebhaber und Genießer. Sergio Ceccarelli, der sympathische Besitzer der urigen, kleinen Enoteca, schreibt übrigens für den bekannten Restaurant- und Weinführer *Gambero Rosso.* Außer dem großen Angebot an offenen Weinen hat er auch eine reichhaltige Auswahl an Flaschenweinen und internationalen Bränden sowie ein großes Grappa-Sortiment im Programm. Zum offenen Wein (Glas ab 3,50 €) gibt es einige Sorten Käse und feine Salami. Via dei Banchi Vecchi 14 (neben der Kirche), ✆ 06/6864268. Di–Sa 11.30–14 und 18.30–24 Uhr geöffnet, So geschl., Mo nur abends geöffnet.

Winebar L'Angolo Divino 28 Die Enoteca besteht seit über 50 Jahren. Neben den vielen Weinen aller Preisklassen findet man hier auch eine große Auswahl an Olivenöl. Zu essen gibt es kleine Gerichte, aber auch ganze Menüs. Mittagsmenü ca. 10 €, abends zahlt man um die 25–30 € fürs Essen. Via d'Balestrani 12–14, ✆ 06/6864413. Mittags und abends geöffnet, So und Mo mittags geschlossen.

Winebar Roscioli 33 Verlockend appetitlich aussehender Feinkostladen mit Käse-, Schinken- und Salamitheke (edelste Produkte), dazu frisches Brot, gutes Weinangebot und Weine im Ausschank (teuer). Das angeschlossene Restaurant im hinteren Teil bietet mittags auch kleinere, schnelle Gerichte, abends kommt das Menü auf ca. 45 €. Via dei Giubbonari 21, ✆ 06/6875287, www.anticofornoroscioli.com. Mittags und abends geöffnet, So Ruhetag. Die dazugehörige **Bäckerei** befindet sich in der Via dei Chiavari 35, die gegenüber der Winebar beginnt.

Enoteca Corsi 5 → **Rundgang 4**, S. 171.

Bars

La Vineria Reggio 24 Die angesagte Bar am Campo de'Fiori für einen Aperitivo, auch später am Abend meist bis auf den letzten Platz besetzt. Nicht allzu teuer. Campo de'Fiori 15 (→ „Nachtleben", S. 66).

Ebenfalls am Campo de'Fiori befinden sich die beiden Bars **Aristocampo** und **The Drunken Ship**: Hier eher junges Publikum, später am Abend gelegentlich auch mit Hang zur Druckbetankung. (→ „Nachtleben", S. 66).

Bartaruga 36 An der Piazza Mattei, ab 18 Uhr geöffnet, → „Nachtleben", S. 66.

Gelateria

Alberto Pica 42 Im Sommer gibt es hier bis zu 50 verschiedene Eissorten, darunter gelegentlich *Crema di fragoline di bosco* (Walderdbeereis), *Baileys* und Pinienkerneis. Zwei Sorten 1,80 €. Auch Bar. Via della Seggiola 12 (zweigt beim Justizministerium von der Via Arenuela ab). Tägl. 8–2 Uhr durchgehend geöffnet, So erst ab 16 Uhr.

Blue Ice, römische Eisdielenkette, hervorragendes Gelato (köstlich vor allem *limone*, aber auch *fragola* und *cioccolato*). In der Via dei Baullari zwischen dem Corso Vittorio Emanuele II und dem Campo de'Fiori gleich mit zwei Filialen vertreten.

Bäckereien/Patisserie

Il Forno di Campo de'Fiori 16 Während es sonst meist nur das Einheitsweißbrot gibt, haben Sie hier eine riesige Auswahl an Sorten; nicht ganz billig. Mo–Sa 7.30–14.30 und 16.45–20 Uhr geöffnet, So geschl., im Juli/Aug. auch Sa nachmittags geschl. Campo de'Fiori 22.

Antico Forno del Ghetto 37 Traditionsreiche, einfache Bäckerei mit hervorragendem Brot, guten Brötchen und ausgezeichneter Pizza (bianco, also unbelegt); preiswert, nach Leseraussage allerdings manchmal ziemlich unfreundlich. Piazza Costaguti 30/31.

An der Ecke gegenüber dem Antico Forno befindet sich **Buccione di Limentani 40**, eine Institution in Sachen süßer Backwaren, zuletzt aber wegen Renovierung geschlossen. Via del Portico d'Ottavia 1.

Weitere vorzügliche Kuchen nach jüdischer Tradition bekommen Sie einige Häuser weiter bei **La Dolceroma**, neben *Da Giggetto* **47**, außerdem aber auch Schwarzbrot, Vollkornbrot, Brezeln, echt wienerische Sachertorte, Apfelstrudel und Marzipankartoffeln. Via del Portico d'Ottavia 20/b, geöffnet Di–Sa 8.30–20 Uhr, So 10–13 Uhr, Mo geschl.

An der Piazza Farnese

Shopping

Um den **Campo de'Fiori** (z. B. in der Via dei Giubbonari) gibt es Mode und viele Schuhläden für jüngere Leute, weniger schrill als in der Via del Corso, aber meist relativ teuer. Antiquitätengeschäfte finden Sie hauptsächlich in der Via dei Banchi Vecchi und in der Gegend um die Via Pellegrino (viele Fälschungen!). Nett zum Stöbern sind die überwiegend autofreien Gassen des jüdischen Viertels: viele kleine Läden und entspannte Ruhe.

Baullà 25 Gediegene bis ausgefallene Damenmode, auch Taschen, Hüte und andere Accessoires. Via dei Baullari 37 (Verbindung vom Campo de'Fiori zum Corso Vittorio Emanuele II). Mo vormittags geschl.

Loco 15 Modische Schuhe, ausgefallene Exemplare der gehobenen Preisklasse. Via dei Baullari 22.

Empresa 32 Modische bis ausgefallene Herrenmode, teuer. Via dei Gubbionari 26.

Limentani 48 Haushaltswaren, Glas und Porzellan aller Art, teilweise etwas verstaubt, in Regalen bis zur Decke des Kellerlabyrinths aufgeschichtet; außerdem finden Sie hier Küchengeräte in jeder Form und Produkte edler Porzellanhersteller neben einfachem Steingutgeschirr. Sollten bei Ihrem Lieblingsservice Teile fehlen, hier haben Sie die reelle Chance, Ersatz zu bekommen, und das auch noch zu günstigen Preisen! Der **Ausstellungsraum** ist genau das Gegenteil des Lagergeschäfts: Er befindet sich schräg gegenüber (neben dem Kircheneingang) in einer pompös ausgestatteten Fischhalle aus dem Jahr 1638. Hier sind in erster Linie Hochzeitstische aufgebaut, es werden aber auch feinste Gedecke und Gläser präsentiert. Limentani ist übrigens ein Familienbetrieb in der siebten Generation und Hoflieferant für Könige, Fürsten, den Vatikan und Botschaften. Geöffnet Mo–Fr 9–13 und 16–20 Uhr, Sa durchgehend 10–20 Uhr, So geschl. Via Portico d'Ottavia 48.

la Feltrinelli 12 *Der* Buchladen Italiens, auch in Rom einen Besuch wert. Gut sortiert, auch Literatur über Rom sowie eine kleine Auswahl an deutschen und englischen Titeln, große Musikabteilung, mit Café. Largo Torre Argentina 5A/6.

Libreria del Viaggiatore 7 Reisebuchhandlung, herrlich zum Stöbern, viele Bildbände zu fernen Ländern, Reiseberichte etc., auch

Markt am Campo de'Fiori

Antiquarisches. Geöffnet Mo 16–20 Uhr, Di–Sa 10–14 und 16–20 Uhr, So geschl. Via del Pellegrino 78.

Fahrenheit 451 21 Links orientierter Buchladen am Campo de'Fiori 44. Auch Foto- und Kunstbände, viele ausgefallene Postkarten etc. Abends länger geöffnet.

Odradek – La Libreria 1 Ähnliche Ausrichtung wie Fahrenheit, sehr große Auswahl zu Soziologie und Philosophie. Alles nur in italienischer Sprache. Viel zum Stöbern, hilfsbereite und nette Mitabeiter. Via dei Banchi Vecchi 57, tägl. (außer So) 9–20 Uhr.

biblioTeq 2 Netter Teeladen, in dem es nicht nur zahlreiche Teesorten, sondern auch originelle und günstige Teekannen, Tassen und andere Accessoires gibt. Auch Kaffee und ausgewählte Schokolade. Mo 15–20 Uhr, Di–Fr 10–13.30 und 15.30–20 Uhr, Sa 11–20 Uhr. Via dei Banchi Vecchi 124, www.biblioteq.it.

Hollywood 19 Winziger Laden, der Cineastenherzen höher schlagen lässt. Filmposter (auch Raritäten), T-Shirts, DVDs und für Mitglieder auch DVD-Verleih. Di–Sa 10–19.30 Uhr, Mo 15–19.30 Uhr, So geschl. Via Monserrato 107.

Roma Store 34 Fanartikel des AS Rom im Untergeschoss eines Sportgeschäfts an der Piazza B. Cairoli 119, tägl. außer So 10–19.30 Uhr.

ibiz 27 Ledermanufaktur. Die Schlüsselanhänger, Portemonnaies, Hand- und Aktentaschen sind zwar nicht gerade billig, dafür ist jedes ein Einzelstück. Via dei Chiavari 39, ✆ 06/68307297.

Supermärkte **Punto Sma**, Via del Monte della Farina 51; **De Spar** auf dem Corso Vittorio Emanuele II 42 (gleich beim Largo Argentina) und im Vicolo della Moretta 10 (zwischen Via Monserrato und Via dei Banchi Vecchi), **Di per Di** in der Via del Gesù 57–59, alle mind. bis 20 Uhr geöffnet, letzterer sogar bis 21 Uhr (So bis 19 Uhr).

Naturkostladen **Albero del Pane** 38 in der Via S. Maria del Pianto 20: Reformhaus, Backwaren, Obst, Gemüse etc., außerdem Naturkosmetik und anderes. Mo–Sa 9–19.30 Uhr geöffnet, So geschl. ■

Täglich vormittags findet der **Markt** auf dem Campo de'Fiori statt: ein wenig Obst und Gemüse, Fleisch und Fisch, Blumen, Haushaltswaren und Kleidung, zunehmend auch Souvenirs, generell teurer als auf anderen Märkten. Vor malerischer Kulisse in der Altstadt.

Zweiradverleih

Romarent, Fahrrad- und Scooterverleih nahe beim Campo de'Fiori, Fahrrad ab 3 €/Std., Scooter ab 10 €/Std., tägl. 9–19 Uhr geöffnet, Vicolo dei Bovari 7A, ✆/℻ 06/6896555.

Collalti Bici, Fahrradverleih in der Via del Pellegrino 82 (beim Campo de'Fiori). Di–Sa 9–13 und 15.30–19 Uhr, So geschl., Mo 15.30–19 Uhr. Nur Fahrräder: Citybike 12 €/Tag. ✆/℻ 06/68801084, www.collaltibicidal1899.it. Von Lesern empfohlen.

Largo Argentina, jüdisches Viertel und Campo de'Fiori → Karte S. 138/139

Rundgang 4

Pantheon und Piazza Navona

Das Herz der Altstadt lädt mit seinen malerischen Gassen vor prachtvollen Fassaden und den unzähligen Bars, Cafés und Restaurants zum Schlendern ein. Hauptattraktion der Gegend sind unbestritten das Pantheon und die wunderschöne Piazza Navona.

Dieser überwiegend autofreie Teil des Centro Storico um Pantheon und Piazza Navona zieht Touristen in Scharen an. Kein Wunder – denn hier zeigt sich Rom von seiner romantischen Seite: enge Gassen, die immer wieder auf pittoreske, kleine Plätze münden, Kirchen und Palazzi, die zur Besichtigung einladen, und natürlich jede Menge Flair eines gewachsenen historischen Stadtviertels.

Am so genannten „Tiberknie" (von der heutigen Piazza del Popolo bis zum Kapitol) erstreckte sich in der Antike das Marsfeld (*campus martius*), ein Gebiet, das von Tempeln, Thermen und Theatern geprägt war, von denen allerdings relativ wenig erhalten ist. Vor allem die Umgebung des Pantheons war im Mittelalter noch dicht besiedelt. Mit wenigen Ausnahmen (z. B. der Palazzo Altemps) spielten die Bautätigkeiten der Renaissance in diesem Teil der Stadt eine nur untergeordnete Rolle; seinen städtebaulichen Höhepunkt erlebte das Gebiet im Barock – z. B. durch die Neugestaltung der Piazza Navona und die zahlreichen Kunstwerke von *Gianlorenzo Bernini* und *Francesco Borromini*, denen man hier quasi an jeder Ecke begegnet.

Spaziergang

Ausgangspunkt ist die **Piazza della Rotonda** mit dem **Pantheon** aus dem 2. Jh. n. Chr., dessen berühmte Kuppel als Vorbild für sämtliche römischen Kirchenkuppeln diente. Nur wenige Schritte südlich davon stoßen Sie auf Berninis erstes von vielen Meisterwerken in dieser Gegend: die marmorne

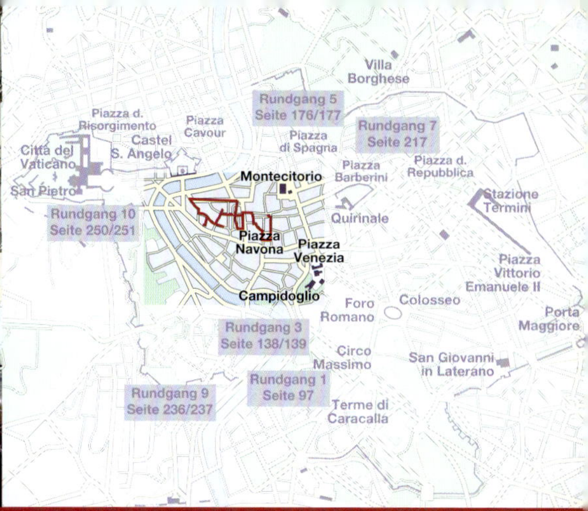

Pantheon und Piazza Navona

Elefantenstatue als Träger für einen antiken Obelisken auf der **Piazza della Minerva**, dahinter die gleichnamige gotische Kirche. Hier beginnt auch die Via dei Cestari, die „Modemeile" der Geistlichen. Die edelste Adresse ist hier zweifelsohne das Traditionshaus *Gamarelli* an der Piazza Santa Chiara – die Firma ist Hoflieferant des Papstes und stattet auch Kardinäle in leuchtendem Purpur aus. Bekannt ist auch *De Ritis* ein paar Häuser weiter in der Via dei Cestari 48.

Über die Via Santa Chiara gelangt man zur netten, kleinen Piazza Sant'Eustachio mit der gleichnamigen winzigen barocken Kirche (leider meist geschlossen). Steht man davor, geht der Blick nach rechts hinauf zur Kuppel von Sant'Ivo della Sapienza (S. 160). Von hier – vorbei am Palazzo di Brazza – gelangt man auf der Via della Dogana Vecchia zur kleinen Piazza mit der **Kirche San Luigi dei Francesi**, die ursprünglich für französische Pilger im 16. Jh. gebaut wurde und mehrere Werke von Caravaggio beherbergt. Schräg gegenüber davon hat im **Palazzo Giustiniani alla Dogana Vecchia** (16. Jh.) u. a. der Präsident des italienischen Senats seinen Sitz, der Senat selbst ist schon seit 1871 im **Palazzo Madama** (Mitte 17. Jh.) mit prächtiger Barockfassade zum Corso Rinascimento hin untergebracht.

Wieder in südliche Richtung geht es nun auf besagtem Corso del Rinascimento, einer der wenigen breiteren und viel befahrenen Straßen des historischen Zentrums, zum **Palazzo Sant'Ivo della Sapienza**, dem ehemaligen Sitz der römischen Universität mit der gleichnamigen Kirche. Von hier sind es nur wenige Meter bis zur Westseite der **Piazza Navona** mit ihren berühmten **Brunnen** und der **Kirche Sant'Agnese**.

Man verlässt die Piazza Navona am Nordende und gelangt direkt zur Piazza di Tor Sanguigna, wo Sie noch einen Teil der Fundamente der Zuschauertribünen des unter Kaiser Domitian im 1. Jh. n. Chr. erbauten **Circus** sehen.

Vom Komplex des **Palazzo Altemps** an der Piazza di Sant'Apollinare führt die Via Zanardelli zum **Museo Praz** und **Museo Napoleonico** an der Piazza di Ponte Umberto I, benannt nach dem im Jahr 1900 ermordeten italienischen König. Auf der anderen Tiberseite, gleich

hinter dem Ponte Umberto I, erhebt sich der mächtige, weiße Justizpalast **Palazzo di Giustizia** mit Quadriga (Ende 19. Jh.).

Zurück an der Piazza di Tor Sanguigna wendet man sich nun nach rechts in die malerische Via dei Coronari (Fußgängerzone), die Papst Sixtus IV. als Schneise durch das enge Gassengewirr schlagen ließ. Heute befinden sich hier vor allem **Antiquitätengeschäfte** der gehobenen Preisklasse. In der ersten Hälfte des 20. Jh. war die Gegend um die Via Coronari noch bettelarm. Klerikern war es verboten, diese Straße zu betreten, da hier zahlreiche Bordelle angesiedelt waren.

Nach wenigen hundert Metern erreicht man die Piazza dei Coronari. Hier geht es links ab in die Via di Panico, dann rechts in die Via Orsini (vorbei am Palazzo Taverna mit schönem Innenhof) und schließlich in die Via del Governo Vecchio mit vielen **Secondhand-Shops**. Seit einiger Zeit haben sich auch einige aufstrebende Nachwuchs-Designer (hauptsächlich ausgefallene Damenmode) hier niedergelassen, die Preise sind in den letzten Jahren enorm gestiegen.

Es lohnt sich noch ein Abstecher zur **Chiesa Nuova**, bevor man linker Hand in die Via di Parione und weiter in die Via della Pace einbiegt. In Letzterer – und in den umliegenden Gassen – findet

man ein großer Teil des Nachtlebens in der Innenstadt. Zum Abschluss des Rundgangs bietet sich eine Besichtigung der **Kirche Santa Maria della Pace** und des erst jüngst als Museum (und Café) wiedereröffneten **Chiostro di Bramante** (neben der Kirche) an. Von hier sind es nur wenige Schritte zurück zur Piazza Navona. Der Spaziergang dauert etwa drei bis dreieinhalb Stunden.

Sehenswertes

Pantheon/Piazza Rotonda

Keine Frage – das Pantheon, das der Gesamtheit der Götter geweiht war (daher der Name), ist eine der beeindruckendsten Sehenswürdigkeiten der Stadt und zudem das am besten erhaltene antike Bauwerk Roms. Hier wird römische Baukunst, die man bei anderen antiken Überresten oft nur mühsam und mit viel Fantasie zu einem Ganzen zusammensetzen kann, wirklich anschaulich, denn das Pantheon aus dem frühen 2. Jh. n. Chr. ist heute noch vollkommen erhalten. Der gute Zustand ist u. a. darauf zurückzuführen, dass das Bauwerk Anfang des 7. Jh. vom Christentum übernommen und als Kirche entsprechend gepflegt wurde.

Selten so menschenleer – Piazza della Rotonda und Pantheon

Bereits 27 v. Chr. wurde hier unter Agrippa, dem Schwiegersohn von Kaiser Augustus, ein konventioneller Tempel gebaut, der jedoch durch zwei Brände völlig zerstört wurde. Die Inschrift unter dem Giebeldreieck erinnert daran. Kaiser Hadrian ließ von 118 bis 125 n. Chr. einen neuen Tempel bauen, der alles Bisherige in den Schatten stellte: Der Rundbau mit einer Mauerstärke von über sechs Meter hat einen Durchmesser und eine Höhe von jeweils 43,3 Metern. Sein zylinderförmiger Unterbau ist genauso hoch wie die Kuppel. Würde man also die halbkugelförmige Kuppel zur Vollkugel erweitern, würde sie in genau einem Punkt die Mitte des Fußbodens berühren. Sämtliche Kirchenkuppeln der Renaissance gehen auf die des Pantheons zurück; u. a. diente sie Bramante als Vorbild für die Kuppel der Peterskirche. Das Straßenniveau war in der Antike übrigens deutlich niedriger: Zur Vorhalle des Pantheons führte eine Treppe hinauf, die Kuppel war daher von außen nicht sichtbar.

Das Pantheon hatte auch in frühchristlicher Zeit einen hohen Stellenwert bei der römischen Bevölkerung. Den Päpsten war der eindrucksvolle heidnische Bau allerdings ein Dorn im Auge, doch ihr Versuch, das Gebäude zur Markthalle zu degradieren, misslang. Also wandelte man das Pantheon kurzerhand in eine christliche Kirche um. Geweiht wurde **Sancta Maria ad Martyres** (*Santa Maria dei Martiri*) an Allerheiligen des Jahres 609. Um dem neuen Namen Sinn zu geben, ließ man 28 Wagenladungen mit Gebeinen von Märtyrern aus den Katakomben hierher schaffen. Im Jahr 663 plünderte Konstantinus II. die bronzene Innenverkleidung der Kuppel. Unter Papst Urban VIII. wurde knapp 1000 Jahre später auch noch die Bronzeverkleidung in der Vorhalle entfernt, aus der Bernini den 93 Tonnen schweren Baldachin für den Altar der neuen Peterskirche anfertigte.

Man betritt das Pantheon durch die rechteckige Vorhalle mit 16 korinthischen Säulen. Das originale bronzene Eingangstor der Vorhalle zum Rundbau ist 6,50 Meter hoch, in den beiden Nischen neben dem Portal standen einst Statuen der Kaiser Hadrian und Augustus. Das runde Innere des Pantheons beeindruckt besonders durch seine

Schlichtheit und Größe. Die riesige Kuppel mit den vertieften Kassettenfeldern verstärkt diesen Eindruck. In der Antike war die Kuppel mit Bronze ausgekleidet und mit goldenen Sternen versehen: das perfekte Himmelsgewölbe. Die Öffnung in der Mitte mit einem Durchmesser von neun Metern dient als einzige Lichtquelle und entlastet gleichzeitig die Statik. Hereinfallender Regen wird bis heute durch ein noch immer intaktes Entwässerungssystem unter den Fußboden abgeleitet.

In den sieben Nischen der runden, mit farbigem Marmor inkrustierten Innenwand waren in der Antike die Statuen aller römischen Götter aufgestellt. Heute befinden sich hier die Gräber italienischer Könige (Umberto I und Umberto II), besondere Verehrung genießt der antike Sarkophag mit dem Grab des Renaissancemalers Raffael (1483–1520) zwischen der zweiten und dritten Nische auf der linken Seite.

Mo–Sa 8.30–19.30 Uhr, So 9–18 Uhr, feiertags 9–13 Uhr. Jeden Sa (und an Tagen vor Feiertagen) um 17 Uhr und So um 10.30 Uhr Messe, dann keine Besichtigung. Wie bei allen anderen Kirchen der Stadt ist der Eintritt ins Pantheon frei!

Die **Piazza della Rotonda** vor dem Pantheon ist bis spät in die Nacht ein beliebter Treffpunkt für Touristen und Römer. Auf den Stufen des Brunnens von Giacomo della Porta aus dem Jahr 1578 sitzt man gut und vor allem preiswerter als in den umliegenden teuren Cafés.

Piazza della Minerva

Der Platz vor der gleichnamigen Kirche wird vom Elefanten, einer der schönsten Skulpturen Berninis, dominiert. Im Klostergarten des hier ansässigen Dominikanerordens fand man 1665 einen kleinen ägyptischen Obelisken aus dem 6. Jh. v. Chr., der einst zu einem Isis-Heiligtum gehört hatte. Auf Veranlassung von Papst Alexander VII. wurde der Monolith auf der Piazza vor der Kirche aufgestellt.

Berninis fröhlicher Elefant

Um dem nur 3,40 Meter hohen Obelisken etwas mehr Größe zu verschaffen, entwarf Bernini den Elefanten als weiteren Sockel, der trotz der schweren Last auf seinem Rücken überaus fröhlich wirkt. Ausgeführt wurde dieses Meisterwerk 1667 von Berninis bestem Schüler Ercole Ferrata. Auf der Sockelinschrift ist zu lesen: „Der du dies zu sehen bekommst, erkenne darin den Beweis, dass man robust sein muss, um die Last der Weisheit zu ertragen.“

Dieser Satz wird immer wieder auch als Anspielung auf Galileo Galilei interpretiert, der genau hier 1633 vor der Inquisition seinen Theorien abschwören musste. Bei der Planung der Statue soll es übrigens zu einem hässlichen Streit zwischen Bernini und seinen Auftraggebern gekommen sein. So kommt es, dass der Elefant vor dem Gebäude der Dominikaner (links der Kirche) nicht – wie geplant – huldvoll sein Haupt neigt, sondern den Mönchen sein faltiges Hinterteil entgegenstreckt: Bernini hatte zur Genehmigung trickreich eine spiegelverkehrte Skizze der Skulptur vorgelegt.

Santa Maria sopra Minerva

Die einzige gotische Kirche Roms wurde über einem antiken Isistempel errichtet (der Name *sopra Minerva* ist darauf zurückzuführen, dass man hier lange Zeit einen Minervatempel vermutete). Baubeginn der Kirche war 1280, vollendet wurde sie allerdings erst Ende des 15. Jh. Das für die damalige Zeit unübliche steinerne Kreuzgewölbe entstand 1450, die schlichte Renaissancefassade stammt aus dem Jahr 1453. Unter dem Hauptaltar liegt das Grab der heiligen Katharina von Siena (gest. 1380), hinter dem Altar sind rechts und links die prachtvollen Gräber der Medici-Päpste Leo X. und Clemens VII. zu sehen. Das wohl bedeutendste Kunstwerk der Kirche ist Michelangelos **Marmorstatue des auferstandenen Christus** (1519–1522) links vom Hauptaltar, deren bronzenes Tuch erst im Barock schamvoll hinzugefügt wurde. Sehenswert auch die **Carafa-Kapelle** im rechten Querschiff. Kardinal Oliviero Carafa von Neapel ließ die Kapelle Ende des 15. Jh. zu Ehren des heiligen Thomas von Aquin von Filippino Lippi ausmalen.

Mo–Sa 7–19 Uhr, So 8–19 Uhr, Sa/So 13–15.30 Uhr geschl. Während der Messen ist keine Besichtigung möglich.

Krönt Borrominis Meisterwerk: Sant'Ivos Spiralkuppel

San Luigi dei Francesi

Die französische Nationalkirche in Rom geht auf eine Gründung von Papst Leo X. zurück. Hier sollten französische Pilger Aufnahme finden. Der Bau mit seinem prachtvoll ausgestatteten Innenraum wurde 1580 fertig gestellt. Sehenswert sind vor allem die drei berühmten Gemälde von Caravaggio. Sie zeigen Szenen aus dem Leben des Evangelisten Matthäus: die Berufung, Matthäus mit dem Engel und das Martyrium des Evangelisten. Zu finden sind sie in der Contarelli-Kapelle im linken Seitenschiff (Näheres zu Caravaggio → S. 230f.).

Tägl. 10–12.30 und 16–19 Uhr, Do nachmittags geschl.

Sant'Ivo della Sapienza

Die Kirche befindet sich im Hof der früheren römischen Universität im **Palazzo della Sapienza** (*sapienza* = Weisheit). Die alte Universität war hier bis 1935 untergebracht, heute dient der Palazzo als Kirchen- und Stadtarchiv. Als Francesco Borromini 1642 den Auftrag für die Gestaltung der Kapelle erhielt, hatte sein Vorgänger Giacomo della Porta den ovalen Arkadenhof bereits fertig gestellt. Auch der Grundriss für die Kirche stand schon fest – für eine neue Kirchenfassade war kein Platz. Als Kontrast zur konkaven Rundung des Hofes gestaltete Borromini den konvex gewölbten Innenraum der Kirche, deren Grundriss angeblich der Barberini-Biene aus dem Wappen der Familie von Papst Urban VIII. nachempfunden sein soll. Außergewöhnlich ist auch der **spiralförmige Turmaufsatz** auf der Kuppel: Hier vermutet man eine Anspielung auf den Turmbau zu Babel, nach Borrominis eigener Erklärung soll die Spirale jedoch die Tiara, die Papstkrone, darstellen. Sant'Ivo gilt als Meisterwerk Borrominis.

Nur So 9–12 Uhr, werktags ist der Innenhof geöffnet, so dass man zumindest einen Blick auf Kirchenfassade und Kuppel werfen kann. Eingang am Corso del Rinascimento Nr. 40 (Archivio del Stato).

Piazza Navona

Diese wunderschöne Piazza gehört zu den wichtigsten barocken Platzanlagen Italiens und übt auch heute noch eine unverändert große Anziehungskraft auf Römer und Touristen aus. Hier am Abend zu flanieren macht einfach Spaß: Unzählige Römer machen *bella figura*, schlendern nach dem Shopping oder vor dem Essen über den weitläufigen Platz und lassen sich zum Aperitivo in einem der vielen – extrem teuren – Straßencafés nieder: Sehen und gesehen werden lautet das Motto. In der Mitte des Platzes haben Porträtmaler, Wahrsager, Souvenirverkäufer und Straßenkünstler aller Art ihre Stände aufgebaut. Auf der Piazza Navona wird jede Menge geboten.

Bereits in der Antike hatte der Platz seine Attraktion: Kaiser Domitian ließ 92–96 n. Chr. ein **Stadion** für sportliche Wettkämpfe (später auch Gladiatorenkämpfe) bauen. Die Anlage war 276 Meter lang und 54 Meter breit, 20.000 Zuschauer fanden auf der Tribüne Platz. Bis in die Renaissance blieb die Arena in Teilen erhalten. Ab 1477

Der Vierflüssebrunnen

wurde der Markt (vorher am Kapitol) hier abgehalten, 1485 ließ man den Platz pflastern und Wohnhäuser auf den Tribünenfundamenten bauen. Damals war die Piazza Navona der größte Platz der Stadt, das Wohngebiet drum herum wurde zu einem der bevorzugtesten in Rom. Giacomo della Porta errichtete um 1570 zwei Brunnen auf dem Platz, Barockmeister Bernini erneuerte im Zuge der Umgestaltung der Piazza unter Papst Innozenz X. den Brunnen am südlichen Ende und ließ die prachtvolle *Fontana dei Quattro Fiumi* in der Platzmitte bauen (→ S. 163). Ab dem 18. Jh. bis weit ins 19. Jh. hinein fanden hier auch Wasserspiele statt, zu deren Zweck man die Abflüsse der Brunnen verstopfte und so die Piazza zum **Lago di Piazza Navona** flutete. Das Publikum planschte und war begeistert.

Die Künstlerfehde: Bernini vs. Borromini

Eigentlich sollte Francesco Borromini den prestigeträchtigen Großauftrag für die Gestaltung des Vierflüssebrunnens an der Piazza Navona erhalten. Sein Widersacher Gianlorenzo Bernini – Mitte des 17. Jh. *der* Baumeister in Rom, an dem nichts vorbeiging – war zwischenzeitlich nämlich bei Papst Innozenz X. in Ungnade gefallen, nicht zuletzt auch wegen geschickt gestreuter Gerüchte seiner Kontrahenten. Borromini hatte bereits Entwürfe für den Brunnen gefertigt, die Sache schien zu seinen Gunsten auszugehen. Doch Bernini konnte mit einer List doch noch zu Innozenz durchdringen: Er schmeichelte sich bei dessen einflussreicher Schwägerin Donna Olimpia ein und ließ seinen Entwurf der *Fontana dei Fiumi* (Vierflüssebrunnen) in ihrem Haus aufstellen – ein grandioser Entwurf, der auch dem Papst schmeichelte und den er nicht mehr ignorieren konnte, nachdem er ihn gesehen hatte. Bernini bekam den lukrativen Auftrag, Borromini hatte das Nachsehen.

Gianlorenzo Bernini (1598–1680), Sohn eines etablierten Bildhauers am päpstlichen Hof, lernte sein Handwerk bereits im Kindesalter, als er in seines Vaters Werkstatt erste Statuen meißelte und auf den Baustellen aushalf. Papst Paul V. zeigte sich beeindruckt vom Talent des Jungen. Einen einflussreichen Mentor fand der geniale Bernini später in Kardinal Barberini, der 1623 als Urban VIII. den Papstthron bestieg. Mit ihm verband ihn eine tiefe Freundschaft, und Bernini wurde mit Aufträgen geradezu überschüttet – ein Umstand, von dem sein Gegenspieler Borromini anfangs nur träumen konnte.

Zwar war **Francesco Borromini** (1599–1667) seinerzeit einer der ganz wenigen Künstler in Rom, die sich gegenüber der Monopolstellung von Berninis Werkstätten behaupten konnten; allerdings musste er mangels entsprechender Beziehungen zu Vatikan und Adel viel härter um Aufträge kämpfen. Durchsetzen konnte sich der ehrgeizige Borromini durch seinen damals noch sehr ungewöhnlichen, neuen Stil der „bewegten Architektur" mit dem Wechselspiel konkaver und konvexer Wandelemente. Bald bekam er einige wichtige Aufträge, bei denen er sein großes Talent unter Beweis stellen konnte. Die Konkurrenz zwischen den beiden Künstlern entwickelte sich zur Feindschaft, die bis zu nächtlichen Sabotageakten an der gegnerischen Baustelle führten, und auch die Verbreitung rufschädigender Gerüchte war an der Tagesordnung. Als Bernini dann beim Pamphilj-Papst Innozenz X. abgemeldet war, schien es zunächst, als würde Borrominis großer Karriere endlich nichts mehr im Wege stehen. Doch als es Bernini trotzdem gelang, den Auftrag für den Vierflüssebrunnens auf der Piazza zu ergattern, wurde dies für Borromini zum echten Karriereknick. Weitere Unstimmigkeiten mit seinen Auftraggebern und sein als schwierig geltendes Temperament brachten Borromini in den folgenden Jahren mehr und mehr in die Defensive. Vermutlich an Depressionen erkrankt, nahm er sich am 2. August 1667 das Leben. Bernini starb 13 Jahre später im Alter von 82 Jahren – und hatte im Auftrag von insgesamt acht Päpsten das Stadtbild von Rom geprägt wie kein anderer.

Die Brunnen der Piazza Navona

Am Südende der Piazza Navona befindet sich die 1652 von Bernini neu gestaltete **Fontana del Moro**: ein Maure (daher der Name) kämpft mit einem großen Fisch. Am Nordende des Platzes steht die **Fontana di Nettuno** (Neptunsbrunnen), die erst im 19. Jh. ihr heutiges Aussehen erhielt. Dargestellt ist Neptuns Kampf mit einem Meeresungeheuer.

Beide flankieren den Hauptbrunnen in der Mitte, die **Fontana dei Fiumi** (Vierflüssebrunnen), eine weitere Glanzleistung des Barockkünstlers Bernini. Der Brunnen sollte die päpstliche Weltherrschaft symbolisieren und in diesem Zusammenhang diskret auf den Phamphilj-Papst Innozenz X. hinweisen. Für diesen Auftrag musste der erfolgsverwöhnte Bernini übrigens hart kämpfen: Durch geschickt gestreute Gerüchte seiner Kontrahenten war er zwischenzeitlich bei Innozenz in Ungnade gefallen.

Berninis Arbeit bei diesem Projekt beschränkte sich im Wesentlichen auf die Gesamtkonzeption, die Fertigung der dominierenden Brunnenfiguren besorgten seine talentiertesten Schüler.

Der Brunnen (1648–1651) symbolisiert die vier damals bekannten Kontinente jeweils durch einen personifizierten Fluss: die Donau mit Papstwappen und Pferd steht für Europa, der Ganges mit Palme und Schlange für Asien, der Nil mit Löwe und verdecktem Haupt für Afrika und der Rio de la Plata mit Schlange und Münzen für Amerika. Über dem Brunnen erhebt sich der Obelisk (unter Domitian 81. n. Chr. in Rom angefertigt) als Symbol päpstlicher Weisheit und Vorherrschaft über die damals bekannte Welt. Ganz oben prangt das Wappentier von Innozenz X., eine Taube. Den Obelisken hatte man erst 1647 im Maxentius-Circus an der Via Appia Antica entdeckt.

Der Vierflüssebrunnen im Detail

Sant'Agnese in Agone

Gleich neben ihrem Familiensitz, dem **Palazzo Pamphilj** (heute die brasilianische Botschaft) an der Westseite der Piazza Navona, ließ Papst Innozenz X. eine prachtvolle Haus- und Grabkirche bauen. Die Arbeiten zogen sich ab 1652 über 20 Jahre hin. Von 1653 bis 1657 war auch Borromini als Architekt am Bau beteiligt (v. a. an der Fassade), danach stieg er wegen Streitigkeiten mit dem Auftraggeber aus. Geweiht hat man die Kirche der heiligen Agnes: Die Märtyrerin sollte nackt in einem Bordell ausgestellt und hingerichtet werden, weil sie sich geweigert hatte, einen heidnischen Römer zu heiraten. Doch plötzlich wuchsen ihre Haare so lang, dass ihr gesamter Körper verhüllt war. Und auch die Hinrichtung verlief zunächst nicht nach Plan: Auf dem Scheiterhaufen teilte sich das Feuer und verschonte das Mädchen, erst ein Schwert konnte sie töten.

Mo–Sa 9.30–12.30 und 16–19 Uhr, So 10–13 und 16–20 Uhr.

Palazzo Braschi/ Museo di Roma

An der Südseite der Piazza Navona steht der Palazzo Braschi, einer der prächtigsten Barockpaläste der Stadt. 1790 kaufte Papst Pius VI. das baufällige Gebäude für seinen Neffen Luigi Braschi Onesti und ließ es von den bedeutendsten Architekten seiner Zeit umbauen. Maßgeblich beteiligt waren Giuseppe Valadier und der päpstliche Architekt Cosimo Morelli. Der Palazzo Braschi ist eines der letzten großen Bauprojekte, mit dem Prestige und Machtfülle des Heiligen Stuhls dokumentiert werden sollten – entsprechend üppig ist die Ausgestaltung des Palazzo. Besonders bemerkenswert ist die prachtvolle Treppenanlage mit ihren roten Marmorsäulen aus der Zeit Caligulas. Umrahmt wird der Treppenaufgang von zahlreichen antiken Skulpturen.

Galata suicida im Palazzo Altemps

Wer sich für die Geschichte Roms ab dem Mittelalter interessiert, ist im **Museo di Roma** genau richtig: Auf zwei Stockwerken finden Sie hier zahlreiche Stadtansichten (viele aus dem 18./19. Jh.), dazwischen aber auch Porträts bedeutender römischer Familien sowie diverse Büsten. Ein guter Einblick in die topografische, soziale und kulturelle Entwicklung der Stadt! Beim Blick aus dem Fenster sieht man das bunte Treiben auf der angrenzenden Piazza Navona.

Di–So 10–20 Uhr (Einlass bis 19 Uhr), Mo geschl. Eintritt 9 €, ermäßigt 7 € (EU-Bürger zwischen 6–25 J. sowie über 65 J.), unter 6 J. frei (im Eintrittspreis sind auch Sonderausstellungen enthalten). Audioguide (nur in Ital./Engl.) 3,50 €, Führungen nur zu besonderen Ausstellungen. Eingang an der Piazza Navona 2 und an der Piazza San Pantaleo 10, www.museodiroma.it.

Palazzo Altemps/Museo Nazionale Romano

An der Piazza di Sant'Apollinare nördlich der Piazza Navona stößt man auf den mächtigen Palazzo Altemps mit Aussichtsturm. Das repräsentative Gebäude mit eindrucksvoller Renaissancefassade stammt ursprünglich aus dem Jahr 1477 und wurde für einen Neffen von Papst Sixtus IV. gebaut. Der Gebäudekomplex wechselte jedoch mehrfach den Besitzer, bis Kardinal Marco Sitico Altemps 1570 den Palazzo übernahm. Seit 1901 ist das Gebäude im Besitz des italienischen Staates, der hier eine bedeutende Zweigstelle des *Museo Nazionale Romano* eingerichtet hat. Zu sehen sind neben der teilweise noch erhaltenen prachtvollen Ausgestaltung des Renaissancepalazzos selbst auch antike Statuen aus der Sammlung der Altemps und der Mattei sowie Teile der berühmten *Ludovisi-Sammlung*, die gemeinsam mit dem Gebäude vom italienischen Staat erworben wurden. Für die

Besichtigung des Palazzo Altemps sollten Sie sich etwas Zeit nehmen. Aufgrund der Fülle bedeutender Exponate können im Folgenden nur einige wenige herausgegriffen werden:

Sehenswert sind im Erdgeschoss der besonders schöne Innenhof (hier auch das Wappentier der Ludovisi, der Steinbock) und einige antike Statuen aus der Ludovisi-Sammlung.

Im ersten Stock sehen Sie im Saal der Landschaftsmalerei den *Hermes Loghios* aus dem 1./2. Jh. n. Chr. Im nächsten Saal, der mit einem Fresko von 1477 geschmückt ist, befindet sich u. a. der *Ares Ludovisi.* Beide Statuen sind römische Kopien von griechischen Bronzestatuen aus dem 2. Jh. v. Chr., letztere wurde 1622 von Bernini restauriert. Im nächsten Saal stößt man auf das überlebensgroße *Haupt der Juno* und den bedeutenden *Ludovisi-Thron* aus dem 5. Jh. v. Chr., auf dem u. a. die Geburt der Venus dargestellt ist. Im Kaminsaal befindet sich der berühmte *Gallier (Galata suicida),* der seine Frau getötet hat und nun das Schwert gegen sich selbst richtet (Kopie nach griechischem Original aus dem 5. Jh. v. Chr.). Die Skulptur gehört zum *Sterbenden Gallier,* der heute in den Kapitolinischen Museen (→ S. 100f.) zu besichtigen ist. Zum Abschluss des Rundgangs sollte man auch einen Blick in die opulent ausgestattete *Hauskirche Sant'Aniceto* aus dem Jahr 1617 werfen.

Di–So 9–19.45 Uhr (Einlass bis 18.45 Uhr), Mo geschl. Eintritt 7 €, ermäßigt 3,50 € (EU-Bürger 18–25 J.), EU-Bürger unter 18 und über 65 J. frei, bei Sonderausstellungen 3 € mehr. Via di Sant'Apollinare 46, ✆ 06/68485182. Das Ticket ist für alle Zweigstellen des **Museo Nazionale Romano** gültig, also auch für Palazzo Massimo, Terme di Diocleziano und Crypta Balbi (Gültigkeit drei Tage).

Wer viele archäologische Sehenswürdigkeiten und Museen besichtigen will, für den lohnt sich die Anschaffung des **Roma Pass** → S. 77.

Kaiserliches Rot im Museo Napoleonico

Museo Mario Praz

Die Privatsammlung des adligen Gelehrten, Übersetzers und Schriftstellers Mario Praz (1896–1982) umfasst rund 1200 Ausstellungsstücke aus der Zeit von 1790 bis 1840: Möbel, Gemälde und dekorative Objekte aller Art. Dabei wirkt das Museum wie eine noch bewohnte Privatwohnung.

Di–So 9–13 und 14.30–18.30 Uhr jeweils stündlich Einlass für max. 10 Pers.; Mo geschl. Dauer der Führung ca. 35–45 Min., Eintritt frei. Via Zanardelli 1, dritter Stock, ✆ 06/6861089.

Museo Napoleonico

Im Erdgeschoss desselben Palazzos (Palazzo Primoli), in dem sich das Museo Mario Praz befindet (allerdings mit Eingang an der Piazza Ponte Umberto I), sind in elf Räumen mit teilweise prachtvoller Ausstattung zahlreiche Besitztümer der Bonapartes zu besichtigen.

Die sprechenden Statuen (Statue Parlanti)

Im 16. Jh., in einer Zeit, in der Massenmedien noch unbekannt und die freie Meinungsäußerung lebensgefährlich sein konnte, nahm sich der römische Schneider *Pasquino* das Recht auf dieselbe heraus, indem er dem Torso einer antiken Statue Zettel mit derben Spottversen und satirischen Bemerkungen über die Obrigkeit anheftete. Pasquinos Idee machte Schule, und andere Statuen der Stadt „antworteten" ihrerseits mit bissigen Kommentaren mittels angehefteter Zettel, sodass die steinernen Mitbewohner Roms bald miteinander kommunizierten und das politische Tagesgeschehen kommentierten. Die Dialoge der „sprechenden Statuen" nennt man bis heute nach dem Schneider *Pasquinaten*. Besonders beliebt waren die Figuren der Brunnen – u. a. auch der Facchino-Brunnen in der Via Lata (beim Palazzo Doria Pamphilj), denn hier traf sich halb Rom zum Wasserholen, und jeder konnte die anonymen Spottschriften lesen.

Während der politischen Krisen Mitte der 1990er Jahre erinnerten sich die Römer an ihren zwischenzeitlich in Vergessenheit geratenen Brauch: Sie ließen diverse Brunnenfiguren wieder zu Wort kommen, die bekannteste davon an der Piazza di Pasquino (Ecke des Palazzo Braschi zur Via del Governo Vecchio). Auch heute wieder zeugen diese Figuren vom heftig geäußerten Ärger der Römer über die immer bizarreren politischen Skandale ihrer Zeit.

U. a. sind dies Handschriften, Möbel, Schmuck, diverse Porträts des Kaisers, außerdem einige unglaublich pompöse Kleidungsstücke wie auch Skurriles – z. B. der Busenabdruck von Napoleon-Schwester Paolina, den Antonio Canova für seine berühmte Liegestatue in der Galleria Borghese (→ S. 228ff.) genommen hat. *Graf Giuseppe Primoli*, ein entfernter Nachfahre der Bonapartes, war zeitlebens damit beschäftigt, alles zusammenzutragen, was mit seinen Ahnen zu tun hatte. Die Sammlung schenkte er 1927 der Stadt Rom, seit 1929 ist sie zu besichtigen.

Di–So 9–19 Uhr (Einlass bis 18.30 Uhr), Mo geschlossen. Eintritt 5,50 €, erm. 4,50 €. Audioguide (in Ital., Engl. oder Franz.) 3,50 €. Piazza Ponte Umberto I 1, ✆ 06/68806286, www.museonapoleonico.it.

Chiesa Nuova/ Santa Maria in Vallicella

Die „Neue Kirche" am Corso Vittorio Emanuele II wurde von Papst Gregor XIII. 1575 als Neubau anstelle einer Kirche aus dem 12. Jh. in Auftrag gegeben. Sie zählt zu den größten Barockkirchen in Rom und ist – wie auch die nahe gelegene Kirche Il Gesù (→ S. 142) – ein typisches Beispiel für die Kirchenarchitektur der Gegenreformation. Die prunkvolle barocke Ausstattung wurde erst um 1640 beigefügt. Bemerkenswert sind im Inneren die drei Gemälde von Rubens am Hochaltar aus dem Jahr 1608.

Mo–Sa 7.30–12 und 16.30–19.30 Uhr, So 8–13 und 16.30–20 Uhr, So 18.30 Uhr Messe.

Santa Maria della Pace

Die Kirche der „Heiligen Maria des Friedens" ließ Papst Sixtus IV. bereits 1482 anlässlich des Friedens von Mailand und Neapel bauen. Mitte des 17. Jh. kam eine neue Fassade hinzu, die der Barockarchitekt *Pietro di Cortona* gestaltete, ebenso wie die angrenzenden Gebäude in der idyllischen Via della Pace. Im Inneren der Kirche ist besonders das Fresko der *Vier Sibyllen* von Raffael aus dem Jahr 1514 (erste Kapelle rechts) sehenswert.

Nur Mo, Mi und Sa 9–12 Uhr. Arco della Pace 5.

Chiostro di Bramante

Der kleine zweigeschossige **Kreuzgang** gleich links neben der Kirche Santa Marina della Pace ist von besonderem kunsthistorischen Wert. Der Renaissancearchitekt Donato Bramante entwarf ihn im Jahr 1499. Die unteren Arkaden des Kreuzgangs erscheinen noch recht wuchtig, geht man hinauf in die Galerie, beeindrucken die zierlichen Säulen im Wechsel mit den mächtigen Pfeilern. In den Räumlichkeiten um den Chiostro finden wechselnde Ausstellungen statt; im Sommer werden im Hof Konzerte gegeben. Die Galerie im Obergeschoss beherbergt heute ein nettes Café (→ S. 170) und den Bookshop.

Tägl. 10–20 Uhr (Einlass bis eine Stunde vor Schließung), der Kreuzgang und das Café sind kostenlos zugänglich, für die Ausstellung gelten folgende Preise: 10 €, ermäßigt 8 €, manche Ausstellungen sind auch kostenlos. Via della Pace, ✆ 06/68809035, www.chiostrodelbramante.it.

Praktische Infos

(→ Karte S. 156/157)

Ristoranti, Trattorie, Osterie

Gehoben **Il Convivio Troiani** **8** Das schöne, sehr elegante Restaurant wird von den drei Brüdern Troiani geführt (einer von ihnen ist Sommelier). Es gibt ein Menü und eine kleine zusätzliche Karte. Die Weinkarte ist erlesen und mehr als umfangreich (an die 3000 Etiketten), nach dem Essen kann man im gemütlichen Raucherzimmer eine hervorragende Auswahl an Digestifs und Zigarren genießen. Degustazionsmenü 90–105 € (Wein-Set 60 €), à la carte muss man mit ca. 120–130 € rechnen. Sehr versteckt gelegen im Vicolo dei Soldati 31 (nahe der Piazza Ponte Umberto I), ✆ 06/6869432, www.ilconviviotroiani.com. Nur abends geöffnet, So Ruhetag.

La Rosetta **29** Das elegante und sehr teure Fischrestaurant (seit 1966) ist eine Institution in Rom – es gibt nur Fisch und Meeresfrüchte, dies aber immer frisch und in raffinierter Zubereitung. Die Speisekarte wechselt je nach Fang- und Saisonangebot. Mittags (Mo–Sa) gibt es ein Tagesmenü für 50 €, das große Menü am Abend kostet 135 €, ein Menü à la carte ca. 150 €. Via della Rosetta 8/9, ✆ 06/6861002, www.larosetta.com. Mittags und abends geöffnet, So mittags geschl.

Santa Lucia **20** Angesagtes Restaurant (es war auch schon der eine oder andere Promi da), entsprechend teuer, hier geht man am Wochenende abends mit Freunden schick aus. Menü ca. 50–60 €. Herrliche Terrasse am idyllischen Largo Febo 12 (keine 5 Min. von der Piazza Navona), abends auch Bar, ✆ 06/68802427, www.santaluciaristorante.it. Mittags und abends geöffnet, Di geschl.

Fortunato al Pantheon **30** Dieses Ristorante gehört zu den Klassikern Roms. Früher trafen sich hier fast nur Politiker, heute sind vor allem mittags viele Geschäftsleute zu Gast. Schöne Holzmöbel und ein untadeliger Service der alten Schule, stilvoll eingedeckte Tische mit Blumenschmuck, gediegene Atmosphäre. Die Speisekarte ist seit vielen Jahren dieselbe, was bei den Köchen zur Perfektion der Gerichte geführt hat. Bringen Sie etwas Zeit mit, im Fortunato hat man es nicht eilig. Menü 40–50 €. Via del Pantheon 55, ✆ 06/6792788, www.ristorantefortunato.it. Mittags und abends geöffnet, So Ruhetag.

Da Armando al Pantheon 40 Nur wenige Schritte vom Pantheon entfernt, familiäres Restaurant mit etwas dunklem Gastraum und traditioneller Küche mit typisch römischen Gerichten (freitags gibt es baccalà – Stockfisch) und einer relativ großen Auswahl an Vegetarischem. Weine aus ganz Italien. Menü um 40 €. Salita de'Crescenzi 31, ✆ 06/68803034, www.armandoalpantheon.it. Mittags und abends geöffnet, Sa abends und Sonntag geschl.

Il Bacaro 10 Für einen romantischen Abend in schönem Ambiente sind Sie hier genau richtig, im Sommer sitzt man bei Kerzenschein unter einem Blätterdach in dieser ruhigen Ecke unweit der Piazza delle Coppelle. Den guten Service und die überzeugende Qualität der Küche schätzen auch viele Römer. Umfangreiche Weinkarte, Menü um 45 €. Via degli Spagnoli 27, ✆ 06/6872554, www.ilbacaro.com. Mittags und abends geöffnet, So Ruhetag.

Vecchia Locanda 58 Neben hervorragenden Weinen wird hier traditionelle römische Küche geboten. Menü ca. 40–45 €. Vicolo Sinibaldi 2 (über die Via Torre Argentina zu erreichen), ein romantisches Gässchen. Das Restaurant ist bei gutsituierten Touristen beliebt. Nur abends geöffnet, So Ruhetag. ✆ 06/68802831, www.vecchialocanda.eu.

Riccioli Café 18 Eine Mischung aus Sushi-, Austern-, Cocktail- und Winebar, Lounge, Restaurant und Tearoom, überdachte Terrasse. Geöffnet täglich ab 9 Uhr, Mittagessen gibt es von 12.30 bis 15.30 Uhr, zudem belegte Baguettes und Salate, von 18 bis 21 Uhr ist Aperitivo-Zeit (mit Austern und Büffet), von 17 bis 1 Uhr gibt es Abendessen (à la carte oder Tagesmenü), So mittags großes Büffet (12–16 Uhr), die Bar schließt um 2 Uhr. Eher teuer. Piazza delle Coppelle 13; ✆ 06/68210313, www.riccioli cafe.com. → auch „Nachtleben", S. 67.

Laganà 5 In der romantischen Via dell' Orso (neben dem Hotel Portoghesi) liegt dieses einladende, gemütliche, kleine Restaurant, im Sommer auch einige Tische draußen in der autofreien Gasse. Klassische römische Küche, sehr freundlicher Service, beliebt bei den Römern, eher teuer: Hauptgerichte um 20 €, Menü um 45 €. Via dell' Orso 44, ✆ 06/68301161, www.ristorantelagana.it. Mittags und abends geöffnet, So geschl.

Etwas günstiger **L'Eau Vive 51** Das bekannte Restaurant wird von Missionsschwestern geleitet, die dafür sorgen, dass Bibeln und Gesangsbücher immer griffbereit sind. Im Hintergrund spielt oft klassische Musik, einmal am Abend kommen die Schwestern zum gemeinsamen Beten und Singen in den Gastraum. Viele Kardinäle sind hier Stammgäste. Geboten wird sowohl klassische französische Küche als auch Gerichte von allen fünf Kontinenten. Das Menü kostet um die 35 €, das wechselnde Tagesgericht 20–25 €. Via Monterone 85, ✆ 06/68801095, www.restaurant-eauvive.it. Mittags und abends geöffnet, So Ruhetag.

››› **Unser Tipp:** **Maccheroni 15** Sehr beliebtes Restaurant an der schönen Piazza delle Coppelle, im Sommer einige Tische draußen, drinnen kann man dem Treiben in der Küche durch die Glasscheibe zusehen. Angeboten werden die klassischen römischen Gerichte, Menü um 30–35 €. Piazza delle Coppelle 44, ✆ 06/68307895, www.ristorantemaccheroni.com. Tägl. mittags und abends geöffnet. ‹‹‹

Casa Coppelle 13 Neuzugang an der gleichnamigen Piazza, zwischen den Lokalen Maccheroni und Mario. Kreative römische Küche mit internationalem Einschlag (meist französisch), erfreut sich ebenfalls größter Beliebtheit. Nette, stilvolle Einrichtung, Terrasse an der Piazza. Menü um 35 €. Tägl. mittags und abends geöffnet. Piazza delle Coppelle 49, ✆ 06/68891707, www.casacoppelle.it.

Da Mario 12 An derselben Piazza, ebenfalls sehr beliebt, bodenständiger und etwas günstiger als obige. Nette Terrasse mit karierten Tischdecken, auch innen recht gemütlich. Menü ca. 30 €. Piazza delle Coppelle 51, ✆ 06/68806349. Mittags und abends geöffnet, So geschl.

Trattoria La Campana 1 Traditionslokal in einer Gasse nahe dem Tiberufer, angeblich das älteste Restaurant der Stadt (seit 1518). Sehr einladend, viele römische Stammgäste, eine typische römische Nachbarschaftstrattoria mit klassisch römischer Küche (besonders gut ist das Vorspeisen-

An der malerischen Piazza delle Coppelle

buffet) und aufmerksamem, nettem Service der alten Schule. Menü 40–45 €. Vicolo della Campana 18 (Seitenstraße der Via della Scrofa), nahe Ponte Umberto I. ✆ 06/6875273 bzw. 06/6867820, www.ristorantelacampana.com. Mittags und abends geöffnet, Mo Ruhetag.

L'Orso '80 **4** Ein wenig volkstümlich geht es in diesem netten, einfachen Ristorante in der schönen Via dell'Orso noch zu. Am Wochenende abends geht man hier mit der ganzen Familie zum Essen, entsprechend laut und lebhaft ist es hier. Auch einige Tische draußen auf der Gasse. Vorspeisen in der Vitrine, leckere Pasta, es gibt auch Pizza aus dem Holzofen (auch mittags), freundlicher Service. Menü um 30 €. Mittags und abends geöffnet, Mo geschl. Via dell'Orso 33, ✆ 06/6864904, www.orso80.it.

››› Lesertipps: **Osteria-Pizzeria del Pegno** **19** Einfache Osteria in einer Seitengasse der Via dei Coronari, zu der ein Leser berichtet: „Das nach unserer Meinung beste Lokal in der Umgebung der Piazza Navona, ein echter Geheimtipp. Überwiegend einheimisches Publikum, exzellente Speisen zu absolut zivilen Preisen (Pizza 7–10 €, Nudelgerichte 7–10 €, Fleischgerichte 10–20 €), die Zubereitung war ein Augen- und Gaumenschmaus. Wir haben zweimal dort gegessen." Mittags und abends geöffnet, Mi geschl. Vicolo di Montevecchio 8, ✆ 06/68807025, www.osteriadelpegno.com.

Gino & Pietro **47** Von Lesern gelobte, alteingesessene Trattoria an der Ecke zur Via del Governo Vecchio. Freundlicher Service, nicht teuer, Menü unter 30 €. Mittags und abends geöffnet, Do Ruhetag. Via del Governo Vecchio 106, ✆ 06/6861576.

Cybo **39** „Sympathisches Lokal, im Design hell und modern und noch recht neu. Wir haben hier ausgezeichnet gegessen." Auch Wine- und Cocktailbar. Via di Tor Millina 27, ✆ 06/68210341, www.cyboroma.it. ‹‹‹

Pizzeria

››› Unser Tipp: **La Montecarlo** **56** Sehr beliebt und abends bis auf den letzten Platz besetzt, lange Schlangen warten auf einen freien Tisch. Großes Lokal, es gibt auch draußen Tische, junges Publikum, gute Stimmung und recht laut, leckere, günstige Holzofenpizza, aber auch das volle Menü. Mittags und abends geöffnet, Mo geschl. Vicolo Savelli 13, ✆ 06/6861877, www.lamontecarlo.it. ‹‹‹

Da Francesco **38** Auch hier ist alles meist bis auf den letzten Platz besetzt, vor allem draußen an der lauschigen Piazza del Fico. Junges Publikum, recht schick, auch hier gute Holzofenpizza. Mittags und abends geöffnet (im August nur abends), Di geschl. Piazza del Fico 9, ✆ 06/6864009.

La Focaccia **27** Auch hier gute und relativ günstige Pizza in lauschiger Kulisse (mit

Pantheon und Piazza Navona → Karte S. 156/157

wackligen Stühlen und Tischen vor der Chiesa della Pace mitten im Ausgehviertel), flotter Service. Tägl. durchgehend ab 11 Uhr geöffnet. Via della Pace 11, ✆ 06/68803312, www.lafocaccia.com.

Il Fico 36 Sehr großes, klimatisiertes Restaurant und Pizzeria, erfreut sich vor allem bei jüngeren Römern großer Beliebtheit. Menü um 30–35 €. Tägl. mittags und abends geöffnet. Via Monte Giordano 49, ✆ 06/6875568, www.ilfico.com.

Cafés/Bars/Snacks

Eustachio 44 Die Spezialität dieser Bar ist der *Gran Caffè Sant'Eustachio*: eine cremige Geheimmischung, bei der sich der Barista – er steht in einer Ecke hinter seiner altertümlichen Maschine – auch nicht über die Schulter schauen lässt. Am Tresen 2,40 €, setzt man sich an einen der Tische draußen auf der Piazza, kostet es fast das Doppelte. Zweite Spezialität ist der *Monachella* aus Kaffee Schokolade und Sahne. Nach Ansicht einiger Leser gibt es hier den besten Kaffee der Stadt, den man in der schlichten Bar auch kaufen kann, außerdem Schokolade und diverse Süßigkeiten. Nach Ansicht anderer Leser allerdings überschätzt und überteuert. Tägl. ab 8.30 Uhr durchgehend bis 1 Uhr (Fr bis 1.30 Uhr, Sa bis 2 Uhr) geöffnet. Piazza Sant'Eustachio 82, ✆ 06/68802048, www.santeustachioilcaffe.it.

Tazza d'Oro 31 Hier bekommen Sie alles, was die Kaffeebohne hergibt, arabischen Kaffee oder verschiedenste andere Mischungen (auch koffeinfrei). Es werden auch hochwertige Teesorten, Marmeladen und Schokoladen angeboten. An der Theke können Sie den vorzüglichen Tazza d'oro für nur 0,90 € genießen (Cappuccino 1,10 €). Mo–Sa 7–20 Uhr geöffnet, So geschl. Via degli Orfani 84, gleich beim Pantheon.

Vitti 28 Ein gar nicht mal so teures Mittagessen gibt es in dem edlen Café ums Eck von Tazza d'Oro. Wechselnde Tageskarte, Primi unter 10 €, Secondi 12–15 €, schattige Terrasse etwas abseits des Pantheon-Trubels. Und natürlich gibt es hier auch köstliche Torten, Gebäck und Gelato, außerdem Panini und Tramezzini. Abends schickes und teures Ristorante. Piazza Capranica 75, ✆ 06/69921720, www.vitti.it.

Caffè della Pace 33 In der gleichnamigen Via, sehr schön zum Draußensitzen, morgens Frühstück, tagsüber ein gemütliches Café, dann Aperitivo und abends Cocktail-Bar, hier lässt es sich stundenlang aushalten. Teuer und oft voll. Via della Pace 3–7, tägl. von 9 bis ca. 3 Uhr nachts geöffnet, Mo vormittags geschl. ✆ 06/6861216, www.caffedellapace.it. → "Nachtleben", S. 67.

››› Unser Tipp: **Caffeteria Chiostro del Bramante** 22 Links neben der Kirche Santa Maria della Pace, das Café im Obergeschoss des von Bramante entworfenen Kreuzgangs ist herrlich ruhig. Kekse, Kuchen und andere süße Kleinigkeiten warten in der Vitrine, außerdem diverse kleine Mittagsgerich-

Vor dem Pantheon

te (Salate, Sandwichs etc.) sowie Weine (auch glasweise). Sa/So Brunch. Kostenlose WI-FI-Zone (WLAN). Tägl. 10–23 Uhr geöffnet (Lunch von 12–16 Uhr), abends manchmal Livemusik. Arco della Pace 5, ✆ 06/68809036, www.chiostrodelbramante.it. «

Enoteche/Winebars

Cul de Sac 55 Die erste römische Enoteca, die vom Verkauf offener Weine und Öle aus Fässern abkam, Flaschenweine ins Sortiment aufnahm und auch glasweise ausschenkte. Dazu wurden Kleinigkeiten zu essen angeboten. Aus dieser Idee sind die heutigen Winebars entstanden. Cul de Sac ist seiner Tradition treu geblieben und bietet noch immer verschiedene kalte (große Käseauswahl) und warme Gerichte an. Umfangreiche, vielseitige Weinkarte. Menü um 25–30 €. Tägl. 12–16 Uhr und 18–0.30 Uhr geöffnet. Piazza Pasquino 73, ✆ 06/68801094, www.enotecaculdesac.com.

Casa Bleve 54 Der Familienbetrieb auf der Rückseite des Teatro Valle gehört zu den elegantesten und besten Önotheken Roms. Sie wirkt von außen eher unscheinbar, die umgebaute Remise eines Palazzos aus dem 14. Jh. mit einer großzügigen hohen Halle als Salon, Arkaden, Marmorsäulen, Repliken antiker Statuen und einem Marmorbrunnen. Im Boden eingelassene Glasscheiben lassen den Blick frei auf Kellergewölbe voller Weinregale und auf römisches Mauerwerk. Die Seele des Hauses ist die stets herzliche, kleine, aber doch energische Tina, deren kalte Platten in Rom berühmt sind. Für ein leichtes Mittagessen muss man mit rund 45 € rechnen (abends wird es teurer); Weine 6–12 € pro Glas. So/Mo Ruhetag, Di–Sa 12.30–15 und 19.30–22.30 Uhr. Via del Teatro Valle 48/49, ✆ 06/6865970.

Trattoria/Enoteca Corsi 57 Immer sehr voll und laut. Diese spartanische, typisch römische Trattoria mit den wenigen, aber stets frischen traditionellen Gerichten hat für viele Römer die Funktion einer Kantine, wird aber auch gerne von Touristen besucht. Einfache, deftige Hausmannskost, bestes Preis-Leistungs-Verhältnis, Primi 9 €, Secondi 12 €, das komplette Menü um 25 €, der Liter Hauswein kostet 12 € (gibt es auch glasweise). Prompter, freundlicher Service. Nur Mo–Sa mittags 12–15 Uhr geöffnet, So Ruhetag. Die dazugehörige **Weinhandlung** (nebenan) ist Mo–Sa 8.30–13 und 17–20 Uhr geöffnet. Via del Gesù 87/88, ✆ 06/6790821.

Fontana del Moro, der Maurenbrunnen an der Piazza Navona

Enoteca Il Piccolo 43 Die kleine Enoteca mit den wenigen Tischchen vor der Tür bietet mittags ein paar kleine, schnelle Gerichte oder Snacks (Käse, Salami). Gut sind auch die hausgemachten Dolci. Zum Aperitivo zahlt man 3 € fürs Buffet und kann sich bedienen. Sehr freundlich. Via del Governo Vecchio 74, ✆ 06/68801746. Tägl. 10.30 bis 2 Uhr nachts geöffnet.

La Bevitoria Navona 32 Direkt auf der traumhaft schönen Piazza Navona, Winebar sowie Pizzeria und Ristorante, u. a. werden Kleinigkeiten und verschiedene offene Weine (z. B. Prosecco und Spumante) angeboten, und das zu nicht völlig überteuerten Preisen. Kleines Menü um die 25 €. Piazza Navona 72, ✆ 06/68801022, kein Ruhetag.

Gelaterie

Tre Scalini 35 Probieren Sie hier unbedingt ein Tartufo-Eis (besser zum Mitnehmen, sonst wird es teuer): eine süße Kalorienbombe aus Schokoladenstückchen und kandierten Kirschen in einem Klumpen Schokoladeneis. Piazza Navona.

Fiocco di Neve 26 Ebenfalls gutes Eis. Empfehlenswert die suppli al gelato und die mit Eis gefüllten, warmen Hörnchen (cornetti caldi con gelato). Via del Pantheon 51.

Gelateria della Palma 16 Die ziemlich große, moderne Eisdiele ist für ihre gigantische Auswahl an ausgefallenen Eissorten (auch Süßigkeiten) bekannt. Hier ist auch noch spätabends etwas los, manchmal finden Musikveranstaltungen statt. Mit Bar. Via della Maddalena 20, nur wenige Schritte vom Pantheon entfernt.

Il Gelato San Crispino 25 Mutet eher an wie die Kantine eines High-Tec-Labors und versteht sich wohl auch als „laboratorio del gusto". Die Produkte der kleinen römischen Eisdielenkette sind mit 3 € die vielleicht teuersten Eiskugeln der Stadt, schmecken aber ziemlich gut. Tägl. 12–0.30 Uhr geöffnet (im Winter und im August Di Ruhetag). Piazza della Maddalena 3.

Giolitti 11 Vor der berühmtesten Eisdiele Roms bilden sich immer wieder lange, lange Schlangen... Beim Parlament → S. 190.

GROM 9, die neue Konkurrenz, liegt nur ein paar Schritte unterhalb... → S. 190.

››› Lesertipps: **Artigianale Frigidarium** 42 Kleine Thekeneisdiele mit Bank davor, die Besitzerin steht selbst hinter der Theke, für einige Leser das beste Eis Roms. Durchschnittliches Preisniveau. Via del Governo Vecchio 112 (Ecke Via Sora).

Gelateria al Teatro 17 Versteckte Lage etwas zurückversetzt von der Via dei Coronari, im Verkaufsraum läuft ein Film übers Eismachen, Gelato ab 2 €, Granita ab 3 €, sehr lecker. Draußen ein paar Tische und Bänke im Schatten. Leser waren begeistert. Tägl. 12–1 Uhr geöffnet. Via di San Simone 70. ‹‹‹

Shopping

Ai Monasteri 21 Unterschiedlichste Waren, die ausschließlich in Klöstern hergestellt wurden, wie z. B. frische Schokolade, naturreiner, geschleuderter Bienenhonig, handgeschöpfte Seifen, Kräuterschnäpse und andere Naturprodukte. Corso Rinascimento 72 (Ecke Via San Giovanni d. Arco, Nähe Piazza Navona), nur Mo, Mi und Fr 16.30–19.30 Uhr geöffnet, www.monasteri.it.

L'Antica Erborista 59 Eine der ältesten Kräuterapotheken Europas, sehenswert! Via di Torre Argentina 15.

Confetteria Moriondo & Gariglio Pralinenkunst in der Via del Piè di Marmo 21–22 (→ S. 191).

Secondhand-Mode Meist für Damen, ist in mehreren Geschäften der Via del Governo Vecchio zu finden.

Arcon 3 Moderne Einrichtungsgegenstände, vieles zwar etwas zu groß fürs Reisegepäck, dazwischen aber auch kleinere Wohnaccessoires. Via della Scrofa 105.

Melis 6 Teurer Schmuck nach antiken etruskischen Vorbildern oder unter Verwendung antiker römischer oder etruskischer Fundstücke (Glasperlen, Münzen etc.). Via dell'Orso 57 (nördlich der Piazza Navona, neben dem Albergo Portoghesi).

la Feltrinelli 60 → S. 152.

Amore e Psiche 53 Sympathische, kleine Buchhandlung bei der Kirche Santa Maria Sopra Minerva. Auch viele Bildbände. Via S. Caterina da Siena 61. Di–Fr 12–20 Uhr, Sa/So 11–20 Uhr, Mo geschl.

Altroquando – Libri e Cinema 45 Unzählige Bücher zu Kino und Film (leider nur in Italienisch), auch Filmposter. Netter Laden zum Stöbern. Mo–Sa 11–2 Uhr geöffnet. Via del Governo Vecchio 80-83, ✆ 06/6879825, www.altroquando.com.

Rund um das Pantheon sind drei schicke Papier- und Schreibwarengeschäfte angesiedelt. Der schönste Laden ist wohl **Il Papiro** 24, ausgesuchte, teils handgeschöpfte Papiere, schmucke Kartonagen, hübsche Tisch- und Taschenkalender, Notizbücher und natürlich das passende Schreibgerät vom Federkiel mit Tintenfässchen bis zum noblen Füllfederhalter. Via del Pantheon 50. Tägl. 10–20 Uhr geöffnet (So ab 10.30 Uhr).

Verglichen mit Il Papiro entspricht die **Cartoleria Pantheon** 14 eher dem klassischen Schreibwarenladen mit schönen Taschenkalendern und Notizbüchern, aber auch Aktentaschen. Via della Maddalena 41. Tägl. 10.30–20 Uhr geöffnet (So ab 13 Uhr).

Edle Schreibwaren gibt es auch bei **Antica Cartotecnica** 46, nur dass es hier noch ein wenig preisintensiver ist. Via di Santa Chiara 2. Sa geschlossen.

Supermärkte **Di per Di** Via Monterone 8, **Carrefour** in der Via del Governo Vecchio 119 und in der Via dei Coronari 186 .

Der Neptun an der Piazza Navona

Rundgang 5

Um die Via del Corso

Schnurgerade verläuft die zentrale Straße von der Piazza Venezia zur Piazza del Popolo am Nordende der Innenstadt. Die Via del Corso ist eine der wichtigsten und beliebtesten Einkaufs- und Flanierstraßen Roms, hier haben auch die italienische Regierung und das Parlament ihren Sitz. Östlich der Via del Corso, in Richtung Piazza di Spagna, befinden sich die edlen Geschäfte berühmter Modemacher – das nobelste Einkaufsviertel der Stadt.

Die 1,5 Kilometer lange Via del Corso hat ihren Namen von den Pferderennen, die hier vom 15. bis ins 19. Jh. im Rahmen des römischen Karnevals stattfanden. Die heutige Straße gab es im etwa gleichen Verlauf schon in der Antike: Die Fortsetzung der *Via Flaminia*, auf der Reisende früher aus dem Norden in die Innenstadt kamen, führte nach Süden weiter zur *Via Appia*. Im Mittelalter hieß sie Via Lata und war die wichtigste Nord-Süd-Verbindung durch die Stadt. Im 15. Jh. wurde die Straße begradigt, im 17. Jh. verbreitert.

An der Straße liegen einige der schönsten Renaissance- und Barockpaläste Roms in unmittelbarer Nachbarschaft, das Parlament und der Regierungssitz Italiens und unweit davon auch Handelskammer und Börse (Piazza di Pietra). Außerdem säumen Banken, Geschäfte und an der Piazza Colonna das Gebäude der Zeitung *Il Tempo* die Via del Corso, deren letzter Abschnitt vom Largo Chigi bis zur Piazza del Popolo heute Fußgängerzone ist.

Das Gebiet westlich der Straße, Tiberknie genannt, gehörte in der Antike zum Marsfeld, dem *campus martius* (ital.: *Campo Marzio*), dem militärischen Übungsgelände zu republikanischer Zeit, das in der Kaiserzeit mit Thermen und Theatern zu einem attraktiven Viertel für die römische Bevölkerung neu gestaltet wurde.

Östlich der Via del Corso befinden sich neben eleganten Geschäften namhafter Designer zahlreiche edle Kunst- und Antiquitätengeschäfte in der Via del Babuino und in der Via Margutta, in

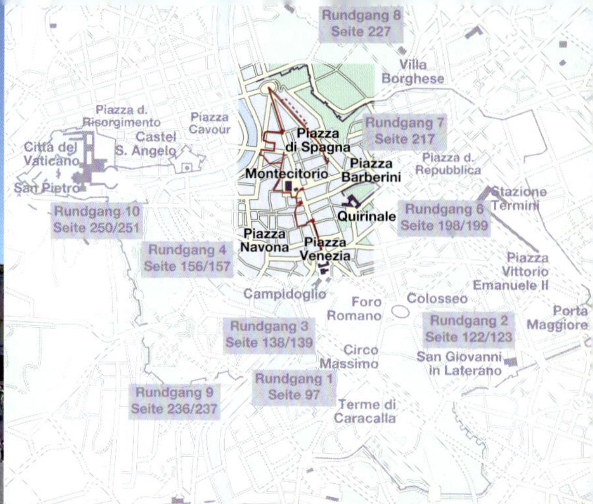

der noch immer Malerateliers und Rahmenmacher angesiedelt sind, zunehmend aber auch schicke Galerien.

Tridente heißt das Viertel der noblen Geschäfte, dessen größte Straßen *Via di Ripetta, Via del Corso* und *Via del Babuino* gleich einem Dreizack von der Piazza del Popolo nach Süden ragen, daher der Name (tridente = Dreizack). Geplant ist, das Gebiet von 2013 an in weiten Teilen in eine autofreie Zone umzuwandeln.

Spaziergang

Ausgangspunkt der Tour ist die hektische **Piazza Venezia** vor dem alles überragenden Nationalmonument **Vittoriano (Altare della Patria)**, das auch besichtigt werden kann (fantastische Aussicht vom Dach!). Auf der rechten Seite des Platzes erhebt sich der **Palazzo Venezia**, der erste Renaissancepalast der Stadt. Gegenüber von dessen Haupteingang, in der Via del Plebiscito 102, befindet sich im barocken **Palazzo Grazioli** der private Wohnsitz von Ex-Ministerpräsident Silvio Berlusconi, hier hat er das *piano nobile* (erster Stock) gemietet. Frei von Skandalen ist der Palazzo natürlich nicht, eine gewisse Patrizia D'Addario soll hier ihr Diktiergerät mit ins Schlafzimmer des Premiers genommen haben... Die Bushaltestelle vor dem Palazzo, einst wichtiger Halte- und Umsteigepunkt im öffentlichen Nahverkehr, wurde jedenfalls ersatzlos gestrichen, sehr zur Empörung vieler Pendler und Anwohner. Ob die strengen Sicherheitsvorkehrungen vor dem Palazzo auch nach dem Abstieg Berlusconis vom Premier zum einfachen Abgeordneten erhalten bleiben, ist derzeit noch nicht bekannt.

Wer seinen Spaziergang an einem Samstag unternimmt, sollte einen Abstecher von der Piazza Venezia Richtung Quirinal zum imposanten **Barockpalazzo** der einflussreichen Adelsfamilie Colonna unternehmen, der nur am Samstagvormittag geöffnet ist. Zurück zum Ausgangspunkt Piazza Venezia folgt man der Via del Corso in nördliche Richtung und erreicht nach wenigen Schritten auf der linken Seite den

Um die Via del Corso → Karte S. 176/177

Palazzo Doria Pamphilj mit seiner umfangreichen und sehr sehenswerten Gemäldegalerie. Direkt am Eck des Palazzo biegt man links ab durch die Via Lata und vorbei am heute noch häufig als Trinkwasserquelle genutzten, unscheinbaren Facchino-Brunnen.

Von hier geht es zunächst am großen Gebäudekomplex des Collegio Romano rechter Hand entlang, bis man an dessen Ecke nach rechts einbiegt in die schmale Via di Sant'Ignazio: zunächst zur **Kirche Sant'Ignazio** und dann über einen der beiden Durchgänge zur **Piazza di Pietra**, an der noch elf korinthische Säulen (einige davon restauriert, dann ging das Geld aus) von einem im 2. Jh. unter Hadrian errichteten Tempel stammen.

Nur wenige Schritte sind es bis zur **Piazza Colonna** (Via del Corso) mit der mächtigen **Marc-Aurel-Säule** und dem **Palazzo Chigi** an seiner Nordseite (heute der Sitz des italienischen Ministerpräsidenten). An der benachbarten **Piazza di Montecitorio** hat im gleichnamigen Palazzo das italienische Parlament seinen Sitz.

Von der Piazza del Parlamento in die Via degli Uffici del Vicario biegt man rechts ab in die beliebte Einkaufsstraße Via di Campo Marzio und erreicht gleich darauf die **Piazza S. Lorenzo in Lucina** mit einladenden Straßencafés. Hier führt ein kleiner Abstecher links ab zum Palazzo Borghese (Ende 16. Jh.), auf der gleichnamigen, angenehm autofreien Piazza davor findet wochentags ein Büchermarkt statt (Café/Bar auf der Piazza Borghese). Nur wenige Schritte sind es von hier bis zum Ponte Cavour, wo sich seit Anfang des 18. Jh. der Tiberhafen *Porto di Ripetta* mit mächtiger Freitreppe befand, der aber nach dem Bau der heutigen Brücke (um 1900) aufgegeben wurde.

Nach rechts geht es nun in die Via Tomacelli und ein weiterer Abstecher führt zum **Augustusmausoleum** und – gleich

Essen & Trinken (S. 187-189)

1 Pizzeria Il Buchetto
4 Dal Bolognese
6 Il Margutta RistorArte
11 Trattoria Edy
18 Al Gran Sasso
19 La Buca di Ripetta
23 Pizzeria Fior-Fiore
24 Gusto - Osteria
31 Al 34
33 Fiaschetteria Beltramme
34 Tatì al 28 (Gusto)
36 Recafé
38 Ristorante Nino
48 Settimio all´ Arancio
49 Pizzeria Al Leoncino
53 Ristorante da Mario
57 Matricianella
67 Trattoria Gino
68 Obikà

Übernachten (S. 51–53)

2 De Russie
5 Locarno
7 Valadier
27 Il Palazzetto
28 Piazza di Spagna
35 Hassler Villa Medici
43 Gregoriana
44 D'Inghilterra
52 Suisse
54 Pincio
56 Madrid
58 Casa Howard (S.4
60 City
62 Guesthouse Eva´s Rooms

Einkaufen (S. 190-192)

8 Maurizio Grossi
9 Fabriano
12 Il Mare
13 L´Aventure
14 T.A.D.-Conceptstore
15 Old Soccer
16 Marco Marco (Mode)
17 Ricordi
20 Fratelli Rossetti (Mode)
21 B.B.K.
22 Fratelli Fabbi
26 Gusto - La Libreria
29 Pasta all'Uovo
30 C.U.C.I.N.A.
39 Ermenegildo Zegna (Mode)
40 Armani Jeans (Mode)
41 Ferrari-Store
42 Marina Rinaldi (Mode)
45 AvC (Mode)
46 Fausto Santini (Mode)
47 Brighenti (Mode)
50 Tod´s (Mode)
55 The Anglo-American Bookshop
59 Breil (Mode)
61 Optariston (Mode)
63 Campo Marzio Design
64 Vittorio Bagagli
65 Empresa (Herrenmode)
69 Empresa (Damenmode)
70 Davide Cenci (Mode)
71 Borsalino
72 La Rinascente (Mode)
73 la Feltrinelli
76 Herder
77 AS Roma Store
80 Confetteria Moriondo & Gariglio

Cafés/Gelateri (S. 190)

3 Caffè Rosati
32 Babington's
37 Caffè Greco
74 Grom (Gelateri
75 Giolitti (Gelate
78 La Caffètiera

Enoteche/Pu Winebars (S. 189/190)

10 Enoteca Buccone
25 Gusto
51 Palatium
66 Enoteca al Parlamento
79 Trinity Colleg

Rundgang 5

150 m

Flaminio
Rundgang 8 siehe S. 227
P.le Flaminio
Via L. di Savoia
S. M. del Popolo
Piazzale Napoleone I
Pincio
Viale Valadier
Viale d. Obelisco
Viale del Muro Torto
V.le d. Magnolie
Viale
Galoppatoio
Piazza del Popolo
Via F. di Savoia
V. Cristina
Via G. Romagnosi
S. Maria di Montesanto
S. Maria d. Miracoli
Via della Penna
d. Oca
Via A. Brunetti
V. Fontanella
Casa di Goethe
Via del Vantaggio
V. Laurina
Via Margutta
Via del Babuino
Gesù e Maria
V. Gesù e Maria
V. S. Giacomo
S. Giacomo
Campo Marzio
Via del Greci
Via d. Frezza
Via Ara Pacis
Ara Pacis
Mausoleo di Augusto
Via Vittoria
Villa Medici (Accademia di Francia)
Viale Trinità dei Monti
Trinità dei Monti
Piazza di Spagna
Keats-Shelley Memorial
Via Sistina
Via Gregoriana
V. d. Artisti
Rundgang 7 siehe S. 217
Fiume Tevere
Lungotevere in Augusta
Passeggiata di Ripetta
S. Rocco
P.zza Augusto Imperatore
Ss. Ambrogio e Carlo al Corso
S. Girolamo d. Illirici
Ponte Cavour
Via Tomacelli
Via d. Croce
Via delle Carrozze
Via Condotti
Via Borgognona
Via Bocca di Leone
Via Mario de' Fiori
Via Belsiana
Largo Goldoni
Piazza Mignanelli
Via Propaganda
Via Frattina
Pal. Borghese
Pal. Ruspoli
Via F. Borghese
S. Lorenzo in Lucina
Via della Vite
Posta Centrale
Via della Mercede
S. Andrea delle Fratte
V. Capo le Case
Via Due Macelli
Via F. Crispi
Barberini
Piazza Barberini
Via del Tritone
V. del Traforo
Lungotev. Marzio
Via di Ripetta
V. d. Clementino
P.zza Nicosia
V. in Lucina
Via d. Prefetti
Piazza del Parlamento
Pal. di Montecitorio
Parlament
Palazzo Chigi
Piazza Colonna
Galleria Alberto Sordi
Fontana di Trevi
Marc-Aurel-Säule
Via di Campo Marzio
Via della Scrofa
V. d. Stelletta
V. d. Maddalena
Piazza di Montecitorio
V.S. Claudio
Via del Tritone
Giardino del Quirinale
Via d. Panetteria
Palazzo del Quirinale
Via del Quirinale
Via d. Dataria
V. Pozzo Cornacchie
S. Maria Maddalena
Piazza di Pietra
V. d. Muratte
Teatro Quirino
V. Minghetti
V. d'Umiltà
P.zza S. Ignazio
P.zza d. Rotonda
Via del Seminario
Via di S. Ignazio
Palazzo Sciarra
S. Marcello al Corso
P.zza d. Pilotta
P.zza del Quirinale
Scuderie del Quirinale
Via Piacenza
Pantheon
Collegio Romano
P.zza Coll. Romano
Palazzo Colonna
Ss. Apostoli
S. Maria Sopra Minerva
Pal. Doria Pamphilj
Palazzo Grazioli
Via C. Battisti
Rundgang 6 siehe S. 198/199
Dogana Vecchia
Corso del Rinascimento
Via Monterone
Via Torre Argentina
Via dei Cestari
Via del Gesù
L. Torre Argentina
Pal. Altieri
Via d. Plebiscito
Piazza Venezia
Pal. Venezia
Corso Vittorio Emanuele II
S. Andrea della Valle
Chiesa del Gesù
Chiesa San Marco
P.zza S. Marco
Pal. Valentini
V. Panisperna
Area Sacra
Via d. Botteghe Oscure
V. S. Marco
Vittoriano/Altare della Patria
S. M. in Aracoeli
Via Arenula
Rundgang 1 siehe S. 97
siehe S. 250/251
siehe S. 156/157

daneben – zur besonders eindrucksvollen **Ara Pacis**, dem reliefgeschmückten „Friedensaltar des Augustus" am Tiber. Unverkennbar im faschistischen Stil ist die angrenzende Piazza Augusto Imperatore angelegt. Auf die Via del Corso zurückgekehrt, kommen Sie nach wenigen hundert Metern durch die Fußgängerzone zum kleinen **Goethe-Museum** (Casa di Goethe).

Kurz darauf erreichen Sie mit der **Piazza del Popolo** einen der schönsten Plätze der Stadt. Sehenswert am Nordende des großen Platzes ist in jedem Fall die **Kirche Santa Maria del Popolo** mit ihren zahlreichen bedeutenden Kunstwerken, u. a. mit zwei berühmten Gemälden Caravaggios.

Auf der eleganten Via del Babuino, der bedeutendsten Antiquitäten-Straße der Stadt (beschauliche Spaziergangs-Alternative ist die parallel verlaufende Via Margutta), geht es schließlich zur **Piazza di Spagna**. Einen Besuch wert ist hier das **Keats-Shelley-Memorial** am Fuß der Spanischen Treppe, in dem 1821 der englische Dichter John Keats starb. Am oberen Ende der Treppe, vor der **Kirche Trinità dei Monti**, bietet sich ein herrlicher Blick auf die Gassen der Innenstadt. Genau gegenüber der Spanischen Treppe mündet die berühmte **Via Condotti** mit ihren exklusiven Designermodeläden, die auch in den umliegenden Straßen Via Borgognona, Via Frattina und Via Bocca di Leone u. a. zu finden sind.

Von der Piazza di Spagna in südöstliche Richtung erreichen Sie zunächst die Piazza Mignanelli und über die Via di Propaganda schließlich den Endpunkt des Rundgangs: die **Kirche Sant'Andrea delle Fratte** mit den beiden Bernini-Engeln. Der Rundgang dauert je nach Besichtigungsdauer der Museen ca. vier bis viereinhalb Stunden (Metrostation Spagna der Linea A).

Antico Caffè Greco

→ Karte S. 176/177 37

Das älteste und traditionsreichste Café der Stadt wurde erstmals 1742 in den Memoiren Casanovas erwähnt und erhielt seinen heutigen Namen, als es 1760 von einem leutseligen Griechen namens Georgios übernommen wurde. Er machte guten Kaffee, plauderte gern, und die Gäste kamen zahlreich. Das Caffè Greco wurde bald zum Treffpunkt berühmter Zeitgenossen wie Schopenhauer, Liszt, Wagner, Balzac und Lord Byron. Auch Goethe war hier Gast und soll an einem der runden Marmortische an seiner „Iphigenie" geschrieben haben. Heute sind in dem sehr teuren Café hauptsächlich Touristen anzutreffen, ab und an legen hier auch reiche Römer eine Shopping-Pause ein. Dennoch: Allein die Atmosphäre lohnt einen Besuch des traditionsreichen Hauses in der Via Condotti 86.

„Altare della Patria" – das Nationaldenkmal an der Piazza Venezia

Um die Via del Corso → Karte S. 176/177

Sehenswertes

Piazza Venezia/Vittoriano (Altare della Patria)

Am meistbefahrenen Platz Roms herrscht Chaos rund um die Uhr. Hier treffen sich einige der wichtigsten Verkehrsadern der Stadt und halten zahlreiche Busse; außerdem befindet sich an der Piazza Venezia ein Taxistand. Über all dem hektischen Treiben prangt das Nationalmonument **Vittoriano** mit dem **Altare della Patria** (Vaterlandsaltar) in der Mitte. Das Bauwerk beherrscht optisch nicht nur die Piazza Venezia, sondern das gesamte Stadtbild. Ihm musste ein Teil der benachbarten Kaiserforen weichen, und auch die Proportionen des direkt angrenzenden Kapitols wirken durch das überdimensionale, protzige Denkmal aufdringlich gestört. Die Römer haben ihrem Nationalmonument ganz ehrfurchtslos die Spottnamen „Schreibmaschine", „Hochzeitstorte" oder auch „Gebiss" gegeben – was so fern dann auch wieder nicht liegt. Seit einigen Jahren ist das Vittoriano auch für die Öffentlichkeit zugänglich, man kann auf den Treppen und Terrassen des Monuments spazieren und die schöne Aussicht vom oberen Säulengang genießen – der Blick reicht über die ganze Innenstadt und hinüber bis zum Piazzale Garibaldi (Gianicolo) in Trastevere. Im Inneren des Vittoriano finden wechselnde, meist hochkarätige **Kunstausstellungen** statt. Weitere Attraktion ist der gläserne Aufzug, der die Besucher bis aufs **Dach** des Monuments auf die *Terrazza delle Quadrighe* befördert – ein umwerfendes Panorama.

Das 81 Meter hohe, neoklassizistische Denkmal wurde zwischen 1895 und 1911 als Symbol für das geeinte Italien errichtet. Das zwölf Meter hohe Reiterstandbild in der Mitte stellt Vittorio Emanuele II dar, den ersten König des vereinigten Italiens aus dem Haus Savoyen. Unterhalb des Reiterstandbildes befindet sich seit 1921 das **Grab des Unbekannten Soldaten** – der eigentliche Altare della Patria. Davor halten zwei Soldaten rund um die Uhr Ehrenwache.

Vittoriano tägl. 9.30–17.30 Uhr, im Winter bis 16.30 Uhr (letzter Einlass jeweils 30 Min. vor Schließung); die **Ausstellungen** im Inneren des Vittoriano waren zuletzt tägl. 9.30–19.30 Uhr geöffnet (an Abenden im Sommer teilweise bis 23.30 Uhr), Einlass jeweils bis 45 Min. vor Schließung. Die Eintrittspreise variieren je nach Ausstellung, Audioguide 4 €. Der **Aufzug** fährt Mo–Do 9.30–18.30 Uhr, Fr–So 9.30–19.30 Uhr (letzte Fahrt hinauf 45 Min. vor Schließung), 7 €, ermäßigt 3,50 €, Kinder bis 10 J. frei. Zum Vittoriano gehört auf dessen Rückseite auch eine **Caffeteria** mit schönem Ausblick (→ S. 113).

Museo Centrale del Risorgimento im Vittoriano

In den Innenräumen des Vittoriano befindet sich das Museo del Risorgimento: eine Sammlung an Büsten, Gemälden, Waffen und historischen Schriften (auch Karikaturen) aus der Zeit des *Risorgimento*, des nationalen „Wiederauflebens" Italiens in der Zeit von 1815 bis 1870, außerdem Reliquien des Freiheitskämpfers Garibaldi. Der rechte Seitentrakt ist wechselnden Ausstellungen vorbehalten.

Tägl. 9.30–18.30 Uhr (Einlass bis 18 Uhr), Eintritt frei. Eingang in der Via San Pietro in Carcere (rechte Seite des Monuments), ✆ 06/6793598.

Palazzo Venezia (Museum)

1455 gab Kardinal Pietro Barbo, der spätere Papst Paul II., diesen ersten Renaissancepalast der Stadt in Auftrag. Da der Lateran zu dieser Zeit bereits unbewohnbar und der Vatikan noch recht bescheiden war, diente ihm der Palazzo ab 1464 als Residenz, bevor er 1468 in den Vatikan umzog. Zwischen 1546 und 1797 war das rote Gebäude Sitz der venezianischen Gesandtschaft – daher der Name. 1916 wurde der Palazzo Eigentum des italienischen Staates, zwischen 1922 und 1943 residierte hier Mussolini. Vom kleinen Balkon zur Piazza brüllte er dem versammelten Volk seine Propagandareden entgegen.

Das **Museo Nazionale del Palazzo di Venezia**, so der vollständige Name, beherbergt in den prachtvollen Räumen des ersten Obergeschosses eine sehenswerte Sammlung an Kunstwerken aus dem 13. bis 18. Jh. Neben spätmittelalterlichen Tafelbildern und Renaissance-Gemälden sind Gobelins, liturgische Gegenstände, Rokoko-Porträts und eine Porzellan-Sammlung (u. a. mit Stücken aus den Manufakturen Meißen und Fürstenberg) zu sehen; außerdem kunstvolle Silber- und Bronzearbeiten, mittelalterliche Tontöpfe und Skulpturen: Modelle und Detailstudien bekannter römischer Kunstwerke, z. B. das Modell eines Engels von der Engelsbrücke (Bernini) und des Neptuns vom Trevi-Brunnen, daneben auch weitere Studien von Bernini. Sehenswert ist auch die Raumausstattung im Palazzo: geschnitzte Holzdecken, Mosaik- oder Ziegelfußböden und Fresken.

Neben der Dauerausstellung finden hier auch regelmäßig hochkarätige Sonderausstellungen statt. Die **Sala di Mappamondo** mit einer Weltkarte aus dem 16. Jh. befindet sich im Gebäudetrakt zur Piazza Venezia hin (Bereich Sonderausstellungen). Es lohnt auch ein Blick in den mit Palmen bestandenen Innenhof.

⌚ Di–So 9–19 Uhr (Einlass bis 18 Uhr), Mo geschl. Eintritt 4 €, ermäßigt (18–25 J.) 2 €, unter 18 und über 65 J. frei. Für die wechselnden Ausstellungen muss ein eigenes Ticket gekauft werden, die Eintrittspreise hierfür variieren. Museumsbuchladen im Erdgeschoss. Eingang in der Via del Plebiscito 118, ✆ 06/69994284.

Kirche San Marco

Die Kirche mit Eingang auf der gegenüberliegenden Seite des Vittoriano (Piazza Venezia) wurde von Papst Paul II. als Hauskirche in den Komplex des späteren Palazzo Venezia integriert. Hier befand sich bereits im 4. Jh. ein Kirchenbau zu Ehren des Evangelisten Markus. Die Fassade wurde 1468 mit einer offenen, doppelten Loggia neu gestaltet, den reich ausgestatteten Innenraum hat man im 18. Jh. mit viel Gold barockisiert. Sehenswert sind die byzantinischen Apsismosaike aus dem 9. Jh.

Die Statue ganz im Eck der Piazza San Marco stellt die äpyptische Gottheit Isis dar und wurde nahe des Collegio Romano gefunden. Anfang des 16. Jh. hat man die mächtige Büste hier aufgestellt, als eine der „Sprechenden Statuen" (→ S. 166) ist sie unter dem Namen *Madama Lucrezia* bekannt.

Kirche Di–Sa 8.30–12 und 16–18.30 Uhr, im August 9–12 und 16–20 Uhr, So 9–13 und 16–20 Uhr, Mo geschl. Piazza San Marco 48.

Palazzo Doria Pamphilj (Galleria)

Der weitläufige Palazzo nahe dem Palazzo Venezia entstand Anfang des 16. Jh. durch die Zusammenlegung zweier Vorgängerbauten. Im 17. Jh. ging das Gebäude in den Besitz der Fürsten Doria Pamphilj Landi über, die mit Innozenz X. (Pontifikat 1644–1655) einen bedeutenden Papst des Barock stellten. Er bedachte die bekanntesten Architekten seiner Zeit mit großzügigen Aufträgen. Die hier untergebrachte **Gemäldegalerie** umfasst über 400 Kunstwerke, die meisten aus dem 13. bis 18. Jh.

Ein Rundgang führt durch die elf kleineren Säle zur Galerie mit vier Flügeln, an deren Spiegelgalerie sich vier Ausstellungsräume (für temporäre Ausstellungen) und zwei weitere Säle anschließen. Allein die Räumlichkeiten mit ihrer prachtvollen Ausschmückung sind eine Besichtigung wert. Zu den berühmtesten Werken der Gemäldegalerie zählen neben Diego Velázquez' berühmtem *Porträt von Papst Innozenz X.* aus dem Jahr 1650 (in einem kleinen Raum neben dem Aldobrandini-Flügel) auch bedeutende Werke von Rubens, Tizian, Caravaggio, Carraci und Breughel d. Ä.

Weiter Blick von der „Hochzeitstorte"

Empfehlenswert ist der Rundgang mit dem im Preis enthaltenen Audioguide (in Italienisch oder Englisch).

Tägl. 10–17 Uhr, Einlass bis 16.15 Uhr. Eintritt 10,50 €, ermäßigt 7,50 € (Studenten bis 30 J. und Rentner über 65 J.), der Audioguide (ital./engl.) ist im Preis enthalten. Bookshop neben der Biglietteria. Via del Corso 305, ✆ 06/6797323, www.doriapamphilj.it.

Palazzo Colonna (Galleria)

Der imposante Stadtpalast mit dem wohl prächtigsten Barocksaal der Stadt liegt unweit des Corso, seitlich des Quirinal-Hügels und wird von der Via IV Novembre, Via della Pilotta, Via del Vaccaro und der Piazza SS. Apostoli umfasst, die gleichnamige Kirche ist Teil der Anlage. Der Palazzo entstand aus einer vielteiligen Gebäudegruppe, die die überaus einflussreiche Familie Colonna – der Colonna-Papst Martin V. brachte 1420 immerhin den Papstthron aus Avignon zurück nach Rom –

mehrfach umgestalten ließ, zuletzt um 1650 unter dem Baumeister Antonio del Grande.

Hauptattraktion des prunkvollen Palazzos ist die **Große Galerie** (*Sala Grande*), die 1654–1656 ebenfalls von Antonio del Grande konzipiert und bis 1703 vollendet wurde. Beim Betreten verschlägt es einem angesichts des Prunks zunächst die Sprache. Wem der Prachtsaal aber irgendwie bekannt vorkommt: Hier wurde die Pressekonferenz des Films „Roman Holiday" („Ein Herz und eine Krone") gedreht. In den übrigen elf zugänglichen Räumen des Palazzos sind u. a. Werke von Tintoretto und Veronese, aber auch viel flämische Malerei aus dem 15./16. Jh. zu sehen – alles leider recht dicht gehängt. Das **Appartamento Principessa Isabella** im anderen Flügel des Palazzo ist nur nach vorheriger telefonischer Anmeldung zu besichtigen.

Nur Sa 9–13.15 Uhr (letzter Einlass), Eintritt 10 €, ermäßigt 8 €. Auf Wunsch wird an der Kasse ein Beiblatt ausgehändigt, dass die durchgehend nummerierten Gemälde auflistet. Eingang in der Via della Pilotta 17 (zunächst die Via IV Novembre ein Stück hinauf, dann links ab), ✆ 06/6784350, www.galleriacolonna.it.

Die Marc-Aurel-Säule (Piazza Colonna)

Sant'Ignazio di Loyola

Die Kirche ist neben Il Gesù (→ S. 142) die zweite große Jesuitenkirche in Rom und ein gelungenes Beispiel für die barocke Baukunst der Stadt. Vier Jahre nach der Heiligsprechung von Ignatius, dem Gründer des Jesuitenordens, wurde der Bau 1626 von Kardinal Ludovico Ludovesi in Auftrag gegeben und finanziert. Unbedingt sehenswert ist die gemalte Scheinarchitektur der Kirchendecke vom genialen Barockmaler und Architekten *Andrea Pozzo* (1642–1709): Den perfekten Eindruck erhalten Sie, wenn Sie sich auf die (vordere) im Fußboden eingelassene, gelbe Marmorplatte stellen. Thema des Deckengemäldes ist der Einzug des heiligen Ignatius von Loyola in das Paradies: Über einer filigranen Architektur sieht der Betrachter scheinbar direkt in den Himmel. Auf einer Wolke schwebt der Heilige. Von seinem Herzen breitet sich die christliche Lehre, als Lichtstrahl dargestellt, auf die damals bekannten vier Kontinente aus.

Ein weiterer gelber Marmorkreis im Fußboden in der Nähe des Hauptaltars markiert den Blickpunkt für das hintere Illusionsgemälde: ein schräger Blick in die hohe Kuppel, täuschend echt gelungen. Geht man weiter bis zum Altar, wird die angetäuschte Kuppel durch einen Blick zurück aber recht schnell entlarvt.

Eigentlich war über dem Altar eine Kuppel geplant, doch schon während des Baus musste man die Öffnung aus

Ara Pacis – der „Friedensaltar des Augustus" am Tiber

statischen Gründen schließen. Das riesige Leinwandgemälde ist jedoch ein durchaus reizvoller Ersatz.

Mo–Sa 7.30–19 Uhr, So 9–19 Uhr. Piazza S. Ignazio.

Piazza Colonna

Der zentrale Platz an der Via del Corso wird von der 42 Meter hohen **Triumphsäule des Marc Aurel** aus dem Jahr 193 n. Chr. dominiert. Vorbild für die Säule aus 28 Marmorblöcken war unverkennbar die Trajanssäule (→ S. 103). Auch hier werden auf einem sich spiralförmig nach oben windenden Band Kriegsereignisse dargestellt, u. a. der Krieg gegen die Germanen. Im Inneren führen 203 Stufen zu einer kleinen Plattform hinauf, auf der das Standbild von Marc Aurel im 16. Jh. durch das des heiligen Paulus ersetzt wurde (nicht zugänglich).

Am Nordende der Piazza Colonna befindet sich der **Palazzo Chigi** aus dem Jahr 1656, der Sitz der italienischen Regierung. Gegenüber der Säule (auf der anderen Seite der Via del Corso) erbaute man 1923 die *Galleria Colonna,* die erste neuzeitliche Einkaufspassage Roms. Heute kennt man sie als *Galleria Alberto Sordi,* in der hauptsächlich Bekleidungsgeschäfte, ein Buchladen sowie zwei Cafés ansässig sind.

Piazza di Montecitorio/ Parlament

Wenige Schritte hinter der Piazza Colonna gelangt man zur Piazza di Montecitorio, auf der einer der größten ägyptischen Obelisken der Welt steht. Unter Augustus brachte man ihn im Jahr 8 n. Chr. von Heliopolis nach Rom. Dahinter befindet sich das **Parlamentsgebäude**, von Papst Innozenz X. Mitte des 17. Jh. ursprünglich als Sitz des Strafgerichts in Auftrag gegeben. Bernini begann mit den Arbeiten um 1650, vollendet wurde das Gebäude 1694 von Carlo Fontana.

Ara Pacis

Der **Friedensaltar** des Augustus am Tiberufer stellt unbestritten einen Höhepunkt der römischen Bildhauerkunst dar. Das Heiligtum weihte man nach knapp vier Jahren Bauzeit am 30. Januar

Um die Via del Corso → Karte S. 176/177

des Jahres 9 v. Chr. feierlich dem Frieden, den Augustus im Römischen Reich wiederhergestellt hatte. Die historischen Reliefs auf der Ara Pacis zählen zu den bedeutendsten antiken römischen Staatsdenkmälern. Dargestellt ist der feierliche Prozessionszug mit Augustus, seiner Familie, seinen Ahnen, Priestern und hohen Staatsbeamten. Sie vereinen sich zu Ehren des Friedens, der *Pax Romana*, nach hundert Jahren Krieg und Bürgerkrieg.

Ursprünglich stand der Altar vier Häuserblocks weiter südlich am Rande der heutigen Via del Corso (nahe der Rückseite des Parlaments). Zwar wurden immer wieder einzelne Fragmente des Altars gefunden (und in den verschiedensten Museen der Welt verstreut), die komplette Bergung erwies sich jedoch als überaus schwierig. Erst 1938 wurde das Bauwerk aus Originalstücken, Abgüssen und Rekonstruktionen an seinem heutigen Standort aufgebaut, doch schon bald nagte der Zahn der Zeit an der Ara Pacis, die wegen Restaurierung viele Jahre geschlossen war. Heute wird das Bauwerk von einem lichten Glas- und Travertinschrein des US-Architekten *Richard Meier* umhüllt.

Im Inneren begeistert neben dem eindrucksvoll in Szene gesetzten Altar vor allem auch die Ausstellung im Untergeschoss: Vorbildlich werden hier (Bau-) Geschichte, Verschwinden und Wiederauffinden sowie die Bergung des Altars dokumentiert. Zu empfehlen ist die computeranimierte Tour mit Großbildschirm. Am Eingang befindet sich der Buchladen des Museums, hier finden Sie zahlreiche Bücher zum Thema Design.

Die Ara Pacis bietet häufig auch den Rahmen für Sonderausstellungen (z. T. im Untergeschoss).

Di–So 9–19 Uhr (Einlass bis 18 Uhr), Mo geschl. Eintritt 7,50 €, ermäßigt 5,50 € (6–25 und über 65 J.), unter 6 J. frei. Audioguide (engl./ital.) 3,50 €. Lungotevere in Augusta, www.arapacis.it.

Mausoleum des Augustus

Gleich neben dem glanzvoll hergerichteten Friedensaltar liegt das etwas verwahrlost wirkende Mausoleum, das man noch zu Augustus' Lebzeiten für ihn und seine Familie baute – ein großes Tumulusgrab nach etruskischem Vorbild. Über einem zwölf Meter hohen Mauerring erhebt sich ein kegelförmiger, 32 Meter hoher Erdhügel (Durchmesser 87 Meter), auf dem in der Antike die Statue des Kaisers stand. Im Inneren des Gewölbes verwahrte man die Asche der Verstorbenen aus der Familie des Augustus. Das Mausoleum ist nicht zugänglich und schon seit Jahren von einem hohen Bauzaun umgeben; was man von außen davon sehen kann, beeindruckt nur mäßig.

Casa di Goethe (Goethe-Museum)

Hier, in der Via del Corso 18, hat er gewohnt, der völlig unbekannte deutsche Maler *Filippo Möller alias Johann Wolfgang von Goethe*. Untergekommen war Goethe bei seinem Freund Tischbein als Untermieter eines Pferdekutschers.

Wie viele andere Künstler und Intellektuelle seiner Zeit kam auch Goethe nach Rom, um sich mit den Wurzeln der europäischen Kultur zu befassen. Am 3. September 1786 brach er heimlich zu der seit vielen Jahren geplanten Italienreise auf. Seine wenig befriedigende Tätigkeit als Minister in Weimar ließ er genauso hinter sich wie die Beziehung zu Charlotte von Stein. Rom erreichte der große deutsche Dichter, der übrigens die ganzen zwei Jahre seiner Italienreise inkognito unterwegs war, am 29. Oktober 1786; mit Unterbrechungen hielt es ihn über ein Jahr lang in der Ewigen Stadt. Über Goethes Zeit in Rom ist nachzulesen in seinen Aufzeichnungen mit dem Titel „Italienische Reise" (dtv) – ein Klassiker der Reiseliteratur.

Die **Casa di Goethe** ist das einzige Goethe-Museum außerhalb Deutschlands. Da über die Ausstattung zu Goethes Zeit nichts bekannt ist, versuchte man gar nicht erst, die originale Wohnung zu rekonstruieren. So entstand eine Mischung aus historischer Bausubstanz und moderner Museumseinrichtung. Das Museum ist als Ort des kulturellen Austausches mit Konferenzen und wechselnden Ausstellungen gedacht, aber ebenso dem Werk Goethes und speziell seiner Italienreise gewidmet. Zu den wenigen Originalen der Casa di Goethe gehört Andy Warhols Porträt des Künstlers. Eine Kopie von Tischbeins berühmtem Gemälde „Goethe in der Campagna“ ist ungerahmt auf einer Staffelei zu sehen, außerdem wird ein Faksimile von Goethes Reisetagebuch gezeigt.

Di–So 10–18 Uhr (Einlass bis 17.30 Uhr), Mo geschl. Eintritt 4 €, Familienkarte 11 €, Kinder bis 10 J. frei. Via del Corso 18, ✆ 06/32650412, www.casadigoethe.it.

Piazza del Popolo

Dieser herrliche autofreie Platz am Nordende der Altstadt war lange Zeit das Erste, was Besucher aus dem Norden von Rom sahen, wenn sie vom Monte Mario über die Milvische Brücke (Ponte Milvio) in die Stadt kamen. Durch die **Porta del Popolo** (das „Tor des Volkes“), dessen Innenfassade Bernini gestaltet hat, betrat man die gleichnamige ovale Piazza. Heute beeindruckt der elegante Platz durch die Symmetrie der beiden **Kirchen Santa Maria dei Miracoli** und **Santa Maria in Montesanto** (beide 17. Jh.), zwischen denen die Via del Corso schnurgerade auf das Nationaldenkmal zuführt. In der Mitte des Platzes thront der 24 Meter hohe **Obelisk**, den Augustus im Jahr 10 v. Chr. nach Rom bringen ließ und um den im 19. Jh. der symmetrische Brunnen mit vier Wasser spendenden Löwinnen gebaut wurde. Anfang des 19. Jh. hat der Baumeister *Giuseppe Valadier* den Platz im klassizistischen Stil vollendet.

Piazza del Popolo und Pincio

Rechts über der Piazza del Popolo sehen Sie über Statuen, Balustraden und Zwischenterrassen die Aussichtsterrasse auf dem **Pincio**, ebenfalls ein Werk Valadiers. Der herrliche Blick über die Innenstadt und nach St. Peter belohnt den mühsamen Aufstieg. Berühmt ist das **Caffè Rosati** an der Piazza del Popolo, wo man sich zwischen allerlei illustrem Publikum auf der Terrasse niederlassen kann.

Santa Maria del Popolo

Die von außen völlig unscheinbare Kirche an der Porta del Popolo wurde 1227 von den Spenden römischer Bürger in Eigeninitiative gebaut. Papst Sixtus IV., dessen Wappen über dem Hauptportal zu sehen ist, gab 1472 den Auftrag für den Neubau mit Pilgerunterkünften. Im 17. Jh. restaurierte Bernini das Gotteshaus im barocken Stil. Dennoch hat sich Santa Maria del Popolo noch viel von der schlichten Eleganz des Renaissancebaus erhalten.

Der Innenraum ist – beinahe wie ein Museum – mit vielen bedeutenden Kunstwerken namhafter Meister ausge-

Um die Via del Corso → Karte S. 176/177

stattet; berühmt ist Santa Maria del Popolo vor allem für die prachtvoll ausgestalteten Kapellen. Martin Luther lebte während seines Aufenthaltes in Rom übrigens im angeschlossenen Kloster.

Gleich nach dem Eingang auf der rechten Seite sehen Sie die **Cappella della Rovere**, daneben die von Carlo Fontana 1682–1687 geschaffene **Cappella Cybo** mit den Gräbern zweier Kardinäle. Die Kuppel über dem Querschiff wurde von Bramante gestaltet, der auch die Kuppel der Peterskirche konzipierte. Das wohl bedeutendste Kunstwerk der Kirche ist die prächtige **Cappella Chigi** (im linken Seitenschiff), die 1513 von Raffael als Grabkapelle für die Familie Chigi entworfen wurde. Bernini fügte 1652 zwei Figurengruppen und das Fußbodenrelief mit dem Wappen der Chigis hinzu. Ganz hinten im linken Seitenschiff stößt man in der *Cappella Cerasi* auf zwei Meisterwerke von Caravaggio: Die Kreuzigung des heiligen Petrus und die Bekehrung des heiligen Paulus, beide datieren aus dem Jahr 1601 (Näheres zu Caravaggio → S. 230f.).

Mo–Sa 7–12 und 16–19 Uhr, So 8–13.30 und 16.30–19.30 Uhr.

Die Spanische Treppe

Piazza di Spagna/ Spanische Treppe

Auf der großzügigen Treppe, der *Scalinata di Spagna,* hat wohl jeder Rom-Reisende schon einmal Platz genommen. Besonders abends treffen sich hier unzählige, vor allem jüngere Touristen aus aller Welt, dazu kommen kaum weniger Römer. Die Spanische Treppe ist ein beliebter Ort, um Leute kennen zu lernen.

Mit Spanien hat die Treppe übrigens wenig zu tun, ihr Name rührt daher, dass sie vom Platz an der spanischen Botschaft beim Heiligen Stuhl (Piazza di Spagna) aufsteigt. Da es den französischen König störte, dass die Kirche **Trinità dei Monti** (s. u.) nur über eine steile Wiese zu erreichen war, erteilte er 1585 den Auftrag, hier eine monumentale Treppe anzulegen. Gebaut wurde sie erst 1723–1726, und zwar nach neuen Plänen des Papstes. Am oberen Ende der Treppenanlage platzierte man einen *Obelisken,* der, wie so viele andere in Rom, bereits in der Antike in die Stadt geschafft wurde. Der **Barcaccia-Brunnen** in Form eines Bootes (*barca*) am Fuß der Treppe ist das letzte Werk von *Pietro Bernini,* dem Vater des berühmten Gianlorenzo. Er erinnert an das verheerende Hochwasser von 1598.

Santissima Trinità dei Monti

Die Dreifaltigkeitskirche rundet das harmonische Bild der Treppe ab. Mit ihrem Bau wurde auf Veranlassung Karls VIII. von Frankreich 1495 begonnen, vollendet war sie Anfang des

16. Jh. Noch heute ist sie französische Stiftskirche, in der täglich (außer sonntags) ein Gottesdienst in französischer Sprache gefeiert wird. Der Innenraum ist durch Gitter versperrt (nur zu Gottesdiensten geöffnet), Besuchern bleibt nur ein Blick durch die Eingangstür. Vom Portal der Kirche hat man einen herrlichen Blick über die Dächer der Innenstadt bis hinüber zur Peterskirche.

Di–So 7–13 und 15–19 Uhr, Mo geschl.

Keats-Shelley-Memorial

In dem apricotfarbenen Haus rechts am Fuß der Spanischen Treppe starb der englische Dichter *John Keats* am 23. Februar 1821 im Alter von nur 25 Jahren an Tuberkulose, begraben ist er auf dem Protestantischen Friedhof von Rom (→ S. 117). In den fünf liebevoll eingerichteten Räumen des kleinen Museums – z. T. mit ungewöhnlichem Blick auf die Spanische Treppe – sind zahlreiche Bücher und Originalbriefe sowie Manuskripte von Keats, Shelley und Lord Byron ausgestellt. Letzterer wohnte gleich gegenüber auf der anderen Seite der Piazza. Viele Skizzen, Stadtansichten, Kopien bekannter Porträts sowie Miniaturen vermitteln einen interessanten Eindruck vom Leben der englischen Reisenden im frühen 19. Jh. Wer sich für englische Literatur interessiert oder einen ungewöhnliche Blick auf die Treppe genießen möchte, sollte sich einen Besuch des schönen, kleinen Museums nicht entgehen lassen.

Mo–Fr 10–13 und 14–18 Uhr, Sa 11–14 Uhr und 15–18 Uhr, So geschl. Eintritt 4,50 €, ermäßigt 3,50 € (unter 18/über 65 J.), Kinder unter 6 J. frei. Piazza di Spagna 26, ✆ 06/6784235, www.keats-shelley-house. org. Im kleinen **Bookshop** werden Postkarten und Poster sowie Bücher von Keats, Shelley und Lord Byron verkauft, außerdem alle möglichen Souvenirs zum Thema Romantik.

Sant'Andrea delle Fratte

Die Fassade der Barockkirche stammt von Borromini, ist aber nie fertig geworden und vielleicht gerade deshalb so reizvoll. Sehenswert sind im Inneren der Kirche die beiden **Marmorengel** Berninis, die bereits vom Eingang aus auffallen. Ursprünglich hatte er sie für die Engelsbrücke (→ S. 248) gefertigt.

Tägl. 6.30–12.30 und 16.30–19.30 Uhr, im Winter nachmittags 16–19 Uhr.

Praktische Infos

(→ Karte S. 176/177)

Ristoranti, Trattorie, Osterie

Gehobenes Preisniveau **Dal Bolognese** **4** Auf einem der schönsten Plätze Roms bekommen Sie hier noch hausgemachte Nudelgerichte, ein gutes *Bollito misto*, *Ossobuco* und diverse Saison- und Fischgerichte. Gehobenes Preisniveau, das Menü kommt auf ca. 60–70 €. Schick, viele Geschäftsleute, Politiker und ab und an mal ein Promi. Auch bei gut betuchten amerikanischen Touristen beliebt. Die Terrasse ist oft bis auf den letzten Platz besetzt – sehen und gesehen werden. Piazza del Popolo 1/2, ✆ 06/3611426. Mittags und abends geöffnet, Mo geschl.

Ristorante da Mario **53** Der Schwerpunkt dieses oft ausgebuchten Traditionsrestaurants liegt auf der toskanischen Küche. Freundlicher Service, ziemlich teuer, Menü um 50 €. Immer reservieren! Via delle Vite 55, ✆ 06/6783818, www.ristorantemario.net. Mittags und abends geöffnet, So Ruhetag.

Ristorante Nino **38** Das noble Restaurant bietet eine Mischung aus römischer und toskanischer Küche auf hohem Niveau. Di und Fr gibt es frischen Fisch, Sa *Trippa*, generell empfehlenswert sind die Steaks. Menü um 45–50 €. Reservierung üblich. Via Borgognona 11, ✆ 06/6795676. Mittags und abends geöffnet, So Ruhetag.

Trattoria Edy **11** Traditionslokal in einem ruhigen Gässchen nahe der Spanischen Treppe, schön auch zum Draußensitzen, geboten wird klassische römische Küche (auch guter Fisch). Menü um 40 €. Vicolo del Babuino 4, ✆ 06/36001738. Mittags und abends geöffnet, So Ruhetag.

Settimio all'Arancio 48 Gepflegte Trattoria, beliebt bei Politikern und Journalisten, im Sommer kann man draußen sitzen. Menü um 40 €. Via dell'Arancio 50, ☏ 06/6876119. Mittags und abends geöffnet, So geschl.

Al 34 31 Bei Touristen beliebtes Restaurant in einer der Gassen in unmittelbarer Nähe zur Spanischen Treppe. Angenehmes Ambiente mit schnellem und freundlichem Service, gute Küche; gute Desserts und große Auswahl an Dessertweinen. Auch Terrasse. Menü ca. 40 €. Via Mario de'Fiori 34, ☏ 06/6795091, www.al34.it. Mittags und abends geöffnet (Küche durchgehend), Mo Ruhetag.

Günstiger **Fiaschetteria Beltramme** 33 Ebenfalls nahe der Spanischen Treppe und allein der Einrichtung wegen – das ehemalige Künstlerlokal hat so manches Original an der Wand hängen – einen Besuch wert. Nett sitzt man aber auch draußen in der Gasse. Leckere Pasta, knackiger Salat, traditionelle römische Küche zu angemessenen Preisen, schöne Atmosphäre und ein freundlicher Service, das Menü kommt auf ca. 35 €. Mittags und abends geöffnet, So geschl., keine Reservierungen! Via della Croce 39.

››› Unser Tipp: **Matricianella** 57 Das enge Lokal mit netter Atmosphäre ist trotz zweier Gasträume und Terrasse auf der Straße stets ausgebucht, man sollte daher immer reservieren. Geboten wird eine viel gelobte, verfeinerte klassisch-italienische Küche (Sie können sich ganz auf die Tagesempfehlung verlassen), zum Abschluss werden hausgemachte Desserts oder eine vorzügliche Käseauswahl angeboten. Gute Weinkarte. Menü um 35 €. Via del Leone 2, ☏ 06/6832100, www.matricianella.it. Mittags und abends geöffnet, So geschl. ‹‹‹

Window-Shopping beim Modekönig

››› Unser Tipp: **Trattoria Gino** 67 Der Tipp fürs kleinere Budget. Achten Sie (vom Parlamentsplatz kommend) auf der rechten Seite der winzigen Gasse Vicolo Rosini auf das Schild „Trattoria". Dahinter verbirgt sich in zwei Räumen das alteingesessene Lokal der Familie del Grosso, das vor allem in der Mittagszeit immer bis auf den letzten Platz besetzt ist – ein Stück altes Rom mit urtümlicher Einrichtung, eng gestellten Tischen und familiärer Atmosphäre, sehr beliebt bei den Römern, die hier die sehr gute, bodenständige Küche genießen. Große Auswahl, das Menü kostet ca. 25–28 € (inkl. Hauswein). Vicolo Rosini 4 (die kleine Gasse zweigt von der Piazza del Parlamento ab), ☏ 06/6873434. Mittags und abends geöffnet, So Ruhetag. Man sollte auch mittags (13–14.45 Uhr) reservieren, für abends unbedingt! ‹‹‹

La Buca di Ripetta 19 Die Tische sind hier recht eng aneinander gerückt, sodass sie sich fast berühren (in der Mitte noch eine aufgestellte Vespa), davon abgesehen ist das überaus beliebte Lokal mit seiner guten römischen Küche bei akzeptablen Preisen durchaus empfehlenswert. Gute Weinkarte, Menü um 35–40 €. Via di Ripetta 36, ☏ 06/3219391, www.labucadiripetta.it. Mittags und abends geöffnet.

Gusto 24 Nicht nur schickes Ristorante, sondern auch Osteria, Winebar, Pizzeria, Formaggeria, Enoteca, (kulinarische) Buchhandlung und Haushaltswarengeschäft – auf mehrere Gebäude an der Piazza Augusto Imperatore verteilt (mit Ausnahme von Osteria und Winebar in der Via della Frezza) und bei Römern sehr „in". Sehenswertes Ambiente, perfekt gestylt und dennoch lässig und einladend, leicht gehobenes Preisniveau (Menü in der Osteria ca. 35 €), relativ günstig sind Pizza und Salate. Mit Terrasse. Alle Lokale sind mittags und abends geöffnet, die **Winebar** 25 durchgehend von 10.30–24 Uhr. Im noch recht neuen **Tatì al 28** 34 der Gusto-Familie gibt es ab 18.30 Uhr

Aperitivo mit Buffet (10 €), später dann Abendessen und Cocktail-Bar mit Musik. Piazza Augusto Imperatore 9, Ristorante: ✆ 06/3226273, Osteria: ✆ 06-32111482, Tatì al 28: ✆ 06/68134221, www.gusto.it.

Obikà 68 Hippe Mozzarella-Bar an einer kleinen Piazza, nur wenige Schritte abseits des Trubels, mit Terrasse. Bei der Zubereitung der Speisen kann man zusehen (hat irgendwie auch was von einer Sushi-Bar), hauptsächlich dreht sich hier alles um die Büffel-Mozzarella (*mozzarella di bufala*), nicht mal so teuer: Menü um 30 €. Sa/So Brunch (allerdings nicht im Hochsommer). Auch Aperitivo-Bar. Tägl. 10–24 Uhr geöffnet, Piazza di Firenze, ✆ 06/6832630, www.obika.it. (Eine Filiale gibt es am Campo de' Fiori.)

Al Gran Sasso 18 Das einfache Restaurant in der Via di Ripetta bietet bodenständige abruzzische Küche zu relativ günstigen Preisen. Der kleine Gastraum oben ist urgemütlich, vom etwas muffigen Kellergewölbe sollte man alllerdings nicht allzu viel erwarten. Menü ca. 25–30 €. Via di Ripetta 32, ✆ 06/3214883. Mittags und abends geöffnet, Sa Ruhetag.

Vegetarisch

Il Margutta RistorArte 6 Das einzige rein vegetarische Restaurant im Centro Storico, innen ziemlich groß, modern und elegant und beliebt bei den Römern. Es werden vier Menüs zu 29–60 € angeboten, das vegane Menü kostet 32 €, Salate 10 €. Empfehlenswert auch der „grüne Brunch": Mo–Fr für 12 € pro Pers., Sa 15 €, So 25 € (jeweils Büffet). Auch draußen in der autofreien Via Margutta ein paar Tische. Täglich mittags und abends geöffnet, für abends reservieren. Via Margutta 118, ✆ 06/32650577, www.ilmarguttavegetariano.it.

Pizzerie

Eine preiswerte Alternative zu den schicken Lokalen um die Via del Corso und die Piazza di Spagna ist die kleine **Pizzeria Il Buchetto** 1, die sich jenseits der Porta del Popolo in der Via Flaminia 119 befindet (linke Straßenseite, gleich hinter der Piazza della Marina). Hier wird gute Pizza im Holzofen gebacken, und es geht schnell – viele Angestellte kommen in der Mittagspause her. Preise um 15 €. Mittags und abends geöffnet, Di abends geschl., Sa/So mittags geschl. ✆ 06/3201707.

Recafé 36 Gehört zur Kette PizzaRé, viele Tische draußen unter den Arkaden der Piazza Augusto Imperatore, auch innen großzügig und viele Tische, nach hinten hinaus auch Bar und Café. Im Angebot Pizza (auch mittags, Pizza und Getränk für 10 €), aber auch Pasta, Salate und Panini als günstiges Mittagsmenü. Ansonsten Pizza 7–11 €, Menü um 30–35 €. Mittags und abends geöffnet. Piazza Augusto Imperatore 36, ✆ 06/68134730, www.recafe.it.

Fior-Fiore 23 Knusprige und lecker belegte Pizza, daneben auch Panini, Eis und Obstsalat. Pizza 7,50–12 €. Via della Croce 17/18. Tägl. durchgehend geöffnet.

Al Leoncino 49 Einfache, alteingesessene Pizzeria, die mit herbem römischem Charme betrieben wird. Leckere Holzofenpizza, relativ günstig, vor allem für die Plätze draußen stehen die Leute oft Schlange. Mittags und abends geöffnet (auch mittags Pizza), Mi geschl., keine Reservierung möglich. Via del Leoncino 28, ✆ 06/6867757.

Enoteche/Winebars

Enoteca Buccone 10 In den Regalen dieser alteingesessenen Enoteca finden Sie die besten Weine aus allen Regionen Italiens sowie internationale Tropfen. Angeboten werden auch verschiedene Delikatessen, Öle, Essigsorten. Täglich wechselnde Weine im Ausschank. Darüber hinaus kann man bei Buccone aber auch gut zu Mittag essen: Im Nebenraum gibt es eine Handvoll Tische, angeboten wird täglich wechselnd eine kleine Auswahl an Primi und 1–2 Secondi, außerdem auch Salate, kalte Gerichte etc. Preis um 20–25 € für ein Mittagessen. Freitags und samstags gibt es hier auch Abendessen (bis 22.30 Uhr). Via di Ripetta 19, ✆ 06/3612154, www.enoteca buccone.com. Mo–Do 9–20.30 Uhr geöffnet, Fr/Sa bis 23.30 Uhr, So geschl.

Enoteca al Parlamento 66 Die Enoteca von Gianfranco Achilli liegt mitten im Herzen Roms. Die Auswahl reicht von in- und ausländischen Spitzenweinen über Sekt bis zu Champagner und diversen Bränden und der wohl umfangreichsten Palette an Spirituosen, 400 Whisky-Marken sind vertreten, die Jahrgänge des Armagnac beginnen mit dem Jahr 1825. Zusätzlich gibt es feine Öle, eingelegte Früchte und Süßwaren, zahlreiche Essigsorten und andere Spezialitäten, nicht zu vergessen die Kanapees aus der Vitrine, auch Restaurant (nur

Um die Via del Corso → Karte S. 176/177

nach Voranmeldung); hier wird zweifelsohne ein zahlungskräftiges Publikum angesprochen. Mo–Sa 9–14 und 16–20.30 Uhr geöffnet, So geschl. Via dei Prefetti 15, ✆ 06/6873446, www.enotecaalparlamento.it.

Palatium 51 Die Enoteca Regionale der Region Latium: ein modernes Lokal mit minimalistischem Ambiente, in dem man sich zum Mittagessen (wechselnde Karte mit nicht allzu großer Auswahl) und einem Glas Wein trifft (4–5 €). Mittagsmenü ca. 25 €, abends etwas teurer. Im ersten Stock auf der Empore ist es ruhiger und gemütlicher als unten. Via Frattina 94, ✆ 06/69202132. Mo–Sa 12.30–15 und 19.30–23 Uhr, So geschl.

Pubs

Trinity College 79 Gemütlicher, etwas düsterer irischer Pub mit allem, was dazugehört (Guinness vom Fass), jede Menge kleine Gerichte – Burger, Sandwichs, Salate, Pasta etc., eher günstig (um 5–8 €). Zwischen 12 und 20 Uhr kann man hier auch ein komplettes Menü essen (teurer), Sa/So gibt es Brunch für 15 €. Beliebt bei jüngeren Touristen, aber auch Römer kommen gerne her. Riesige Getränkeauswahl, das Pint kostet 5 €, Cocktails 9 €. Fußballübertragungen (u. a. Champions-League), WI-FI. Via del Collegio Romano 6, ✆ 06/6786472. Tägl. ab 12 Uhr bis ca. 3 Uhr nachts geöffnet.

Cafés/Snacks

Caffè Greco 37 → Kasten, S. 178.

La Caffèttiera 78 Der Duft des Kaffees erfüllt den ganzen Platz. Gediegenes Café mit ebensolchem Publikum, viele Geschäftsleute. Empfehlenswerter Mittagstisch. Piazza di Pietra 65.

Babington's 32 Der 1894 von der Britin Anna Maria Babington eröffnete Tea Room direkt neben der Spanischen Treppe zeichnet sich auch nach über einem Jahrhundert durch sein britisches Ambiente aus und wirkt dabei etwas altmodisch, sehr teuer. Englisches und amerikanisches Frühstück, auch Mittagstisch (Salate um 20 €). Hauptsächlich englisches und amerikanisches Publikum. Piazza di Spagna 23, ✆ 06/6786027. Tägl. 9–20 Uhr geöffnet.

Caffè Rosati 3 Schicke Terrasse, meist voll besetzt, das Publikum setzt sich hauptsächlich aus reichen amerikanischen Touristen und römischer Oberschicht zusammen – im Vergleich zu Babington's Tea Room jedoch geradezu günstig: Cappuccino auf der Terrasse 5,50 €, Snacks ab 5 €. Schöne Lage. Eckhaus in der Via Ripetta an der Piazza del Popolo, bekannt ist das Rosati auch für gute Cocktails (abends bis 23.30 Uhr geöffnet). Etwas günstiger und nicht ganz so exklusiv ist das **Caffè Canova** auf der gegenüberliegenden Seite an der Piazza del Popolo (Anfang der Via del Babuino), hier sitzt man am Abend etwas länger in der Sonne.

An der Piazza San Lorenzo in Lucina (nahe Parlament) trifft man sich bei **Vitti**, **Ciampini** und **Teichner** zum Mittagssnack (Salate, Panini, auch Pizza und das volle Mittagsmenü) und zum Aperitivo. Zwar ist es auch hier relativ teuer, doch kein Vergleich zu Rosati, Babington, Caffè Greco & Co.

Gelaterie

Giolitti 75 Die berühmteste Eisdiele Roms. Im Sommer werden in diesem Familienbetrieb (in der vierten Generation) mit 40 Angestellten pro Tag neun Doppelzentner Eis (es gibt bis zu 60 Sorten!) hergestellt, wofür 9000 Eigelbe (!) benötigt werden; in der Vitrine warten aber auch kleine Törtchen, Plätzchen, Kuchen etc. auf Abnehmer. In einem Nebenraum kann man in vornehmer Rokoko-Atmosphäre sitzen, es gibt außerdem einige Tische draußen. Gelato zum Mitnehmen ab 2,50 €. Vor allem abends sehr lange Schlangen, Leser berichten von unwirschem Service. *Achtung*: Immer erst an der Kasse zahlen, dann anstellen! Via degli Uffici del Vicario 40 (beim Parlament), www.giolitti.it. Di–So durchgehend bis 1 Uhr nachts geöffnet, Mo geschl.

GROM 74 Die Konkurrenz nur wenige Meter unterhalb von Giolitti, auch hier lange Schlangen, sehr modern, das Eis kommt aus dem blank polierten Edelstahltopf und in der Herstellung aus biologischem Anbau, saisonale Sorten im monatlichen Wechsel. Die Turiner Gelato-Kette mit italienweit über 30 Filialen gibt es auch in New York und Paris. Tägl. 11–24 Uhr geöffnet, Fr/Sa bis 1 Uhr. Via della Maddalena 30/A. Filiale an der Piazza Navona. ■

Shopping (Kulinarisches)

Fratelli Fabbi Alimentari 22 Feinkost aus der Region Latium, z. B. Büffelmilchmozzarella und andere Käse-, aber auch Wurstspezialitäten, z. B. ausgezeichneter Parmaschinken. Via della Croce 27.

Pasta all'Uovo 29 Seit über 90 Jahren werden hier frische Nudeln nach altem Familienrezept hergestellt. Via della Croce 8.

Confetteria Moriondo & Gariglio 80 Liebevoll gestalteter, kleiner Laden mit hausgemachten Pralinenkunstwerken. Sehr exquisit und sehr teuer. Im August geschl. Via del Piè di Marmo 21–22 (Piazza Collegio Romano), www.moriondoegariglio.com.

Supermarkt **DeSpar** in der Via del Pozzetto 119 (gleich bei der Piazza San Silvestro); **Di per Di** in der Via Vittoria 22A (nahe Spanische Treppe, parallel zur Via della Croce).

Shopping (außer Mode)

Ein **Büchermarkt** findet werktags an der Piazza Borghese statt (am gleichnamigen Palazzo nahe dem Tiber), außerdem in der Via Muratte/Ecke Via del Corso (hier geht es zum Trevi-Brunnen).

Herder 76 Internationale Buchhandlung an der Piazza Montecitorio 117–120 mit umfangreichem Sortiment an deutschsprachigen Büchern: Belletristik, Sachbücher, Reiseführer zu Rom und Italien. Deutschsprachige Mitarbeiter. Mo–Sa 9.30–19.30 Uhr geöffnet (im Juli/Aug. Sa geschl.), So geschl. ✆ 06/6795304, www.herder.it.

The Anglo-American Bookshop 55 Englische Bücher, Zeitungen und Zeitschriften. Gut sortiert, auch zahlreiche Reisebücher und eine gute Auswahl an Kunstbüchern. Geöffnet Di–Sa 10–19.30 Uhr, So geschl., Mo 15.30–19.30 Uhr. Via delle Vite 102.

Il Mare 12 In der ansprechenden Buchhandlung dreht sich – wie der Name schon sagt – alles um das Meer. Fachliteratur für Segler, Bildbände, Seekarten, schöne Poster (große Auswahl) und ein großer Bestand an italienischsprachigen Reisebüchern zu Italien und der ganzen Welt. Mit kleiner Bar. Via di Ripetta 239, www.ilmare.com.

la Feltrinelli 73 In der Galleria Alberto Sordi. Neben Büchern auch CDs und DVDs, mit Café (sehenswerte Räumlichkeiten).

L'Aventure 13 Comics, Graphic Novels usw. in großer Auswahl. Hilfsbereiter Besitzer. Tägl. 10–20 Uhr, Mo erst ab 13 Uhr. Via del Vantaggio 21, www.librerialaventure.com.

Fabriano 9 Edle Papierwaren und Kladden, Blöcke, Filofaxe, Tagebücher etc. Eher teuer. Via del Babuino 173.

C.U.C.I.N.A. 30 Alles für die Küche, darunter viel Edelstahl, das meiste passt auch in den Koffer. Auch Haushaltstextilien. Via Mario de'Fiori 65.

Gusto – La Libreria 26 Riesige Auswahl an Kochbüchern (in Italienisch und Englisch), dazu edle Haushaltswaren vom Kochlöffel bis zur chromglänzenden Küchenmaschine. Hier finden Sie garantiert ein passendes Souvenir für Küchen- und Kochliebhaber, auch schönes Geschirr und Tischdecken etc. Durchgehend 10.30–0.30 Uhr geöffnet. Piazza Augusto Imperatore 7, www.gusto.it.

Maurizio Grossi Mosaici e Marmi d'Arredamento 8 Edelste Wohnaccessoires in Marmor, z. B. Obelisken, täuschend echte Fruchtimitationen, Büsten, Alabasterschalen etc. Via Margutta 109 (Nähe Spanische Treppe), www.mauriziogrossi.com.

T.A.D. Conceptstore 14 Unscheinbarer Eingang, dahinter Café, Kosmetik, Schmuck, Haushaltsaccessoires, Mode, Schuhe, Musik, Blumen, Friseur, Restaurant (asiatischer Mittagstisch) und Café mit WI-FI-Zone. *Achtung*: Zuletzt wegen Umbau geschlossen! Via del Babuino 155A.

B.B.K. 21 Moderne Einrichtungsgegenstände. Via della Frezza 60.

Vittorio Bagagli 64 Edelstes Geschirr und Glas in der Via di Campo Marzio 42.

Campo Marzio Design 63 Füller, Tinte, Kladden, Vintage-Füller und Reparatur des edlen Schreibgeräts. Sehr erlesen und nicht gerade preiswert. Via di Campo Marzio 41.

Ricordi 17 Große Auswahl von gängigem Pop bis zur Klassik, die CD-Preise sind (selbst für Italo-Pop) in Deutschland günstiger. Via del Corso 506.

AS Roma-Store 77 An der Piazza Colonna, der Fanshop lässt das Herz jedes eingefleischten *Romanista* höher schlagen. Kultfigur Francesco Totti grüßt lebensgroß vom

Um die Via del Corso → Karte S. 176/177

Poster, daneben gibt es vom Schlüsselanhänger bis zur Boxershort einfach alles in den Farben der Giallorossi. Auch Tickets fürs Stadion. Piazza Colonna 360, www.asromastore.it.

Old Soccer 15 Historische Fußballtrikots (um 50 €) vieler europäischer Vereine und der Nationalmannschaften, Schuhe, Bälle, Mützen, Schals etc. Nicht gerade günstig, aber eine Fundgrube für echte Fans. Via di Ripetta 30, www.oldsoccer.it.

GM**Ferrari-Store** 41 Im Merchandise-Shop der Roten gibt es alles, was der Ferrarista so braucht. Bolide im Schaufenster, das Personal trägt rote Monteurskluft. Via Tomacelli 146–152.

Mode

Das Modeviertel der Spitzen-Couturiers befindet sich im Dreieck Via del Corso, Via del Tritone und Via del Babuino mit der Via Condotti als teuerster und vornehmster Einkaufsstraße. Hier sind von Armani bis Zegna alle Götter des Modeolymps vertreten. Die Preise sind niedriger als in Deutschland, aber immer noch immens (Schnäppchen sind möglich, besonders im Schlussverkauf).

Bezahlbare Mode finden Sie in anderen Gegenden, z. B. im letzten Abschnitt der Via del Corso vor der Piazza del Popolo. Hier reihen sich Läden für junge Mode aneinander (auch preiswerte Schuhgeschäfte), darunter Ketten wie Benetton, Stefanel, Sisley, Diesel, Energie (gleich mehrfach in der Via del Corso) und Ethic. Exklusivere Geschäfte befinden sich in den Gassen, die von der Via del Corso in Richtung Pantheon und weiter in Richtung Piazza Navona abgehen.

In der **Galleria Alberto Sordi** (gegenüber der Piazza Colonna) befinden sich einige Bekleidungsgeschäfte und neuerdings auch das – nun deutlich verkleinerte – Traditionskaufhaus **La Rinascente** 72 mit eher konventioneller Kleidung, Accessoires und Kosmetik. Außerdem einige Cafés (u. a. Vitti). Tägl. 10–22 Uhr geöffnet.

Davide Cenci 70 Klassisch-konservative Mode für Damen und Herren, gute Auswahl, gehobene Qualität und ebensolche Preise. Über Mittag geschl. Via di Campo Marzio.

Ermenegildo Zegna 39 Edle Anzüge des piemontesischen Traditionsunternehmens. Via Borgognona 7, soll demnächst in die Via Condotti umziehen.

Empresa 65 Geschmackvolle und ausgefallene Herrenmode, auch Schuhe und Accessoires. Teuer. Piazza del Parlamento 32.

Empresa für Damen 69 Findet man in der Via Campo Marzio 71: sehr modisch und ebenfalls teuer.

Marina Rinaldi 42 Gediegener Chic für etwas größere Größen, teuer. Via Borgognona 4.

Brighenti 47 Traditionsgeschäft für erlesene Dessous und Negligees, Seidenpyjamas etc. Teuer und edel. Hilfsbereite Mitarbeiterinnen. Via Frattina 7, eine Filiale befindet sich in der Via Borgognona 27.

Armani Jeans 40 Die etwas günstigere, junge Mode von Armani in der Via Tomacelli 138, ein weiterer Laden befindet sich in der Via del Babuino 70 A.

Borsalino 2 Edle Hüte aller Art in der Via del Babuino 20 (beim Hotel De Russie), eine kleine Filiale gibt es auch in der Via Campo Marzio 72/A 71.

Tod's 50 In Schuhen von Tod's machte schon Cary Grant eine gute Figur. Zeitlos klassische Modelle, die natürlich ihren Preis haben, auch Accessoires. Via Fontanelle Borghese (gleich beim Largo Goldoni), außerdem in der Via Condotti 52/53.

Fratelli Rossetti 20 Nobelschuhe und Taschen, ungemein elegant, aber leider sehr teuer. Via del Babuino 59/a, außerdem in der Via Borgognona 5/a, www.rossetti.it.

Fausto Santini 46 Exklusive Schuhmode und elegante Handtaschen in der Via Frattina 120.

AvC 45 Ausgefallene Damenschuhe der römischen Designerin, gar nicht mal so teuer. Via Frattina 41. Gibt es noch mal an der Piazza di Spagna 88.

Marco Marco 16 Große Auswahl an bezahlbaren Schuhen für Damen und Herren. Via del Corso 43.

Breil 59 Uhren, Schmuck und Sonnenbrillen des Mailänder Unternehmens. Bezahlbar. Piazza San Lorenzo in Lucina 2, www.breil.com.

Optariston 61 Römische Optikerkette mit einer riesigen Auswahl an Sonnenbrillen und Brillen der meisten gängigen Designer. Via delle Vite 6, gibt es noch mal in der Via Nazionale 246, www.optariston.com.

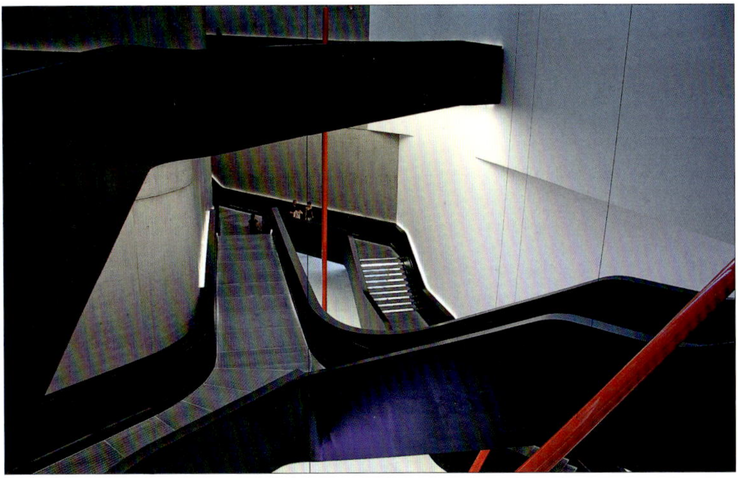

Zaha Hadids Museum MAXXI

Im Norden der Innenstadt

Nördlich der Piazza del Popolo erstreckt sich das Wohnviertel Flaminio mit seinen schicken Mietshäusern. Hauptachse ist die historische Via Flaminia, über Jahrhunderte die wichtigste Einfallstraße in die Stadt.

Das nicht gerade günstige, gediegenbürgerliche Wohnviertel entstand Ende des 19. und vor allem Anfang des 20. Jh., als die Befestigungen des Tiberufers die Gegend nachhaltig vor Hochwasser schützen konnten. In der Antike führte die Via Flaminia – nachdem man mit dem Ponte Milvio eine der seinerzeit wichtigsten Brücken der Stadt überquert hatte – schnurgerade zur Porta Flaminia, die später durch die Porta del Popolo ersetzt wurde. Archäologisches ist in diesem Gebiet allerdings nicht allzu viel zu finden. Einige antike Überreste kamen jedoch beim Bau des Auditoriums (→ S. 195) zutage. Aus dem 16. Jh. ist außerdem die Renaissancekirche **Sant'Andrea** von Giacomo Vignola direkt an der Via Flaminia zu sehen. Besondere Attraktivität gewann das Viertel mit den Olympischen Sommerspielen von 1960, als man hier einige der Sportstätten – das *Stadio Flaminio* sowie den *Palazzetto dello Sport* von Pier Luigi Nervi– und das Olympische Dorf (heute Wohnungen) baute. In jüngster Zeit kamen zwei architektonische Leuchttürme hinzu: das **Auditorium** von Renzo Piano und das Museum **MAXXI** von Zaha Hadid. Romantiker können einen Spaziergang über die autofreie Milvische Brücke (Ponte Milvio) nur ein Stück nördlich unternehmen.

Verbindung: Ab dem Piazzale Flaminio (Nordseite der Porta del Popolo) mit der Tram Nr. 2 (Endhaltestelle) Richtung Norden auf der Via Flaminia, *Apollodoro* ist die Haltestelle für MAXXI und Auditorium, *Pinturicchio* heißt der näheste Stopp zum Ponte Milvio.

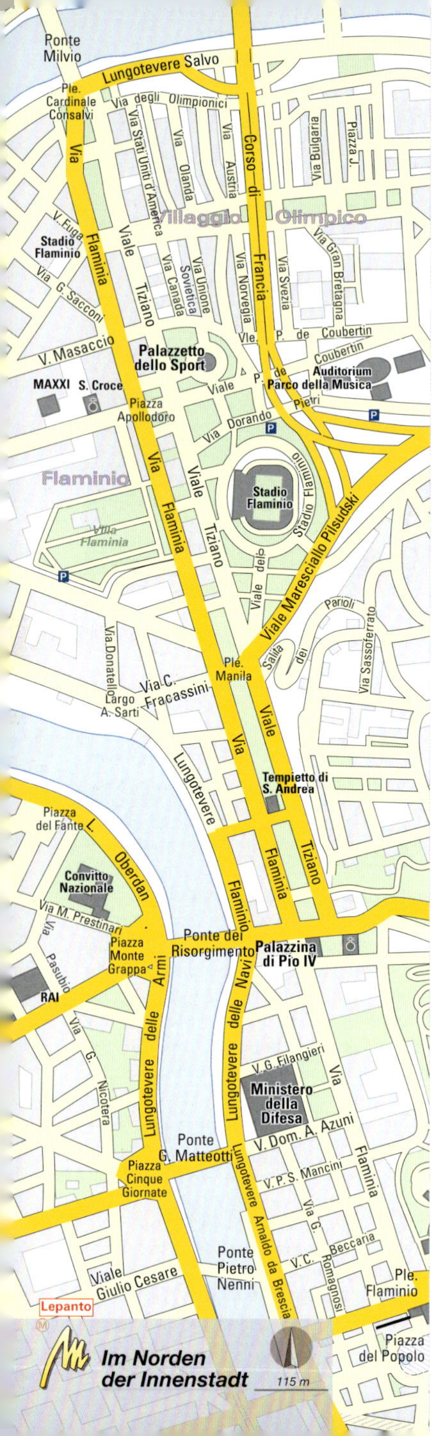

MAXXI

Das *Museo Nazionale delle Arti del XXI Secolo* (so der vollständige Name) zählt zu den spektulärsten Neubauten im Rom des 21. Jh. Die Architektin *Zaha Hadid*, eine Britin mit irakischen Wurzeln, hat auf dem ehemaligen Kasernengelände in der Via Guido Reni eine verschachtelte, gleichzeitig aber auch „fließende" Architektur aus Beton und Glas kreiert, die für Aufsehen sorgte.

Das Innere des großzügigen Baus wurde von Hadid so konzipiert, dass der Besucher sich hier „verlieren", sich treiben lassen soll: Also kein klares Rundgangskonzept, sondern eine Aufeinanderfolge von Ausstellungsbereichen, die durch Treppen oder Auf- und Abgänge miteinander verbunden sind. Die dauerhaft gezeigten Exponate zeitgenössischer Kunst sind in den verschiedenen Räumlichkeiten zu sehen, sollen aber von Ausstellung zu Ausstellung in unterschiedlichem Kontext gezeigt werden.

Gezeigt werden auf mehreren Ebenen wechselnde Ausstellungen zu zeitgenössischer Kunst, Architektur und Design; im Erdgeschoss befindet sich außerdem ein großes Archiv.

Der Außenbereich – hier zwei Cafés – lädt mit Wasserbecken und einem grünen Hügelchen zum Verweilen ein, ein großzügiger Platz, auf dem von etwa Mitte Juni bis Mitte Oktober auch Veranstaltungen stattfinden.

Di–So 11–19 Uhr, Do und Sa bis 22 Uhr (Einlass bis 1 Std. vor Schließung), Mo geschl. Eintritt 11 €, erm. 8 €, Schüler/Stud. ab 14 J. 4 €, unter 14 J. frei. Audioguide in ital./engl. 5 €, für 2 Pers. 7 €, Führungen in italienischer Sprache immer Sa/So um 12 und 17 Uhr (4 €, Dauer 1,5 Std.). Via Guido Reni 4 A, ✆ 06/39967350, www.fondazionemaxxi.it. Von der Tramhaltestelle *Apollodoro* nach links in die Via Guido Reni, nach wenigen hundert Metern auf der rechten Seite ist das Museum nicht zu übersehen.

Auditorium – Parco della Musica

Der italienische Stararchitekt Renzo Piano vollendete hier 2002 einen Gebäudekomplex mit drei futuristischen Konzerthallen, deren panzerartige Außenhaut bei Kritikern die Assoziation zur Kakerlake aufkommen ließ. In der Mitte zwischen den Konzerthallen befindet sich eine amphitheater-artige Freilichtbühne, zwischen zweien der Konzerthallen außerdem ein kleines Ausgrabungsgelände (innen im Komplex die dazugehörige archäologische Ausstellung), das bei den Bauarbeiten zutage kam. Das Auditorium bietet den Rahmen nicht nur für zahlreiche Konzerte und weitere Veranstaltungen, sondern auch für das internationale Kinofestival (Ende Oktober). Zudem ist es heute Heimat des römischen Spitzenorchesters *Accademia di Santa Cecilia* (Infos zu Veranstaltungen und Tickets aller Art → S. 72).

Das großzügige, angenehm autofreie Gelände des Parco della Musica ist tagsüber 11–20 Uhr (So 10–20 Uhr) geöffnet, die archäologische Ausstellung ist kostenlos zugänglich. Das **Café** (auch Bar/Gelateria) erfreut sich großer Beliebtheit (leckere Panini), das ansonsten eher teure **Ristorante** bietet am frühen Abend Aperitivo mit Buffet (10 €). Großer Bookshop am Eingang. **Führungen** durch den Parco della Musica werden Sa und So zwischen 11.30 und 16.30 Uhr jede volle Stunde (9 €, ermäßigt 7 €, Studenten 5 €) angeboten, Infos unter ✆ 06/80241281. Viale Pietro de Coubertin 30, www.auditorium.com. Von der Tramhaltestelle *Apollodoro* rechts ab in die Via Pietro de Coubertin, den Palazzetto dello Sport links liegen lassen und unter der Hochstraße Corso Francia hindurch, dann sind es nur noch wenige Meter. Parkplätze neben dem Gelände.

Ponte Milvio

Über die Milvische Brücke aus dem Jahr 109 v. Chr. führten in der Antike die Via Flaminia (von der mittleren Adriaküste) und die Via Cassia (aus der Toskana) in die Stadt. 312 n. Chr. fand

Ponte Milvio – die Brücke der Verliebten

hier die entscheidende Schlacht zwischen Konstantin und Maxentius statt, aus der Konstantin siegreich hervorging, der bald darauf das Christentum als Religion zuließ.

Von den antiken Bögen sind die mittleren noch original erhalten. Zur Stadtseite hin sind zwei Statuen (18./19. Jh.) aufgestellt, auf der anderen Tiberseite geht man durch ein Tor zum Piazzale Ponte Milvio. Die autofreie Brücke ist auch ein Ziel für Verliebte und Romantiker, seit sich in Federico Moccias Jugend-Schnulzen-Roman *Ho voglia di te* (dt.: Ich steh auf dich) ein junges Paar hier ewige Liebe schwor, ein Vorhängeschloss an einem der Laternenpfeiler auf der Brücke abschloss und den Schlüssel in den rauschenden Tiber warf. Die Zahl der Nachahmer ist beachtlich.

Von der Tramhaltestelle *Pinturicchio* auf Viale Pinturicchio und Viale Flaminio ca. 200 m in nördliche Richtung zur Brücke. Mehrere Bars/Lokale am Piazzale Ponte Milvio und Umgebung.

Im Norden der Innenstadt → Karte S. 194

Rundgang 6

Um die Piazza della Repubblica

Hier, gleich beim Hauptbahnhof, liegen einige bemerkenswerte Sehenswürdigkeiten dicht beieinander: die Diokletians-Thermen mit dem umfangreichen Nationalmuseum für Archäologie, ein weiteres Nationalmuseum im Palazzo Massimo und schließlich die Pilgerkirche Santa Maria Maggiore. Südöstlich des Bahnhofs, um die Piazza Vittorio Emanuele II, zeigt sich Rom multikulturell, hier leben die meisten Einwanderer im Innenstadtbereich.

Die verkehrsreiche Piazza della Repubblica geht quasi in den Bahnhofsvorplatz (Piazza del Cinquecento) mit Busbahnhof über. Wie in anderen Bahnhofsgegenden europäischer Großstädte trifft man auch hier auf allerlei fliegende Händler, die vom billigen Feuerzeug bis zum MCM-Taschen-Imitat fast alles anbieten (*Achtung*: Imitate von Luxuslabeln zu einem Spottpreis zu kaufen ist in Italien strengstens verboten, wer erwischt wird, muss eine saftige Geldbuße zahlen!).

Die Piazza della Repubblica hieß früher Piazza Esedra und wird z. T. auch heute noch so genannt. Der Platz wurde nach der Einigung Italiens und der Erbauung des Bahnhofs 1886 als monumentaler Eingangsbereich zur Hauptstadt des noch jungen Königreichs neu gestaltet. Die hier beginnende Via Nazionale wird symmetrisch von zwei halbrunden Gebäuden mit Arkadengängen eingerahmt (eines davon beherbergt das Luxushotel Exedra), die auf den Fundamenten der Exedra der Diokletians-Thermen gebaut wurden – daher auch der ursprüngliche Name des Platzes. Die Exedra war ein halbrunder Säulengang, der den Innenhof der Thermen abschloss.

Die Nordseite des Esquilins und der benachbarte Viminal (zwischen Via Cavour und Via Nazionale), auf dem sich heute das italienische Innenministerium befindet, waren in der Antike dicht bevölkerte Viertel, später ließ sich auf dem Quirinal die Oberschicht nieder.

Im Mittelalter verkam die Gegend, erst durch Papst Sixtus V. wurden städtebauliche Maßnahmen ergriffen, um

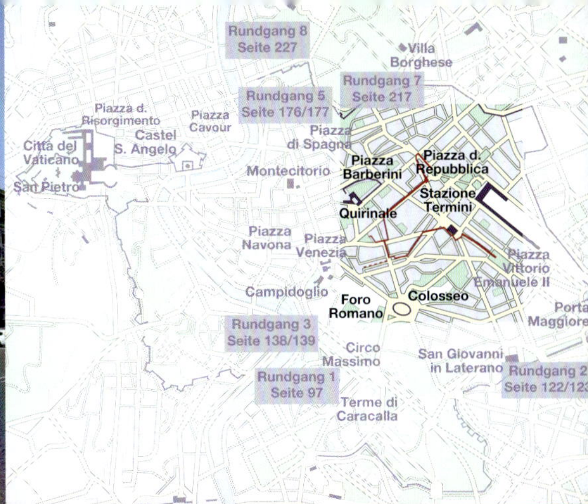

Um die Piazza della Repubblica

durch gerade Verbindungsstraßen die Pilgerkirche Santa Maria Maggiore besser zugänglich zu machen und so in das Stadtzentrum zu integrieren.

Ende des 19. Jh. wurden die großen Gründerzeit-Wohnblocks südlich des Hauptbahnhofs und um die Piazza Vittorio Emanuele II (im Volksmund auch einfach: Piazza Vittorio) gebaut. Heute hat sich in der Via Nazionale und z. T. auch in den umliegenden Straßen ein beliebtes Einkaufsviertel gebildet, das in punkto Extravaganz mit der Gegend um die Via Condotti zwar nicht konkurrieren kann, dafür aber für den kleineren Geldbeutel eine vielfältige Auswahl bietet. Die Straßen Via del Boschetto, Via dei Serpenti und Via Panisperna im angesagten Stadtviertel *Monti* (grob zwischen Viminal und Kolosseum) zählen zu den schönsten Ecken in dieser eher hektischen Gegend der Innenstadt. Ein wenig Beschaulichkeit findet sich noch in den kleinen Sträßchen beiderseits der Via Cavour.

Spaziergang

Die Tour beginnt an der **Piazza della Repubblica** mit dem **Najadenbrunnen**. Vorher sollte man jedoch (sofern man hier nicht ohnehin angekommen ist) einen Blick auf den nur wenige hundert Meter entfernten Hauptbahnhof **Stazione Termini** (benannt nach seiner Nähe zu den Diokletians-Thermen) werfen. Der erste große Bahnhof hier entstand 1870, als Rom Hauptstadt des geeinten Italien wurde. Das heutige Gebäude mit seiner 200 Meter langen Vorhalle von 1950 galt damals als schönster Bahnhof Europas. Nachdem der Bahnhof zwischenzeitlich stark an Attraktivität eingebüßt hatte, zeigt er sich – nach umfangreichen Renovierungsmaßnahmen für das Heilige Jahr 2000 – heute wieder recht elegant: zahlreiche Geschäfte und Bars, im Untergeschoss befindet sich die Shoppingmeile „Forum Termini“ mit unzähligen Läden (hauptsächlich Bekleidung). Rechts der Eingangshalle (wenn man herauskommt) steht noch ein Teil der Servianischen Stadtmauer aus dem 4. Jh. v. Chr.

Übernachten
(S. 53–56)
1 Villa Florence
2 Porta Pia
3 Lilium
5 Artdeco
6 Castelfidardo
8 Alpi
9 Papa Germano
10 Tre Stelle
11 Astoria Garden
13 Exedra
14 Fawlty Towers (Hostel) (S.45)
15 Impero
19 Kennedy
22 Antica Locanda
26 Radisson Blu es.
27 Grifo
29 B & B Il Covo (S.44)
40 Duca d´Alba
43 Forum
45 Romano
Essen & Trinken
(S. 207/208)
20 Valentino
24 Il Guru
25 Maharajah
28 Hasekura
30 Urbana 47
31 Agata e Romeo
34 Monti
38 La Cicala e la Formica
42 La Taverna dei Fori Imperiali
Einkaufen (S. 210)
12 la Feltrinelli International
16 Forum Termini
32 Il Giardino del Tè
41 La Bottega del Cioccolato
Cafés/Bars/Gelaterie
(S. 208/209)
17 Bookàbar
23 Antico Caffè Santa Maria
26 Zest Bar
35 Indian Fast Food (Cafés/Snacks)
36 Libreria Caffè Bohemien
37 Ciuri-Ciuri (Gelaterie)
39 La Bottega del Caffé
46 Palazzo del Freddo (Gelaterie)
Enoteche/Winebars
(S. 208)
4 Trimani - Il Winebar
7 Enoteca Trimani
18 La Barrique
21 Bottigliera Ai 3 Scalini
33 Al Vino al Vino
44 Enoteca Cavour 313
Rundgang 7 siehe S. 217
Rundgang 5 siehe S. 176/177
MACRO
Spanische Treppe
Via Salaria
Via Tevere
Piazza Fiume
Pta. Salaria
Via Bergamo
Piazza Alessandria
V. Reggio Emilia
Via Nomentana
Ple. di Porta Pia
Viale R. Margherita
Piazza Galeno
Via A. Vesalio
Via dei Villini
Via M. Malpighi
Via Villa Patrizi
Piazza d. Croce Rossa
Viale del Policlinico
Via XX Settembre
Ministero del Tesoro e del Bilancio
Via Cernaia
V. Pastrengo
Viale Castro Pretorio
Castro Pretorio
Pretorio
Via S. Martino d. Batt.
Piazza Indipendenza
Via Palestro
Via Castelfidardo
Via Goito
Via Montebello
V. Volturno
Terme di Diocleziano (Diokletian-thermen)
S. Maria degli Angeli
Aula Ottagona
Moses-Brunnen
Santa Maria della Vittoria
Largo S. Susanna
Santa Susanna
Piazza S. Bernardo
S. Bernardo
Repubblica
Piazza d. Repubblica
Ministero della Difesa Esercito
V.le E. De Nicola
Piazza dei Cinquecento
Museo Naz. Romano
Teatro dell'
V. Terme di Diocleziano
V.le L. Einaudi
Via Nazionale
Via Torino
Via Modena
Via Barberini
Barberini
Piazza Barberini
Pal. Barberini
Via del Tritone
Via Sistina
Via Rasella
Via Quattro Fontane
S. Carlo alle Quattro Fontane
Giardino del Quirinale
Via Vittorio Veneto
V. L. Bissolati
Palazzo Boncompagni
Via Lucullo
Via Piave
Via Collina
Via Sicilia
V. Calabria
Via Flavia
V. Aureliana
Via Carducci
Via S. Nicola Tolentino
Via S. Basilio
V. della Purificazione
Via d. Artisti
V.d. Sforzesca
V. Monzambano
Viale dell' Università
Via Vicenza
Via Magenta
Via dei Mille
Via Marghera
Via Varese
Via Milazzo
Via Gaeta
V. Mentana
V. Curtatone
V. Bachelet
Via Gobetti

Rundgang 6
150 m
Stadtteil San Lorenzo
San Lorenzo siehe S. 213
Rundgang 2 siehe S. 122/123
Rundgang 1 siehe S. 97
P.zza del Quirinale
Pal. delle Esposizioni
San Vitale
Ministero dell'Interno
P.zza del Viminale
Piazza d. Esquilino
S. Maria Maggiore
Piazza S. Maria Maggiore
Via Carlo Alberto
Piazza Vittorio Emanuele II
Vittorio Emanuele
Stazione Laziali
Markthallen
Esquilino
Piazza Dante
Via Merulana
Via Cavour
Via Nazionale
Via XXIV Maggio
Largo Magnanapoli
Villa Aldobrandini
S. Agata d. Goti
Santi Domenico e Sisto
Via Panisperna
V. del Boschetto
Via Cimarra
Via dei Serpenti
Via Urbana
Via S. Maria Maggiore
Cavour
Largo Venosta
Via Giovanni Lanza
Piazza S. Martino ai Monti
S. Martino ai Monti
S. Prassede
Palazzo Brancaccio
S. Pietro in Vincoli
Parco di Traiano
Terme di Traiano
Domus Aurea
Viale del Monte Oppio
Colosseo
Kolosseum
Via dei Fori Imperiali
Basilica di Massenzio
Ss. Cosma e Damiano
S. Francesca Romana
Tempio Venere e Roma
Ausgrabungsgelände
Via Labicana
Viale A. Manzoni
Via Principe Umberto
Via Giovanni Giolitti
Via Napoleone III
Viale Pretoriano
Viale Porta Tiburtina
Via Marsala
Via Gioberti
Via Amendola
Via Farini
Via Torino
Via Milano
Via Genova
Via Sette Sale
Via Mecante
Via Ruggero Bonghi
Via E. Filiberto
V. Conte Verde
Via Nino Bixio
Via Galilei
16
17
18
19
20
21
22
23
24
25
26
27
28
29
30
31
32
33
34
35
36
37
38
39
40
41
42
43
44
45
46

Zwischen der Piazza del Cinquecento und der Piazza della Repubblica befindet sich auf der linken Seite das römische **Nationalmuseum** (Palazzo Massimo alle Terme) mit seiner bedeutenden Antikensammlung. Schräg gegenüber, auf der anderen Seite der Piazza della Repubblica, ist in den ehemaligen **Diokletians-Thermen** eine Zweigstelle des Nationalmuseums untergebracht. Zu dem Gebäudekomplex gehört auch die von Michelangelo gestaltete **Kirche Santa Maria degli Angeli** und die nur wenige Meter entfernte **Aula Ottagona** mit ihren bedeutenden antiken Bronze- und Marmorstatuen.

Malerisches Monti

Von der Piazza gelangt man in nordwestliche Richtung nach wenigen Metern zur Piazza San Bernardo mit dem **Mosesbrunnen**, auf der anderen Straßenseite (die Via XX Settembre überqueren) stößt man auf die **Kirche Santa Maria della Vittoria**, in der Berninis überaus weltliche Darstellung der heiligen Theresia von Ávila seinerzeit für einen riesigen Skandal sorgte.

Wer Zeit hat, kann sich noch die einander gegenüberliegenden Kirchen **Santa Susanna** und **San Bernardo** anschauen, vorbei an Letzerer geht man nun die Via Torino hinunter – der Blick fällt durch die Straßenschlucht auf die Apsis von Santa Maria Maggiore, die später auf dem Rundgang noch besucht wird. Von der Via Torino erreichen Sie nun die belebte Einkaufsstraße Via Nazionale und folgen ihr nach rechts hinunter in Richtung Nationalmonument (ein Stück weiter Richtung Piazza Venezia auf der linken Seite erhebt sich das mächtige Gebäude der *Banca d'Italia*, die hier einen ganzen Straßenblock einnimmt).

Schräg unterhalb des mächtigen **Palazzo delle Esposizioni** geht es halb links ab in die ruhige, abends autofreie und somit fast schon idyllische Via del Boschetto mit ihren kleinen Geschäften und Restaurants – pure Erholung nach der Hektik an der Piazza della Repubblica und der lauten Via Nazionale. Von der Via del Boschetto biegt man rechts ab in die Via Panisperna. Folgt man dieser nach deren „Sohle" nun bergauf und dann gleich rechts ab in die Via Mazzarino, erreicht man nach wenigen Metern linker Hand den winzigen Park **Villa Aldobrandini** (geöffnet 7 Uhr bis Sonnenuntergang): im Sommer etwas verdörrt, aber mit einigen Parkbänken, Palmen, Brunnen und kopflosen Statuen sowie etwas Aussicht und trotz der verkehrstosenden Via Nazionale gleich unterhalb relativ ruhig. Wer keinen Abstecher zum Park unternimmt, kann von der Via Panisperna gleich links hinunter abbiegen in die Via dei Serpenti mit zahlreichen interessanten Läden und Restaurants. Ein Stück hinunter, und schon stehen Sie an der schönen Piazza della Madonna dei Monti mit Brunnen und Cafés (samt schattiger Terrassen) – ideal für eine Pause. Die quasi autofreie Via Madonna dei Monti (zweigt am unteren Ende der Piazza della Madonna dei Monti von der Via dei Serpenti rechts ab) ist die vielleicht noch ursprünglichste Straße im Viertel, sie führt zum Ausgrabungsgelände der Kaiserforen (→ S. 103).

Am unteren Ende der Piazza Madonna dei Monti geht es in die Via Leonina, rechter Hand die Treppen hinauf, dann muss man die Via Cavour überqueren und gelangt über die Treppen im Torbogen hinauf zur Kirche San Pietro in Vincoli (→ S. 127), ein lohnender Abstecher! Auf der autofreien Via Leonina bis zur Metrostation und dann weiter (halblinks) auf der ebenfalls quasi autofreien Via Urbana stößt man bald wieder auf die Via Panisperna. Rechts ab und steil bergauf gelangen Sie direkt zur Kirche **Santa Maria Maggiore**, einer der vier Patriarchalkirchen Roms. Hier endet der Rundgang, lohnend ist noch ein Abstecher von der Piazza zur sehenswerten kleinen **Kirche Santa Prassede**. Von Santa Maria Maggiore sind es nur wenige Minuten auf der Via Carlo Alberto zur **Piazza Vittorio Emanuele II** (Metrostation Linea A). Ein Abstecher führt in die Via Merulana zum **Museo Nazionale d'Arte Orientale**. Die Tour dauert – je nach Intensität der Besichtigung der beiden Nationalmuseen – etwa vier bis fünf Stunden.

Sehenswertes

Palazzo Massimo alle Terme/ Museo Nazionale Romano

Das römische Nationalmuseum wurde zum Jahr 2000 grundlegend restauriert. Bei dieser Gelegenheit wurden die etwa 300.000 antiken Fundstücke – die bedeutendste Sammlung antiker römischer Kunst überhaupt – auf verschiedene Zweigstellen verteilt. In unmittelbarer Nachbarschaft sind nun im **Palazzo Massimo**, dem **Thermenmuseum** (Diokletians-Thermen) und der **Aula Ottagona** viele der wichtigsten Ausstellungsstücke zu besichtigen.

Der Palazzo Massimo alle Terme beherbergt den größten Teil der Kunstsammlung mit den bedeutendsten Werken der republikanischen Zeit (ab dem 2. Jh. v. Chr.) und der Kaiserzeit bis zur Reichsteilung im 4. Jh. n. Chr. Dazu zählen auch die herrlichen Fresken aus dem Haus der Livia (Palatin, → S. 109) und aus anderen antiken Villen. Bei den Skulpturen handelt es sich überwiegend um römische Kopien, aber auch um importierte Originale griechischer Kunst (meist aus dem 5. Jh. v. Chr.). Die Ausstellungsstücke sind in modernen, nüchtern gehaltenen Räumlichkeiten bei perfekten Lichtverhältnissen inszeniert. Ein grober Überblick:

Im *Erdgeschoss* finden Sie vor allem Exponate aus republikanischer Zeit, in Saal II sind Grabmäler und Porträts aus der Zeit Caesars zu sehen, Saal IV und V sind der Ära des Augustus gewidmet.

Bedeutend ist in Saal V der **Altar von Ostia**, auf dem u. a. die mythologische Stadtgründung durch Romulus und Remus dargestellt ist. Auf dem Freskenband einer Grabanlage sind ebenfalls Szenen aus der Romulus- und der Troja-Mythologie zu sehen. In der Galerie III und im Saal VII finden sich griechische Originale (Statuen und Porträts).

Im *ersten Obergeschoss* des Palazzo befinden sich hauptsächlich Ausstellungsstücke aus der Kaiserzeit (1.–4. Jh. n. Chr.): Besonders hervorzuheben sind einige Porträts römischer Kaiser, die nach ihrer Ächtung durch den *damnatio memoriae* aus der Erinnerung der Römer sozusagen „gelöscht" werden sollten. Hierzu zählen Darstellungen von Domitian und Caligula.

Saal I ist der Dynastie der Flavier gewidmet, Saal II beschäftigt sich mit Trajan und Hadrian, Saal III u. a. mit der Ära des Antoninus Pius und Saal IV mit Marc Aurel. Sehenswert ist auch die Apollo-Statue in Saal VI, die römische Kopie eines schon in der Antike berühmten griechischen Originals aus dem 5. Jh. v. Chr., die man stark beschädigt im Tiber fand. Das Vorbild soll aus der berühmten Werkstatt des Phidias in Olympia stammen. Im großen Saal XIV sind Kunstwerke aus der Spätzeit des Römischen Reiches (Mitte 3. bis ca. Mitte 4. Jh.) zu sehen, darunter eine kleine Statue des lehrenden Christus aus dem 3. Jh. in der klassischen Darstellung eines dozierenden Philosophen.

Im *zweiten Stock* sind einige der schönsten Fresken, Mosaike und Stuckarbeiten aus antiken römischen Villen ausgestellt, so in den Sälen I und II z. B. die herrlichen **Fresken aus dem Haus der Livia** (der Ehefrau von Augustus) auf dem Palatin.

Das *Untergeschoss* ist einer umfangreichen numismatischen Sammlung von frühgeschichtlicher Zeit bis in die Gegenwart gewidmet.

Di–So 9–19.45 Uhr, Einlass bis 19 Uhr, Mo geschl. Eintritt 7 €, ermäßigt 3,50 € (18–25 J.), EU-Bürger unter 18 und über 65 J. haben freien Eintritt. Bei Sonderausstellungen teilweise teurer. Audioguide (in Deutsch) 5 €. Das Ticket ist auch für Palazzo Altemps, Terme di Diocleziano, Aula Ottagona und Crypta Balbi gültig (drei Tage). Englischsprachige Literatur zum Museum wird im angeschlossenen Buchladen verkauft. Largo di Villa Peretti 1. Zur Archeologia Card → S. 77.

Piazza della Repubblica

Einer der Verkehrsknotenpunkte der Innenstadt. Busse, Autos, Taxis und Mopeds schieben sich unaufhörlich in den Kreisverkehr; den Platz zu Fuß zu überqueren ist im Prinzip unmöglich. Mitten im Verkehrsknäuel bildet die **Fontana delle Naiadi** (Najadenbrunnen) das Zentrum des Platzes. Der Brunnen wurde 1888 fertig gestellt, die nackten Bronzenymphen auf den Sockeln hat man – nach langen Diskussionen über eine drohende sittliche Gefährdung der römischen Jugend – erst 1911 hinzugefügt. In der Mitte ringt Neptun mit einem Fisch.

In einem der beiden halbrunden Gebäude mit Arkadengang an der Piazza della Repubblica ist heute mit dem „Exedra" eines der nobelsten Hotels der Stadt untergebracht. Der andere Arkadengang an der Piazza ist etwas schlichter, hier stößt man auf einfachere Geschäfte und Cafés.

Diokletians-Thermen/ Thermenmuseum

Rund hundert Jahre nach der Eröffnung der Caracalla-Thermen erteilte Kaiser Diokletian (bekannt für die größte Christenverfolgung in der Geschichte Roms) im Jahr 298 den Auftrag zum Bau einer weiteren öffentlichen Badeanstalt, der größten der Stadt, die allerdings nicht ganz so luxuriös ausgestaltet wurde wie die Caracalla-Thermen ein knappes Jahrhundert zuvor. Die Diokletians-Thermen boten ausreichend Platz für 3500 Badegäste. Nach nur acht Jahren Bauzeit war das 320 x 370 Meter große Freizeitzentrum fertig; die Anlage war bis ins Jahr 537 in Betrieb. Ab dem 16. Jh. nutzte man die noch erhaltenen, leer stehenden Räume für neue Zwecke: Im mittleren großen Kaltbadesaal (Frigidarium) entstand unter Michelangelos Bauleitung die **Kir-**

Im Klostergarten der Diokletians-Thermen

che Santa Maria degli Angeli, in den Nebenräumen ein **Karthäuserkloster**, in das 1889 das **Nationalmuseum** (Thermenmuseum) einzog.

Zu sehen sind in den großen Räumlichkeiten auf drei Stockwerken unzählige römische Statuen, Büsten und Epigraphe. Darüber hinaus wird auf Schaubildern mit hervorragenden, ausführlichen Erläuterungen (wenn auch nur in Englisch) das Alltagsleben der Römer in der Antike vorgestellt. Ein Flügel des zweiten Stocks ist der Bronze- bis Eisenzeit gewidmet, der andere Flügel ist wechselnden Ausstellungen vorbehalten. Auf keinen Fall versäumen sollten Sie einen Abstecher in den ehemaligen **Klostergarten** mit dem von Michelangelo entworfenen Arkadengang und dem eindrucksvollen Brunnen in der Mitte.

Di–So 9–19.45 Uhr, Einlass bis 18.45 Uhr, Mo geschl. Eintritt 7 €, ermäßigt 3,50 € (18–25 J.), unter 18 und über 65 J. frei, bei Sonderausstellungen 3 € Zuschlag. Das Ticket ist auch für Palazzo Altemps, Palazzo Massimo und Crypta Balbi gültig (drei Tage). Audioguide in Deutsch 5 €. Via Enrico De Nicola 78, ✆ 06/477881. Mit Getränkeautomat, Bookshop.

Santa Maria degli Angeli

Papst Pius IV. beauftragte 1561 Michelangelo mit dem Bau einer Kirche für den Kartäuserorden in den Diokletians-Thermen. Man betritt sie durch einen achteckigen Saal, der einst zum Warmwasserbad (Tepidarium) der Thermen gehörte; der zentrale Kirchenraum war früher der große Kaltbadesaal (Frigidarium). Besonders der Hauptraum mit seinen gigantischen Säulen vermittelt eine gute Vorstellung von der Monumentalität der Badeanlage. Das schmucklose Deckengewölbe stammt noch aus der Antike, nur die Dekoration mit Stuck geht auf die barocke Umgestaltung der Kirche im 18. Jh. zurück.

Mo–Sa 7–18.30 Uhr, So 7–19.30 Uhr. Piazza della Repubblica.

Aula Ottagona/ Museo Nazionale Romano

Der achteckige Saal liegt am westlichen Ende der Diokletians-Thermen. Unter der originalen antiken Kuppel der Aula Ottagona werden einige der besterhaltenen und wertvollsten Marmor- und Bronzeskulpturen der Antike aus-

Um die Piazza della Repubblica → Karte S. 198/199

Abstecher zum MACRO (Museo d'Arte Contemporanea Roma)

Freunde zeitgenössischer Kunst kommen im restaurierten Gebäudekomplex der Firma Peroni ganz auf ihre Kosten. Bis 1971 wurde hier noch Bier gebraut, seit 1999 finden in den großzügigen Räumlichkeiten mehrere wechselnde Ausstellungen zeitgenössischer Künstler statt. 2010 wurde das Museum um eine weitere Abteilung (Architektur) erweitert. Darüber hinaus gehören zum MACRO auch eine Dauerausstellung, eine Bibliothek und ein Buchladen.

Di–So 11–22 Uhr (Einlass bis 21 Uhr), Mo geschl. Eintritt 11 €, ermäßigt 9 € (6–25 und über 65 J.); das Ticket gilt für alle Ausstellungen und auch für das MACRO Future (→ S. 117), sieben Tage Gültigkeit. Via Nizza 138/Ecke Via Cagliari (auf der Via XX Settembre durch die Porta Pia und dann auf Via Nomentana stadtauswärts, links ab in die Via Cagliari, ca. 20 Min. Fußmarsch ab Piazza della Repubblica oder mit dem Bus Nr. 38 bzw. Nr. 90 ab Bahnhofsvorplatz), ✆ 06/671070400, www.macro.roma.museum. Mit Ristorante (gehoben) und Café/Bar.

gestellt. Eine schmale Treppe führt ins Untergeschoss zu den freigelegten Fundamenten der Thermen.

Achtung: Zuletzt war die Aula Ottagona wegen Restaurierungsarbeiten geschlossen und soll zukünftig nur bei besonderen Ausstellungen geöffnet sein. Infos bei den Touristen-Pavillons oder den beiden umliegenden Nationalmuseen. Via Giuseppe Romita 8.

Mosesbrunnen (Fontana dell'Acqua Felice)

Nur wenige Schritte entfernt trifft man an der Kreuzung der Via XX Settembre (Piazza San Bernardo) auf einen Brunnen an der Stelle eines Vorgängerbaus, der das Ende des antiken Acquedotto Alessandrino markierte. Den Auftrag für den neuen Brunnen nach antikem Vorbild vergab im 16. Jh. Papst Sixtus V. Nicht ganz gelungen ist die zentrale Figur des Moses, die viel zu lange Arme hat, auch die übrigen Proportionen stimmen nicht – der Moses ist einfach viel zu wuchtig.

Santa Maria della Vittoria

In der Kirche auf der anderen Seite der Via XX Settembre sorgte Bernini für einen Skandal: Im linken Seitenschiff der eher düster und überladen wirkenden Kirche kreierte der große Barockmeister in der Cornaro-Kapelle die **Verzückung der heiligen Theresia von Ávila**. Durch Berninis Interpretation vermittelt der Gesichtsausdruck der heiligen Theresia nicht die überlieferte, sittsam-katholische Andacht, vielmehr wirkt sie doch sehr weltlich verzückt.

Tägl. 7–12 Uhr und 15.30–19 Uhr, im Winter bis 18 Uhr.

Palazzo delle Esposizioni

Das mächtige Gebäude mit griechisch-römischen Stilelementen in der Fassade wurde 1876 vom gerade erst vereinigten Königreich Italien als Ausstellungshalle geplant, 1880 war Baubeginn und bereits drei Jahre später war das Prestigeobjekt fertig gestellt. Hier finden in der Regel zwei bis drei Kunstausstellungen gleichzeitig statt, von alten Meistern über die klassische Moderne bis hin zur jungen Avantgarde und oftmals sehr Hochkarätiges. Im Untergeschoss gibt es die **Bookàbar** und den großen Buchladen **Bookàbar Libreria** (beide auch ohne Museumsticket zugänglich, → auch S. 209 und 210).

Di–Do und So 10–20 Uhr, Fr/Sa 10–22.30 Uhr (letzter Einlass jeweils 1 Std. vor Schließung), Mo geschl. Die Eintrittspreise variieren je nach Ausstellung, zuletzt 12,50 € für alle Ausstellungen, ermäßigt 10 € (6–25 und über 65 J.), unter 6 J. frei. Audioguide in Ital. oder Engl. 4 €. Via Nazionale 194, www.palazzoesposizioni.it.

Santa Maria Maggiore

Die mächtige Kirche auf dem Esquilin-Hügel gehört zu den vier Patriarchalbasiliken der Stadt und soll die größte Marienkirche der Welt sein. Der Legende nach hatten Papst Liberius und ein reicher römischer Adliger namens Johannes am 4. August des Jahres 352 die gleiche Erscheinung: Im Traum wurden sie von Maria aufgefordert, an der Stelle eine Kirche zu errichten, an der am nächsten Morgen Schnee liegen würde. Tatsächlich schneite es in der Nacht, und zwar auf dem Esquilin – mitten im Hochsommer.

Kirche Santa Maria Maggiore

Von der ursprünglichen Kirche aus dem 4. Jh. stehen nur noch 44 ionische Säulen. Die Kirche wurde im Laufe der Jahrhunderte mehrfach um- und ausgebaut, Ende des 17. Jh. wurde die große Freitreppe mit der barocken Schauwand vorgesetzt. Der riesige *Obelisk* vor dem Eingang an der Piazza Esquilino stammt vom Eingang zum Augustus-Mausoleum. Papst Sixtus V. ließ ihn 1587 hier aufstellen. Ursprünglich hatten die Römer den Obelisk zu Ehren des Augustus aus Ägypten herbeischaffen lassen.

Vor der Hauptfassade (an der Piazza Santa Maria Maggiore) befindet sich eine antike Marmorsäule aus der Maxentius-Basilika (Forum Romanum), die nun eine Marienstatue trägt. Der Campanile von Santa Maria Maggiore wurde 1377 gebaut und ist mit einer Höhe von 75 Metern der höchste Glockenturm Roms.

Im Inneren fällt im Hauptschiff sofort die kostbare geschnitzte **Kassettendecke** aus dem 16. Jh. auf, ihre Vergoldung stammt aus den ersten Beutezügen im gerade entdeckten Amerika. Unter den Fenstern ist eine Serie von 36 Mosaiken aus dem 5. Jh. zu sehen. Bei den Szenen aus dem Alten Testament handelt es sich um den ältesten erhaltenen **Bilderzyklus der Bibel**. Der prachtvolle Cosmaten-Fußboden aus Mosaiken stammt aus dem 12. Jh. In der **Confessio** vor dem Hauptaltar werden als Reliquien angebliche Bretter der Krippe zu Bethlehem verehrt. Rechts des Hauptaltars befindet sich im Seitenschiff die von Papst Sixtus V. in Auftrag gegebene, reich ausgearbeitete **Cappella Sistina** (Ende 16. Jh.); gegenüber davon die **Cappella Paolina** (1611), ebenfalls mit Stuck, Fresken und Statuen prächtig ausgeschmückt. Hier ist auch die Schneelegende der Kirchengründung dargestellt. Hauptsehenswürdigkeit der Kirche ist das kunstvolle **Apsismosaik** (13. Jh.) hinter dem Hauptaltar: Thema ist die Krönung Marias.

In Santa Maria Maggiore wurde am 28. November 1680 der Barockkünstler

Gianlorenzo Bernini in einem verhältnismäßig bescheidenen Grab beigesetzt; Papst Sixtus V. fand in der nach ihm benannten Cappella Sistina seine letzte Ruhestätte. Das Museum rechts unterhalb der Basilika birgt zahlreiche Kirchenschätze, u. a. von Sodoma.

Tägl. 7–19 Uhr. Audioguide für die Basilika (in Engl. oder Ital.) im Souvenirshop (5 €), das **Museum** ist tägl. 9–18 Uhr geöffnet, Eintritt 4 €, erm. 2 € (Zugang über den Souvenirshop auf der rechten Seite). Piazza di Santa Maria Maggiore, ✆ 06/69886800.

Santa Prassede

Die dreischiffige Kirche, kaum 100 Meter von Santa Maria Maggiore entfernt, ist nach der heiligen Praxedis benannt. Sie war eine der Töchter des römischen Senators Pudens, der Petrus in seinem Haus in Rom aufgenommen haben soll. Bekannt war Praxedis als Fürsprecherin der verfolgten Christen, sie soll hier eine erste Kirche gestiftet haben. Sicher verbürgt ist ein Gotteshaus an dieser Stelle allerdings erst für das Jahr 491. Im Mittelalter brachte man in der Kirche die Reliquien von Märtyrern aus den verfallenen Katakomben unter.

Papst Pascalis I. ließ die Kirche im Jahr 822 erneuern, aus dieser Zeit stammen auch die überaus sehenswerten byzantinischen Goldmosaike in der Apsis und in der San-Zeno-Kapelle im rechten Seitenschiff. Letztere plante Pascalis übrigens als Grabmal für seine Mutter Theodora, die auf dem Mosaik in der Kapelle dargestellt ist, als Einzige mit eckigem Heiligenschein. Der Papst ist auf dem Mosaik in der Apsis zu sehen: mit einem Modell des Kirchenneubaus in der Hand.

Tägl. 7–12 und 16–18.30 Uhr. Via de Santa Prassede 9a (unscheinbarer Eingang).

Museo Nazionale d'Arte Orientale

Das Museum für Kunst aus dem Nahen und Fernen Osten ist im **Palazzo Brancaccio** untergebracht und bietet eine umfangreiche Sammlung an Exponaten aus dem Iran, Indien, Pakistan, Tibet, Nepal, China und Südostasien (außerdem wechselnde Ausstellungen).

Di–Fr 9–14 Uhr, Sa/So 9–19.30 Uhr, Mo geschl. Eintritt 6 €, ermäßigt (18–25 J.) 3 €, EU-Bürger unter 18 und über 65 J. Eintritt frei. Via Merulana 248, ✆ 06/46974831, www.museorientale.beniculturali.it.

Piazza Vittorio Emanuele II

Die etwas heruntergekommene Gegend um die Piazza Vittorio Emanuele II (meist nur Piazza Vittorio genannt) wurde im Zuge des Stadtteilsanierungsprogramms „Nuovo Centro Esquilino" aufgewertet, besonders der Platz selbst

mit den Resten eines Nymphäums aus dem 3. Jh. n. Chr. Der bunte Markt auf der Piazza musste hierfür in die nahe ehemalige Kaserne Pepe umziehen, wo eine blitzsaubere, glasgedeckte Markthalle entstand (→ S. 210), in der frische Lebensmittel z. T. deutlich günstiger als bei den anderen Innenstadtmärkten angeboten werden. Seit Umzug des Marktes hat der Platz tatsächlich deutlich an Attraktivität gewonnen: Es entstand ein kleiner, grüner (im Sommer allerdings etwas ausgedörrter) Park mit vielen Parkbänken unter schattenspendenden Bäumen. Hier trifft sich die Nachbarschaft, wird Fußball gespielt, die Kleinen vergnügen sich im Kinderkarussell auf dem Spielplatz und es gibt sogar einen ausgewiesenen Hundespielplatz.

Die Fassade des ehemaligen Jugendstiltheaters **Jovinelli** zwischen Piazza Vittorio und Bahnhof wurde restauriert, heute findet hier vor allem Kabarett statt (Via Guglielmo Pepe 43, ✆ 06/83082620, www.ambrajovinelli.org).

Praktische Infos

(→ Karte S. 198/199)

Ristoranti, Trattorien, Osterien

Agata e Romeo **31** Das elegante Restaurant gehört in die oberste Klasse der römischen Gastronomie. Es ist zudem ein prominenter Ort, denn die Küchenchefin Agata Parisella hat mehrere Kochbücher geschrieben, war für Staatsbankette verantwortlich und ist wegen ihrer Kochsendungen im italienischen Fernsehen dem breiten Publikum bekannt. Ihr Mann Romeo Caraccio gehört zu den besten Sommeliers Italiens, sein Weinkeller wurde mehrfach ausgezeichnet. Entsprechend teuer ist das Menü: 120 €. Via Carlo Alberto 45, ✆ 06/4466115, www.agataeromeo.it. Mittags und abends geöffnet, Sa/So geschl.

Trattoria Monti **34** Vielfach gelobtes und einladendes Lokal seitlich der Via Carlo Alberto (nahe der Piazza Vittorio Emanuele II). Schlauchförmiger Innenraum, im Sommer auch ein paar Tische draußen, sorgfältig zubereitete Gerichte auf hohem Niveau und mit Einschlag aus den Marken (wo die Besitzerfamilie herkommt), zur Saison Trüffel, köstliche hausgemachte Desserts. Freundlicher und kompetenter Service, Menü 40–45 €. Via S. Vito 13 a, ✆ 06/4466573, mittags und abends geöffnet, So abends und Mo geschl. Unbedingt reservieren!

Im Stadtviertel Monti

In den Straßen um die Piazza della Madonna dei Monti finden sich neben den unten genannten Lokalen auch zahlreiche weitere Bars und Snackbars, in denen man einen guten und günstigen Mittagssnack bekommt. Viele Studenten der nahe gelegenen Uni verbringen ihre Mittagspause mit einem Panino auf den Treppen des hübschen Brunnens auf der Piazza della Madonna dei Monti, die Terrassencafés hier sind mittags und zum Aperitivo bis auf den letzten Platz besetzt.

La Cicala e la Formica **38** Kleines Restaurant, in dem leichte Mittelmeerküche angeboten wird. Kleine Weinkarte und ein sympathischer Service, einige Tische draußen. Mittags gibt es sehr günstige Menüs (ab 10 €), abends wird es deutlich teurer (Menü um 25–30 €). Täglich mittags und abends geöffnet. Via Leonina 17, ✆ 06/4817490, www.lacicalaelaformica.info.

Hasekura **28** Eines der besten japanischen Restaurants der Stadt. Empfehlenswert sind z. B. das „Sashimi" und das „Fritto misto con gamberi, pesce bianco e verdure", es gibt natürlich auch Sushi. Dazu wird japanisches Bier serviert. Menü um 45 €, günstiger sind die wechselnden Mittagsmenüs. Via dei Serpenti 27, ✆ 06/483648, www.hasekura.it. Mo mittags und So geschl.

Maharajah **25** Gutes indisches Restaurant mit eleganter Einrichtung (wenn auch etwas kitschig) und freundlicher Bedienung. Viel Vegetarisches und Fisch, auch Tandoori, Menü um 30–35 €. Via dei Serpenti 124, ✆ 06/4747144, www.maharajah-roma.com. Täglich mittags und abends geöffnet.

Gleich ums Eck davon befindet sich **Il Guru** **24**. Ein ebenfalls empfehlenswertes indisches Restaurant, etwas einfacher in der Aufmachung, in Sachen indischer Küche aber dem Maharajah sicher in nichts nachstehend und sogar ein wenig günstiger: Menü um 25 €. Auch einige Tische draußen. Via Cimarra 4, ✆ 06/4744110. Nur abends ab 19.30 Uhr geöffnet.

Valentino 20 Einfache Trattoria mit angenehm familiärem Ambiente und nicht nur, aber auch traditioneller Küche. Relativ günstiger Mittagstisch (auch Salate), ansonsten Menü um 20–25 €. Via del Boschetto 37, ✆ 06/4880643. Mittags und abends geöffnet, So geschl.

Urbana 47 30 Innen schönes, modernes Design und mit viel Liebe zum Detail hergerichtet, auch außen in der Via Urbana einige Tische – etwas versteckte Lage, bei der Metrostation Cavour nach links abbiegen. Das Publikum ist jung, urban, kreativ und auch ein wenig alternativ; entsprechend hat man sich ganz streng der regionalen und saisonalen Produktpalette verschrieben. Recht günstiges Mittagsbuffet (um 10 €), ansonsten Menü um 35 €. Schon zum Frühstück geöffnet, auch Aperitivo, durchgehend bis spät abends, kein Ruhetag. Via Urbana 47, ✆ 06/47884006, www.urbana47.it. ■

La Taverna dei Fori Imperiali 42 In der beschaulichen Via della Madonna dei Monti → S. 113.

Enoteche/Winebars

Trimani – Il Winebar 4 Die Winebar gehört zur Enoteca Trimani (gleich um die Ecke, s. u.). Das stilvoll-elegante Ambiente schätzen in der Mittagspause besonders Geschäftsleute und Beamte der umliegenden Ministerien. Jeden Tag sind ca. 20 verschiedene Weine im Ausschank, das Glas ab 3,50 €. Zum Essen werden Crostini, Quiche, Salate, Räucherfisch und verschiedene Käsesorten, aber auch Suppen, Pasta und feine Desserts angeboten. Der Service ist überaus freundlich und kompetent. Menü um 35 €, es gibt auch einige günstigere Mittagssnacks. Auch von Lesern empfohlen. Tägl. (außer So) 11.30–15 und 16–0.30 Uhr geöffnet. Via Cernaia 37 b (gegenüber vom Finanzministerium, nördlich des Hauptbahnhofs), ✆ 06/4469630, www.trimani.com.

Enoteca Trimani 7 Dieses seit 1821 existierende Weingeschäft (ohne Ausschank, dafür gibt es die Winebar nebenan) ist heute eines der modernsten, vielfältigsten und größten ganz Italiens. Weinkenner und -liebhaber werden begeistert sein! Via Goito 20 (bei Il Winebar um die Ecke), geöffnet tägl. (außer So) 8.30–13.30 und 15.30–20 Uhr. ✆ 06/4469661, ℻ 06/4468351, www.trimani.com.

Bottiglieria Ai 3 Scalini 21 Kleine Enoteca (nur fünf Tische und Plätze an der Theke) und Weinhandlung. Letztere gibt es schon seit 1895. Familiär-gemütliches Ambiente, die Leute aus der Gegend kommen gerne, um bei einem Gläschen Wein zu plauschen. Neben den üblichen Antipasti gibt es auch warme Tagesgerichte, Pasta, Salat und Desserts. Weine im Ausschank etwa 3–5 € pro Glas. Mo–Fr 12–1 Uhr, Sa/So 18–1 Uhr geöffnet. Via Panisperna 251, ✆ 06/48907495, www.aitrescalini.org.

Al Vino al Vino 33 Eine kleine, gemütliche Winebar mit nur wenigen Tischen, schön eingerichtet und vielfach empfohlen. Die Auswahl besonders an italienischen Rotweinen ist sehr gut, zu essen gibt es kalte Kleinigkeiten und hausgemachte Desserts. Zum Schluss sollte man eine der vielen Grappasorten probieren. Via dei Serpenti 19, ✆ 06/485803. Ganztägig geöffnet.

La Barrique 18 Gleich ums Eck von der Via Nazionale am Anfang der Via del Boschetto. Im Sommer angenehm kühles Gewölbe-Ambiente, hier gibt es einen günstigen, täglich wechselnden Mittagstisch, dazu ein gutes Glas Wein. Meist voll, daher besser reservieren. Abends Menü um 25 €. Via del Boschetto 41 b, ✆ 06/47825953. Mittags und abends geöffnet, Sa mittags und So geschl.

Enoteca Cavour 313 44 → S. 113.

Cafés/Snacks

La Bottega del Caffè 39 Tagsüber Café mit schattiger Terrasse an einem der schönsten Plätze des Viertels, abends Cocktailbar und Pub. Man kann hier aber auch essen (u. a. Panini, Pizza). Ungemein beliebt, besonders auch bei deutschen Touristen. Ganztägig durchgehend geöffnet. Piazza Madonna dei Monti 5, ✆ 06/4741578.

Zest Bar 26 Auf der Dachterrasse des *Radisson SAS Hotels* am Pool. Restaurant („Sette") und Bar dieses sehr modernen Hotels gehören zu den aktuellen Hotspots der Schönen und Reichen der Stadt. Man trifft sich am frühen Abend zum Aperitivo, aber auch, um bis spätabends zu feiern. Bis 1 Uhr geöffnet. Via Filippo Turati 171, ✆ 06/444841. Täglich ab 18 Uhr auch für Nicht-Hotelgäste geöffnet.

An der Piazza della Repubblica

Libreria Caffè Bohemien 36 Das intellektuelle Gegenstück zu obigem. Winzige Lokalität, Rotwein, Cocktails und Bücher, Sofas und Sessel, Piano und Kunst an den Wänden, Lesungen und kleine Konzerte/Sessions, eine Kneipe zum „Versacken". Junge Leute, auch Aperitivo (ab 19 Uhr). 18–2 Uhr geöffnet, Di geschl. Via degli Zingari 36, www.caffebohemien.it.

Bookàbar 17 Im Untergeschoss des Palazzo delle Esposizioni, neben Kaffee und leckeren Törtchen gibt es hier auch Salate, Panini etc. Mit Terrasse. Auch ohne Ticket für den Palazzo zugänglich. Di–Do 10–20 Uhr, Fr/Sa 10–22.30 Uhr und So 10–20 Uhr geöffnet. Via Milano 15, ✆ 06/48913361, www.bookabar.it. Separater Eingang auf der rechten Seite des Palazzo delle Esposizioni (Via Nazionale).

»› Lesertipp: **Antico Caffè Santa Maria** 23 Recht schickes Café gegenüber der Kirche Santa Maria Maggiore, leckerer Illy-Caffè und eine überzeugende Auswahl an Hochkalorischem in der Vitrine. Außerdem Ristorante mit leicht gehobenem Preisniveau, Mittagstisch (Primi um 13 €), auch Salate, außerdem Cocktails. Terrasse mit Blick auf die Kirchenpiazza. Tägl. 5–2 Uhr geöffnet. Piazza di Santa Maria Maggiore 7 a, ✆ 06/4465863, www.caffesantamaria.it. ‹«

Indian Fast Food 35 Tavola Calda auf Indisch, große Auswahl an guten Vorspeisen, sehr leckeres vegetarisches Curry für 5,50 €, auch günstige Getränke, Wasserkaraffe auf dem Tisch. Oft voll. Prompter, freundlicher Service. Ums Eck von der Piazza Vittorio E. Tägl. 11–16 und 17–22 Uhr geöffnet. Via Mamiani 11, ✆ 06/4460792.

Gelaterie

Palazzo del Freddo 46 Hier stellt sich Rom für ein Eis an. Bei der – nach eigenen Angaben – ältesten Gelateria der Stadt (gegründet 1880) herrscht riesiger Andrang und der „Palast der Kälte" macht seinem Namen alle Ehre: ein hallenartiger Verkaufsraum mit irrem Geräuschpegel, wahre Menschenmengen sind hier anzutreffen. Das günstigste Eis gibt es ab 1,60 €, Sie können aber auch ein Kilo für 12 € kaufen; unzählige Sorten, auch Granita, Semifreddo, die Spezialität „Sanpietrino" sowie Eistorten. Man kann sich auch hinsetzen, nach hinten hinaus gibt es noch einen ruhigen, kleinen Hof und einen Extraraum. Di–Sa 12–24 Uhr, So 10–24 Uhr geöffnet, Mo geschl. Via Principe Eugenio 65, ✆ 06/4464740, www.palazzodelfreddo.it. Von Lesern empfohlen.

Ciuri-Ciuri 37 Leckeres Gelato und Granita, auch sizilianische Pasticceria. Ganz zentral gelegen. Via Leonina 18, ✆ 06/45444548, www.ciuri-ciuri.it.

Shopping

Das Kaufhaus **Upim** ist in der Via Giolitti 10 (Bahnhof) und an der Piazza S. Maria Maggiore vertreten. Haushalts- und Drogeriewaren etc.

Um die Piazza della Repubblica → Karte S. 198/199

La Bottega del Cioccolato (Monti)

Einen Besuch wert sind die **Markthallen** des „Nuovo Mercato Esquilino“ in der ehemaligen Kaserne Pepe zwischen Bahnhof und Piazza Vittorio Emanuele. Verlockende, riesige Auswahl an Lebensmitteln, darunter viel Exotisches, aber auch Haushaltswaren etc. Geöffnet Mo–Sa 8.30–19 Uhr (Lebensmittel 5–15 Uhr, Di/Fr bis 17 Uhr). Zugang auch über die Via Principe Amedeo, Via Turati, Via Lamarmora und Via Mamiani.

Supermärkte **DeSpar** in der Via Nazionale 213 und in der Via G. Giolitti 64 (im Bahnhofsgebäude); **Conad** im „Forum Termini“ (Untergeschoss vom Hauptbahnhof Termini) und ein weiterer **Conad/Margherita** in der Via del Boschetto 53. **Sma** im UG von Upim an der Piazza Santa Maria Maggiore, besonders lange geöffnet: Mo–Sa 8–21 Uhr, So 8.30–20.30 Uhr.

Feinkost etc. **La Bottega del Cioccolato** **41** In dem Familienbetrieb werden Schokolade und feinste Pralinen nach traditioneller piemontesischer Art hergestellt. Mo–Sa 9–19.30 Uhr geöffnet, ca. Juni bis September geschlossen. Via Leonina 82, ✆ 06/4821473, www.labottegadelcioccolato.it.

Il Giardino del Tè **32** In diesem schmalen, schlauchförmigen Teeladen duftet es ganz betörend, im Angebot nicht nur zahlreiche Teesorten, sondern auch Marmeladen, Salz, Tassen, handgefertigte Kannen etc. Mo–Fr 10.30–13.30 und 17–20 Uhr geöffnet. Via del Boschetto 107, ✆ 06/4746888, www.ilgiardinodelte.it.

Bücher **la Feltrinelli International** **12** Unweit der Piazza della Repubblica, eine internationale Buchhandlung, in der es auch deutschsprachige Bücher zu Rom gibt. Via Vittorio Emanuele Orlando 84/86.

Bookàbar Libreria **17** Buchladen im Untergeschoss des Palazzo delle Esposizioni (eigener Eingang). Kunstbücher, Bildbände etc., nett zum Stöbern. Via Milano 15. So geöffnet, Mo geschl.

Mode **Modegeschäfte** für jede Altersgruppe und auch für den schmaleren Geldbeutel befinden sich in der Via Nazionale. Ein vielseitiges, aber nicht ganz so exklusives Angebot wie z. B. in der Gegend um die Via del Corso.

Junge Designermode findet man in den zahlreichen kleinen Boutiquen in der **Via del Boschetto** und den umliegenden Straßen, auch ausgefallene Einrichtungsgeschäfte, Secondhand-Shops etc.

Die gängigen jungen Modemarken (u. a. Sisley, Benetton, Stefanel, Footlocker etc.) findet man geballt im **Forum Termini** **16** im Untergeschoss des Hauptbahnhofs. **Coin** (Bekleidung, Accessoires, Kosmetik) im Seitentrakt des Bahnhofs zur Via G. Giolitti hin.

Stadtviertel San Lorenzo

In das traditionelle Arbeiterviertel San Lorenzo, östlich des Bahnhofs zwischen Universität, Hauptfriedhof und Stadtautobahn (Tangenziale Est) gelegen, dringen nur wenige Touristen vor. Es ist wie ein Schachbrett angelegt, mit geraden Straßen, die nach latinischen Stämmen benannt sind. Die Häuser sind schlicht und teilweise mit Graffitis verschmiert, ein paar sind besetzt. In San Lorenzo beginnt der Roman „La Storia" von Elsa Morante von 1978, in dem sich die Lehrerin Ida mit ihren Söhnen durch die harten Zeiten des Zweiten Weltkriegs schlägt. Und noch eine Lehrerin machte in San Lorenzo von sich reden: 1907 eröffnete die Ärztin und Pädagogin *Maria Montessori* hier ihr erstes Kinderhaus (*Casa dei Bambini*) und legte im Arbeiter- und Armenviertel den Grundstein für den Erfolg der nach ihr benannten Schulen.

Bis heute leben hier die Geringverdiener und Studenten der nahen Universität. Die *Porta Tiburtina*, das antike Tor der Aurelianischen Stadtmauer nahe der Unterführung, bildet so etwas wie ein eigenes Stadttor für San Lorenzo, das dadurch noch abgeschlossener wirkt und nichts mit dem pittoresken *Centro Storico* der Touristen gemeinsam hat. Man findet noch die schlichten Restaurants mit der traditionellen, etwas derben römischen Küche, einige preiswerte, aber vorzügliche Pizzerien und viele Kneipen (besonders in der Via degli Equi und um den Largo Osci).

Dieser ursprüngliche, schnörkellose Charme wirkt aber auch anziehend: Erst kamen arme Künstler, die teure Mieten nicht zahlen konnten, danach auch die durchaus erfolgreiche Avantgarde. Es gibt einige interessante Ateliers und auch eine Handvoll hervorragender Restaurants.

Verbindung: Bus Nr. 71 ab Piazza San Silvestro oder Piazza Santa Maria Maggiore bis Via Tiburtina.

San Lorenzo fuori le Mura

„Sankt Laurentius vor den Mauern" wurde so genannt, da sie außerhalb der römischen Stadtmauern lag (und noch liegt). Eine erste Basilika für den heiligen *Laurentius* , der durch Kaiser Valerian im Jahr 258 hingerichtet worden war, ließ Konstantin im Jahr 330 errichten. Papst Pelagius II. (6. Jh.) ließ hier ein dreischiffiges Gotteshaus neu bauen, im 13. Jh. wurde unter Papst Honorius III. eine zweite Kirche angebaut und mit der bestehenden verbunden – die „Pelagiuskirche" bildet heute den Chor von San Lorenzo fuori le Mura, die „Honoriuskirche" das Langhaus. Vor dem Eingang befindet sich eine Vorhalle (Anfang 13. Jh.) mit ionischen Säulen, in der ein antiker Sarkophag und Fresken mit Szenen aus dem Leben des heiligen Laurentius und des heiligen Stephan zu sehen sind (die Gebeine des Stadtheiligen Stephan und die des Laurentius sind in der Kirche beigesetzt). Das Langhaus der Kirche beeindruckt mit dem kunstvoll gearbeiteten Cosmaten-Fußboden, ionischen Säulenkapitellen und dem Grabmal des Kardinals Fieschi (Mitte 13. Jh.) mit einem antiken Sarkophag.

Am Übergang zwischen den beiden Kirchenbauten ist in einem Mosaik aus dem 6. Jh. Christus mit Petrus und Paulus, Stephanus und Laurentius sowie Papst Pelagius und dem heiligen Hyppolitus dargestellt. Im Chor – man erkennt deutlich, dass das Niveau der alten Kirche ein Stück unter dem der jüngeren, vorgebauten lag – begrenzen kunstvolle korinthische Säulenkapitelle

Stadtviertel San Lorenzo → Karte S. 213

Haupt- und Seitenschiffe, darüber eine Empore mit Arkaden. Das Altarziborium (Altarüberbau) stammt aus dem Jahr 1148 (laut Inschrift), darunter ruhen die Gebeine des heiligen Laurentius. Zur Kirche gehört auch ein romanischer Kreuzgang mit dem Grab von Papst Pius IX.; der Campanile auf der rechten Seite der Kirche stammt aus dem 12. Jh.

San Lorenzo fuori le Mura wurde bei Bombenangriffen im Sommer 1943 schwer beschädigt, aber bereits 1949 wieder hergestellt. Sie zählt zu den sieben Pilgerkirchen in Rom (→ S. 81).

Tägl. 7.30–12.30 und 15.30–19 Uhr (im Sommer 16–20 Uhr), Piazzale del Verano 3, ✆ 06/491511.

Campo Verano

Der größte und zentrale Friedhof Roms liegt unmittelbar hinter der Kirche San Lorenzo fuori le Mura. Entstanden ist der *Cimitero del Verano* Mitte des 19. Jh., zu sehen sind neben den vielen schlichten letzten Ruhestätten auch ungemein prachtvolle Grabanlagen aus Marmor, mit wachenden Engeln und Skulpturen von Trauernden, teilweise sehr beeindruckend und berührend. Im hinteren Bereich des Friedhofs befindet sich ein jüdischer Teil und ein Denkmal für die Gefallenen des Ersten Weltkriegs. Der riesige Friedhof kann – in manchen Bereichen – übrigens auch mit dem Auto befahren werden.

Tägl. 7.30–18 Uhr, im Winter bis 17 Uhr. Piazzale del Verano.

Praktische Infos

Ristoranti, Trattorien, Pizzerien

Pommidoro 1 Eine der ältesten Trattorien des Viertels mit treuer Stammkundschaft. Jahrzehntelang der Treffpunkt von Intellektuellen und Künstlern, heute kommen Schauspieler, Fußballstars und auch Touristen. Es geht trotzdem ungezwungen und familiär zu. Die Gerichte sind bodenständig römisch, die Karte ist immer gleich, wie auch die Qualität. Neben den römischen Standards (u. a. Innereien) sind je nach Saison vorzügliche Wildgerichte im Angebot, Gemüse und Öl aus eigenem Anbau. Gute Weinkarte. Meist ausgebucht (früh kommen oder reservieren), im Sommer sitzt man schön auf der verglasten Terrasse zur Piazza. Menü 35–40 €. Piazza dei Sanniti 44, ✆ 06/4452692. Mittags und abends geöffnet, So Ruhetag.

Tram Tram 8 Neben dem Pommidoro eine weitere kulinarische Institution, der Name rührt von der Straßenbahnlinie, die hier vorbeiführt. Traditionelle römische Küche mit apulischem Einschlag, wechselnde Tageskarte. Menü um 35 €. Mittags und abends geöffnet, Mo geschl. Reservierung erforderlich. Via dei Reti 44, ✆ 06/490416.

Da Franco ar Vicoletto 5 Alteingesessenes Lokal mit einfachem Ambiente, viel Fisch und Meeresfrüchte (z. B. Lasagne di mare), oft bis auf den letzten Platz besetzt.

Günstig: Das Festpreismenü kostet hier 18–27,50 €, ansonsten um 30 €. Via dei Falisci 2, ✆ 06/4957675. Mittags und abends geöffnet, Mo geschl.

Colli Emiliani 3 Eine sehr schlichte Trattoria mit einfacher, deftiger und preiswerter römischer Küche. Man darf sich vom Chaos im Gastraum und dem stets laufenden Fernseher nicht abschrecken lassen. Menü um 20–25 €. Via Tiburtina 70, ✆ 06/4453622. Mittags und abends geöffnet, So Ruhetag.

Pizzeria Formula Uno 6 Einfache, große und sehr laute Pizzeria mit sympathischem Service. Überwiegend junges und studentisches Publikum. Hervorragende Holzofenpizza auf römische Art mit dünnem, knusprigem Teig. Dazu trinkt man italienisches Bier vom Fass oder Hauswein; Preis um 15 €. Via degli Equi 11, ✆ 06/4453866. Nur abends geöffnet, So geschl.

Pizzeria L'Economica 4 Der Name stimmt, eine sehr preiswerte Pizzeria (um 10–13 €), Holzofen, besonders bei Studenten beliebt. Nur abends geöffnet, So Ruhetag. Via Tiburtina 46.

Kneipen

Rive gauche 2 7 Eine der angestammten Kneipen von San Lorenzo, Pub und Winebar, am späten Abend wird es hier meist sehr voll. Tägl. 19–2 Uhr geöffnet, Aperitivo bis 21 Uhr. Kostenloses WI-FI. Via dei Sabelli 43, ✆ 06/4456722, www.rive-gauche.it.

Rundgang 7

Piazza Barberini, Via Veneto, Trevi-Brunnen und Quirinal

Die Umgebung des Quirinal-Hügels ist die Gegend des Barock, das auch hier immer mit dem Namen Bernini in Verbindung steht. In den 1960er Jahren spielte sich hier an der Via Veneto oberhalb der Piazza Barberini das „süße Leben" des Jet-Set ab. Geblieben ist davon außer ein paar noblen, unglaublich teuren Hotels und Bars allerdings fast nichts.

Wie die meisten anderen Hügel der Stadt war der Quirinal in der Antike eine bevorzugte Wohngegend gut situierter Römer. Kaiser Trajan ließ den östlichen Teil des Geländes abtragen, um Platz für sein Forum zu schaffen, später entstanden hier unter Kaiser Konstantin die letzten großen öffentlichen Thermen der Stadt. Im 5. Jh. n. Chr. verfiel die Gegend und war während des Mittelalters unbewohnt.

Im 16. Jh. wurde das Viertel erstmals seit der Antike wieder mit städtebaulichen Maßnahmen bedacht, Ende des 16. Jh. wurde der Quirinalspalast als Sommerresidenz der Päpste gebaut, da das Klima hier oben besser war als am Flussufer. Ab 1870 zogen die italienischen Könige in den Palast ein, heute residiert hier der Staatspräsident. In unmittelbarer Nachbarschaft, an der nach ihnen benannten Piazza, ließen sich Anfang des 17. Jh. die Barberinis nieder, aus deren Familie der bedeutende Papst Urban VIII. stammte. Um den Quirinal finden sich auch einige Schauplätze aus Federico Fellinis Kultfilm „La Dolce Vita" von 1960: Nur wenige Gehminuten von Quirinal und Piazza Barberini entfernt liegt der Trevi-Brunnen, in dem sich Anita Ekberg durch ihre weltberühmte Badeszene unvergesslich machte. Auch der Via Vittorio Veneto verschaffte Fellini mit seinem Film einen legendären Ruf. Konzipiert wurde die berühmte Straße 1879 als Prachtboulevard des vereinten Italien mit repräsentativen Belle-Époque-Palazzi. Geblieben ist von Jet-Set, Reichtum und Dolce Vita bzw. „dolce-

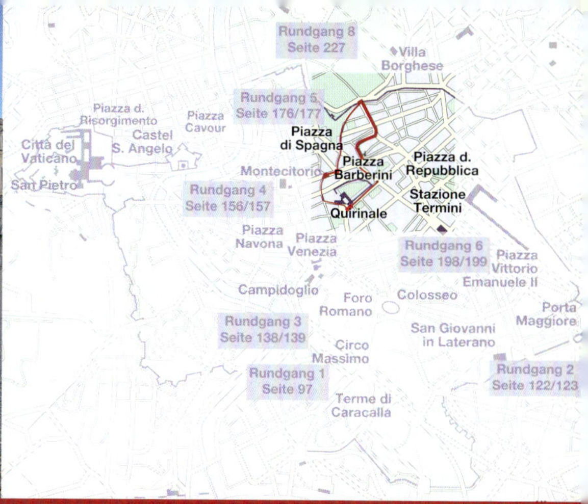

farniente" (dem „süßen Nichtstun") nur der Mythos. Wo sich in den Sechzigern noch Liz Taylor, Richard Burton, Anita Ekberg und Marcello Mastroianni ein munteres Stelldichein gaben, herrscht mittlerweile eine gewisse Öde. Die Luxushotels wie beispielsweise das Excelsior mit schwindelerregenden Zimmerpreisen und dem Glanz vergangener Zeiten gibt es aber noch immer, heute werden sie besonders von älteren und gut situierten Touristen aus den USA, Japan, den Golfstaaten und Russland besucht. Der Mythos ist verblasst.

Spaziergang

Ausgangspunkt ist die **Piazza Barberini** mit den beiden von Bernini geschaffenen Brunnen **Fontana del Tritone** und **Fontana delle Api**. Nach einem kurzen Abstecher zum **Palazzo Barberini**, einem der schönsten römischen Barockpaläste, der heute die umfangreiche Sammlung der **Galleria Nazionale d'Arte Antica** beherbergt, geht es bergauf in die Via Veneto. Freunde des Schaurigen sollten der **Kirche Santa Maria della Concezione** (Via Veneto 27) einen Besuch abstatten: Hier stoßen Sie in den Gewölben des Friedhofs auf eine der skurrilsten Sehenswürdigkeiten der Stadt – Wanddekorationen aus Menschenknochen!

Auf der sich nach oben windenden Via Veneto (wegen ihres s-förmigen Verlaufs einst „Rückgrat Roms" genannt) passiert man die ehemals berühmten Treffpunkte der High Society wie das Café de Paris (Nr. 90) oder Harry's Bar (Nr. 150). Auf der Via Veneto hat auch die amerikanische Botschaft im **Palazzo Boncompagni** ihren Sitz. Am oberen Ende der Straße stößt man auf die **Porta Pinciana**, das Tor zur Villa Borghese (→ S. 224ff.).

Auf der gleichnamigen Straße (links ab) führt der Rundgang bergab – anfangs entlang der Mauer der Villa Borghese und durch das wenig aufregende Stadtviertel Ludovisi. Die Straße geht über in die Via Crispi (hier liegt die kleine Galleria Comunale, leider seit Jahren geschlossen) und mündet in die große, viel befahrene Via del Tritone. Von hier wendet man sich nach halb links in die Via della Stamperia zur weltberühmten **Fontana di Trevi** (Trevi-Brunnen).

Nur wenige Schritte entfernt gelangen Sie linker Hand über die Freitreppe der Via della Dataria hinauf zur **Piazza del Quirinale** mit Aussichtsterrasse (herrlicher Blick über die Stadt). Entlang der nicht enden wollenden Seitenfassade des **Quirinalspalastes** passiert man zunächst einen netten, kleinen Park mit schattigen Parkbänken und gleich darauf Berninis Lieblingskirche **Sant'Andrea al Quirinale**; von hier aus sind es wenige Meter zur Piazza delle Quattro Fontane mit Borrominis Meisterwerk, der Kirche **San Carlo alle Quattro Fontane**. Links hinunter führt die Straße in wenigen Minuten zurück zum Ausgangspunkt Piazza Barberini (Metro Linea A, Station Barberini). Der Rundgang dauert drei bis vier Stunden.

Sehenswertes

Piazza Barberini

Der verkehrsreiche Platz am oberen Ende der Via Tritone steht ganz im Zeichen des genialen Barockbaumeisters *Bernini*. Für Papst Urban VIII. konzipierte er hier 1642 die **Fontana del Tritone** mit einem von vier Delfinen getragenen Tritonen (halb Mensch, halb Fisch) in der Mitte. Durch eine Muschel bläst er einen mächtigen Wasserstrahl in die Luft. Die Tiara und die drei Bienen unter der großen Muschelschale verweisen auf das Wappen von Barberini-Papst Urban VIII. als Auftraggeber und edlen Spender.

Palazzo Barberini

Am oberen Ende der Piazza – am Anfang der Via Veneto – befindet sich die **Fontana delle Api** (Bienenbrunnen) aus dem Jahr 1644, ebenfalls von Bernini für seinen wichtigsten Förderer Urban VIII. gebaut. Auch hier ist der Bezug zum Familienwappen der Barberini unverkennbar: Drei monströse Bienen am Muschelrand speien in dünnen Strahlen Wasser in das Becken. Der Brunnen war ein Geschenk von Urban an die römischen Bürger, noch heute füllt man hier bestes Trinkwasser ab.

Palazzo Barberini/Galleria Nazionale d'Arte Antica

Der prachtvolle Palazzo liegt in einer Seitenstraße (Eingang in der Via Barberini 18), nur wenige Meter von der Piazza entfernt. 1625 kaufte die Familie Barberini hier den unansehnlichen, alten Palazzo Sforza, ließ ihn umbauen und erweitern. Die Planung stammte vom renommierten Baumeister Carlo Maderno, die Bauarbeiten wurden nach dessen Tod von Bernini geleitet. Heraus kam 1633 einer der schönsten Paläste des römischen Barock, mit dem Bernini den Grundstein seiner großen Karriere legen konnte.

1949 kaufte der italienische Staat den Palazzo und brachte im linken Flügel des H-förmigen Gebäudes die **Galleria Nazionale d'Arte Antica** unter. Der andere Flügel ist dem italienischen „Club der Offiziere" vorbehalten. Heute umfasst die Ausstellung der Galleria ca. 300 Exponate, zumeist aus dem 13.–18. Jh. Der Palazzo wird schon seit Jahren restauriert, sodass Sie damit rechnen müssen, dass einige Räumlichkeiten geschlossen sind. Im Folgenden eine grobe Übersicht:

Im bereits renovierten Erdgeschoss sind neun Räume u. a. der Kirchenkunst des Mittelalters und der Renaissance gewidmet, aber auch Künstlern aus verschiedenen Regionen Italiens, u. a. sind Werke von Giovanni Bellini, Filippo Lippi (seine berühmte *Madonna mit Kind* aus dem Jahr 1437), Perugino und Lorenzo Lotto zu sehen. Beachtenswert sind auch die Deckengemälde in diesen Räumen.

Auf Berninis prachtvoller Treppe geht es hinauf in den ersten Stock; hier in Saal 12 ist mit Raffaels **La Fornarina** aus dem Jahr 1518 eines der Highlights der Sammlung zu sehen: Das Porträt stellt vermutlich die für ihre Schönheit bekannte Tochter eines Bäckers und Geliebte Raffaels dar. Über Werke von Sodoma, Lorenzo Lotto (die *Mystische Hochzeit der Caterina d'Alessandria*), Tintoretto, Hans Holbein (das berühmte Porträt von *Heinrich VIII.*), Luca Cambiaso, El Greco, Guercino, Pietro da Cortona, Bernini (Papst *Urban VIII.* und der *David*) und anderen gelangt man zu einem weiteren Highlight: Saal 20 mit mehreren Werken von Caravaggio: die *Enthauptung des Holofernes*, der *Heilige Franziskus* und der *Narcissus* (Näheres zu Caravaggio → S. 230f.). Zu sehen sind außerdem Bilder aus Caravaggios Schule.

Zum Abschluss des Rundgangs kommt man in den großen Saal (Salone) mit dem riesigen, zwischen 1633 und 1639 geschaffene *Deckenfresko* von Pietro da Cortona (15 x 25 Meter), das die Verherrlichung der Papstfamilie Barberini zum Gegenstand hat. In der Mitte des „Triumphes der göttlichen Vorsehung" schwirren die Bienen aus dem Familienwappen in einem gigantischen Lorbeerkranz.

Besonders sehenswert ist auch das von Borromini entworfene **spiralförmige Treppenhaus** auf der rechten Seite des Palazzo (vom Hof aus gesehen), das allerdings nur werktags besichtigt werden kann. Von hier geht es hinauf in das *Appartamento del '700* (18. Jh.) im zweiten Stock: Zu sehen ist die Einrichtung der Barberinis aus dem 18. Jh. mit originalen Möbeln und Tapeten, an den Wänden einige Gemälde Canalettos. (*Achtung*: das Appartamento ist schon seit Jahren wegen Renovierung geschlossen, der Zeitpunkt der Wiedereröffnung war bei unserem letzten Besuch noch unklar.)

Di–So 8.30–19 Uhr (Einlass bis 18 Uhr), Mo geschl. Eintritt 5 €, ermäßigt 2,50 € (EU-Bürger von 18–25 J.), EU-Bürger unter 18 und über 65 J. sowie Kunststudenten frei. Via delle Quattro Fontane 13, ✆ 06/ 4824184, www.galleriaborghese.it/barberini/it.

Santa Maria della Concezione

Die Kirche der Kapuzinermönche (daher auch „Chiesa dei Cappuccini" genannt) am Anfang der Via Veneto (Nr. 27) kann Sie das Grausen lehren: Auf halber Höhe zum Eingang befindet sich der Zugang zur Gruft, die aus sechs aufeinander folgenden Kapellen besteht, in denen die Knochen von etwa 4000 Mönchen zur Raumgestaltung verwendet wurden! Schädel als Wandverzierung, aus Rippenbögen nachgebildete Stuckornamente, kunstvoll inszenierte Kinderskelette und sogar Lampen aus Becken- und Wirbelknochen – ziemlich gruselig. Die Mönche dokumentieren so ihre Einstellung zum hinfälligen Körper, der nur als sterbliche Hülle für die Seele angesehen wird. Weniger beeindruckend ist die düstere Kirche selbst, die Kardinal Antonio Barberini, Kapuzinermönch und Bruder von Papst Urban VIII., um 1626 hier bauen ließ.

Tägl. 7–12 und 15–19 Uhr, die Krypta ist 9–12 und 15–18 Uhr geöffnet, Do nachmittags geschl. Als Eintritt in die Krypta wird eine „Spende" von mehreren Euro erwartet. Fotografieren verboten (es gibt Postkarten).

Galleria Comunale d'Arte Moderna e Contemporanea

In der ersten Abteilung des etwas abseitig gelegenen Museums sind Bilder und Skulpturen aus der ersten Hälfte des 20. Jh. zu sehen (darunter zwei Skulpturen von Rodin und Werke von Giorgio de Chirico und Renato Guttuso); die zweite Abteilung bietet zeitgenössische Kunst ab 1945. Kaum besucht, für Liebhaber moderner italienischer Kunst aber sehenswert.

Leider schon seit Jahren wegen Restaurierung geschl. Via Francesco Crispi 24, ✆ 06/ 4742848.

Dank Anita Ekberg weltberühmt: die Fontana di Trevi

Fontana di Trevi

Der Trevi-Brunnen, dem Anita Ekberg in Fellinis „La Dolce Vita" von 1960 zu Weltruhm verhalf, ist heute in seiner letzten Gestaltung aus dem Jahr 1762 zu bewundern. Die Geschichte des Brunnens geht jedoch bis in die Antike zurück. Der Legende nach soll eine Jungfrau durstigen römischen Legionären eine versteckte Quelle mit köstlichem Wasser gezeigt haben. Augustus befahl daraufhin, die Quelle anzuzapfen und eine Leitung nach Rom zu legen. Am 9. April des Jahres 19 v. Chr. wurde der 19 Kilometer lange Aquädukt *Aqua Vergine* (benannt nach der Jungfrau) eingeweiht. Auf den **Relieftafeln** ist die Legende von der Entdeckung der Quelle dargestellt.

1453 ließ Papst Nikolaus V. die antike Wasserleitung ausbessern und wieder in Betrieb nehmen. Papst Urban VIII. erschien der Brunnen zu schlicht. Er beauftragte 1640 seinen Lieblingsarchitekten Bernini mit der Neugestaltung. Der riss den Brunnen ab und verlegte ihn an seine heutige Stelle. Als Urban 1644 starb, war gerade das Becken fertig; der neue Papst zeigte wenig Interesse an dem Projekt, sodass fast hundert Jahre vergingen, bis unter Clemens XII. 1732 ein Wettbewerb zur Neugestaltung ausgeschrieben wurde.

Von Nicola Salvi, dem Gewinner der Ausschreibung, stammte die Idee, den Brunnen auf der Rückseite des **Palazzo Poli** wie ein Barocktheater zu gestalten. Aus einem Bühnenbild hervorsprudelnd, sollte das Wasser hier seinen „Auftritt" haben – präsentiert vom Gott der Meere Ozeanos (in der Mitte) auf einer großen Muschel, die von zwei Pferden gezogen wird. Zwei Tritonen können die Tiere nur mit Mühe halten. Die Statue in der linken Nische des Triumphbogens symbolisiert den Überfluss, rechts sieht man die Personifikation der Heilkraft. Der Brunnen wurde nach 30 Jahren Arbeit im Mai 1762 von Papst Clemens XIII. eingeweiht.

Mit dem Kultfilm „La Dolce Vita" wurde die Fontana di Trevi weltberühmt. Als Marcello Mastroianni 1996 starb und ganz Rom trauerte, verhüllte ein Tuch den Mittelteil des Brunnens, weiße Rosen schwammen auf dem Wasser.

Ein Bad im Trevi-Brunnen ist übrigens streng verboten – Polizisten passen auf, dass niemand auf die Idee kommt, es Anita Ekberg nachzutun. Ebenso verboten ist es, die Geldstücke aus dem Brunnen herauszuholen, die Touristen alljährlich in der Hoffnung auf eine Rückkehr nach Rom hier versenken. Dieser Schatz von jährlich etwa einer halben Million Euro geht an wohltätige Zwecke.

Piazza del Quirinale/ Palazzo Quirinale

Unweit des Trevi-Brunnens gelangt man über die breite Treppe oberhalb der Via Dataria hinauf zum Quirinal. 1520 kaufte Kardinal Ippolito d'Este das Gelände und ließ prachtvolle Gärten anlegen. Der **Palazzo Quirinale** (Quirinalspalast) als Sommersitz der Päpste wurde Ende des 16. Jh. von Papst Gregor XIII. in Auftrag gegeben. Die Päpste residierten hier bis 1870, später italienische Könige, und seit 1947 hat hier der Staatspräsident seinen Amtssitz.

Von der Terrasse der **Piazza del Quirinale** hat man einen schönen Blick über die Dächer der Stadt bis zur Peterskirche und zum Monte Mario. Auf dem Platz befindet sich der Brunnen mit den beiden **Dioskuren Castor und Pollux** (Kopien eines griechischen Originals), die hier schon seit der späten Antike stehen. Der uralte Obelisk wurde 1783 hinzugefügt, 1820 schaffte man das Brunnenbecken her. Es hatte seit der Antike auf dem Forum Romanum gestanden und dort im Mittelalter als Viehtränke gedient. Gegenüber der Aussichtsterrasse befindet sich der **Palazzo della Consultà** (um 1740), den Ferdinando Fuga im Auftrag von Clemens XII. als päpstlichen Gerichtshof baute. Heute hat hier das italienische Verfassungsgericht seinen Sitz. Auf der gegenüberliegenden Seite des Eingangs zum Quirinalspalast liegen die **Scuderie del Quirinale**, die ehemaligen Stallungen, in denen heute wechselnde, oft sehr hochkarätige Ausstellungen zu sehen sind (Öffnungszeiten und Eintrittspreise variieren je nach Ausstellung, Infos unter www.scuderiequirinale.it), dazwischen sind die Scuderie aber oft auch monatelang geschlossen.

Der Quirinalspalast ist jeden Sonntag von 8.30–12 Uhr für die Öffentlichkeit zugänglich, besichtigt werden können die Saloni bzw. das Piano nobile (erster Stock) des Gebäudes. Eintritt 5 €, unter 18 und über 65 Jahre frei. Am ersten Sonntag im Juni (anlässlich des Tages der Republik) ist auch der herrliche Garten des Palastes zur Besichtigung offen. ✆ 06/46991, www.quirinale.it.

Der Quirinalspalast – Sitz des Staatspräsidenten

Sant'Andrea al Quirinale

Die Andreaskirche am Quirinal war das Lieblingswerk Berninis, der oft zum Beten hierher kam. Der ovale Grundriss der Kirche, als spätes Meisterwerk Berninis in den Jahren 1658–1670 entstanden, erinnert nicht zuletzt durch die Säulen und Pilaster an das Pantheon.

Die Kuppel wirkt im Vergleich zum massigen Unterbau leicht, wie allein durch die Rippen gehalten. Durch die Fenster über dem Gesims fällt das Licht auf die Darstellung des heiligen Andreas bei seiner Himmelfahrt, das Martyrium des Andreas ist am Hauptaltar dargestellt. Gebaut wurde die Kirche für Novizen der Jesuiten, die im Quirinal auf der anderen Straßenseite untergebracht waren. Mit Sant'Andrea al Quirinale stand Bernini übrigens mal wieder in Konkurrenz zu seinem Erzfeind Borromini, der nur wenige Meter entfernt ebenfalls sein persönliches Meisterwerk geschaffen hat: San Carlo alle Quattro Fontane.

Mo–Sa 8.30–12 und 15.30–19 Uhr, So 9–12 und 16–19 Uhr. Via del Quirinale 29.

San Carlo alle Quattro Fontane

Direkt an der viel befahrenen Piazza delle Quattro Fontane (→ unten) baute Berninis Intimfeind Borromini das nicht weniger gelungene Kirchlein San Carlo alle Quattro Fontane, auch „San Carlino" genannt.

Borromini schuf hier ab 1634 im Auftrag des Trinitarierordens auf einem winzigen Grundstück eine anmutige, kleine Kirche mit Kloster und Innenhof. Der Auftrag war der erste für Borromini, nachdem er seine Mitarbeit am Palazzo Barberini, wo Bernini statt seiner zum Baumeister ernannt worden war, gekündigt hatte. Bereits 1637 war die Kirche fertig und weist das für Borromini typische Wechselspiel konkaver und konvexer Flächen über einem ovalen Grundriss auf. Darüber scheint die ovale Kuppel mit den sich nach oben verkleinernden Kassetten zu schweben, da ihre durch Fenster unterbrochene Basis nicht zu sehen ist. Die ebenfalls Borromini-typische Fassade gestaltete der Baumeister 1665–1667 (kurz bevor er sich das Leben nahm).

Mo–Fr 10–13 und 15–18 Uhr, Sa nur 10–13 Uhr, So 12–13 Uhr. Via del Quirinale 23.

Piazza delle Quattro Fontane

Die Kreuzung direkt neben der Kirche San Carlo (→ oben) ist nach den Brunnen in jeder der vier Ecken benannt. Im Jahr 1588 beauftragte Papst Sixtus V. *Domenico Fontana* mit der Gestaltung des Platzes. Zu sehen sind die liegenden Flussgötter Nil und Tiber und zwei weibliche Figuren, die nicht näher zu identifizieren sind. Von hier reicht der Blick durch die Straßenschlucht bis zum Obelisk am oberen Ende der Spanischen Treppe, in die andere Richtung bis zur Apsis von Santa Maria Maggiore an der Piazza dell'Esquilino.

Praktische Infos

(→ Karte S. 217)

Ristoranti, Trattorien, Osterien

In der Gegend um die Fontana di Trevi findet man überwiegend Touristenlokale mit hohen Preisen bei nicht gerade überragender Qualität. Das Gleiche gilt für die Via Veneto: Noch heute lebt die ehemalige High-Society-Meile von ihrem Ruhm aus den 1960ern, die Preise in manchen Restaurants sind schlicht horrend. Da ist ein Cappuccino im einst so legendären *Café de Paris* mit 5 € geradezu günstig. Einige noch bezahlbare Empfehlungen:

Papà Baccus **3** Römische Küche mit toskanischem Einschlag, feine Nudeln, Fisch- und vor allem ausgezeichnete Fleischgerichte. Menü um 55–60 €. Mit kleiner Terrasse. Via Toscana 36, ✆ 06/42742808, www.papabaccus.com. Mittags und abends geöffnet, Sa nur abends, So geschl.

Colline Emiliane 9 Dieses beliebte kleine Restaurant bietet traditionelle römische Küche und klassische Küche der Emilia-Romagna, ein Tipp sind hier die berühmten „echten", hausgemachten „tagliatelle alla bolognese". Regionale Weinkarte und guter Sangiovese-Hauswein. Menü um 35–40 €. Via degli Avignonesi 22, ✆ 06/4817538. Mittags und abends geöffnet, So nur mittags, Mo Ruhetag.

Al Moro 15 Gehobenes, gediegenes Ambiente (allerdings etwas beengt). Gute römische Küche, große Fischauswahl (empfehlenswert: Baccalà), allerdings recht teuer: Menü um 60 €. Vicolo delle Bollette 13 (wenige Schritte vom Trevi-Brunnen in die Via delle Muratte). Mittags und abends geöffnet, So Ruhetag. ✆ 06/6783495.

Piccolo Arancio 13 Sehr kleine, familiäre Trattoria (im Sommer auch ein paar Tische draußen auf der schmalen Gasse); typische regionale Küche, die auf Jahreszeiten und Marktangebot abgestimmt ist, oftmals frischer Fisch; es gibt auch ein Tagesmenü. Ansonsten Menü um 30–35 €. Vicolo Scanderbeg 112, ✆ 06/6786139. Mittags und abends geöffnet, Mo geschl.

La Rosa 14, Schräg gegenüber vom Piccolo Arancio, ein netter, kleiner Familienbetrieb mit guter Küche zu günstigen Preisen. Trotz Nähe zur Fontana di Trevi ist es hier ruhig und entspannt. Gute römische Küche, nicht zu teuer, es gibt auch Pizza (7,50–11 €), Menü um 30–35 €. Mittags und abends geöffnet, Mi geschl. Vicolo Scanderbeg 45, ✆ 06/6793826.

Spaghetteria/Pizzeria L'Archetto 19 Wenige Schritte vom Teatro Quirino und ca. 5 Minuten vom Trevi-Brunnen entfernt. Günstiges, einfaches Lokal, bei Touristen beliebt, gute Pasta, abends auch Pizza, Menü um 25 €. Von Lesern empfohlen. Via dell'Archetto 26, ✆ 06/6789064. Täglich 12–1 Uhr durchgehend geöffnet, So/Mo nur bis 24 Uhr.

Amerikanisch

Hard Rock Café 5 Passenderweise direkt gegenüber der amerikanischen Botschaft an der Via Veneto gelegen. Immer voll, das Publikum senkt den Altersdurchschnitt am Prachtboulevard doch ganz erheblich. Geboten werden kettentypisch große Burger, Sandwichs, Salate u. a., ziemlich teuer, aber bei jungen Touristen und Römern sehr beliebt. Tägl. 12–24 Uhr, Fr/Sa bis 1 Uhr geöffnet, einen Tisch am Wochenende sollte man 2–3 Tage vorher reservieren, ansonsten auch kurzfristig. Via Vittorio Veneto 62 A/B, ✆ 06/4203051, www.hardrock.com.

Birreria

L'Antica Birreria Peroni 20 Für den Bierausschank der großen italienischen Brauerei Peroni (gibt es hier seit 1906) haben wohl bayerische Brauhäuser als Vorbild gedient. Es gibt große, holzvertäfelte Räume, Bier vom Fass und kleine Gerichte. Mo–Sa durchgehend 12–24 Uhr, So Ruhetag. Via S. Marcello 19, ✆ 06/6795310. Von Lesern empfohlen.

Gelateria

Cecere 11 Über 20 verschiedene Sorten, aufgeteilt in Milcheis (*Crema*) und Fruchteis (*Frutta*), empfehlenswert auch die *Frullati* (Shakes), die *Granite* (Halbgefrorenes) und die *Spremute* (frisch gepresste Säfte). Via del Lavoro 84. Ab 11 Uhr geöffnet, Do geschl.

Cafés/Bars/Nachtleben

Harry's Bar 2 Dependance des berühmten Originals in Venedig und ein Überbleibsel der 1960er Jahre, als hier der Jet-Set tobte. Schwindelerregende Preise (Menü um 100 €), der Bellini kostet 18 €, dafür war aber auch schon der eine oder andere VIP da: Clint Eastwood, Sylvester Stallone und der römische Fußballgott Francesco Totti. Am oberen Ende der Via Veneto (Nr. 150) an der Porta Pinciana, große Terrasse. Die Bar ist durchgehend 11–1 Uhr geöffnet, das Ristorante mittags und abends. So Ruhetag. ✆ 06/484643, www.harrysbar.it.

Assagi d'Autore 18 Literaturcafé und Wine-Bar, schon zum Frühstück geöffnet, auch günstiger Mittagstisch (Buffet mit Wasser/Brot 12 €), Aperitivo ab 18 Uhr, abends etwas feiner. Im Verkauf auch (Koch-)Bücher, Teegeschirr, Süßes, Wein etc. Freundlicher Service. Wenige Schritte vom Trevi-Brunnen. Tägl. 8–22 Uhr geöffnet. Via dei Lucchesi 28, ✆ 06/6990949, www.assaggidautore.com.

Cinecaffè – Casina delle Rose 3 Quasi nur über den Piazzale Brasile und durch die Porta Pinciana in die Villa Borghese hinein, Näheres → S. 233.

Shopping

Eine beliebte Einkaufsstraße mit **Modegeschäften** für jedes Alter ist die **Via del Tritone**. Das Angebot ist vielseitig, wenn auch bei weitem nicht so ausgefallen wie bei den großen Modeschöpfern.

Berninis Fontana del Tritone
an der Piazza Barberini

Villa Borghese

Der prächtige Landsitz eines Papstneffen ist heute der beliebteste Stadtpark Roms. Hier können Sie in aller Ruhe spazieren gehen, Sport treiben und überall auch ein stilles Plätzchen zum Ausruhen und Sonnen finden. An arbeitsfreien Tagen ist die Stille allerdings dahin, denn dann scheint sich hier ganz Rom zu treffen.

Hauptanziehungspunkt für römische Familien sind der zoologische Garten und der kleine See mit Ruderbootverleih. Großer Beliebtheit erfreuen sich auch die rikschaartigen, überdachten Fahrräder (ital.: *riscio*), mit denen ganze Familien bequem durch den Park rollen; an fast jeder Ecke werden aber auch gewöhnliche Räder (auch Kinderfahrräder), Inline-Skater, Go-Karts (!) und neuerdings auch Elektrofahrräder (und elektrische Viersitzer) angeboten. Kunstliebhaber werden von den drei großen Museen der Villa Borghese begeistert sein: dem *etruskischen Museum* in der Villa Giulia, der nur wenige Meter entfernten *Galleria d'Arte Moderna* (der größten italienischen Sammlung für moderne Kunst) und der weltberühmten *Galleria Borghese.*

Der Park entstand Anfang des 17. Jh. zusammen mit der Landvilla (heute Galleria Borghese) unter Kardinal Scipione Borghese, dem Lieblingsneffen Papst Pauls V., der ihn im Alter von 26 Jahren zum Kardinal ernannte. Scipione war ein begeisterter Kunstsammler und häufte in seiner Villa unglaubliche Kunstschätze an. Der zur Villa gehörende Park war etwa 80 Hektar groß und hatte damit solche Ausmaße, dass er sogar zur Jagd taugte. Zwischen 1770 und 1800 ließ die Familie Park und Villa modernisieren. Nach ihrem finanziellen Ruin verkauften die Borghese den Palazzo mit allen Kunstschätzen 1901 an den italienischen Staat, kurz darauf übernahm die Stadt Rom den Park. Im Jahr 2003 feierte man hier den 100. Geburtstag der Villa Borghese als öffentlicher Stadtpark. Jedes Jahr im Sommer finden hier zahlreiche Kulturveranstaltungen statt.

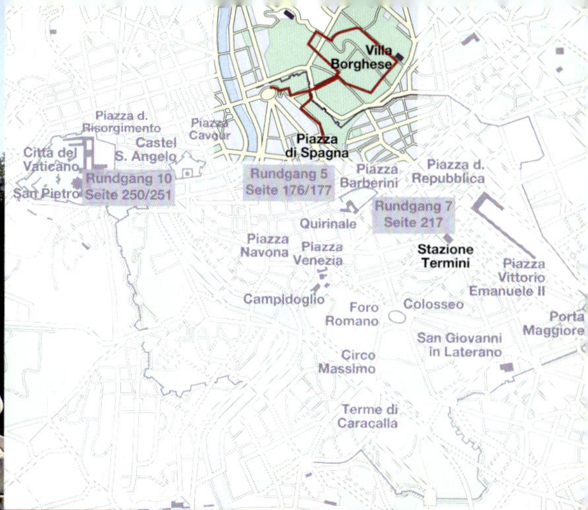

Villa Borghese

Spaziergang

Ausgangspunkt ist die oberhalb der **Piazza del Popolo** gelegene, weitläufige Piazza Napoleone am Pincio-Hügel, von der man einen schönen Blick über die Stadt genießt. Es herrscht reger Andrang, an den Wochenenden ist die Piazza mehr als gut besucht. Von hier geht es über die Via del Obelisco und die breite Allee Viale delle Magnolie zum Piazzale delle Canestre.

Gleich nach der Kreuzung biegt man links ab in den Viale dell'Aranciera. Vorbei am kleinen Café gelangt man zum **Lago**, dem winzigen, erst Ende des 18. Jh. angelegten See der Villa Borghese mit dem malerischen **Tempio di Esculapio** (Äskulaptempel).

Geradeaus durch den Torbogen geht man nun auf den Viale Madame Letizia (benannt nach Napoleons Mutter) und zum Piazzale Paolina Borghese (Napoleons Schwester). Dort führt eine riesige Freitreppe hinunter zur **Galleria Nazionale d'Arte Moderna**. Links die Straße hinunter sind es nur etwa 400 Meter zur **Villa Giulia** mit dem **etruskischen Museum**.

Von der Nationalgalerie für moderne Kunst geht es nun rechts bergauf über den Viale delle belle Arti und dann rechts ab (durch ein Tor) auf den Viale del Giardino Zoologico (Bioparco); den Haupteingang des **Zoos** erreichen Sie nach ca. 400 Metern. Vom gleichnamigen Piazzale vor dem Zoo führt der Weg nun halb rechts in den Viale dell' Uccelliera und zur berühmten **Galleria Borghese**, deren Besichtigung wir Ihnen unbedingt ans Herz legen wollen (*Achtung*: Reservierung erforderlich!).

Auf dem Viale del Museo Borghese verläuft der Rundgang nun zurück in Richtung Spanische Treppe, dann halbrechts ab auf den Viale Goethe. Wiederum rechts ab erreicht man nach wenigen Schritten (auf dem Viale della Casina di Raffaello) den **Tempietto di Diana** (Ende 18. Jh., einst mit einer antiken Skulptur der römischen Jagdgöttin), ein Stück unterhalb befindet sich die **Casina di Raffaello**, ursprünglich unter Scipione Borghese gebaut. Heute beherbergt das restaurierte Gebäude ein Kinderparadies (www.casinadiraffaello.it).

Villa Borghese → Karte S. 227

Zurück auf dem Viale Goethe geht es – nun leicht bergab – zum mächtigen **Monumento a Goethe**, an dem der recht stark befahrene Viale San Paolo del Brasile entlangführt. Diese überqueren und ein Stück bergab (linker Hand erstreckt sich das Areal des Galoppatoio, der Pferderennbahn) erreicht man kurz darauf den Kreisel Piazzale delle Canestre, von wo es nun links hinein zurück auf den Viale delle Magnolie geht (bei einem Abstecher zum **Museo Canonica** am Piazzale delle Canestre rechts ab in den Viale Pietro Canonica). Hält man sich am Anfang der Via del Obelisco links, kommt man – vorbei an der **Villa Medici** aus dem 16. Jh. – nach wenigen hundert Metern zur Kirche Trinità dei Monti am oberen Ende der Spanischen Treppe. Die Tour dauert etwa drei bis viereinhalb Stunden (Metrostation Flaminio bzw. Spagna der Linea A).

Sehenswertes

Piazzale Napoleone/Pincio

Die große Aussichtsterrasse mit herrlichem Blick über die Stadt wurde von Giuseppe Valadier zu Beginn des 19. Jh. entworfen. Hinter dem Platz befinden sich Büsten zahlreicher Volkshelden und militärischer Anführer des vereinigten Italien. In der Antike hatte hier der Feinschmecker *Lucullus*, ein Zeitgenosse Caesars, luxuriöse Gärten anlegen lassen, in denen er seine berühmten Galadiners feierte. Den Obelisken auf dem Platz ließ Kaiser Hadrian im 2. Jh. zur Erinnerung an seinen Geliebten Antinous anfertigen.

Museo Nazionale di Villa Giulia

Das sehenswerte Renaissance-Bauwerk war früher die Sommerresidenz von Papst Paul III., bestehend aus einem Palazzo, drei Gartenabschnitten und einem Nymphäum. Heute ist hier das **Museum für etruskische Kunst** untergebracht. Ausgestellt sind unzählige bedeutende Fundstücke, von denen besonders die Exponate im rechten Flügel des Palazzos ausgesprochen sehenswert sind: z. B. der Terrakotta-Dachschmuck und Figurenfragmente des Merkurtempels bei Sassi Caduti. Besondere Aufmerksamkeit verdient auch die reiche Schmucksammlung (Castellani-Sammlung), aber auch der aufwändig gearbeitete **Sarcofago degli Sposi**, zu dem es ein Pendant im Pariser Louvre gibt.

Sofern man nicht den Ehrgeiz hat, alle 40 Ausstellungsräume genauestens unter die Lupe zu nehmen (dann wird es nämlich anstrengend), kann man sich in der Villa Giulia bestens entspannen: Der herrliche Garten mit Nymphäum lädt zum Schlendern ein, allein er lohnt den Besuch. In einer Cafeteria mit Sitzgelegenheiten unter schattenspendenden Bäumen (beim Eingang Piazza Thorvaldsen) kann man sich erfrischen. Das Museum wird wenig besucht. Alljährlich Anfang Juli wird der bedeutende italienische Literaturpreis *Premio Strega* im Nymphäum der Villa Giulia verliehen.

Di–So 8.30–19.30 Uhr, die Biglietteria schließt um 18.30 Uhr, Mo geschl. Eintritt 8 €, ermäßigt (18–25 J.) 4 €, unter 18 und über 65 J. frei. Audioguide nur in Ital. oder Engl. Piazzale di Villa Giulia 9, ein weiterer Eingang befindet sich an der Piazza Thorvaldsen, ✆ 06/3226571, www.villagiulia.beniculturali.it (Achtung: Wegen Restaurierungen sind immer wieder einige Säle geschlossen.)

Galleria Nazionale d'Arte Moderna e Contemporanea (GNAM)

Über 4000 Gemälde und Plastiken sowie rund 12.000 Zeichnungen und Druckgrafiken umfasst die Sammlung in dem 1915 anlässlich der Weltausstellung errichteten *Palazzo delle Belle*

Arti. Die Exponate dokumentieren anschaulich die ungeheure Wandlung der Malerei und Bildhauerei in den letzten 200 Jahren, natürlich mit besonderem Blick auf italienische Künstler.

Der Rundgang durch die Nationalgalerie bietet sich in chronologischer Reihenfolge an: Ausgehend von den Porträts, Stadtansichten und Landschaften des Neoklassizismus sind in den darauffolgenden großen und nüchtern gehaltenen Sälen Werke der Romantik, des Jugendstils und des Impressionismus zu sehen. Besonders ausführlich wird der italienische Futurismus behandelt, abschließend sind Werke aus der zweiten Hälfte des 20. Jh. zu sehen. Neben den vielen Arbeiten italienischer Künstler sind einige Werke von van Gogh, Cézanne, Klimt, Monet und Degas zu bewundern.

Di–So 8.30–19.30 Uhr, Einlass bis 18.45 Uhr, Mo geschl. Eintritt 10 €, ermäßigt (18–25 J.) 8 €, unter 18 und über 65 J. frei. Viale delle Belle Arti 131, ✆ 06/32298221, www.gnam.beniculturali.it. Im Gebäude befinden sich ein Café mit Terrasse und ein Bookshop.

Giardino Zoologico/Bioparco

In der nördlichen Ecke der Villa Borghese liegt der von Hagenbeck konzipierte (1911 eröffnete) und bei den Römern äußerst beliebte Zoo. In diesem wichtigsten Tiergarten Italiens sind über 1000 Tiere 200 verschiedener Spezies zu sehen. Auf dem Areal mit botanischem Garten bietet sich die Möglichkeit zum Picknicken, es werden kostenlose Führungen angeboten (nur in Italienisch), auch das Angebot für Kinder kann sich sehen lassen. Achtung: Vor allem an Sonntagen herrscht riesiger Andrang.

Im Sommer tägl. 9.30–18 Uhr, April bis Sept. an Wochenenden und Feiertagen bis 19 Uhr, im Winter nur bis 17 Uhr (letzter Einlass jeweils 1 Std. vor Schließung). Eintritt ab 12 J. 12,50 €, Kinder über 1 m und bis 12 J. 10 €, darunter frei, Rentner über 60 J. ebenfalls frei. Viale del Giardino Zoologico 20, ✆ 06/3608211, www.bioparco.it.

Galleria Borghese

Als Lieblingsneffe von Papst Paul V. (Pontifikat 1605–1621) wurde Scipione Borghese von seinem Onkel früh zum Kardinal ernannt und konnte durch die so erschlossenen Geldquellen seine Kunstleidenschaft voll ausleben. Als der Kardinalspalast bei der Peterskirche zu klein geworden war für Borgheses umfangreiche Kunstsammlung, entschied er sich für eine „Landvilla" nach Art der Antike, die er sich im Jahr 1620 in den Weinbergen außerhalb der Porta Pinciana erbauen ließ.

Zwischen 1770 und 1800 wurden Park und Villa modernisiert. Zahlreiche namhafte Künstler dieser Zeit wirkten daran mit, die Villa in spätbarocken und klassizistischen Formen neu erstrahlen zu lassen. Anfang des 20. Jh. wurde das Gebäude dann an den italienischen Staat verkauft, und die Stadt Rom übernahm den Park. Als die Galleria 1997 nach 14-jährigen Renovierungsarbeiten und immensen Kosten wiedereröffnet wurde, war die Begeisterung groß. Viele sind sogar der Meinung, dass die Galleria Borghese eines der schönsten Museen der Welt ist.

Im *Souterrain* befinden sich die Serviceeinrichtungen mit Kasse, Garderobe, erstaunlich günstiger Bar (zumindest am Tresen) und Museumsshop mit einer großen Auswahl an Bildbänden und anderen Kunstbüchern.

In den Repräsentationsräumen des *Erdgeschosses* sind die wichtigsten Marmorskulpturen Berninis, mehrere Werke Caravaggios und die berühmte Statue der Paolina (das Wahrzeichen der Galleria) ausgestellt. Die Gemäldesammlung im ersten Stock umfasst etwa 350 bedeutende Werke, die meisten davon aus dem 16. und 17. Jh.

Der Rundgang führt vom Portikus in den großen *Eingangssaal* mit einem gewaltigen Deckengemälde – Thema ist die Verherrlichung Roms. Bemerkenswert auch das aus der Wand in die Tiefe stürzende Pferd, ein griechisches Original, dem Pietro Bernini einen Reiter hinzufügte. Das originale antike Fußbodenmosaik stellt Gladiatorenkämpfe dar.

Saal I: Die Skulptur der Paolina Borghese (die Schwester Napoleons) als Venus in freizügiger Pose, 1804–1808 von Antonio Canova geschaffen. Der Apfel in Paolinas Hand spielt auf das Urteil des Paris in der griechischen Mythologie an. Dem gleichen Thema ist auch das Deckengemälde gewidmet.

Saal II: Der „David", die erste der fünf bedeutenden Skulpturen von Bernini, die Kardinal Borghese in Auftrag gab. Der damals 25-jährige Bildhauer zeigt den Augenblick, in dem David mit der Schleuder ausholt, um Goliath zu töten. Als Modell für das Gesicht benutzte Bernini sein eigenes Spiegelbild. Das Gemälde von Carracciola (1613) gegenüber hat dasselbe Thema, allerdings eine Szene später.

Saal III: „Daphne und Apoll", die Figurengruppe von Bernini aus dem Jahr 1624. Hier greift der Künstler eine Szene aus Ovids „Metamorphosen" auf, in der Apoll, von Amors Pfeil getroffen, in heißer Liebe zur schönen Nymphe Daphne entbrennt. Sie flieht vor Apolls Zudringlichkeiten, und gerade als er sie einholt, verwandelt sich Daphne in einen Lorbeerbaum. Wenn Sie um die Skulptur herumgehen, erleben Sie Daphnes Metamorphose wie im Film:

Die Galleria Borghese, eines der schönsten Museen der Welt

Auf der einen Seite ist sie noch Mensch, auf der anderen schon fast vollständig ein Baum. Das Thema von Daphne und Apoll wiederholt sich auch im Decken- und Wandgemälde.

Saal IV: Wieder ein von Bernini aufgegriffenes Motiv aus der Mythologie: „Der Raub der Proserpina". Diesmal entführt Pluto, der Herrscher der Unterwelt, Proserpina in sein düsteres Reich. Bis ins Detail ist hier die Anspannung der sich heftig wehrenden Frau dargestellt. Rechts neben Pluto sitzt der dreiköpfige Höllenhund Zerberus.

Saal V: In dem Durchgangsraum befindet sich die liegende Skulptur eines Hermaphroditen aus dem 1. Jh. n. Chr. nach griechischem Original von Polykles (150 v. Chr.).

Saal VI: Die Figurengruppe „Aeneas, Anchises und Ascanius" gilt als das erste große Werk Berninis, an dem der Vater des gerade 20-Jährigen noch deutlich mitgewirkt hat. Bernini hat den Helden der „Aeneis" des römischen Dichters Vergil dargestellt: Aeneas, der als einziger die Unheil verkündende Prophezeiung Laokoons beachtet, flieht gerade noch rechtzeitig aus dem brennenden Troja. Seinen Vater Anchises trägt er auf den Schultern, sein kleiner Sohn Ascanius folgt zu Fuß mit den Opfergeräten und dem heiligen Feuer. Das Deckengemälde greift die gleiche Thematik auf.

Saal VII: Für die ägyptische Sammlung der Fürsten Borghese wurde dieser Raum im ägyptisierenden Stil ausgestattet.

Saal VIII: Der „Tanzende Satyr" in der Saalmitte entstand im 2. Jh. n. Chr. Außerdem sind hier sechs der bedeutendsten Gemälde von Caravaggio zu sehen, u. a. seine „Madonna dei Palafrenieri" (1605), die ursprünglich für die Peterskirche gedacht war. Das schaurige Bild „David mit dem Haupt des Goliath" (ca. 1610) schickte Caravaggio als Flüchtiger (→ unten) mit der Bitte um Begnadigung nach Rom. Hier porträtierte er sich selbst im abgeschlagenen Kopf des Goliath. Ein frühes Selbstporträt zeigt Caravaggio in Gestalt des jungen Bacchus (1593); sehr bekannt ist der sinnliche „Knabe mit dem Fruchtkorb" (1594) mit dem detailliert ausgearbeiteten Obstkorb, der viele spätere Stillleben beeinflusst hat.

Michelangelo Merisi, genannt Caravaggio (1571–1610)

Caravaggio revolutionierte die Malerei. Seine Maltechnik des *Chiaroscuro* (hell-dunkel Kontraste) war ebenso bahnbrechend wie seine Heiligendarstellungen skandalös waren – Menschen von der Straße, alte Männer mit schmutzigen Füßen oder faltige Bauernweiber, sichtbar vom Leben gezeichnet, ganz zu schweigen von den Prostituierten, die für seine Madonnenbildnisse Modell saßen. Sein Leben war nicht minder skandalös, Caravaggio war ein Hitzkopf, Sauf- und Raufbold, mit dem es kein gutes Ende nehmen sollte.

Geboren wurde Michelangelo Merisi am 29. September 1571 im Dörfchen Caravaggio bei Bergamo. Die ersten Jahre verbrachte die Familie in Mailand, wo Vater und Onkel der Pest zum Opfer fielen. Mit 13 Jahren kam der talentierte Junge in die Malerwerkstatt von *Simone Peterzano*, der – entgegen dem gängigen Manierismus mit seinen gekünstelten Darstellungen – einen realistischen, fast naturalistsischen Stil pflegte. Mit 18 Jahren zog es den jungen Künstler nach Rom, wo er zunächst nicht so recht Fuß fassen konnte, er lebte ein wildes Leben im heruntergekommenen Viertel am Tiber. Etwa 1590 erkrankte Merisi schwer am Fieber und verbrachte lange Zeit in einem Armenhospital. Aufträge erhielt er damals so gut wie keine. Die Wende kam mit der Bekanntschaft seines zukünftigen Auftraggebers Kardinal *Francesco Maria del Monte*, für den er 1595 die „Verzückung des heiligen Franziskus“ malte. Merisi, der sich nun Caravaggio nannte, erlebte in der Folge eine relativ ruhige Phase seines Lebens, fertigte für verschiedene Kardinäle zahlreiche Auftragsbilder mit Bibelszenen (u. a. „Judith und Holofernes“, heute im Palazzo Barberini → S. 216ff.). Zu dieser Zeit wohnte er im Palazzo Madama bei Kardinal del Monte, der ihn zeitlebens protegierte.

Erster Höhepunkt in Caravaggios Karriere war der Auftrag für die Contarelli-Kapelle in der Kirche San Luigi dei Francesi (→ S. 160), doch seine „Berufung des heiligen Matthäus“ empörte auch – der Künstler hatte die Szene unverkennbar in den profanen römischen Alltag versetzt. Es folgte dennoch gleich darauf der Auftrag für die beiden Gemälde in der Kirche Santa Maria del Popolo (→ S. 185f.) von keinem Geringeren als dem Schatzmeister von Papst Clemens VIII., *Tiberio Cerasi*, der in der Kirche an der Piazza del Popolo eine Grabkapelle erworben hatte. Doch auch hier blieb der Skandal nicht aus: Bei der „Bekehrung des heiligen Paulus“ nimmt das Pferd den größten Raum ein und die „Kreuzigung des heiligen Petrus“ wird hauptsächlich von der Mühsal der Henkersknechte beim Aufstellen des Kreuzes geprägt, Petrus selbst wird als einfacher alter Mann dargestellt. Während seine „Grablegung Christi“ (ca. 1602/1603, Vatikanische Pinakothek, → S. 258) allgemein Anklang fand, löste seine „Madonna di Loreto“ von 1604/1605 (Kirche Sant'Agostino) den nächsten Skandal aus: Man erkannte in ihr eine Prostituierte von der Piazza Navona und mit einem ihrer Kunden, einem Notar, geriet Caravaggio sogar in eine Schlägerei. Der Künstler, der zu diesem Zeitpunkt schon mit beachtlichem Vorstrafenkonto aus diversen Schlägereien ausgestattet war, musste Rom zeitweise verlassen, fand aber noch genug einflussreiche Fürsprecher, die ihm eine Rückkehr ermöglichten. Zum Bruch mit der römischen Kirche kam es schließlich durch seine „Madonna dei Palafrenieri“ (1606, heute Galleria Borghese → S. 228ff.), einem Auftragswerk für die neue Peterskirche. Vermutlich stand dieselbe Prostituierte

Das Martyrium des Hl. Matthäus hängt in der Kirche San Luigi dei Francesi

wie für die „Madonna di Loreto" Modell für diese Gottesmutter, doch mindestens ebenso skandalös war die Darstellung der heiligen Anna auf dem Gemälde als altes, zerfurchtes Bauernweib. Kurz darauf erschlug Caravaggio nachts – und vermutlich unter erheblichem Alkoholeinfluss – einen päpstlichen Wachmann, wurde inhaftiert, konnte aber fliehen. Am 29. Mai 1606 kam es zu einer erneuten Schlägerei, wieder mit einem Toten – Caravaggio musste Rom endgültig verlassen.

Die folgenden vier Jahre verbrachte er rastlos in Neapel, Malta, Sizilien und wieder Neapel, wo er bei einem Überfall – vielleicht ein Racheakt, denn Caravaggio hatte viele Feinde – schwer verletzt und sein Gesicht entstellt wurde. In Porto Ercole an der toskanischen Küste, wo er auf seine Begnadigung aus Rom wartete, starb Caravaggio am 18. Juli 1610 vermutlich an Malaria und den Folgen seiner Verletzungen.

Zwar übte Caravaggio noch Einfluss auf die direkte Nachwelt – wie etwa auf Rembrandt – aus, doch bald geriet der skandalumwitterte Maler in Vergessenheit und wurde erst Anfang des 20. Jh. wiederentdeckt. Vom Künstler selbst hat man durch mehrere Selbstporträts ein recht gutes Bild: jung und krank – in Erinnerung an das Armenspital – hat er sich als „Kranken Bacchus" 1594 dargestellt, alt und gezeichnet als Goliath in seinem „David mit dem Kopf des Goliath" von 1606 oder 1610 (beide Galleria Borghese → S. 228ff.). Mehrere Gemälde Caravaggios in Rom findet man neben der Galleria Borghese auch im Palazzo Barberini (→ S. 216ff.), in den beiden Kirchen San Luigi dei Francesi (→ S. 160) und Santa Maria del Popolo (→ S. 185f.), einzelne Werke auch im Palazzo Corsini in Trastevere (→ S. 236f.), in den Kapitolinischen Museen (→ S. 100f.), der Galleria Doria Pamphilj (→ S. 181) und in der Pinacoteca Vaticana (→ S. 258).

Die *Gemäldegalerie* im ersten Stock lässt sich während der zweistündigen Besuchszeit, die Ihnen vom Museum gewährt wird, kaum eingehend betrachten. Eine Auswahl:

Saal IX: Unter anderem Raffaels „Grablegung Christi" aus dem Jahr 1507. Scipione Borghese ließ dieses unverkäufliche Bild aus einer Kirche für sich stehlen und den Besitz nachträglich vom päpstlichen Onkel legalisieren.

Saal X: Zu den herausragenden Gemälden hier gehört „Venus und Amor mit der Honigwabe" (ca. 1531) von Lucas Cranach d. Ä.

Saal XIV: Zwei Selbstporträts von Bernini im Alter von 25 und 38 Jahren, außerdem die Skulptur der liegenden Ziege Amalthea, die den kleinen Zeus zusammen mit einem kindlichen Faun säugt. Bernini war knapp 17 Jahre alt, als er diese Skulptur fertigte; sie gelang ihm so perfekt, dass man sie lange Zeit für ein antikes Original hielt.

Saal VX: Unter anderem das „Letzte Abendmahl" von Jacopo Bassano (1542).

Saal XVII: Eine Pietà von Peter Paul Rubens (1602).

Saal XX: Venezianische Schule der Renaissance. Herausragend sind die Gemälde Tizians. Seine „Himmlische und irdische Liebe" malte er mit etwa 25 Jahren.

Di–So 8.30–19.30 Uhr, Mo geschl. Einlass nur alle zwei Stunden (letzter Einlass um 18.30 Uhr), Tickets nur mit obligatorischer Reservierung und für feste Zeiten. Eintritt 8,50 € (Reservierungsgebühr und Garderobe inkl.), ermäßigt (18–25 J.) 5,25 €, unter 18 J. und über 65 J. 2 €; bei besonderen Ausstellungen kann sich der Preis erhöhen. Audioguide (auch in Deutsch) 5 €, deutschsprachiger Museumsführer im Bookshop 14 €. Führungen in italienischer Sprache um 11.10, 15.10 und 17.10 Uhr, in Englisch um 9.10 und 11.10 Uhr (an der Biglietteria nachfragen, keine Reservierung möglich). Obligatorische Ticketreservierung unter ✆ 06/32810 oder unter www.ticketeria.it. Piazzale del Museo Borghese 5, ✆ 06/8413979, www.galleriaborghese.it.

Museo Pietro Canonica a Villa Borghese

Nur wenige hundert Meter nördlich des Piazzale delle Canestre lohnt ein Abstecher zu dem Gebäude (17. Jh.), das der Bildhauer Pietro Canonica (1869–1959) einst bewohnte (und zum Castello umbauen ließ). Nach seinem Tod hat die Stadt Rom, eigentliche Besitzerin des Hauses, hier ein überaus sehenswertes Museum eingerichtet. Gezeigt werden zahlreiche Skulpturen und Gemälde Canonicas in den Wohn- und Arbeitsräumen des Künstlers. Auch Sonderausstellungen.

Di–So 9–19 Uhr, Einlass bis 18 €, feiertags 9–13.30 Uhr (Einlass bis 12.30 Uhr), Mo geschl. Eintritt 5,50 €, ermäßigt 4,50 € (6–25 J. und über 65 J.), unter 6 J. frei. Viale Pietro Canonica 2, www.museocanonica.it. *Achtung*: Für die nächste Zeit wurden Renovierungsarbeiten für einige Räume angekündigt.

Villa Medici

Oberhalb der Spanischen Treppe (am Rand der Villa Borghese) liegt der einstige Familiensitz der reichen Florentiner Bankiersfamilie Medici aus dem 16. Jh. 1576 ließ der junge Kardinal Ferdinando de' Medici das Anwesen umbauen. Seit 1666 hat die Französische Akademie in dem eleganten Gebäudekomplex ihren Sitz, der als besonders vornehme und schöne Villa aus der Spätrenaissance gilt. Das Gebäude ist im Rahmen von Ausstellungen, Konzerten, Kino-Abenden etc. öffentlich zugänglich, außerdem finden auch Führungen statt.

Di–So 4-mal tägl. Führungen durch die Gärten: um 10.45, 11.45, 14, 15 und 16.15 Uhr, außerdem um 12 Uhr in englischer Sprache. Eintritt 9 €, ermäßigt 7 €. Ausstellung ohne Gärten 6 €, ermäßigt 4,50 € (Di–So 10.45–13 und 14–19 Uhr), Mo geschl. Viale Trinità dei Monti 1, ✆ 06/67611, www.villamedici.it.

Praktische Infos

(→ Karte S. 227)

Bars/Cafés/Kino

Cinecaffè – Casina delle Rose 3 Noch recht neues Café am Viale Goethe, nicht zu übersehen. Ristorante und Winebar, auch Café. Snacks und gute Panini (ab 3,50 €) zu mittlerem Preisniveau, mit Terrasse. So mittags Lunch-Buffet. Innen **Bookshop** (mit Kinobüchern und DVDs) und **Kino**, **Freiluftkino** nebenan. Das Café ist tägl. 8.30–20 Uhr geöffnet. Largo Marcello Mastroianni 1, ✆ 06/42016224, www.casadelcinema.it.

Casina del Lago 1 Das kleine Café im Pavillon nahe dem See lädt unter schattenspendenden Bäumen zur Rast ein. Pasta, Pizza, Salate, Eis und Cocktails. Im Sommer ganztägig geöffnet. Gegenüber befindet sich eine öffentliche Toilette. Viale dell'Aranciera.

La Casina dell'Orologio 2 Ebenfalls in einem Pavillon, auch Café und Restaurant mit Terrasse, eher teuer, tägl. 8–22 Uhr geöffnet (im Winter nur bis 20 Uhr und Mi geschl.). Viale dell'Obelisco, Ecke Viale dei Bambini, ✆ 06/6798515.

Darüber hinaus findet man – zumindest im Sommer – überall im Park **Verkaufsstände** mit Erfrischungsgetränken und Snacks.

Fahrrad-/Bootsverleih

Bici Pincio 4, Fahrrad 4 €/Std., 10 € für 3 Std., MTB 5 €/Std., 12 € für 3 Std., das Rikscha-artige Vierrad mit Dach (*Riscio*) kostet für 2 Pers. 10 €/Std., für 4 Pers. 20 €/Std. Bei Anmietung muss ein Ausweisdokument hinterlegt werden. Geöffnet tägl. 10 Uhr bis Sonnenuntergang. Viale del Museo Borghese/Ecke Viale Goethe. Weitere Fahrradverleiher am Eck zum Viale dell'Orologio (Viale dell'Obelisco) und beim Zoo.

Boote: Viel zu Rudern gibt es nicht auf dem winzigen See am Tempio di Esculapio (Äskulap-Tempel) und an Sonntagen wird es hier sehr voll. 20 Min. Rudern kosten 3 € pro Pers., Kinder die Hälfte.

Trenino/Theater etc.

Der **Trenino** (Touristenbähnchen) fährt während der Sommermonate durch den Park, mit Halt an der Galleria Borghese und beim Zoo, Abfahrt am Cinecaffè (s. oben), einfache Fahrt 3 €.

Globe Theatre, Shakespeares Theater gibt es auch in Rom in der Villa Borghese, gegeben wird selbstverständlich nichts anderes als Stücke des großen Meisters (u. a. Der Sturm, Mittsommernachtstraum, Richard III.). Die Saison geht von Anfang Juli bis Mitte/Ende Sept., Vorstellungen Di–So um 21.15 Uhr, Mo keine Aufführungen. Tickets in der Biglietteria am Theater (tägl. 14–19 Uhr geöffnet, bei Vorstellungen bis 21.30 Uhr), Tickets im Innenraum 10 € (unter 25 J. 8 €), auf den Rängen 13–23 € (erm. 11–20 €), zuzüglich 1,50–2 € Vorverkaufsgebühr (nicht an der Abendkasse). Mit der Globe Card für 5 € (ist die ganze Saison gültig) erhalten Sie pro Aufführung 3–4 € Rabatt. Largo Aqua Felix (unweit der Piazza Siena/Galoppatoio), www.globetheatreroma.com.

»› Lesertipp: „Das **Puppentheater San Carlino** auf der Terrasse des Pincio bietet von September bis Juni ein reichhaltiges Programm. Vom traditionellen Puppentheater mit Pulcinella, Arlecchino und Pinocchio bis hin zu modernen Puppenmusicals und Puppenopern mit Livemusik ist alles dabei – Theater für große und kleine Zuschauer." Vorstellungen immer Sa um 16.30 Uhr und So um 11.30 und 17.30 Uhr, Eintritt 9,50 €, Kinder unter 14 J. und Senioren über 60 J. 7,50 €. Spielplan und weitere Infos unter www.sancarlino.it, Ticketreservierung auch telefonisch unter ✆ 06/69922117. Viale dei Bambini (Ecke Viale Valadier), Pincio-Terrasse. ‹«

Außerdem: Am Viale Goethe Autoscooter, Kinderkino, Ponyreiten etc.; an der Ecke Viale dell'Orologio und Viale dell'Obelisco zudem Kinderkarussell und Hüpfburg.

Villa Borghese → Karte S. 227

Rundgang 9

Trastevere

Ohne einen Spaziergang durch Trastevere (von „trans Tiberim“, „jenseits des Tibers“) ist ein Rom-Aufenthalt unvollständig. Kleine, verwinkelte Gassen, beschauliche Plätze, alte Kirchen und zünftige Trattorien beweisen, dass es in der Großstadt noch immer so etwas wie ein „Dorf“ gibt.

Trastevere war in der Antike das Viertel der armen Leute vor den Toren der Stadt. Allerdings ergaben Ausgrabungen, dass am Fuß des Gianicolo-Hügels auch einige prächtige Villen mit dazugehörigen Parkanlagen existierten, sogar Julius Caesar soll hier ein Haus besessen haben. Ab dem 4. Jh. lebten in Trastevere auch Christen und bauten hier ihre ersten Kirchen (z. B. Santa Maria in Trastevere und Santa Cecilia). Im Mittelalter war Trastevere dicht besiedelt, aus dieser Zeit stammen auch die pittoresken alten Gassen, die heute den Reiz des Viertels ausmachen.

Anfang des 16. Jh. ließ Papst Julius II. eine gerade Prozessionsstraße durch das Gassengewirr von Trastevere zum Vatikan bauen, die Via della Lungara. Entlang der Straße entstanden bald noble Palazzi und Villen, darunter die berühmte Villa Chigi. 1642 bezog Papst Urban VIII. Trastevere und den Gianicolo (benannt nach dem römischen Gott Janus) in das römische Stadtgebiet mit ein. Historische Bedeutung erlangte der Gianicolo, als Garibaldis Revolutionäre hier zweimal (1849 und 1870) gegen Truppen des Papstes kämpften.

An der über Jahrhunderte bestehenden Bevölkerungsstruktur Trasteveres hat sich erst in den letzten Jahrzehnten etwas geändert: Der ursprüngliche Charme des Viertels wurde entdeckt, viele Künstler ließen sich hier nieder, die Mietpreise schnellten in die Höhe und liegen heute an der oberen Grenze der städtischen Preisskala. Trastevere wurde zum Szene-Viertel und Touristenmagneten.

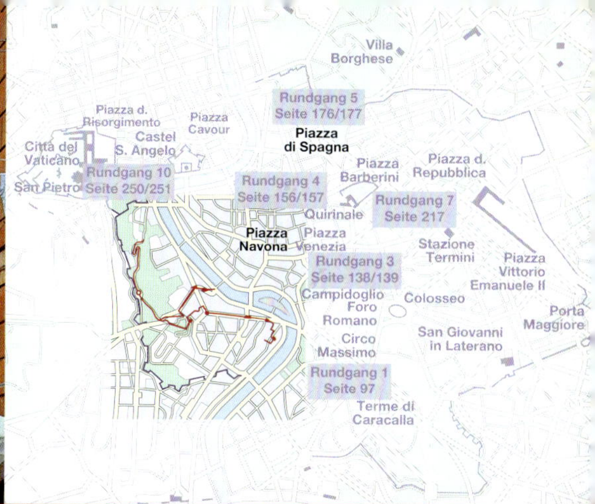

Spaziergang

Bester Ausgangspunkt für einen Rundgang in Trastevere ist der **Ponte Sisto**, die auto- und mopedfreie Tiberbrücke nordwestlich des Ponte Garibaldi. Auf der rechten Tiberseite erreicht man dann die Piazza Trilussa und – sich halbrechts haltend – nach wenigen Metern die Piazza di S. Giovanni della Malva. Auf der Via Dorothea (von der Piazza wiederum halbrechts) kommt man in wenigen Minuten zur Porta Settimiana, dem alten Stadttor. Durch das Tor hindurch führt die Route zu den beiden Museen **Villa Chigi** („La Farnesina") und **Palazzo Corsini**; lohnend ist auch der Besuch des **Orto Botanico** schräg hinter dem Palazzo Corsini (den Hang hinauf).

Zurück durch das Stadttor geht es steil rechts bergauf über die Via Garibaldi und den Vicolo di Porta San Pancrazio zum **Piazzale Garibaldi** auf dem Gianicolo-Hügel – mit wunderbarem Blick auf Rom.

Alternative: Wer sich schon auf der anderen Tiberseite beim Vatikan befindet, kann von der Piazza della Rovere den Aufstieg (anfangs Treppen und etwas steil) über die Salita di Sant' Onofrio und die (nun weniger steil) Passegiata del Gianicolo hinauf zum Piazzale Garibaldi machen. Dauer: ca. 25 Min. ab Piazza della Rovere.

Auf dem Rückweg vom Piazzale Garibaldi passieren Sie die **Fontana di Aqua Paola** (hier befand sich bereits in der Antike ein Brunnen) und kurz darauf auf der linken Seite **San Pietro in Montorio**, das Franziskanerkloster aus dem 15. Jh. Über Treppen hinunter und durch Gassen nähert man sich nun dem Herzen von Trastevere, der belebten **Piazza Santa Maria in Trastevere** mit ihren Straßencafés, Ristoranti und fliegenden Händlern – der ideale Platz für das abendliche Flanieren.

Trastevere → Karte S. 236/237

Auf der Via Lungaretta kreuzt man kurz nach der Piazza Sonnino den stark befahrenen Viale Trastevere und gelangt in den ruhigeren Teil des Viertels östlich der Hauptstraße. Nach wenigen Metern erreichen Sie die Piazza in Piscinula (der Name erinnert an ein antikes Bad, das sich an dieser Stelle befand) und gelangen nach rechts zur **Kirche Santa Cecilia**.

Wer Lust hat, kann den Spaziergang von hier bis zur **Porta Portese** verlängern (immer geradeaus). Das lohnt allerdings nur an einem Sonntagvormittag, wenn hier der größte römische Flohmarkt stattfindet. Der Spaziergang dauert ca. drei Stunden.

Zurück in die Innenstadt: mit der **Tram Nr. 8** zum Largo Argentina, mit dem **Bus Nr. 3** zum Kolosseum (Metrostation) oder aber zu Fuß über den Ponte Garibaldi und die Via Arenula zum Largo Argentina oder den Ponte Sisto und die Via d. Pettinari Richtung Campo de'Fiori und Largo Argentina (je ca. 15 Min.).

Sehenswertes

Galleria Nazionale d'Arte Antica (Nationalgalerie/ Palazzo Corsini)

Der Palazzo aus dem späten 15. Jh. mit großem Park wurde von Kardinal Riario für seinen Neffen Domenico gebaut. 1736 übernahm die florentinische Bankiersfamilie Corsini das Anwesen. Ab 1730 stellte die Familie mit Clemens XII. einen Papst und gelangte so zu noch größerem Reichtum. Unter dem Baumeister *Ferdinando Fuga* wurde der Palazzo zu einer riesigen barocken Palastanlage umgebaut. Seit 1883 ist der Palazzo Corsini Staatsbesitz und beherbergt heute die Nationalgalerie für Malerei des 16. und 17. Jh.

Neben einigen Funden aus der römischen Kaiserzeit zählen zu den Exponaten Werke von Rubens, van Dyck, Caravaggio, Guido Reni, Gentileschi u. a. Zu sehen ist außerdem das Schlafzimmer der Königin Christine von Schweden,

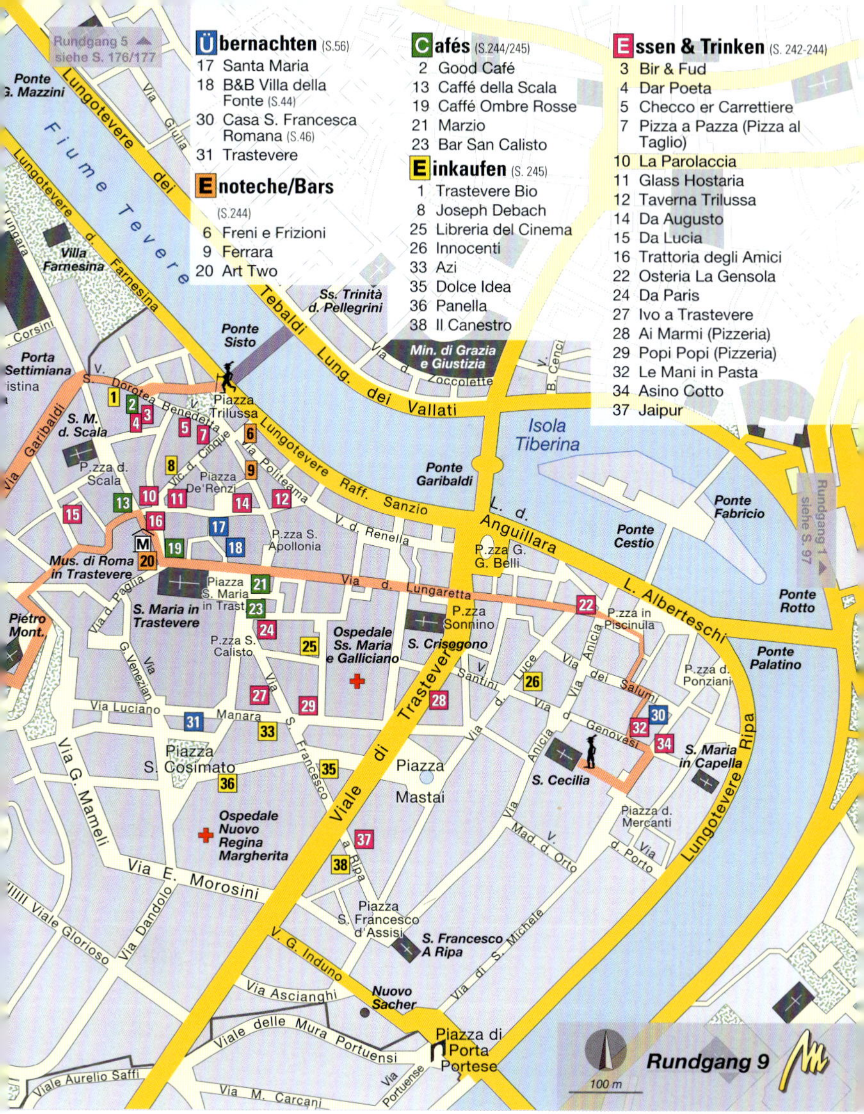

die hier nach ihrer Abdankung bis zu ihrem Tod im Jahr 1689 residierte und Künstler und Intellektuelle um sich scharte. Im gleichen Raum ist Berninis Marmorbüste von Papst Alexander VII. ausgestellt. In den insgesamt acht prachtvoll ausgestatteten Sälen des Obergeschosses liegen Tafeln mit genauen Angaben zu den jeweiligen Exponaten aus. Im Erdgeschoss finden wechselnde Ausstellungen statt.

Di–So 8.30–19.30 Uhr (Einlass bis 19 Uhr), Mo geschl. Eintritt 4 €, ermäßigt 2 € (18–25 J.), unter 18 und über 65 J. freier Eintritt. Via della Lungara 10, ✆ 06/68802323, www.galleriacorsini.beniculturali.it.

Orto Botanico

Schräg hinter dem Palazzo Corsini stößt man auf den Eingang zum Botanischen Garten, einer zwölf Hektar großen Oase entlang des Gianicolo-Hügels. Der Park gehört zur Biologie-Fakultät der römischen Universität „La Sapienza“. Man zählt hier über 8000 verschiedene Pflanzenarten, darunter herrliche Palmen und ein altes Eichenwäldchen – ideal für ein Picknick. Schöner Blick.

Mo–Sa 9.30–17.30 Uhr, im Sommer bis 18.30 Uhr, So und die ersten drei Augustwochen geschl. Eintritt 4 €, ermäßigt 2 €. Largo Cristina di Svezia 24.

Der Orto Botanico in Trastevere

Villa Farnesina (Villa Chigi)

Der päpstliche Bankier *Agostino Chigi* (1466–1520) war eine der schillerndsten Persönlichkeiten seiner Zeit. Er finanzierte nicht nur die Päpste Julius II. und Leo X., sondern machte sich vor allem auch als Mäzen und Kunstsammler einen Namen. Er galt im frühen 16. Jh. als reichster und gebildetster Bürger Roms, und das, ohne dem Klerus oder dem römischen Adel anzugehören.

Der Sohn einer Sieneser Kaufmannsfamilie kam 1487 nach Rom und lebte zunächst im Stadtzentrum. Mit seinem steilen Aufstieg als Bankier wuchs auch der Wunsch nach einem eigenen großen Anwesen. Ein Areal fand er auf der anderen Tiberseite im damaligen Bankenviertel der Stadt am Fuß des Gianicolo. Von seinem Landsmann, dem Architekten *Baldassare Peruzzi*, ließ er eine Villa im Stil der Antike bauen (vollendet ca. 1518) – Chigi war begeisterter Anhänger der antiken griechischen Kunst und Literatur, die er auch selbst verlegte. Die suburbane Villa Chigi mit dem riesigen Park galt als das Ideal einer Villa in der Hochrenaissance. An der Ausgestaltung wirkten u. a. Raffael und Sebastiano del Piombo sowie Giovanni Antonio Bazzi (bekannter als *Sodoma*) mit.

Während der Bankier hier in den Jahren 1518 und 1519 noch opulente Bankette gegeben hatte, verwahrloste das Anwesen nach Chigis Tod im Jahr 1520 schnell und wurde zudem beim Sacco di Roma (1527) von Landsknechten geplündert. Als die Farnese 1580 die Villa kauften, benannten sie sie in Farnesina, die „kleine Farnese“, um – eine Anspielung auf den Niedergang der Chigi. 1714 übernahmen die Bourbonen das Anwesen. Im 19. Jh. befand sich hier die spanische Botschaft. 1928 kam die Villa in Besitz der staatlichen *Accademia Nazionale dei Lincei*, die sich seither um den Erhalt der legendären Stätte kümmert.

Beim Rundgang in der Villa stößt man gleich im Erdgeschoss auf zwei Meisterwerke von Raffael: das Fresko **Triumph der Galatea** (1511–1512), das als Inbegriff reinster Renaissancemalerei gilt. Nebenan ist Raffaels **Loggia der Psyche** (1517–1518) zu sehen, die ehemalige Eingangsloggia mit Szenen aus dem Mythos von Amor und Psyche. Hierzu lieferte Raffael Konzept und Skizzen; die Durchführung übertrug er seinen

Raffaels *Triumph der Galatea*

besten Schülern. Die angrenzende **Stanza del Fregio** (Fries-Saal), der Wartesaal für Gäste, wurde von Baldassare Peruzzi mit Szenen aus der griechischen Mythologie ausgemalt (1508).

Im ersten Stock ist der **Salone delle Prospettive** (1515–1516) zu bewundern, eine perspektivische Scheinarchitektur mit Landschaft von Peruzzi, dem Architekten der Villa. Nebenan befindet sich das Schlafzimmer Chigis mit Fresken von Giovanni Antonio Bazzi, der unter dem Namen Sodoma in die Kunstgeschichte einging. Seine **Hochzeit Alexanders mit Roxane** stellt u. a. bedeutende Szenen aus dem Leben Alexanders des Großen dar. Fazit: Für Freunde der Renaissancekunst ist ein Besuch in der Villa Farnesina unbedingt empfehlenswert!

Mo–Sa 9–13 Uhr (Einlass bis 12.40 Uhr), So geschl., am zweiten Sonntag im Monat 9–13 Uhr geöffnet. Eintritt 5 €, ermäßigt 3 € (14–18 J. und Studenten), unter 14 und über 65 J. frei. Führungen in ital. Sprache Mo und Fr 12 Uhr sowie Sa 11.30 und 12.30 Uhr (kostenlos, aber obligatorische Anmeldung unter ✆ 06/68027397). Via della Lungara 230, ✆ 06/68027268, www.villafarnesina.it.

Piazzale Garibaldi (Gianicolo)

Von hier genießt man einen der schönsten Ausblicke auf die Stadt, bei klarem Wetter sogar bis hinüber zu den Castelli, den Bergen südlich von Rom. Vor allem abends lohnt es sich, hierher zu kommen, wenn die Stadt dem Betrachter in einem Lichtermeer zu Füßen liegt.

Auf der Mitte des Platzes befindet sich das Reiterstandbild des Revolutionsführers *Giuseppe Garibaldi* (1807–1882), Büsten seiner Mitstreiter säumen den Platz um das Denkmal und die Straße. Der Piazzale war 1849 Schauplatz der ersten Schlacht zwischen Garibaldis Truppen (den Rothemden) und denen des Papstes im Kampf um die Einigung Italiens. Dank der Unterstützung durch französische Truppen konnte der Papst seinen Kirchenstaat zunächst noch verteidigen. Erst 21 Jahre später waren Garibaldis Leute genau am selben Ort siegreich. Der Papst wurde entmachtet und das geeinte Königreich Italien ausgerufen (1870).

Trastevere → Karte S. 236/237

Neben Imbissständen und Souvenirbuden befindet sich hier oben auch ein Spielplatz mit Karussell und Ponyreiten. Am Aussichtspunkt selbst gibt es die Cocktail-Lounge-Bar **Gianicolo 150** (im Sommer tägl. 19–2 Uhr geöffnet, Cocktails ab 10 €, www.gianicolo150.it).

Aqua Paola/Fontanone

Knapp unterhalb des Piazzale Garibaldi stößt man auf einen Brunnen in der Form eines Castellums (eine antike Brunnenanlage in Form eines Triumphbogens). Hier wurde 109 n. Chr. unter Trajan die *Aqua Traiana* eingeweiht. Der Aquädukt verfiel später, wurde aber mit zunehmender Wasserknappheit in Trastevere im 17. Jh. unter Papst Paul V. wieder hergestellt – daher auch der Name Aqua Paola.

San Pietro in Montorio

Das Franziskanerkloster aus dem 15. Jh. geht auf eine Kirche aus dem 9. Jh. zurück. Gebaut wurde „St. Peter auf dem Goldberg" im Auftrag von Ferdinand II. von Aragon und seiner Gemahlin Isabella als Dank für den lang ersehnten Nachwuchs. Bald darauf übertrugen sie die Kirche den Franziskanern. Einer Überlieferung zufolge soll Petrus hier gekreuzigt worden sei, was sich später jedoch als Irrtum erwies. Der Renaissancebaumeister Donato Bramante errichtete am vermeintlichen Schauplatz der Kreuzigung den winzigen Tempietto, einen formvollendeten Bau der Hochrenaissance.

Im Inneren der Kirche San Pietro in Montorio befindet sich das Altarbild der Geißelung Christi von *Sebastiano del Piombo* (um 1520), seinerzeit neben Raffael und Michelangelo einer der profiliertesten Renaissancekünstler Roms. Auf der linken Seite beeindruckt die Cappella Raymondi nach Entwürfen von Bernini (von seinen Schülern ca. 1640–1650 ausgearbeitet).

Täglich 8.30–12 Uhr, Mo–Fr auch nachmittags 15–16 Uhr. Piazza San Pietro in Montorio 2.

Museo di Roma in Trastevere

In dem kleinen Museum an der Piazza Egidio sind hauptsächlich folkloristische Exponate aus dem 19. Jh. zu sehen (erster Stock). Das Erdgeschoss ist wechselnden Ausstellungen vorbehalten: oft recht hochkarätig (und zumeist Fotoausstellungen), was das Museum zu einem der bestbesuchten in der Gegend macht.

Di–So 10–20 Uhr, Einlass bis 19 Uhr. Eintritt 6,50 €, ermäßigt 5,50 € (wenn gerade keine Ausstellung stattfindet: 4 €/erm. 3 €), unter 18 und über 65 J. frei. Piazza S. Egidio 1/b, ✆ 06/5816563, www.museodiromaintrastevere.it.

Santa Maria in Trastevere

Die romanische Kirche am gleichnamigen, belebten Platz gehört zu den wichtigsten und aufwändigsten Bauten des 12. Jh. in Rom. Papst Innozenz II. (1130–1143) erteilte den Auftrag, den alten und morsch gewordenen Vorgängerbau aus dem 3./4. Jh. zu ersetzen; hier ließ er die erste Marienkirche der Stadt errichten. Dieser romanische Bau ist noch erhalten (Campanile und obere Fassade stammen aus dem 12. Jh.), lediglich die Vorhalle darunter wurde 1702 von Carlo Fontana hinzugefügt. In ihr sind zahlreiche Fragmente antiker Schrifttafeln ausgestellt. Im Inneren sind Haupt- und Seitenschiffe durch ionische Säulen antiken Ursprungs geteilt, die vergoldete Kassettendecke darüber geht auf eine Modernisierung im Barockstil des 17. Jh. zurück. Original aus dem 12. Jh. ist noch der Cosmaten-Fußboden erhalten. Besonders sehenswert sind die berühmten Mosaike der Apsis aus dem 12./13. Jh. mit leuchtenden Farben auf goldenem Hintergrund. Die Szenen aus dem Leben Marias zählen zu den schönsten Mosaiken in Rom.

Tägl. durchgehend 7.30–20 Uhr.

Santa Maria in Trastevere

Santa Cecilia in Trastevere

Die Kirche im östlichen Teil des Viertels wurde ursprünglich im 5. Jh. auf dem Fundament eines antiken Wohnhauses gebaut. Unter Papst Pascalis I. (817–824) trug man den Bau zum Teil ab und ersetzte ihn durch eine romanische Basilika, die später mehrfach verändert und schließlich mit barocken Stilelementen versehen wurde, die Fassade beispielsweise stammt aus der Zeit um 1740 und wurde von Ferdinando Fuga entworfen.

Sehenswert ist das Atrium vor der Kirche mit dem Wasserbecken, an dem

Die heilige Cecilia

Der Legende nach wurde die Kirche über dem antiken Wohnhaus des Valerianus und seiner Frau Cecilia errichtet, die unter Kaiser Marc Aurel (161–180 n. Chr.) als christliche Märtyrerin starb. Nachdem der Versuch gescheitert war, Cecilia im Dampfbad ihres eigenen Hauses zu ersticken, befahl man, sie zu köpfen. Viele Jahrhunderte später – im Jahr 1599 – fand man die Leiche Cecilias mit nur halb abgetrenntem Kopf in der Calixtus-Katakombe (Via Appia Antica). Der Körper war angeblich vollständig erhalten und Cecilia soll ausgesehen haben, als schliefe sie nur.

Die Geschichte von Cecilia und der rätselhafte Zustand des kurz zuvor gefundenen Leichnams inspirierten den Bildhauer Stefano Maderno um 1600 zu der liegenden Marmorstatue der Märtyrerin, die heute unter dem Altar der Kirche zu sehen ist. Gut erkennbar ist der tiefe Schnitt am Hals Cecilias, die drei Finger ihrer rechten Hand symbolisieren die Dreifaltigkeit. Cecilia gilt heute als ein Meisterwerk des Künstlers Maderno.

Trastevere → Karte S. 236/237

sich früher die Gläubigen vor der Messe reinigten. Vorhalle, Campanile und Kreuzgang aus dem 12. Jh. sind fast unverändert erhalten. Aus der Entstehungszeit der Kirche stammt das Apsismosaik (9. Jh.). Besonders kunstvoll ist das Altarziborium (Altaraufbau) aus dem späten 13. Jh. von Arnolfo di Cambio. Die Reste des antiken Hauses unter der Kirche können besichtigt werden, ebenso im angeschlossenen Nonnenchor das Fresko des „Jüngsten Gerichts" (Ende 13. Jh.) von Pietro Cavallini.

Kirche, Krypta und **Ausgrabungen**: Mo–Sa 9.30–13 und 16–18.30 Uhr, So 11.30–12.20 und 16–18.30 Uhr. Eintritt für die Ausgrabungen (und Krypta) 2,50 €. **Fresko**: Mo–Sa 10.15–12.15 Uhr, So 11.30–12.30 Uhr, Eintritt 2,50 €. Piazza di Santa Cecilia 22.

Praktische Infos

(→ Karte S. 236/237)

Ristoranti, Trattorien, Osterien

Im Zentrum von Trastevere **Da Augusto** **14** Typische, einfache Trattoria, Familienbetrieb, guter Hauswein und hervorragende, echt römische Küche, donnerstags gibt es Gnocchi, freitags Baccalà, Innereien am Samstag. Im Sommer sitzt man draußen an wackligen Tischen auf der Piazza, im Winter wird es im Lokal etwas enger. Sehr günstig: Secondi um 6–8 €, der halbe Liter Hauswein 3,50 €, ein Menü kommt auf 20–25 €. Sehr großer Andrang, vor allem abends steht man schon lange vor Lokalöffnung (um 20 Uhr) Schlange! Tischreservierungen sind nicht möglich. Piazza de Renzi 15, ✆ 06/5803798. Mittags und abends geöffnet.

››› Unser Tipp: **Da Lucia** **15** Alteingesessene Trattoria (seit vier Generationen) in einer dunklen Gasse nahe der Piazza della Scala. Klassische römische Küche, urig und einladendes Ambiente. Empfehlenswert sind z. B. die Suppen und der Baccalà sowie die Spaghetti alla gricia. Auch bei Touristen beliebt. Menü um 30 €. Nette, kleine Terrasse in der autofreien Gasse. Vicolo del Mattonato 2, ✆ 06/5803601, www.trattoriadalucia.com. Mittags und abends geöffnet, Mo Ruhetag. ‹‹‹

Da Paris **24** In dem von der Familie Cappellanti familiär geführten Restaurant wird die gehobene römisch-jüdische Küche gepflegt, und das seit vielen Jahren gleichbleibend gut. Spezialitäten des Hauses sind frittiertes Gemüse und Stockfisch. Das Preis-Leistungs-Verhältnis ist gut, Qualität und Frische der Produkte sind bemerkenswert. Gute offene Weine, hervorragende hausgemachte Desserts. Menü um 45–50 € (Degustationsmenü Fleisch oder Fisch je 50 €), Reservierung empfohlen! Piazza San Calisto 7a, ✆ 06/5815378, www.ristoranteparis.com. Mittags und abends geöffnet, Sonntagabend und Mo sowie im August geschl.

Checco er Carrettiere **5** Das gediegene, gutbürgerliche Restaurant mit Tischen im Erdgeschoss sowie auf einer offenen Empore im ersten Stock gehört zu Trasteveres alteingesessenen Lokalen mit großer Tradition, allerdings recht teuer: Menü um 55–60 €. Mit Rauchersaal und dazugehöriger Pasticceria/Gelateria nebenan. Tägl. mittags und abends geöffnet. Via Benedetta 10, ✆ 06/5800985, www.checcoercarettiere.it.

Trattoria degli Amici **16** Sympathische, gemütliche Trattoria mit schönem Blick auf die Piazza S. Egidio und im Sommer einigen Plätzen draußen. Der Betrieb arbeitet mit der Gemeinde von S. Egidio zusammen und kümmert sich um die Integration von Menschen mit Behinderungen. Aufmerksamer und freundlicher Service, gute römische Küche mit täglich wechselndem Menü, die Weinauswahl ebenfalls gut. Menü um 25–30 €, mittags um 15 €. Piazza S. Egidio 5, ✆ 06/5806033. Mittags und abends geöffnet (im August nur abends), So Ruhetag.

La Parolaccia **10** Bekannte, sehr urige Trattoria mit nettem Service und typisch römischen Gerichten, Menü um 25 €. Abends ab 21 Uhr teilweise Musik und Folklore. Vicolo del Cinque 3, ✆ 06/5803633. Nur abends ab 19.30 Uhr geöffnet, So Ruhetag.

Glass Hostaria **11** Sehr modernes Restaurant mit Designerstühlen und -tischen auf zwei offenen Stockwerken verteilt; raffinierte, kreative und je nach Marktangebot wechselnde Gerichte, z. T. mit asiatischen Einflüssen (Ingwer, Zitronengras, Wasabi, Kokos), 2010 mit einem Michelin-Stern geadelt. Degustations-Menüs zu 65 und 90 €.

Ansonsten zahlt man à la carte um 75 €. Reservierung ist erforderlich. Vicolo del Cinque 58, ✆ 06/58335903, www.glass-hostaria.it. Nur ab 20 Uhr abends geöffnet, Mo Ruhetag.

››› Lesertipp: **Taverna Trilussa** 12 Von mehreren Lesern empfohlen, es gab aber auch negative Zuschriften. Menü um 45 €. Nur abends geöffnet, So geschl. Via del Politeama 21/23, ✆ 06/5818918. ‹‹‹

Südöstlich des Viale Trastevere

Osteria La Gensola 22 Sehr gute Fischküche, dazu eine große Auswahl an vegetarischen Vorspeisen und Nudelgerichten auf hohem Niveau. Gute Weinauswahl. Menü um 50 €. Piazza della Gensola 15, ✆ 06/5816312, www.osterialagensola.it. Mittags und abends geöffnet, Sa mittags und im Sommer sonntags geschl. Für abends unbedingt reservieren!

Le Mani in Pasta 32 Kleines, gehobeneres Restaurant in einer der ruhigen Ecken von Trastevere. Vom Gastraum aus kann man durch die Glasscheibe dem hektischen Treiben in der Küche zusehen. Die Karte wechselt nach den Jahreszeiten, darunter klassische römische Küche, aber auch sehr gute Fischgerichte. Feine, hausgemachte Desserts. Menü um 40–45 €. Via de'Genovesi 37 (nahe S. Cecilia), www.lemaniinpasta.com, ✆ 06/5816017. Mittags und abends geöffnet, Mo Ruhetag.

Asino Cotto 34 Um die Ecke von obigem. Gemütliches, kleines Lokal mit liebevoll zubereiteten, mediterranen Gerichten und freundlichem Service. Menü um 45–50 €. Via d. Vascellari 48 (bei der Kirche S. Cecilia), ✆ 06/5898985, www.asinocotto.com. Mittags und abends geöffnet, So mittags und Mo geschl.

Indisch

Jaipur 37 Beliebtes indisches Restaurant in Trastevere, etwas abseits des Gassenrummels. Viel Vegetarisches, günstige Menüs (besonders mittags), freundlicher Service. Via San Francesco a Ripa 56, ✆ 06/5803992. Mittags und abends geöffnet, Mo mittags geschl.

Pizzerien

Ai Marmi 28 Diese weit über Trastevere hinaus bekannte Pizzeria ist bei Römern wegen ihrer kalten weißen Marmortische auch unter dem Namen „L'Obitorio" (Lei-

chenhalle) bekannt. Vom Ambiente sollte man sich also nicht abschrecken lassen, denn die Pizza ist hervorragend, kommt knusprig und dampfend aus dem Holzofen sofort an den Tisch, serviert von meist schlecht gelaunten, aber überaus flinken Kellnern, die auch im größten Gedränge den Überblick behalten. Empfehlenswert sind neben Pizza auch Suppli, Crostini, außerdem *Filetto di baccalà* und *Fagioli* (weiße Bohnen). Dazu trinkt man Bier oder Hauswein. Sympathische Preise, um 15 €. Viale Trastevere 53, ✆ 06/5800919. Nur abends geöffnet, Mi Ruhetag. Fast immer voll, rechnen Sie mit einer Warteschlange.

Dar Poeta 4 Ausgezeichnete Pizzeria im Herzen von Trastevere; leckere Pizza mit dünnem, knusprigem Teig, auch Bruschette in vielen Variationen, Calzoni usw. Pizza 5–9 €. Einige Tische auch draußen in der (fast) autofreien Gasse. Vicolo del Bologna 45, ✆ 06/5880516, www.darpoeta.com. Tägl. ab 12 Uhr geöffnet.

Trastevere → Karte S. 236/237

Bir & Fud **3** Pizzeria und vor allem Birreria unweit der Piazza Trilussa. Gute, interessante Biersorten, die man nicht unbedingt in jedem Getränkemarkt findet (darunter z. B. Bamberger Schlenkerla Rauchbier). Leckere, saftige Pizza, auch Salate, Pasta etc. Nur abends geöffnet, wenige Tische auch draußen. Via Benedetta 23, ✆ 06/5894016, www.birefud.blogspot.com.

Ivo a Trastevere **27** Beliebte Pizzeria, meist bis auf den letzten Platz besetzt, auch viele Tische draußen. Junges Publikum. Holzofenpizza. Nur abends geöffnet, Di geschl. Via San Francesco a Ripa 158, ✆ 06/5817082.

Popi Popi **29** Großes Angebot an Pizza, aber auch diverse kleine Vorspeisen. Etwa gleiches Preisniveau wie obige. Via Fratti di Trastevere 45, ✆ 06/5895167. Nur abends geöffnet, Do geschl.

Pizza al taglio

Pizza a Pazza **7** Hervorragende Pizza vom Blech an der Piazza Trilussa. Durchgehend geöffnet.

Leckere Pizza al taglio gibt es auch in der kleinen Pizzeria in der Via di Santa Dorotea 2, zwischen Bir & Fud und Good Café.

Enoteche/Winebars

Ferrara **9** Zu dieser Enoteca gehört auch ein Restaurant. Elegantes Ambiente, große Auswahl an Weinen (eher teuer), im Angebot sind auch ausgezeichnete Olivenöle, ausgefallene Nudelsorten, verschiedene Reissorten, Schokolade etc. Abendessen um 50 €. Auch Cafeteria. Via del Moro 1/a, ✆ 06/58333920, www.enotecaferrara.it. Das Geschäft ist durchgehend geöffnet, das Restaurant nur abends ab 18 Uhr.

Cafés/Bars

Marzio **21** Die auf dem wunderschönen Platz gelegene Bar ist wegen des Ausblicks zwar teuer (besonders draußen am Tisch), doch einer der besten Plätze, um sich beim Aperitivo auf ein gutes Abendessen einzustimmen. Piazza S. Maria in Trastevere 14a.

Caffè Ombre Rosse **19** An der Piazza Sant'Egidio 12 (gegenüber vom Museum): täglich 7.30–2 Uhr geöffnet, nettes Straßencafé, es gibt auch einige Kleinigkeiten zu essen, ideal für einen Aperitivo (sofern man einen Platz auf der Terrasse ergattert), große Whisky-Auswahl, Cocktails 7,50 €, hin und wieder Livemusik, auch als Kneipe beliebt (→ „Nachtleben“ S. 68).

Art Two **20** Cocktailbar und Ristorante bei der Piazza Sant'Egidio, skurrile Einrichtung, überdachte Terrasse davor. Beliebt zu Aperitivo (erster Teller 8 €) und Cocktails (8 €), hier kann man auch ein ganzes Menü mit Antipasto, Primo und Secondo essen, ebenso aber Salate und Panini (je um 7 €) und weitere Snacks. Raucherbereich (Time Tunnel) im Untergeschoss, hier auch teilweise DJs/Konzerte; WI-FI. Tägl. ab 17.30 Uhr geöffnet. Largo M. D. Fumasoni Biondi 5, ✆ 06/5880398, www.art-two.it.

Freni e Frizioni **6** Heißt soviel wie Bremsen und Kupplungen – hier befand sich einst eine Autowerkstatt, seit 2005 ist es eine angesagte Bar. Großes Aperitivo-Buf-

fet, aus Ermangelung an Plätzen sitzt man auch draußen auf der Mauer. Nur abends geöffnet. Via Politeama 4–6, www.freniefrizioni.com.

Bar San Calisto 23 Die etwas einfachere, schon ältere, ungestylte Bar, die bei vielen Römern heiß geliebt wird, sei es für den abendlichen Aperitivo, ein Bierchen, einen Caffè oder ein Eis. *Tipp*: die Granità al caffè – erst kommt Sahne in den Becher, dann Granità, dann wieder Sahne obendrauf, lecker! Piazza San Calisto 5–7.

Good Café 2 Nette Kneipe, in der es auch kleine Gerichte gibt. Mit TV und WI-FI-Zone, zum Aperitivo gibt es Chips und Nüsschen, im Sommer einige Plätze draußen in der schmalen Gasse. Via di S. Dorotea 8, ✆ 06/97277979.

Für den Drink vor oder nach dem Essen eignet sich auch das **Caffè della Scala** 13 in der gleichnamigen Straße (vom Museum geradeaus weiter), viele Touristen. Via della Scala 1.

Bäckereien/Patisserien

Innocenti 26 Große Auswahl an traditionellem Gebäck und Kuchen – alles hervorragend und lecker, Blick auf und in die Backöfen inbegriffen. Freundlicher Besitzer, eine Institution in Trastevere. Via della Luce 21 (von draußen nur zu erkennen, wenn die Tür nicht verschlossen ist). So geschl.

Dolce Idea 35 Köstliche Schokoladen- und Pralinenkreationen mit den verschiedensten Ingredienzien und Füllungen, auch sehr Exotisches. Nicht ganz billig. Mo–Do 10–19.30 Uhr geöffnet, Fr/Sa bis 20.30 Uhr, So geschl. Via S. Francesco a Ripa 27.

Shopping

Supermärkte Der Supermarkt **Standa** (im Untergeschoss des Kaufhauses **Oviesse**) am Viale di Trastevere 60 führt auch ein beschränktes Angebot an Kleidung, Haushalts- und Drogeriewaren etc.

Panella 36 Via Natale del Grande 19.

Bioläden **Il Canestro** 38 Bio-Lebensmittel, Mo–Sa 9–19.30 Uhr geöffnet. Via San Francesco a Ripa 106, www.ilcanestro.com.

Trastevere Bio 1 Kleiner Bioladen in der Via di Santa Dorotea 11, Mo–Sa 9–21 Uhr, So 10.30–21 Uhr geöffnet.

Märkte Ein **Lebensmittelmarkt** findet jeden Mo–Sa vormittags auf der Piazza San Cosimato statt.

Jeden Abend verwandelt sich die Gegend um die Piazza Santa Maria in Trastevere, Via Lungaretta und Via della Scala in einen riesigen **Straßenmarkt**. Angeboten werden u. a. Schmuck, Poster und viel Esoterisches. Außerdem:

Porta Portese, der größte römische **Flohmarkt**, findet jeden Sonntagvormittag in Trastevere statt. Im Angebot: wertloser Kitsch, teure Antiquitäten, billige Klamotten (Markenplagiate) etc., dazwischen selten auch Brauchbares. In der Via Portuense (hinter der Porta Portese geradeaus) werden hauptsächlich Kleidung und Haushaltswaren verkauft. *Achtung*: Echte Schnäppchen macht man hier kaum, der Anteil an qualitativ Minderwertigem überwiegt deutlich. Immer wieder wird auch vor Taschendieben gewarnt.

Bücher **Libreria del Cinema** 25 Viele interessante Bücher über Kino und Film, das meiste in Italienisch, dazwischen aber immer wieder etwas in englischer Sprache. Auch Poster, riesige Auswahl an DVDs. Mit Café bzw. Bar, in der kleine Tagesgerichte, Snacks und ab 18 Uhr Aperitivo mit Buffet angeboten werden. Täglich geöffnet: Mo–Fr und So 10–21 Uhr, Sa 11–23 Uhr, im Winter nur bis 21 Uhr. Via dei Fienaroli 31d, ✆ 06/5817724, www.libreriadelcinema.roma.it.

Mode/Wohnen Im „Zentrum" von Trastevere finden sich zahlreiche **Schmuck- und Bekleidungsgeschäfte**, in entlegeneren Ecken auch günstige **Schuhläden** und **Geschäfte für Wohnaccessoires** bzw. **Küchenausstattung**.

Joseph Debach 8 Eigene und eigenwillige (sehr teure) Schuhkreationen. Vicolo del Cinque 19, geöffnet 19.30–1 Uhr, www.josephdebachartisticshoes.com.

Azi 33 Sehr schöne und geschmackvolle Wohnaccessoires und Haushaltsgegenstände, aufwändig gearbeitet und leider sehr teuer. Via Luciano Manara 6, ✆ 06/5818699.

Trastevere → Karte S. 236/237

Vatikan und Engelsburg

Der nicht mal einen halben Quadratkilometer große Kirchenstaat – der „Stato della Città del Vaticano" – liegt auf der gleichnamigen, kaum noch als solche erkennbaren Anhöhe im Stadtviertel Borgo westlich des Tibers. Allein die Peterskirche, für viele das Wahrzeichen Roms, zieht alljährlich Millionen von Besuchern an, und nicht nur gläubige Katholiken sind vom Ausmaß und der Pracht der Kirche tief beeindruckt. Der Blick von der Kuppel auf die Ewige Stadt zählt zu den Highlights eines Rom-Besuchs.

Neben der Peterskirche locken die weltberühmten Vatikanischen Museen – und dort besonders die Sixtinische Kapelle – Scharen von Touristen an. Nur wenige hundert Meter entfernt befindet sich das Castel Sant'Angelo (Engelsburg). Die im 2. Jh. n. Chr. als Mausoleum für Kaiser Hadrian errichtete, später ausgebaute Festung zählt ebenfalls zu den am meisten besuchten Attraktionen der Stadt. Der Ponte Sant'Angelo, die Tiberbrücke vor der Engelsburg, darf wohl als schönste noch erhaltene antike Brücke Roms bezeichnet werden.

Das Stadtviertel Borgo war bis weit ins 20. Jh. hinein durch sein mittelalterliches Gassengewirr geprägt. Bereits ab dem 4. Jh., nach dem Bau der alten Peterskirche, hatte sich das Viertel zu einem Pilgerzentrum entwickelt; die Engelsburg diente den Päpsten über Jahrhunderte hinweg immer wieder als Schutzfestung. Im Jahr 847 wurde der Stadtteil durch ein Feuer nahezu zerstört, dann von Papst Leo IV. wieder aufgebaut und nach ihm Città Leonina genannt. Durch den Sacco di Roma 1527 (→ S. 22) kam es ein weiteres Mal zu einer verheerenden Verwüstung.

Der Name Borgo entstand erst Ende des 16. Jh., als das Viertel jenseits des Tibers in das Stadtgebiet Roms mit einbezogen wurde. 1936 wurden unter Mussolini städtebauliche Veränderungen vorgenommen, die den Charakter dieses vorher beschaulichen Winkels entscheidend veränderten: Für die von ihm geplante, ca. 100 Meter breite *Via*

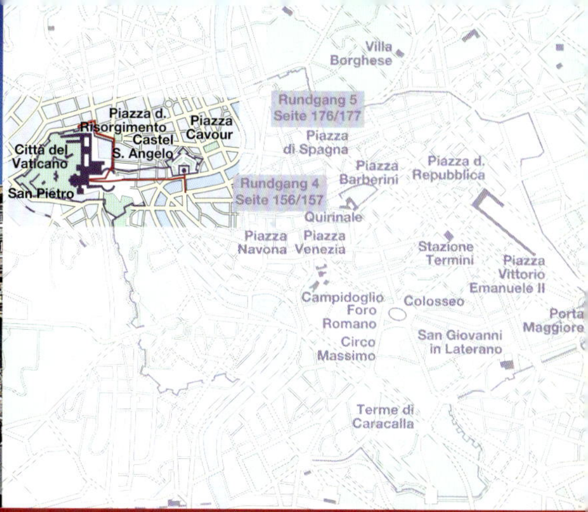

della Conciliazione (Straße der Versöhnung) ließ er zahlreiche Häuser des Viertels abreißen. Den Boulevard von der Piazza Pia (Engelsburg) bis zur Piazza Pio XII. (vor dem Petersplatz) wollte der „Duce“ als Zeichen der Versöhnung von Kirche und Staat durch die *Lateranverträge* von 1929 errichten. Fertig gestellt wurde die Prachtstraße erst 1950. Einen schönen Eindruck vom alten Borgo vermitteln die gemütlichen Gassen nördlich der Via della Conciliazione (z. B. die autofreie Straße Borgo Pio und der Borgo Vittorio). Nördlich und nordwestlich an das Borgo schließt das beliebte Wohnviertel Prati mit seinen überwiegend sechsstöckigen Mietshäusern an.

Spaziergang

Die kurze, aber gehaltvolle Tour beginnt am **Ponte Sant'Angelo** und der **Engelsburg (Castel Sant'Angelo)**, von deren oberer Terrasse man einen schönen Blick auf die Stadt hat. Über die breite und rund 500 Meter lange Via della Conciliazione gelangt man nun direkt zum **Petersplatz** (Piazza San Pietro) mit der **Peterskirche** (Basilica di San Pietro). Auch wenn die Schlange lang ist: Sie sollten unbedingt mit dem Aufzug zur Kuppel der Kirche hinauffahren und den Blick von hier oben genießen.

Durch die nördlichen Kolonnaden des Platzes hindurch kommt man nun auf die Via di Porta Angelica und zur Piazza del Risorgimento (Bus- und Straßenbahnstation); hier geht es entlang der hohen Mauern des Vatikans zunächst ein kurzes Stück auf der Via Leone IV und dann links ab ca. 200 Meter bergauf den Viale Vaticano entlang zum Eingang der Vatikanischen Museen.

Die Tour dauert etwa fünf Stunden (mit Besichtigungen), wer sich die Vatikanischen Museen ausführlich anschauen möchte, sollte mit mindestens zwei Stunden mehr rechnen. Für einen Ausflug zu Engelsburg, Vatikan und Vatikanischen Museen kann man aber auch locker einen ganzen Tag veranschlagen. Es kann vielfach zu langen Warteschlangen kommen, besonders bei den Vatikanischen Museen, aber auch vor

Vatikan und Engelsburg → Karte S. 250/251

der Peterskirche. *Richtwert*: Reicht die Schlange vor dem Eingang zur Kirche (an den Kolonnaden entlang) bis etwa zur Mitte der Piazza Pio XII, steht man in der Regel ca. 25–30 Minuten an, je nachdem wie viele Sicherheitsschleusen geöffnet sind.

Von der Innenstadt ab Bahnhof Termini oder der Station Spagna mit der Metro **Linea A** bis zur Station Ottaviano oder mit dem Bus **Nr. 40** (oder **64**) ab Termini oder Haltestelle Piazza Venezia (bzw. Largo Argentina) bis zur Piazza Pia.

Achtung: Wer zuerst zu den Vatikanischen Museen möchte, sollte ebenfalls schon bei der Station Ottaviano aussteigen. Die Warteschlange reicht erfahrungsgemäß bis zur Piazza Risorgimento, wer erst bei der Station Cipro – Musei Vaticani aussteigt, muss an ihr entlang wieder den Berg hinunterlaufen und sich hinten anstellen – ärgerlich. Diese Schlange kann man mit einer kostenpflichtigen Online-Reservierung der Tickets (→ S. 258) umgehen.

Sehenswertes

Engelsbrücke (Ponte Sant'Angelo)

Die schönste erhaltene antike Brücke der Stadt ließ Kaiser Hadrian 134 n. Chr. bauen, um so einen würdigen Weg über den Tiber direkt zu seinem Mausoleum zu schaffen. Ihren heutigen Namen erhielt der alte *Pons Aelius* erst im 17. Jh., als Bernini zehn marmorne Engelsfiguren zur Verschönerung der Brücke hinzufügte. Zwei der Figuren sollen dem Papst (Clemens IX.) so gut gefallen haben, dass er die Originale in der Kirche San Andrea delle Fratte (→ S. 187) aufstellen ließ und für die Brücke Kopien in Auftrag gab.

Engelsburg (Castel Sant'Angelo)

Das wuchtige Bauwerk entstand ab 130 n. Chr. ursprünglich als Mausoleum für Kaiser Hadrian, das er nach eigenen Plänen gestalten ließ. In späteren Krisenzeiten nutzten die Päpste die Burg als Festung (seit 1277 gibt es einen Verbindungsgang zum Vatikan), zeitweise auch als ausbruchsicheres Gefängnis und Folterkammer der Inquisition. Hier waren u. a. Giordano Bruno, Galileo Galilei, Caravaggio und Cagliostro inhaftiert. Das zylindrische Gebäude der Engelsburg hat einen Durchmesser von 65 Metern und ist 21 Meter hoch.

Als im Jahr 590 in Rom die Pest wütete, veranstaltete Papst Gregor der Große eine Bittprozession, um die Seuche mit göttlicher Hilfe einzudämmen. Als er am Hadriansmausoleum vorbeikam, erschien ihm über dem Gebäude ein Engel mit gezogenem Schwert, was als Zeichen für das Ende der Plage gedeutet wurde. Tatsächlich war die Stadt danach vom Übel befreit. Von dieser Legende leitet sich der Name der Festung ab. Seit Mitte des 16. Jh. befand sich über der oberen Terrasse ein Marmorengel, der Mitte des 18. Jh. durch ein Modell aus Bronze ersetzt wurde.

Der Rundgang führt über die gewundene Rampe nach oben, seitlich bietet sich mehrfach der Blick auf düstere Kerkerkammern und niedrige, dunkle Gänge. Die Falltür vor dem oberen Eingang sicherte das Hauptgebäude zusätzlich zum äußeren Mauerring, der erst im 16. Jh. gebaut wurde. Oben gelangt man durch den *Cortile dell'Angelo* zu den ehemaligen Gemächern der Päpste.

Engelsbrücke und Engelsburg

Hier beeindruckt die unter Papst Paul II. Mitte des 16. Jh. entstandene *Sala Paolina* mit prunkvollen Fresken. Über eine schmale Treppe geht es hinauf zur oberen Aussichtsplattform direkt unter dem Engel.

Tipp! Unbedingt empfehlenswert ist das **Café** auf der Aussichtsterrasse: Kleine Tische entlang der Mauer bieten einen herrlichen Ausblick auch auf die Peterskirche (→ S. 260).

Das Castel Sant'Angelo beherbergt heute eine Gemäldesammlung mit wertvollen Werken (u. a. von Lorenzo Lotto), außerdem auch eine Abteilung mit historischen Waffen. In den Räumlichkeiten um den Cortile dell'Angelo finden regelmäßig wechselnde Ausstellungen statt.

Di–So 9–19.30 Uhr (Einlass bis 18.30 Uhr), Mo geschl. Eintritt 8,50 €, 18–25 J. 6 €, unter 18 und über 65 J. frei, bei Sonderausstellungen Eintritt 10 €, erm. 7,50 €. Audioguide in deutscher Sprache 4 € (für 2 Pers. 6 €, ein Ausweis muss hinterlegt werden). Es finden auch Führungen statt: immer sonntags 11.30 Uhr in englischer Sprache, in Italienisch sonntags um 12.30 Uhr, hierbei kann auch ein Blick in die historischen Kerker geworfen werden (4,50 € pro Pers.). Toiletten am Eingang, Bookshop am anderen Ende der Engelsburg, hier gibt es auch einen Museumsführer (engl./ital.), der mit 19 € allerdings reichlich teuer ist. Lungotevere Castello 50, ✆ 06/6819111, www.castelsantangelo.beniculturali.it.

Vatikan

Zum Gebiet des kleinsten Staates der Welt gehören die Peterskirche mit dem Vatikanischen Palast, seinen Nebengebäuden, den Gärten und den Vatikanischen Museen. Umgeben ist der Vatikan seit 854 von der unter Papst Leo IV. erbauten *Leoninischen Mauer,* einem Schutzwall gegen die einfallenden sarazenischen Piraten des 9. Jh. Die Mauer wird nur auf der Ostseite des Territoriums durch den Petersplatz mit seinen halbrunden Kolonnaden unterbrochen. Während Kirche und Museen der Öffentlichkeit (beides nur in angemessener Kleidung) zugänglich sind, gelangt man auf das übrige Gelände nur mit einer Sondergenehmigung.

Vatikan und Engelsburg → Karte S. 250/251

Der Vatikanstaat erhielt durch die Lateranverträge von 1929 die staatliche Autonomie und – als Entschädigung für den Verlust des Kirchenstaates – von Mussolini zusätzlich ein Finanzpaket im Wert von ca. 90 Millionen Dollar, das im Laufe der Zeit durch geschickte Anlagepolitik beträchtlich anwuchs (Details hierzu sind streng geheim). Die knapp 500 Bürger des Staates zahlen keine Steuern. Alleiniger weltlicher Herrscher über den Vatikan ist der

Papst. Der Vatikanstaat verfügt über eine eigene Post (hinter den rechten Kolonnaden und in den Vatikanischen Museen), den leistungsstarken Radiosender *Radio Vaticano*) und bereits seit 1861 über die Wochenzeitung *L'Osservatore Romano,* außerdem ist der Vatikan im Internet unter www.vatican.va vertreten. Zum Schutz des Vatikanstaates steht neben der *Vigilanza,* der Vatikan-Polizei, natürlich auch die 110 Mann starke *Schweizer Garde* bereit, die seit Anfang des 16. Jh. aus Schweizer Söldnern rekrutiert wurde. Ihre Uniformen entsprechen noch immer dem Stil der Zeit von Klemens VII. (1523–1534), einem Papst aus dem Hause Medici. Heute stehen die Gardisten dem Papst auch als zivile Bodyguards zur Seite.

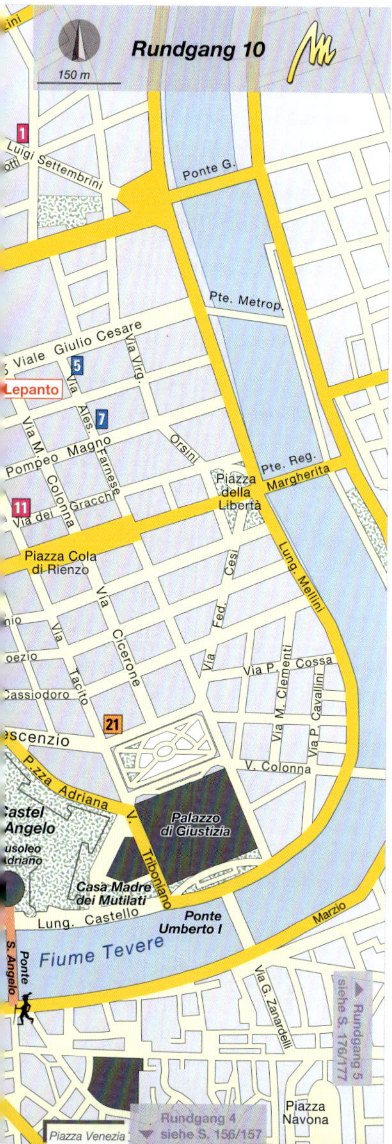

Petersplatz (Piazza San Pietro)

Die Idee für den ovalen Platz mit seinen harmonischen Proportionen stammt von Bernini: Die halbrunden Kolonnaden mit insgesamt 140 Statuen von Heiligen und Märtyrern (jeweils 3,20 m hoch) sollten wie durch zwei ausgebreitete Arme die Gläubigen schützend aufnehmen. Den 340 x 240 Meter großen Platz schuf Bernini nach der Fertigstellung der Kirche in den Jahren 1657–1665. Der ägyptische Obelisk befindet sich hier seit 1586, ebenso stand der rechte Brunnen bereits, als es den Platz noch gar nicht gab. Der linke wurde aus Gründen der Symmetrie später hinzugefügt.

Peterskirche (San Pietro in Vaticano)

Die zweitgrößte Kirche der Welt (die größte ist die 1990 geweihte Basilika *Notre Dame de la Paix* an der Elfenbeinküste) hat gigantische Ausmaße: eine Länge von 211 Metern, eine Fassadenbreite von 114 Metern und eine Gesamthöhe von 132 Metern. Bei ihrem Bau gaben sich fast alle bedeutenden Baumeister ihrer Zeit quasi das Werkzeug in die Hand. Die 45 Meter hohe Fassade stammt von Carlo Maderna, sie wird von 13 jeweils 5,60 Meter hohen Statuen gekrönt. In der Mitte steht Jesus mit erhobenem Arm, umgeben von

Vatikan und Engelsburg → Karte S. 250/251

Johannes dem Täufer und elf Aposteln (Petrus steht unten). Im gewaltigen Innenraum (15.160 qm) finden sich 778 Säulen, 396 Statuen, 44 Altäre, 135 Mosaike und unzählige Gemälde und Fresken, über die im Folgenden nur ein kurzer Überblick gegeben werden kann:

Noch vor Betreten der Kirche (man kommt durch die Sicherheitsschleusen von rechts zur Eingangshalle) fällt der Blick auf die von Bernini entworfene **Scala Regia**, den Aufgang zu den päpstlichen Gemächern. In der Nische auf der rechten Seite befindet sich die **Reiterstatue Kaiser Konstantins** von 1669, ebenfalls von Gianlorenzo Bernini. In der Eingangshalle auf der linken Seite ist eine weitere Reiterstatue zu sehen: **Karl der Große** von Agostino Cornacchini (um 1730). Das mittlere **Bronzeportal** stammt von 1433–1445 und stellt auf der Relieftafel unten rechts die Kreuzigung Petrus' dar; ganz links befindet sich die **Porta della Morte** von 1963, die Giacomo Manzù im Auftrag von Johannes XXIII. ausführte. Die **Porta Sancta** auf der rechten Seite ist nur im Heiligen Jahr geöffnet.

Zu Beginn des Rundgangs durch die Kirche stößt man gleich in der ersten Kapelle im rechten Seitenschiff auf **Michelangelos Pietà** (1499–1500), eines der schönsten Kunstwerke der Kirche. Auf der rechten Seite im Mittelschiff befindet sich die besonders verehrte, bronzene **Petrusstatue**, die schon in

Kurze Geschichte des Vatikans

Mit dem Toleranzedikt von Mailand wurde das Christentum im Jahr 313 durch Kaiser Konstantin offiziell zugelassen. Ab dem Jahr 324 wurde an der ersten Peterskirche gebaut (der Überlieferung nach über dem Grab des Apostels Petrus); vollendet wurde das fünfschiffige Gotteshaus etwa Mitte des 4. Jh. Erst nach der Rückkehr der Päpste aus ihrem Exil in Avignon im Jahr 1377 entschloss man sich, den heruntergekommenen Lateranspalast (bis dahin der Papstsitz) aufzugeben und stattdessen auf dem antiken *Mons Vaticanus* die inzwischen baufällig gewordene alte Peterskirche abzureißen und durch einen monumentalen Neubau zu ersetzen. Das unter Papst Nikolaus V. (1447–1455) begonnene Projekt nahm erst mit der Grundsteinlegung am 18. April 1506 konkretere Züge an, Auftraggeber war der ehrgeizige Papst Julius II. Baumeister war zunächst Bramante, dann Raffael, ab 1546 übernahm Michelangelo die Leitung. Er änderte die von Bramante entworfene berühmte Kuppel, die erst 1590 von Giacomo della Porta vollendet wurde. Ab 1624 wirkte auch Barockmeister Bernini an der Innengestaltung der Kirche mit, der ovale Petersplatz entstand später ebenfalls nach seinen Plänen.

Als die Peterskirche nach 120 Jahren Bauzeit im November 1626 prachtvoll eingeweiht wurde, war der Kirchenstaat bereits fast am Höhepunkt seiner Macht angelangt und herrschte über knapp ein Viertel Italiens. Trotz eines kurzen Zwischenspiels durch Napoleon, der den Kirchenstaat vorübergehend auflöste und Papst Pius VII. nach Frankreich in die Gefangenschaft verschleppen ließ, konnte die Kirche ihr Territorium zunächst noch halten. Erst mit der Einigung Italiens 1870 war die weltliche Macht des Papstes beendet. 1929 erhielt der Vatikan durch die mit Mussolini geschlossenen Lateranverträge die staatliche Autonomie eher symbolisch auf sehr beschränktem Territorium zurück.

der alten Peterskirche aufgestellt war. Seit Jahrhunderten berühren oder küssen die Pilger den mittlerweile schon ganz blank gescheuerten rechten Fuß der Statue.

Mittelpunkt der Kirche ist der 29 Meter hohe **Bronzebaldachin** über dem Papstaltar, den Bernini zwischen 1624 und 1633 im Auftrag seines Gönners Papst Urban VIII. fertigte. Darüber wölbt sich die **Kuppel**, deren Durchmesser knapp unter dem ihres antiken Vorbildes, der Kuppel des Pantheons, liegt. Hinter dem Altar, in der **Apsis**, befindet sich die **Cathedra Petri**, der zum Thron stilisierte Stuhl des Bischofs von Rom, den Bernini im Auftrag von Alexander VII. 1657–1666 fertigte bzw. von seinen Schülern fertigen ließ. Rechts von der Cathedra Petri hat Bernini das Grabmahl für Urban VIII. geschaffen, links davon befindet sich das Grabmal für Paul III. (von Guglielmo della Porta aus den Jahren 1551–1575). Von den vielen Papst-Grabmälern in der Peterskirche ist im linken Seitenschiff das pompöse *Grab Alexanders VII.* besonders hervorzuheben: ein weiteres Meisterwerk Berninis und sein letzter Auftrag, den er im Alter von 80 Jahren ausführte.

Unter der Kuppel von St. Peter

Vor dem Altar wird durch eine Balustrade die **Confessio** abgegrenzt, eine Öffnung im Boden mit der Treppe hinunter zum wertvoll geschmückten *Petrusgrab* (Eintritt s. u.).

Zu den **Vatikanischen Grotten** (*Krypta*) unter der Peterskirche gelangt man durch einen neuen Eingang rechts der Kirche (durch die Vorhalle). Aufgrund des großen Andranges, der hier seit April 2005 herrscht (als Papst Johannes Paul II. in den Grotten beigesetzt wurde), hat man den Zugang verlegt. Hier unten in der *Krypta* befinden sich neben der reich geschmückten **Petruskapelle** auch zahlreiche Papstgräber (tägl. 7–17 Uhr geöffnet, Eintritt frei).

Zur **Kuppel** gelangt man, wenn man die Vorhalle der Peterskirche auf der rechten Seite verlässt, die lange Schlange vor dem Aufzug ist nicht zu übersehen. Der Eingang zur Kuppelbesteigung befindet sich gegenüber des neuen Eingangs zu den Vatikanischen Grotten.

Information Auf der linken Seite der Kolonnaden unterhält der Vatikan ein Informationsbüro, Mo–Sa 8.30–19 Uhr geöffnet, So geschl. Hier bekommt man Material über den Vatikan und kann Eintrittskarten für die Vatikanischen Gärten bestellen (Papstaudienz → S. 87). Daneben die Post und öffentliche Toiletten.

Öffnungszeiten Die Peterskirche ist tägl. von 7 bis 19 Uhr (Okt. bis März nur bis 18 Uhr) geöffnet. Audioguide (gibt es rechts der Eingangshalle) in Deutsch 5 €. Zutritt nur in angemessener Kleidung: Männer in langen Hosen, Frauen mit bedeckten

Vatikan und Engelsburg → Karte S. 250/251

Schultern, keine Miniröcke, nicht bauchfrei. Handys müssen ausgeschaltet werden. Die Vorschriften werden streng überwacht. Außerdem strenge Sicherheitskontrollen wie am Flughafen, was zu Stoßzeiten immer wieder zu langen Warteschlangen auf dem Platz führt. Gegenstände aus Metall (außer Foto-/Digitalkamera) sollte man im Hotel lassen! Taschen können kostenlos in Schließfächern aufbewahrt werden.

Achtung: Während der Generalaudienz am Mittwochvormittag ist die Peterskirche geschl. (bei schlechtem Wetter findet diese in der Audienzhalle statt).

Eintritt für die Kuppel Mit dem Aufzug 7 € (+ 320 Stufen bis ganz oben), zu Fuß 5 € (551 Stufen), von April bis Sept. 8–17 Uhr geöffnet, letzter Einlass 16.45 Uhr; im Winter 8–16.30 Uhr, letzter Einlass 16.15 Uhr. *Achtung*: Wer unter Platzangst leidet, sollte auf den Aufstieg vom Dach des Hauptschiffs (nur bis hierhin Aufzug) auf die Kuppel verzichten: sehr schmaler Weg im Einbahnstraßensystem, späteres Umkehren nicht möglich.

Eintritt Nekropole unter der Peterskirche Der Besuch ist nur mit langfristiger vorheriger Anmeldung möglich (mind. zwei Monate vorher!), dabei müssen Zahl und Namen der Besucher (mind. 15 J. alt), gewünschtes Datum (möglichst ein Zeitraum von mehreren Tagen), die gewünschte Sprache der Führung sowie eine Antwortanschrift (auch Fax/E-Mail) angegeben werden. Eintritt 12 € pro Pers. (inkl. Führung), Informationen beim: Ufficio Scavi, Fabbrica di San Pietro, I-00120 Città del Vaticano, ✆ 06/69885318, Anmeldungen unter 📠 06/69873017 oder scavi@fsp.va. Ein Anmeldeformular kann in deutscher Sprache auch über die Homepage des Pilgerbüros (www.pilgerzentrum.de, anklicken „Informationen“, „Scavi“) heruntergeladen werden.

Geduld ist auch eine Tugend – am Eingang zur Peterskirche

Vatikanische Gärten Auch der Besuch der gepflegten und hochinteressanten vatikanischen Gärten bedarf der vorherigen Anmeldung, diese ist nur über das Internet unter www.vatican.va möglich. Auskünfte unter ✆ 06/69883145 oder 06/69884676, Eintritt nur in Kombination mit den Vatikanischen Museen möglich, zum Preis von 31 € (ermäßigt 24 €) für Museen und Gärten. Die Führungen finden immer werktags 9–14 Uhr statt (außer Mi), dauern etwa 2 Std., in italienischer Sprache, bei entsprechender Nachfrage auch in Deutsch. *Achtung*: Es wird ein Ausweis benötigt, und der „Vatikan-Dresscode“ gilt natürlich auch hier!

Campo Santo Teutonico Die Deutsch(sprachig)en besitzen im Vatikan eine Enklave, die jeder besuchen darf. Man muss nur den wachhabenden Schweizer links der Kolonnaden nach dem *Campo Santo Teutonico* fragen. Mit diesem „Losungswort“ können Sie während der Öffnungszeiten des Campo Santo tägl. von 7–12 Uhr ungehindert passieren (im August geschl.).

> Wer den Papst auch ohne die Formalitäten einer Generalaudienz (→ S. 87) sehen möchte, sollte am Sonntag um 12 Uhr auf dem Petersplatz sein. Dann spricht Benedikt XVI. vom Fenster seines Arbeitszimmers im obersten Stock des Apostolischen Palastes das **Angelus-Gebet** und erteilt den päpstlichen Segen (im August findet das Gebet in Castel Gandolfo statt).

Vatikanische Museen (Musei Vaticani)

Für die Besichtigung der wichtigsten Museen Roms sollten Sie sich ein paar Stunden Zeit nehmen, denn es erwarten Sie 42.000 qm (!) Ausstellungsfläche. Damit die Tour durch die unzähligen Räume (bei einem ausgedehnten Rundgang legt man bis zu sieben Kilometer zurück) nicht zur Tort(o)ur wird, haben wir uns hier auf die wichtigsten Highlights beschränkt. Ausführlichere Informationen bieten die Audioguides oder eine Führung. Von einer Besichtigung am eintrittsfreien Sonntag (letzter Sonntag im Monat) möchten wir dringend abraten: Die Schlange reicht hier schon am frühen Morgen bis weit hinter die Piazza Risorgimento, also mindestens einen halben Kilometer lang. Für das gesparte Geld steht man sich zunächst die Beine in den Bauch und kämpft sich dann drinnen durch riesiges Gedränge.

Die Vatikanischen Museen gehören zum 1929 konstituierten Vatikanstaat. Über Jahrhunderte haben sich hier unter den verschiedenen Päpsten unglaubliche Kunstschätze angesammelt, die heute in dem Museumskomplex zu besichtigen sind. Als Gründer der Museen gilt Papst Julius II., der Anfang des 16. Jh. im Belvederehof eine erste Ausstellung antiker Statuen einrichten ließ.

Über eine Rolltreppe hinauf gelangt man zunächst zum großen **Belvederehof** mit dem riesigen, antiken bronzenen **Pinienzapfen** (aus dem Vorhof der alten Peterskirche), flankiert von zwei bronzenen Pfauen. Von hier erreicht man folgende Museen und Sehenswürdigkeiten (eine Auswahl):

Museo Egizio

Das manchmal auch nach seinem Auftraggeber Gregor XVI. benannte Museum wurde 1839 eröffnet und beherbergt eine bedeutende Sammlung ägyptischer Kunst.

Museo Pio-Clementino

Die älteste Antikensammlung des Vatikans, die ab Anfang des 16. Jh. im kleinen Belvederehof zu sehen war und Ende des 18. Jh. hierher verlegt wurde. Zu diesem Museum gehört auch der **Cortile Ottagono**: Neben dem **Apoll des Belvedere** (2. Jh. n. Chr.) beeindruckt besonders die **Laokoon-Gruppe** aus dem 1. Jh. v. Chr. Thema der kunstvoll gearbeiteten Figurengruppe ist die Bestrafung des Priesters Laokoon für seine Warnung vor dem Trojanischen Pferd: Die Götter schicken Würgeschlangen, die den Priester und seine beiden Söhne töten.

Museo Gregoriano Etrusco

Das 1837 von Gregor XVI. eröffnete Museum beherbergt zahlreiche Funde aus den etruskischen Metropolen Todi und Cerveteri.

Es folgen die **Sala della Biga** (mit dem berühmten griechischen Diskuswerfer) und die **Galleria dei Candelabri** mit diversen Götterstatuen, dann die **Galleria degli Arazzi** – die Galerie der Gobelins mit riesigen Wandteppichen aus dem 17. Jh. In der **Galleria delle Carte Geografiche** sind die Wände mit kartografischen Darstellungen Italiens aus dem späten 16. Jh. dekoriert.

Stanzen Raffaels

Die einzigartigen Fresken Raffaels befinden sich in den ehemaligen Gemächern von Papst Julius II. und sind einer der Höhepunkte in den Vatikanischen Museen. An den Stanzen arbeitete der Künstler bis 1517. Die **Stanza della Segnatura** (1508–1511) mit dem berühmten Fresko der „Schule von Athen“ hat die neuplatonische Philosophie zum Thema. Hier hat Raffael auch seine

Zeitgenossen Bramante (als Euklid) und Michelangelo (als Heraklit) porträtiert, Leonardo da Vinci ist in der Gestalt Platons zu sehen, sich selbst hat Raffael als zweite Person rechts hinter der Säule hervorschauend dargestellt.

Es folgen die **Stanza d'Elidoro** mit der „Vertreibung Heliodors aus dem Tempel" und die „Messe von Bolsena"; auf eigenes Drängen hin ist auch Papst Julius II. auf beiden zu sehen. Die **Stanza dell'Incendio** schließlich widmet sich dem Thema „Konstantin der Große".

Die **Loggien Raffaels**, die der Künstler ein Jahr vor seinem frühen Tod 1520 abschloss, sind aus Sicherheitsgründen nicht zugänglich. Durch die Gemächer des verrufenen Borgia-Papstes Alexander VI. (Appartamento Borgia) gelangt man zur gewaltigen Sammlung moderner Kirchenkunst und danach zur Sixtinischen Kapelle.

Sixtinische Kapelle (Cappella Sistina)

Das berühmteste Gebäude der Vatikanischen Museen ist Ziel aller Besucher, sodass man kaum mit Muße die weltberühmten Arbeiten des Universalgenies Michelangelo bewundern kann. Sixtus IV. (della Rovere) ließ die nach ihm benannte Kapelle 1474–1483 als seine Hauskapelle bauen. Auch heute noch finden hier traditionsgemäß die Papstwahlen (Konklave) statt, zuletzt im April 2005. Besonders berühmt ist Michelangelos **Jüngstes Gericht**, das fast 200 qm große Gemälde an der Altarwand. Seine Darstellung des Weltendes erregte über Jahrhunderte hinweg die Gemüter und sollte des Öfteren übermalt werden – was glücklicherweise über Ansätze (mit der Übermalung einiger nackter Stellen) nicht hinausging.

Michelangelos **Deckenfresken** haben die Entstehung der Welt zum Thema – besonders berühmt die **Erschaffung Adams** mit den bekanntesten Zeigefingern der Kunstgeschichte: Gott streckt seinen Arm aus, um den schon vollendeten Leib Adams zu beseelen. Die anderen Deckenfresken stellen weitere Motive aus dem Alten Testaments dar.

Die berühmte Laokoon-Gruppe

Biblioteca Apostolica Vaticana

Zur Bibliothek gehört neben den einzigartigen Zeugnissen handgemalter und gedruckter Buchkunst auch das Archiv des Vatikans. Mittelpunkt der Bibliothek ist der kostbar ausgemalte **Salone Sistino**.

Museo Sacro

Gezeigt wird eine reiche Sammlung frühchristlicher und mittelalterlicher Kunst; berühmt ist das antike Gemälde der **Aldobrandinischen Hochzeit**.

Pinacoteca

Die Gemäldesammlung ist in 15 Sälen untergebracht; zu den bedeutendsten Werken zählen die Bilder von Leonardo da Vinci, Raffael, Tizian und Caravaggio. Sehenswert ist die 1932 erbaute bronzene Wendeltreppe **Scalone Elicoidale**, die von den Museen zurück zum Ausgang führt.

Farbenfroh und entschlossenen Blicks: Schweizer Gardist

Mo–Sa 9–18 Uhr (letzter Einlass 16 Uhr), So und an kirchlichen Feiertagen geschl. Am letzten So im Monat 9–14 Uhr geöffnet (letzter Einlass 12.30 Uhr), an diesem Tag freier Eintritt. Eintritt 15 €, ermäßigt (6–14 J. sowie Studenten unter 26 J.) 8 €, Kinder unter 6 J. frei. Im Herbst 2011 (Sept./Okt.) waren die Vatikanischen Museen auch abends 19–23 Uhr geöffnet, mit entsprechender Beleuchtung einiger Säle, Reservierung hierfür obligatorisch (www.vatican.va).

Audioguide 7 € (auch in Deutsch). Rund zweistündige Führungen in deutscher Sprache finden Mi um 12.30 Uhr und Fr um 12 Uhr statt, in englischer Sprache Mo–Fr mehrmals tägl. (meist 10.30 und 14.30 Uhr), etwas eingeschränkter ist das Angebot an italienischen Führungen. Der Preis für eine Führung inkl. Eintrittspreis Museen liegt bei 31 €, ermäßigt 24 €. Reservierungen nur online unter www.vatican.va. Seit einiger Zeit kann man auch die Museumstickets **online** (www.vatican.va) kaufen und somit die lange Warteschlange am Eingang umgehen (Online-Gebühr: 4 € pro Ticket). *Achtung*: In den Vatikanischen Museen herrscht die gleiche Kleiderordnung wie in der Peterskirche (also Herren lange Hosen, Damen nicht schulter-, bauch- oder oberschenkelfrei). Am Ausgang der Museen gibt es einen Bookshop (leider kann man erst hier den hilfreichen Museumsführer kaufen), Post und Wechselstube sowie ein Self-Service-Restaurant (mit Pizzeria). Viale Vaticano, ✆ 06/69884676 oder 06/69883145.

Praktische Infos

(→ Karte S. 250/251)

Ristoranti, Trattorien, Osterien

In der näheren Umgebung der Peterskirche ist es fast unmöglich, ein gutes und preiswertes Restaurant zu finden. Die meisten Lokale haben sich darauf spezialisiert, bei minimalem Aufwand und maximaler Gewinnspanne Touristen abzufüttern. Ein paar Lokale sind aber dennoch auch in dieser Gegend zu empfehlen:

Recht nahe am Vatikan, an der Verbindungsmauer vom Palast zur Engelsburg, finden Sie das Ristorante **Al Passetto di Borgo** **26**, das es hier schon seit über 50 Jahren gibt und das sich bei Pilgergruppen, Geistlichen, aber auch ganz „normalen" Vatikantouristen allergrößter Beliebtheit erfreut. Nettes, einladendes Lokal, fast immer voll, sehr günstig: Menü um 25 €. Mittags und abends geöffnet, Di geschl. Borgo Pio 60–62, ✆ 06/68803957, www.alpassettodiborgo.it.

Tre Pupazzi 25 Ein Stück weiter unten im Borgo Pio, auf der anderen Straßenseite. Ganz so typisch römisch wie versprochen ist die Küche nicht, doch das Angebot ist solide, außerdem gibt es hier auch mittags Pizza. Flotter Service, einige Tische auch draußen in der autofreien Gasse. Menü ca. 30 €. Borgo Pio 183, ✆ 06/6868371. Mittags und abends geöffnet, So Ruhetag.

Osteria dell'Angelo 4 Ex-Rugbyspieler Angelo Croce bietet deftige traditionelle römische Küche, sehr schmackhaft und authentisch. Mittags à la carte (um 20 €), abends nur ein festes Menü (25 €). Via G. Bettolo 24, ✆ 06/3729470. Di–Fr mittags und abends geöffnet, Mo und Sa nur abends, So geschl.

Il Ciociaro 8 Eine klassische römische Hostaria, der Gastraum drinnen liegt etwas dunkel im Souterrain, schöner sitzt man draußen an der Straße. Einfache Küche mit schönem Vorspeisenbüffet und guten Primi, hausgemachte Desserts; Menü um 35 €. Via Barletta 21 (nahe Metrostation Ottaviano), ✆ 06/37352496 oder 06/3729204, www.ilciociaro.it. Mittags und abends geöffnet, Di geschl.

››› Unser Tipp: **Cacio e Pepe** 1 Seit 1964 gibt es diese spartanisch-schlichte, authentische Trattoria, in der es wie in der Küche einer römischen Mama duftet und schmeckt; zu den Spezialitäten des Hauses zählen „tonnarelli all'uovo cacio pepe" (Eiernudeln mit Pecorino-Käse und frisch gemahlenem schwarzem Pfeffer). Sehr beliebt im Viertel, mit Terrasse. Menü um 25–30 €. Via Avezzana 11 (am besten ab Piazza Cavour mit Bus Nr. 30, 186 oder 280 zur Piazza Mazzini), ✆ 06/3217268, www.cacioepeperistorante.com. Mittags und abends geöffnet, Sa abends und So geschl. ‹‹‹

Taverna Angelica 23 Purististisch anmutendes, etwas kühles Ambiente mit moderner Kunst an den Wänden; mediterrane Küche, Menü um 35–40 €. Piazza Amerigo Capponi 6 (Nähe Piazza del Risorgimento), ✆ 06/6874514, www.tavernaangelica.it. Tägl. abends ab 19 Uhr geöffnet, So auch mittags. Reservierung empfohlen.

››› Lesertipps: **La Pratolina** 10 „Geniale Pizza: gut und reichlich belegt, traumhafter Boden! Preise ca. 8–9 €, leckere Nachspeisen, viele Italiener und ein sehr freundlicher Service!" Via degli Scipioni 248/250 (Höhe Via Duilio bzw. Piazza dei Quiriti), ✆ 06/36004409. Nur abends ab 19.30 Uhr geöffnet, So Ruhetag.

Vor dem Castel Sant'Angelo

Ristorante Dante – Taberna dei Gracchi 11 „In diesem alteingesessenen Restaurant haben wir sehr gut zu Abend gegessen, es war nicht teuer und fast nur von älteren Einheimischen besucht." Via dei Gracchi 266/268, ✆ 06/3216958 oder 06/3213126, www.tabernagracchi.com. ‹‹‹

Enoteca

Enoteca Costantini 21 Piero und Rosy Costantini haben in den 1970er Jahren diese außergewöhnliche Enoteca gegründet. In den großen, alten Gewölbekellern lagern über 2000 verschiedene Etiketten, im Erdgeschoss befinden sich Schaumweine, Champagner, Liköre, Brände und andere Spirituosen. Dazu gehört das feine Restaurant **Il Simposio**. Gehobenes Preisniveau, Menü um 55–70 €. Piazza Cavour 16, ✆ 06/3203575 (Enoteca) bzw. ✆ 06/32111131, www.pierocostantini.it. Enoteca: 9–13 und 16.30–20 Uhr geöffnet, So geschl., Mo erst nachmittags; Restaurant 12.30–15 und 19.30–23 Uhr, Sa mittags und So geschl.

Vatikan und Engelsburg → Karte S. 250/251

Caffè/Bar/Snacks

Bar im Castel Sant'Angelo 28 Zwar nur mit dem Eintrittsticket in die Engelsburg zugänglich, doch wer drin ist, sollte sich die herrliche Bar hier oben nicht entgehen lassen. Blick auf die Kuppel der Peterskirche, nettes Ambiente mit Weinranken, der Location geschuldet allerdings nicht ganz billig. Auch Mittagsmenüs und Panini, Tramezzini, Salate etc. Di–So 9–19 Uhr geöffnet, Mo geschl.

Settembrini Caffè 2 Mit einigen Tischen draußen im Schatten an der Straße, in der Vitrine leckere Pasticceria und Panini, Tramezzini etc. (das dazugehörige Restaurant nebenan ist zurzeit recht „in" und deutlich teurer). Ganztägig geöffnet, So geschl. Via L. Settembrini 25 (am besten ab Piazza Cavour mit Bus Nr. 30, 186 oder 280 zur Piazza Mazzini), ✆ 06/97610325, www.ristorantesettembrini.it.

Je weiter weg vom Vatikan, desto leichter findet man eine günstige Tavola Calda, z. B. bei **Ottaviani** 14 seitlich der Via Cola di Rienzo: ein Teller leckere *Fettucine al Pomodoro* kostet hier nur 4,50 €. Einfaches Lokal, freundlicher Service. Auch ein paar Tische draußen. Ganztägig geöffnet, Mo geschl. Via Paolo Emilio 9–11, ✆ 06/3243302.

Im Borgo Pio

Shopping

Supermarkt Billa in der Via Cola di Rienzo im Untergeschoss von **Coin** 13: Das Bekleidungshaus bietet auf mehreren Stockwerken modische Kleidung für Damen, Herren und Kinder, außerdem Accessoires, Kosmetik, Wäsche etc., diverse Markenshops. Via Cola di Rienzo 173.

Markthalle, Piazza dell'Unità (an der Via Cola di Rienzo, Nähe Engelsburg), der Mercato Rionale findet hier Mo–Sa 7–18 Uhr statt.

Markt in der Via Trionfale, weitab vom Schuss (nördlich vom Vatikan). Dienstagvormittags ist Blumenmarkt (auch exotische Pflanzen und Samen). Günstig. Mo–Sa vormittags (bis 14 Uhr).

Castroni 16 *Das* Feinkostgeschäft in der Gegend, eine Institution. Riesige Auswahl, viele ausgefallene Nudelsorten, Bar mit Kaffee und Likören, an der die römische Oberschicht beim Feinkost-Shoppen einen Aperitivo einnimmt. Eher gehobenes Preisniveau. Via Cola di Rienzo 196.

Giuliani 9 Süßwarengeschäft, ausgezeichnete und berühmte kandierte Kastanien (vor allem die mit der Schokoglasur), die allerdings nicht ganz billig sind. Via Paolo Emilio 67 (zweigt von der Via Cola di Rienzo ab).

Cornetteria Dolce Maniera 6 Von außen nur ein kleines Hinweisschild, dafür schon von weitem am Duft der frischen Backwaren zu erkennen; die Tür zur steilen Kellertreppe steht offen. Via Barletta 27 (Nähe Metro Ottaviano).

Libreria Ancora 29 Überwiegend Kunst- und Kirchenführer, meist Englisch, viel Theologisches, auch Reisebücher in deutscher Sprache. Via della Conciliazione 63 (Nähe Vatikan).

Eine gute Auswahl an **Modeläden** für die unterschiedlichsten Ansprüche finden Sie in der Via Cola di Rienzo: Hier sind viele italienischen Modeketten vertreten, von teuer und elegant (z. B. Max Mara, Kookai) bis zur jugendlich-sportlichen Linie (u. a. Energie, Onyx). Dazwischen auch Benetton, Sisley, Stefanel, Motivi, Mango, Diesel usw.

Ziele südlich der Innenstadt und Ausflüge

Ziele südlich der Innenstadt

Wichtigste archäologische Sehenswürdigkeit südlich der **Aurelianischen Stadtmauer** ist die **Via Appia Antica**, die sich am schönsten auf dem (Leih-)Fahrrad erkunden lässt, und auch die berühmten **Katakomben** hier sind unbedingt einen Besuch wert. Die etwas heruntergekommene Via Ostiense (Straße nach Ostia) zählt zwar nicht gerade zu den römischen Schönheiten, lohnt aber mit dem **Museo Centrale Montemartini** (Archäologisches Museum im stillgelegten Elektrizitätswerk) und der Kirche **San Paolo fuori le Mura**, einer der vier Patriarchalkirchen Roms, durchaus den Besuch. Eher etwas für Architekturspezialisten ist dagegen das Stadtviertel **E.U.R.**, ab 1938 unter Mussolini im faschistischen Stil gebaut. Ganz im Südosten der Stadt liegen dann noch die legendären Filmstudios **Cinecittà** (mit kleiner Ausstellung).

Aurelianische Stadtmauer

Die unter Kaiser Aurelian zwischen 270 und 275 errichtete Mauerring umfasst mit knapp 19 Kilometer Länge noch heute die römische Innenstadt. Ursprünglich wurde die Mauer zum Schutz gegen die einfallenden Barbaren gebaut, war sechs Meter (an manchen Stellen bis zu 10 Meter) hoch und 3,5 Meter dick. 18 Stadttore führten in die Stadt hinein, dazwischen gab es 383 Türme im Abstand von je etwa 30 Meter. Die Stadtmauer wurde über die Jahrhunderte kaum verändert, erst im 16. Jh. ließ Papst Paul III. von Antonio da Sangallo eine Bastion errichten (heute Viale di Porta Ardeatina). 1870 sprengten die Truppen des neuen Königreiches einen Teil der Mauer bei der Porta Pia.

San Paolo fuori le Mura

Einen guten Eindruck von dem wuchtigen Bauwerk erhält man auf der Südseite zwischen Porta San Paolo (→ S. 118), Porta Ardeatina und Porta di San Sebastiano (Metro Linea B bis Station Piramide).

Zu Piramide, Cimitero Acattolico und Viertel Testaccio → S. 116ff.

Museo Centrale Montemartini

Das Museum im Jugendstil-Elektrizitätswerk in der Via Ostiense 106 war eine Notlösung, um einige der Skulpturen aus den Kapitolinischen Museen während deren langjähriger Renovierung ausstellen zu können. Mittlerweile ist die Ausstellung jedoch zu einer festen Institution unter den archäologi-

schen Museen Roms geworden. Zu sehen sind über 400 anmutige antike Skulpturen vor der Kulisse gewaltiger, stillgelegter Maschinen – ein interessanter Kontrast, der das Museum zu einem lohnenswerten Ziel macht. Immer wieder auch Sonderausstellungen.

Di–So 9–19 Uhr, Mo geschl., Einlass bis 18.30 Uhr. Eintritt 5,50 €, ermäßigt 4,50 € (mit wechselnden Ausstellungen Aufschlag möglich), Kombiticket mit Kapitolinischen Museen (→ S. 100ff.) 14 €, ermäßigt 12 € (7 Tage gültig). Mit Buchladen. Via Ostiense 106, www.centralemontemartini.org.

Metro Linea B bis Station Garbatella, dann hinüber in die Via Ostiense oder **Bus Nr. 271** ab Piazza Venezia.

San Paolo fuori le Mura

Überlieferungen und neueste archäologische Funde von 2009 belegen, dass der heilige Paulus hier beigesetzt wurde. Um das Jahr 62 wurde er in Rom zum Tode verurteilt und in **Tre Fontane** (heute im Stadtteil E.U.R.) hingerichtet. Frühchristliche Schriften berichten, wie Frauen den Leichnam auf dem Friedhof in der Via Ostiense beisetzten. Kaiser Konstantin ließ hier 314 einen Andachtsort für „Paulus, den Apostel und Märtyrer“ einrichten. Ende des 4. Jh. wurde die Gedenkstätte Mittelpunkt einer fünfschiffigen Basilika, die in den folgenden Jahrhunderten im Wesentlichen unversehrt blieb. Bis zum Neubau von St. Peter war sie die größte Kirche Roms. 1823 brannte die Basilika fast

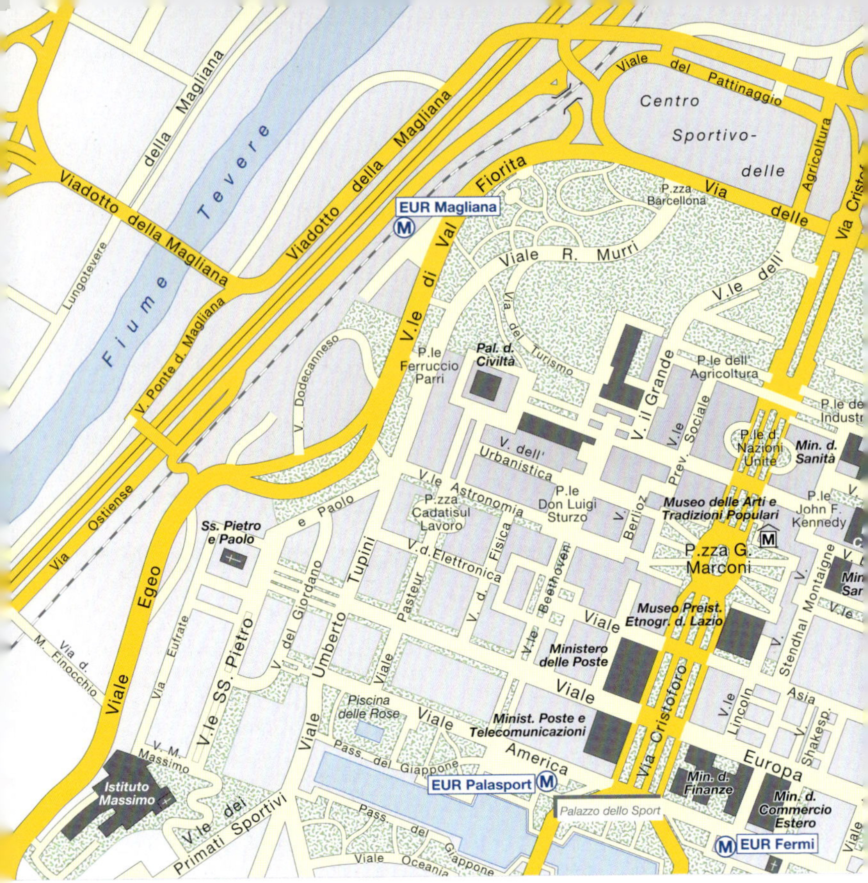

vollständig ab, der originalgetreue Wiederaufbau wurde 1854 unter Pius IX. abgeschlossen.

Der Bau inmitten nur durchschnittlich attraktiver Wohnblocks der südlichen römischen Peripherie wirkt von außen kleiner, als er ist. Die fünf Schiffe der Kirche sind durch insgesamt 80 Granitsäulen getrennt. An der vergoldeten Kassettendecke des Mittelschiffs ist das Wappen von Papst Pius IX. zu sehen. Zwischen den Fenstern befinden sich Fresken mit Szenen aus dem Leben des heiligen Paulus. Original aus der alten Basilika erhalten ist noch der Triumphbogen vor dem Querschiff, der in der ersten Hälfte des 5. Jh. von der Kaiserin Galla Placidia gestiftet wurde. Davor stehen die Statuen von Petrus und Paulus. Das **Paulusgrab**, das einst den Anlass zum Bau der Kirche gab, befindet sich unzugänglich unter dem Hochaltar.

Vom rechten Querschiff aus gelangt man zum sehr sehenswerten **romanischen Kreuzgang** aus dem frühen 13. Jh. Die doppelten Säulenreihen sind zum Teil glatt, zum Teil mit Cosmatenarbeiten geschmückt. An den Wänden sind Reststücke der alten Kirche zu sehen.

Tägl. 9–19 Uhr, von Sept. bis März nur bis 18 Uhr.

Metro **Linea B** ab Innenstadt bis Basilica San Paolo. Der Weg zur Kirche ist ab hier bestens beschildert.

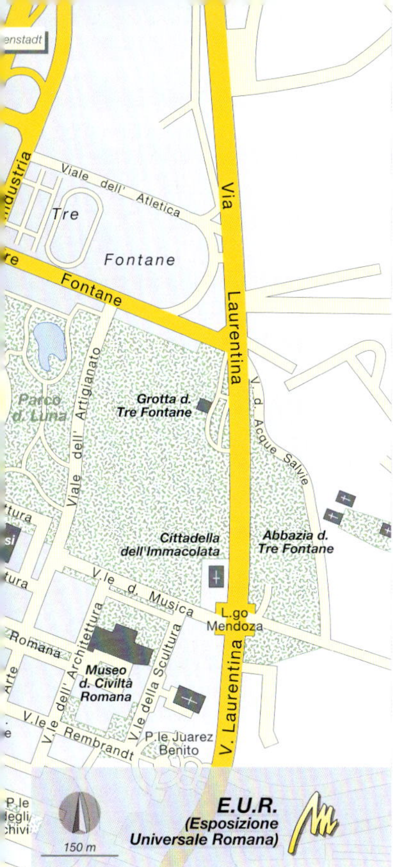

Essen Trattoria Zampagna → Karte S. 263 **5** Nahe der Basilica San Paolo in der Via Ostiense 179. Typische Osteria, die schon seit 1924 besteht, und auch nach einem Besitzerwechsel mit schlichter römischer Hausmannskost überzeugt. Menü um 20–25 €. ✆ 06/5742306. Mittags und abends geöffnet, So geschl.

E.U.R. (Esposizione Universale Romana)

Das Gelände am südlichen Stadtrand Roms entstand ab 1938 unter Mussolini und war für die geplante Weltausstellung von 1942 gedacht. Nach Ausbruch des Zweiten Weltkriegs fiel die *Esposizione Universale* aus, nach 1945 wurde aber dennoch weiter gebaut, wenn auch nicht alle Pläne realisiert wurden. Unverkennbar faschistisch-monumental mutet der Stadtteil mit seinen großen Straßenzügen und trotz der weitläufigen Grünanlagen (es gibt sogar einen See) auch heute noch an. Kaum ansprechend sind die kalten, abweisenden Gebäude, und obwohl hier einige größere Unternehmen und Ministerien ihren Sitz haben, sieht man nur selten Menschen auf der Straße. Die lebhafte Stadt Rom scheint weit weg, E.U.R. ist heute ein ruhiges Wohn- und Geschäftsviertel. Der **Palazzo dello Sport** von Pier Luigi Nervi (südlich des Sees auf einer Anhöhe) wurde für die Olympischen Spiele von 1960 errichtet.

Ein Besuch im Stadtviertel E.U.R. lohnt sich am ehesten für Architekturinteressierte. Darüber hinaus kann man sich hier drei Museen anschauen, von denen das **Museo della Civiltà Romana** mit seinen Rekonstruktionen antiker Bauwerke (darunter ein 200 qm großes Modell der Millionenstadt Rom zur Zeit des 4. Jh. n. Chr.) sicherlich das sehenswerteste ist (Piazza G. Agnelli 10, am großen Kreisel).

Das Museo della Civiltà Romana ist Di–So von 9–14 Uhr geöffnet (Einlass bis 13 Uhr), Mo geschl. Eintritt 7,50 €, ermäßigt 5,50 €, www.museociviltaromana.it.

Metro Linea B ab Innenstadt bis zu den Stationen E.U.R. Palasport oder E.U.R. Fermi.

Via Appia Antica und Katakomben

Die „Königin der Straßen“ verband das antike Rom mit dem Hafen Brindisi. Benannt wurde sie nach ihrem Bauherrn Appius Claudius, der hier Ende des 4. Jh. v. Chr. gleichzeitig einen Aquädukt anlegen ließ. Die Straße wurde in der damaligen römischen Standardbreite von 4,10 Meter angelegt, beiderseits befanden sich breite Gehsteige. Etwa alle 15 Kilometer gab es Rastplätze zum Pferdewechseln, dazu Herbergen und Schenken.

Da es im antiken Rom verboten war, die Toten innerhalb der Stadtmauern zu beerdigen, fanden die Beisetzungen außerhalb statt. Einer der bevorzugtesten Orte für ein Grab war die Via Appia. Später kamen zu den zahlreichen heidnischen Grabstätten (Erd- oder Feuerbestattungen) die frühchristlichen Katakomben hinzu, für die die Straße ebenfalls berühmt ist.

Verbindungen Ab Piazza San Giovanni in Laterano mit dem **Bus Nr. 218** zur Via Appia Antica oder Bus **Nr. 118** ab Piazzale Ostiense (Metro Linea B bis Piramide). Alternativ: **Metro Linea A** bis Station Colli Albani, ab hier Bus **Nr. 660** bis zur Einmündung der Via C. Metella in die Via Appia Antica (Endstelle). Erreichbar auch mit dem **Archeobus** (→ S. 35).

Informationen **Info-Punkt** in der Via Appia Antica 58, schräg gegenüber der Kirche Quo Vadis. Zahlreiche Prospekte und eine brauchbare Karte. Auch **Fahrradverleih**: 3 €/Std., 15 €/Tag (es muss ein Ausweis hinterlegt werden). Mo–Sa 9.30–13.30 und 14–17.30 Uhr, So 9.30–18.30 Uhr geöffnet (im Winter nur bis 16.30 Uhr, im August bis 17 Uhr); ✆ 06/5135316, www.parcoappiaantica.org.

Fahrradverleih Neben o. g. am Info-Punkt auch im **Appia Antica Caffè** in der Via Appia Antica 175 (an der Ecke zur Via C. Metella, Endstelle des Busses Nr. 660). Ein wenig teurer als bei obigem. Mo Ruhetag, ✆ 338/3465440 (mobil).

Essen/Trinken Das **Appia Antica Caffè** **3** (s. oben unter „Fahrradverleih") bietet Panini, Kuchen und weitere Snacks, nach vorne hinaus ein paar Tische, nach hinten hinaus mit Garten. Es gibt auch einen eigenen Parkplatz. Via Appia Antica 175, ✆ 338/3465440 (mobil). Ganztägig geöffnet, Mo Ruhetag.

Trattoria Priscilla **1** Für den größeren Hunger. Preiswerte, einfache Trattoria mit einigen typisch römischen Gerichten, Menü um 25–30 €. Mittags und abends geöffnet, So abends geschl. Via Appia Antica 68, ✆ 06/5136379, www.trattoriapriscilla.com.

L'Archeologia **2**, Traditionslokal mit schönem Garten, allerdings relativ teuer: Menü um 55 €. Via Appia Antica 139, ✆ 06/7880494, www.larcheologia.it, mittags und abends geöffnet, Di Ruhetag.

Einen Spaziergang auf der Via Appia Antica sollte man möglichst erst an der Kirche Quo Vadis beginnen: Nördlich davon donnert der Verkehr durch die schmale Straße, einen Gehsteig gibt es nicht. Schräg gegenüber der Kirche befindet sich ein *Info-Büro* (s. oben) mit Fahrradverleih, daneben eine Bar. Sonntags ist die Via Appia Antica für den Autoverkehr gesperrt.

Tipp: Bei der Kirche Quo Vadis durch das Tor zur Calixtus-Katakombe (beschildert) gehen, das quasi autofreie Sträßchen mündet ein Stück vor den Katakomben des heiligen Sebastian wieder auf die Via Appia und man spart sich den Verkehr (Mi ist die Calixtus-Katakombe geschl.).

Gleich zu Anfang einer Besichtigungstour auf der Via Appia Antica befindet sich auf der linken Seite die **Kirche Quo Vadis** (ursprünglich aus dem 9. Jh.), wo Petrus auf seiner Flucht Jesus begegnete – so die Legende. Petrus soll ihn gefragt haben *„Quo vadis, Domine?"* (Wohin gehst Du, Herr?), Jesus antwortete: „Venio Romam iterum crucifigi." (Ich komme nach Rom, um abermals gekreuzigt zu werden.) Daraufhin kehrte Petrus beschämt um und erlitt bald darauf den Märtyrertod.

Tägl. 8–12.30 und 14.30–19 Uhr, im Winter nur bis 18 Uhr. Via Appia Antica 51.

Schräg gegenüber der Kirche Quo Vadis ist ein zylindrischer Bau zu sehen, das **Grab von Priscilla**. Dann folgen weitere Gräber, z. T. mit Resten von Standbildern. Nach dem Eingang zur **Calixtus-Katakombe** (Catacombe di San Callisto) gelangt man zur **Kirche San Sebastian** (mit den gleichnamigen Katakomben) und stößt kurz danach auf der linken Straßenseite auf das **Grabmal des Romulus** (der Sohn von Kaiser Maxentius), das dem Stil des Pantheons nachempfunden ist. Dahinter sind noch Reste des **Circus Maxentius** zu sehen. Unweit davon (gleiche Straßenseite) befindet sich das mächtige **Mausoleum der Cecilia Metella** aus dem 1. Jh. v. Chr. Die dritte der großen Katakomben, die **Catacombe di San Domitilla**, ist von der Via delle Sette Chiese zu erreichen (s. u.).

Circus Maxentius und Grabmal des Romulus, Di–So 9–13.30 Uhr (Einlass bis 13 Uhr), Mo geschl. Eintritt 4 €, ermäßigt 3 €. Via Appia Antica 153, www.villamassenzio.it.

Mausoleum der Cecilia Metella, Di–So von 9–16.30 Uhr (im Sommer bis 19 Uhr), Einlass bis 1 Std. vor Schließung, Mo geschl. Eintritt 6 €, ermäßigt 3 € (gilt auch für die Villa dei Quintili und die Caracalla-Thermen). Via Appia Antica 161, ✆ 06/39967700. Zur Archeologia Card → S. 77.

Der nachfolgende, etwa vier Kilometer lange Abschnitt der Via Appia Antica ist der interessanteste und landschaftlich reizvollste. Wenige Meter hinter der Abzweigung zur Via C. Metella erstreckt sich rechts das kleine Ausgrabungsgelände **Capo di Bove** mit Überresten einer Thermenanlage aus dem 2. Jh. n. Chr. Zu sehen sind Mauerfundamente und einige Mosaikfragmente (tägl. 10–16 Uhr, Eintritt frei).

Etwa 2,5 Kilometer nach der Via C. Metella erreicht man auf der linken Seite das weite Areal der **Villa dei Quintili** aus der Zeit Kaiser Hadrians (2. Jh. n. Chr.). Von der einst luxuriösen Landvilla zweier Brüder sind nur noch die mächtigen Grundmauern erhalten.

Di–So 9–16.30 Uhr (im Sommer bis 19 Uhr), Mo geschl. Eintritt 6 €, ermäßigt 3 € (gilt auch für das Mausoleum der Cecilia Metella und die Caracalla-Thermen). Via Appia Nuova 1092, ✆ 06/7129121. Zur Archeologia Card → S. 77.

Calixtus-Katakombe (Catacombe di San Callisto)

Die Calixtus-Katakombe ist die älteste Katakombe Roms. Sie wurde um 150 n. Chr. begonnen und bis zum 4. Jh. weiter ausgebaut. Hier befinden sich mindestens 170.000 Gräber in vier Stockwerken mit einer Gesamtlänge von 20 Kilometern. Die längste Treppe führt 25 Meter hinab. Neun Päpste aus der Zeit von 236 bis 289 n. Chr. wurden hier beigesetzt, unter ihnen auch der heilige Calixtus, nach dem die Katakombe benannt ist.

Zur **Krypta** der Päpste führt eine steile Treppe. An den Wänden sieht man Grabinschriften mit dem Zusatz *epi*

(Abk. für *episcopos* – Bischof) oder *martyr* (Märtyrer). Von hier aus gelangt man über einen kleinen Gang zu der Stelle, wo das **Grab der heiligen Cecilia** (→ S. 241) gefunden wurde. In einer Nische liegt eine Replik der Skulptur von Stefano Maderno, die die Schutzheilige der Musik darstellt.

Über einen Abstieg geht es zum *Beinhaus*, wo Totengräber früher die Knochen fein säuberlich aufstapelten, um Raum für neue Bestattungen zu schaffen. Eine letzte Ruhe in unmittelbarer Nachbarschaft so vieler Heiliger und Märtyrer machte die Gräber begehrt. Sehenswert sind zahlreiche Zeugnisse frühchristlicher Kunst wie Grabinschriften und christliche Symbole (z. B. Anker, Fische, Tauben und das Christusmonogramm in griechischen Buchstaben).

Obwohl Grabstätten in der Antike heilig waren, drangen römische Soldaten am 6. August 258 hier ein und überraschten Papst Sixtus II. in der Krypta beim Lesen der Messe. Da dies nach einem Dekret Kaiser Valerians verboten war, wurden alle Teilnehmer verhaftet und ermordet.

Tägl. (außer Mi) 9–12 und 14–17 Uhr, im Februar generell geschl. Eintritt 8 €, Kinder bis 15 J. 5 €, unter 6 J. frei.

Eingang an der Via Appia Antica 110, ✆ 06/5130151, www.catacombe.roma.it. Der Bus Nr. 218 hält quasi vor der Tür. Ein weiterer Eingang befindet sich bei der Katakombe des heiligen Sebastian wenige hundert Meter südöstlich.

Domitilla-Katakomben (Catacombe di Domitilla)

Die größte christliche Grabanlage Roms. Der Eingang liegt auf dem Grundstück, das Flavia Domitilla, eine Nichte des Kaisers Domitian, den Christen als Begräbnisplatz schenkte. Domitian, der besonders grausame Christenverfolgungen anordnete, verbannte seine Nichte dafür auf die Insel Ponza.

Vom Eingang aus führt eine Treppe in die Vorhalle einer großen dreischiffigen **Basilika** aus dem 4. Jh., deren Inneres noch gut erhalten ist. In der Apsis be-

Steinalt: die Via Appia

findet sich in einer Nische der alte **Bischofsstuhl**. Vom linken Seitenschiff führt eine Treppe in den Bereich der Katakombe, die prominenten Mitgliedern der kaiserlichen Familie als Begräbnisstätte vorbehalten war. Später wurde sie zur weitläufigsten Katakombe ausgebaut.

Von der Vorhalle der Basilika gelangt man ins **Hypogäum**, ein unterirdisches Gewölbe der Flavier, das für Totengedenkfeiern genutzt wurde. Mit etwas Gefälle führt der Gang schließlich zum eigentlichen unterirdischen **Friedhof**. Die folgenden Gänge sind mit Inschriften und Malereien aus der Zeit zwischen dem 1. und 4. Jh. geschmückt; meist biblische Darstellungen, wie sie im Neuen Testament überliefert sind.

Tägl. (außer Di) 9–12 und 14–17 Uhr, Mitte Dez. bis 20. Januar geschl. Eintritt 8 €, ermäßigt 5 €.

Eingang an der Via delle Sette Chiese 282 (die Straße mündet an der Sebastians-Katakombe in die Via Appia), ✆ 06/5110342.

Katakomben des heiligen Sebastian (Catacombe di San Sebastiano)

Die Grabanlage hat zwar einen heidnischen Ursprung, wurde aber später mit christlichen Gräbern erweitert. Steile Treppen führen in die Tiefe zu dunklen, verwinkelten Gängen mit Nischen rechts und links. Manchmal öffnen sich Räume, die prächtig ausgemalt als Familiengräber dienten, in anderen (mit Altären) verehrte man Märtyrer. Zahlreiche Malereien und Inschriften sind gut zu erkennen. An einem Versammlungsplatz, an dem Totenfeiern stattfanden, werden in Inschriften Petrus und Paulus genannt. Archäologen schließen daraus, dass hier Feiern zu Ehren der beiden Apostel stattfanden, was bedeuten könnte, dass sich ihre Gebeine vorübergehend hier befanden. Dies ist durchaus möglich, denn während der Christenverfolgung in den Jahren 257 und 258 wurden die Reliquien der Märtyrer vor Grabschändern in Sicherheit gebracht. Gesichert ist jedoch nur, dass der unter Diokletian hingerichtete Märtyrer Sebastian hier beigesetzt wurde. Die gleichnamige Basilika über den Katakomben soll ursprünglich bereits unter Kaiser Konstantin gebaut worden sein.

Tägl. (außer So) 9–12 und 14–17 Uhr. Von ca. 10. Nov. bis ca. 10. Dez. geschl. Eintritt 8 €, ermäßigt 5 €. Eingang an der Via Appia Antica 136, ✆ 06/7850350, www.catacombe.org.

Cinecittà

Am südöstlichen Stadtrand, fast schon am Autobahnring, liegen die legendären Filmstudios von Rom. Hier entstanden in den 1950er und 1960er Jahren die allermeisten europäischen Großproduktionen, darunter Monumentalschinken wie *Ben Hur*, *Cleopatra* sowie *Krieg und Frieden*, außerdem natürlich Fellinis *La Dolce Vita* und *Ein Herz und eine Krone* – die ausführliche Anwesenheit der jeweiligen Protagonisten im römischen Nachtleben inklusive.

Nachdem der Glanz zwischenzeitlich ziemlich verblasst war, ist es in jüngerer Zeit gelungen, wieder einige bedeutende Produktionen an Land zu ziehen, darunter *Der englische Patient* und die BBC-Serie *Rom*. Auf dem 40 Hektar großen Gelände arbeiten heute etwa 5000 Menschen.

Information Führungen sind nur nach vorheriger Anmeldung (mind. 20 Pers., 20 €/ Pers., ✆ 06/58334360) möglich, ansonsten gibt es noch die Ausstellung „Cinecittà shows off": tägl. außer Di 10.30–19.30 Uhr (Einlass bis 18.30 Uhr), Eintritt 10 €, ermäßigt 9 €, Studenten bis 26 J./Rentner über 60 J. 7 €, Kinder unter 10 J. 5 €, unter 3 J. frei. Via Tuscolana 1055, www.cinecittastudios.it.

Verbindung: Metro Linea A bis „Cinecittà", der Eingang befindet sich direkt bei der Metrostation.

Bestens bespielbar – das Theater von Ostia

Ausflüge in die nähere Umgebung

Ostia Antica

Das Ausgrabungsgelände von Ostia Antica ist das wohl erholsamste und lohnendste Ausflugsziel in der näheren Umgebung. Die antike Hafenstadt und Handelsmetropole, heute ein weitläufiger, mit Pinien und Zypressen begrünter archäologischer Park, vermittelt einen guten Einblick in das Leben der römischen Antike.

Ursprünglich mündete der Tiber an dieser Stelle ins Meer. Schon im Jahr 338 v. Chr. gründeten die Römer hier eine Stadt, um die Schifffahrt besser kontrollieren zu können und um Rom vor überraschenden Pirateneinfällen zu schützen. Der Name leitet sich von lat. *ostium* (Mündung) ab. Hier starteten die Kriegsschiffe nach Karthago und später in den ganzen Mittelmeerraum zu Eroberungszügen.

Mit der Ausdehnung des Imperiums gewann auch der Hafen an Bedeutung. Zur Zeit des Augustus war Ostia bereits ein wichtiger Warenumschlagsplatz. Kaiser Claudius ließ im Jahr 54 n. Chr. ein künstliches Hafenbecken anlegen und einen gewaltigen Leuchtturm errichten. Inzwischen lebten über eine Million Menschen in der nahen Hauptstadt, deren Versorgung durch Importe aus den Kolonien gesichert werden musste. Grundnahrungsmittel wie Getreide und Hülsenfrüchte kamen per Schiff aus Sizilien und Ägypten, Weine und Öle aus Spanien und Frankreich, Baumaterialien und exotische Tiere aus Afrika, Eisen, Kupfer, Zink und Blei aus den Minen auf Sardinien und Sizilien, wertvolle Stoffe, Gewürze und Parfüms über die Häfen des Nahen Ostens.

Ein buntes Gemisch von Arbeitern und Kaufleuten aus der ganzen damals bekannten Welt muss Ostia bevölkert haben. Die Menschen brachten ihre zahlreichen Religionen mit, deren Kultstätten teilweise noch heute zu besichtigen sind. Zur Blütezeit Ostias lebten rund 80.000 Menschen hier, eine wahrhaft multikulturelle Gesellschaft. Die kleine Oberschicht römischer Beamter, Kaufleute und Spekulanten organisierte die Bestellungen, den Weitertransport und die anschließende Verteilung der riesigen Warenströme. Die soziale Mittelschicht von Handwerkern und Arbeitern überwog, wie es für eine antike Handelsstadt üblich war.

Im 4. und 5. Jh. n. Chr. wurde die Hafenstadt verlassen und geriet bald vollkommen in Vergessenheit; einer der Hauptgründe war sicherlich die zunehmende Versandung der Tibermündung. Auftragsrückgänge, Arbeitslosigkeit und die Verlegung der Handelsniederlassungen waren die Folge. Ostia konnte die vielen Menschen nicht mehr ernähren. Wer keine Arbeit mehr finden konnte, zog weg. Zudem entstanden neue Häfen, die auf gut ausgebauten Straßen von Rom aus leicht zu erreichen waren. Schließlich rottete die Malaria einen großen Teil der verbliebenen Bevölkerung aus.

Die Gebäude, die nicht vom Sand bedeckt waren, dienten bereits ab dem 5. Jh. als Steinbrüche. Vereinzelt gruben Schatzsucher in der Renaissance einen Teil der Stadt aus, systematische Grabungen begannen im 19. Jh. und wurden nach der Trockenlegung des Sumpfgebiets um Ostia unter Mussolini vorangetrieben. Sie dauern bis heute an.

Berühmt sind Ostias Bodenmosaike, die fast ausschließlich aus schwarzen und weißen Steinen bestehen.

Rundgang

Man betritt Ostia durch die **Porta Romana** (Stadttor) und gelangt auf den über einen Kilometer langen Decumanus Maximus, die Hauptstraße der Stadt. Sehenswert gleich am Anfang die **Minervastatue** am Piazzale della Vittoria. Vorbei an den **Neptunsthermen** mit schönem Fußbodenmosaik geht es zum gut erhaltenen **Theater** mit den drei Marmorgesichtern am Bühnenrand. Dahinter sieht man die Reste des **Ceres-Tempels**, der der Göttin der Feldfrüchte geweiht war. Noch heute erkennt man u. a. die Firmenzeichen eines Galeerenunternehmens, eines Fellhändlers, eines Getreidehändlers und vieler ausländischer Importeure, die meist ihren Heimathafen bzw. dessen Leuchtturm als „Firmenlogo“ hatten.

Links vom **Theater** liegt das **Mithras-Heiligtum der Sieben Sphären** (Mitreo delle Sette Sfere). Erhalten sind die Sitzreihen und ein Mosaik mit sieben Kreisen, die die Planetensphären symbolisieren.

Nach ca. 100 Metern verläuft parallel zur Hauptstraße die Via di Diana mit verschiedenen Mietshäusern, u. a. dem **Mietshaus der Diana** (Insula di Diana). Erdgeschoss und erster Stock sind gut erhalten, sogar Reste von Balkonen sind zu sehen. Dahinter befindet sich das **Museum** mit Statuen, Büsten, Sarkophagen und Reliefs (schräg hinter dem Museum befindet sich die Cafeteria/Libreria).

Kehren Sie zur Hauptstraße zurück, so kommen Sie an der Kreuzung von Decumanus Maximus und Cardo Maximus zum **Kapitol** und zum **Forum**, die beide nach dem Vorbild der Hauptstadt errichtet wurden. Nach wenigen Metern auf der Hauptstraße erreicht man hinter der großen Kreuzung (Porta del Castrum) scharf rechts über die Via Epagathiana ein **Handelskontor** (Horrea Epagathiana et Epaphroditiana), eines der besterhaltenen Gebäude Ostias, das mit den modernen Warenmagazinen heutiger Häfen vergleichbar ist. Die Besitzer waren zwei freigelassene orientalische Sklaven, deren Namen auf einem Marmorstreifen über dem Eingangstor verewigt sind.

Schräg rechts von der Kreuzung beginnt die Via della Foce. Im ersten Haus auf der rechten Straßenseite, der **Casa del Mosaico del Porto**, sind schöne Mosaike zu sehen, u. a. eines mit dem antiken Leuchtturm von Ostia. Einige Schritte weiter auf der Via della Foce biegt rechts die Via del Tempio di Ercole ab. Dort fand man im vornehmen **Haus von Amor und Psyche** (Domus Amore e Psiche) eine Kopie der beiden Götterstandbilder. Über einer Art Atrium öffnen sich im Westen vier kleine Zimmer, von denen eines mit buntem Marmor ausgelegt und mit Marmorverkleidungen geschmückt ist.

Weiter die Via della Foce entlang entdeckt man im Untergeschoss der Thermenanlage aus der Zeit Hadrians das größte **Mithräum** Ostias (Terme del Mitra). Eine Kopie des Weihealtars wurde an Ort und Stelle wieder aufgestellt.

Von der Via delle Foce nach rechts auf die Hauptstraße Decumanus Maximus gelangt man zu einem weitläufigen Komplex, der in der Antike eine vornehme **Gartenstadt** war (Case a Giardino – die Häuser sind umsäumt von Parkanlagen und Springbrunnen). Im **Haus der Musen** gegenüber (Insula delle Muse) und dem **Haus der gelben Wände** nebenan (Insula delle Pareti Gialle) sind reich bemalte Wände und Decken zu sehen. Am Ende des Decumanus Maximus befindet sich die **Porta Marina**, das antike Hafentor.

Auf dem Decumanus Maximus geht es zurück zum Eingang. Etwa 150 Meter von der Porta Marina entfernt passieren Sie auf der rechten Seite die **Scuola del Traiano**, den Sitz einer Handelsvereinigung mit einem Bankettsaal, marmorverkleideten Wänden, einem herrlichen Mosaikfußboden und einer dreisitzigen Toilette.

Von Ende März bis Ende Okt. Di–So 8.30–19.15 Uhr (Einlass bis 18 Uhr), März und Okt. bis 18 Uhr (Einlass bis 17 Uhr), im Winter nur bis 17 Uhr (Einlass bis 16 Uhr), Mo geschl. Eintritt 6,50 €, ermäßigt 3,25 €. Da das Gelände sehr weitläufig ist (über 3 km lang, ca. 1 km breit), sollte man ausreichend Zeit mitbringen. Für eine ausführliche Besichtigung braucht man 3–5 Stunden. Die interessanten Gebäude liegen im hinteren Geländebereich. Lageplan (2 €, auch in Deutsch) und Ausgrabungsführer (7,50 €) am Eingang, auch Audioguides und Führungen (Informationen und Anmeldungen unter ✆ 06/56352830). Viale dei Romagnoli 717, ✆ 06/56358099, www.ostiaantica.info.

Anfahrt/Verbindungen Ostia liegt ca. 25 km von Rom entfernt am Tiber und etwa 5 km vor der heutigen Küste mit dem modernen Badeort Lido di Ostia. **Mit dem Auto** geht es über die Schnellstraße Via del Mare oder Via Ostiense zum Ausgrabungsgebiet. Es gibt ausreichend bewachte Parkmöglichkeiten (gebührenpflichtig: Auto 2,50 €, Motorrad 1 €, Camper 5 €, jeweils pauschal).

Am einfachsten ist die Anfahrt mit **Metro** und **S-Bahn**: Metro Linea B bis zur Station Piramide. Daneben befindet sich der Bahnhof **Porta San Paolo**, von dem etwa alle 15 Min. S-Bahn-Züge zum Meer nach Ostia fahren. Aussteigen müssen Sie bei der Station Ostia Antica (dann über die Fußgängerbrücke und immer geradeaus, nicht zu verfehlen). Die Fahrt dauert ab der Pyramide etwa eine halbe Stunde (einfache Fahrt 1 €).

Service Beim Museum gibt es eine Self-Service-Cafeteria. Der Park ist allerdings auch wie geschaffen für ein Picknick.

Baden in Lido di Ostia Der Hausstrand der Hauptstadt ist so schlecht nicht und erfreut sich vor allem am Wochenende größter Beliebtheit. Vor allem abends trifft man sich dann in unzähligen Strand-Lounges, Chill-out-Bars, Restaurants, Discos etc. Tagsüber Baderummel in Dutzenden von Strandbädern mit obligatorischem Liegestuhl-/Sonnenschirmverleih (z. B. im besonders schicken Strandbad „Kursaal", Lungomare Lutazio Catulo 36–40, S-Bahn-Station *Lido Cristoforo Colombo*/Endstelle). Freie Strandabschnitte finden sich weiter außerhalb im Süden, z. B. am Strand *Capocotta*, hier stellenweise nicht mehr ganz so gepflegt. S-Bahn ab Stazione Ostiense, mehrere Stationen in Lido di Ostia (Lido Centro, Lido Castel Fusano und Lido Cristoforo Colombo).

Information In der Tourist-Information von Lido di Ostia **Punto Informativo** (Info-Pavillon) an der Piazza Anco Marzio (am Lungomare Toscanelli), im Sommer tägl. 9.30–19 Uhr geöffnet. Hier gibt es auch einen Stadtplan von Lido di Ostia.

1 Museo
2 Piazzale delle Corporazioni
3 Tempio Ceres
4 Terme dei Cisari
5 Mitreo d. Sette sfere
6 Teatro
7 Port. di Nettuno
8 Piazzale della Vittoria
9 Porta Romana
10 Terme del Mitra
11 Dom. amore e psiche
12 Horrea Epagathiana
13 Insula dei Dipinti
14 Insula di Diana
15 Terme della Trinacria
16 Casa d. Serapide
17 T. d. sette Sapienti
18 Casa Mosaico del Porto
19 Capitolium
20 Insula degli Aurighi
21 T. Pescivendoli
22 Tempio Collegiale
23 Foro
24 Tempio Rotondo
25 T. di Roma e Augusto
26 Case a Giardino
27 Insula delle Muse
28 Insula Pareti Gialle
29 Insula Volte Dipinte
30 Scuola del Traiano
31 Domus dei Dioscuri
32 Domus dei Pesci
33 Caupona del Pavone
34 Terme del Faro
35 Porta Marina
36 Porta Laurentia

Ostia Antica

Castel Gandolfo

Der Ort (ca. 9000 Einwohner) weit oberhalb des Lago Albano ist einer der bekanntesten der so genannten *Castelli Romani*, der Orte um den Albaner See. In die päpstliche Sommerresidenz (nicht zu besichtigen) mit gepflegtem Park und Schwimmbad flüchtet der Heilige Vater traditionsgemäß jeden Sommer vor der großen Hitze in Rom. Die Gassen des kleinen Dorfes sind meist gut besucht, und von der Aussichtsterrasse rechts vom Papstpalast hat man einen schönen Blick auf die Umgebung und den Albaner See. Sehenswert ist die Kirche *San Tommaso da Villanova* von Bernini an der zentralen Piazza del Plebiscito.

Verbindungen Am einfachsten mit dem Nahverkehrszug FR 4 ab Roma Termini, von 5 bis 22 Uhr stündlich, Fahrtdauer 45 Min., einfach 1,90 €. Tickets am Automaten sowie bei Tabak- und Zeitschriftenläden im Hauptbahnhof. Mit dem **Bus** von Rom ab Busbahnhof Anagnina (Endstation der Metro Linea A) ca. 10-mal tägl. nach Castel Gandolfo (mit COTRAL).

Essen/Trinken Viele Restaurants in Castel Gandolfo, z. B. das **Antico Ristorante Pagnanelli**, exzellentes Traditionslokal aus dem Jahr 1882 mit Blick auf den See. Die meisten verwendeten Zutaten stammen vom eigenen Hof. Gute Weinkarte. Menü um 45–50 €. Via Antonio Gramsci 4, ✆ 06/9360004, www.pagnanelli.it. Mittags und abends geöffnet, Di Ruhetag (im Sommer tägl. geöffnet).

Tivoli

Das 55.000-Einwohner-Städtchen an der Via Tiburtina war in der Antike eine beliebte Sommerfrische und später der bevorzugte Aufenthaltsort von Fürsten und Kardinälen. Dank der sehenswerten **Hadriansvilla** und der Wasserspiele in der **Villa d'Este** ist Tivoli heute noch ein beliebtes Ziel für Tagesausflüge von Rom aus. Dabei gibt die Stadt in strategisch günstiger Lage am Monte Ripoli außer der herrlichen Aussicht nicht allzu viel her – im Zentrum dominiert die Verkehrshektik einer typischen italienischen Kleinstadt. Einen Besuch der Villen sollte man sich jedoch nicht entgehen lassen.

Verbindungen/Anfahrt s. u. bei Hadriansvilla; der Bus hält im Zentrum.

Essen/Trinken **L'Angolino**, traditionelle Küche, mit Terrasse, Menü um 30 €. Via della Missione, ✆ 0774/312027.

Adriano, Hotelrestaurant gegenüber dem Eingang zur Hadriansvilla, Menü ca. 40–50 €. Via di Villa Adriana 194, ✆ 0774/382235, www.hoteladriano.it. So abends geschl.

Hadriansvilla (Villa Adriana)

Anfang des 2. Jh. n. Chr. ließ sich Kaiser Hadrian hier die größte Sommerresidenz (konzipiert für 20.000 Menschen) eines römischen Herrschers bauen. Zurückgekehrt von einer langen Reise durch sein riesiges Reich, versuchte er die Eindrücke, die er in England, Spanien, Nordafrika und Kleinasien gewonnen hatte, in seine Palastanlage mit einzubeziehen. Auf dem weitläufigen Gelände entstanden verschiedene **Thermenanlagen**, **Bibliotheken und Gärten**, das architektonisch eigenwillige **Teatro Marittimo**, die **Stoa** nach griechischem Vorbild und ein **Nymphäum** – um nur einiges zu nennen. Wie viele andere antike Stätten wurde auch die Hadriansvilla im Mittelalter und der Renaissance als Steinbruch missbraucht; was übrig ist, gibt aber noch immer eine gute Vorstellung von der gigantischen Anlage mit ihrer einst prachtvollen Ausstattung.

Di–So 9 Uhr bis ca. eine Stunde vor Sonnenuntergang, im Winter bis 17 Uhr, im Hochsommer bis 19.30 Uhr (Einlass jeweils bis 90 Min. vor Schließung), Mo geschl. Eintritt 6,50 €, ermäßigt 3,25 €, bei Ausstellungen je zuzügl. 3,50 €. Audioguide in deutscher Sprache 4 €. Via di Villa Adriana 241, ✆ 0774/382733. Am Eingang gibt es eine **Bar**.

Verbindungen/Anfahrt Die Villa Adriana liegt 6 km vor Tivoli in der Ebene, rechts der Via Tiburtina. Ab Rom **Metro Linea B** bis zur Station Ponte Mammolo und dann mit dem **Bus** der *COTRAL* nach Tivoli (fährt werktags etwa alle 10 Min., am Wochenende mind. halbstündlich). Haltestelle Bivio Adriana, ab hier wenige hundert Meter zu Fuß (am besten fragen Sie den Busfahrer). **Mit dem Auto**: Von Rom stadtauswärts auf der Via Tiburtina, bevor die Straße den Berg hinaufführt, geht es rechts ab (beschildert).

Villa d'Este

Die weltberühmten Wasserspiele der Villa gehören zu den größten Attraktionen in Latium. 1550 veranlasste Kardinal Ippolito d'Este den Bau des zur Villa d'Este gehörenden Palazzo und der terrassenartigen Parkanlage. Dafür wurde ein erheblicher Teil der mittelalterlichen Innenstadt von Tivoli einfach abgerissen. Nach zehn Jahren Bauzeit war das prächtige Anwesen vollendet.

In den nicht mehr möblierten Sälen des **Palazzo** sieht man die zum Teil stark beschädigte Wandbemalung. Von hier geht es in den Garten mit den Brunnenanlagen: u. a. zur **Allee der hundert Springbrunnen** (Viale delle Cento Fontane) und rechts davon zur **Rometta** (kleines Rom), wo sich Kardinal d'Este einen Tiberabschnitt mit antiken Ruinen im Modell nachbauen ließ. Dahinter die **Brunnen** der Drachen, der Eule, der Diana und die **Zypressenrotunde**. Von Letzterer war übrigens Franz Liszt besonders beeindruckt, sodass er sich oft zum Komponieren hierhin zurückzog.

Mai bis August Di–So 8.30–19.45 Uhr (Einlass bis 18.45 Uhr), in den Wintermonaten bis Sonnenuntergang (Einlass jeweils bis 1 Std. vorher), Mo geschl. Eintritt 8 €, ermäßigt 4 €, bei Sonderausstellungen jeweils 3 € mehr, Audioguide in Deutsch 4 €. Der Eingang zur Villa befindet sich im Zentrum von Tivoli (Piazza Trento); in der Villa gibt es Café und Ristorante. Piazza Trento 1, ✆ 0774/332920, www.villadestetivoli.info. Bushaltestelle der *COTRAL*: Largo Nazioni Unite.

Etwas Italienisch

Aussprache

(Hier nur die Abweichungen von der deutschen Aussprache)

c: vor e und i immer *„tsch"* wie in *rutschen*, z. B. *centro* (Zentrum) = *„tschentro"*. Sonst wie *„k"*, z. B. *cannelloni* = *„kannelloni"*.

cc: gleiche Ausspracheregeln wie beim einfachen **c**, nur betonter: *faccio* (ich mache) = *„fatscho"*; *boccone* (Imbiss) = *„bokkone"*.

ch: wie *„k"*, *chiuso* (geschlossen) = *„kiuso"*.

cch: immer wie ein hartes *„k"*, *spicchio* (Scheibe) = *„spikkio"*.

g: vor e und i *„dsch"* wie in *Django*, vor a, o , u als *„g"* wie in *gehen*; wenn es trotz eines nachfolgenden dunklen Vokals als *„dsch"* gesprochen werden soll, wird ein i eingefügt, das nicht mitgesprochen wird, z. B. in *Giacomo* = *„Dschakomo"*.

gh: immer als *„g"* gesprochen.

gi: wie in *giorno* (Tag) = *„dschorno"*, immer weich gesprochen.

gl: wird zu einem Laut, der wie *„lj"* klingt, z. B. in *moglie* (Ehefrau) = *„mollje"*.

gn: ein Laut, der hinten in der Kehle produziert wird, z. B. in *bagno* (Bad) = *„bannjo"*.

h: wird am Wortanfang nicht mitgesprochen, z. B. *hanno* (sie haben) = *„anno"*. Sonst nur als Hilfszeichen verwendet, um c und g vor den Konsonanten i und e hart auszusprechen.

qu: im Gegensatz zum Deutschen ist das u mitzusprechen, z. B. *acqua* (Wasser) = *„akua"* oder *quando* (wann) = *„kuando"*.

r: wird kräftig gerollt!

rr: wird noch kräftiger gerollt!

sp und **st**: gut norddeutsch zu sprechen, z. B. *specchio* (Spiegel) = *„s-pekkio"* (nicht *schpekkio*), *stella* (Stern) = *„s-tella"* (nicht *„schtella"*).

v: wie *„w"*.

z: immer weich sprechen wie in *Sahne*, z. B. *zucchero* (Zucker) = *„sukkero"*.

Elementares

Frau ...	*Signora*
Herr ...	*Signor(e)*
Guten Tag	*Buon giorno*
Guten Abend (ab nachmittags!)	*Buona sera*
Gute Nacht	*Buona notte*
Auf Wiedersehen	*Arrivederci*
Hallo/Tschüss	*Ciao*
Wie geht es Ihnen?	*Come sta?*
Wie geht es dir?	*Come stai?*
Danke, gut.	*Molto bene, grazie*
Danke!	*Grazie*
Entschuldigen Sie	*(Mi) scusi*
Entschuldige	*Scusami/Scusa*
Entschuldigung, können Sie mir sagen...?	*Scusi, sa dirmi...?*
ja	*si*
nein	*no*
Tut mir leid	*Mi dispiace*
Macht nichts	*Non fa niente*
Bitte! (gern geschehen)	*Prego!*
Bitte (als Einleitung zu einer Frage oder Bestellung)	*Per favore...*
Sprechen Sie Englisch/Deutsch?	*Parla inglese/tedescso?*
Ich spreche kein Italienisch	*Non parlo l'italiano*
Ich verstehe nichts	*Non capisco niente*
Könnten Sie langsamer sprechen?	*Puo parlare un po` più lentamente?*
Ich suche nach...	*Cerco...*
Okay, geht in Ordnung	*va bene*
Ich möchte	*Vorrei*
Warte/Warten Sie!	*Aspetta/Aspetti!*
groß/klein	*grande/piccolo*
Geld	*i soldi*
Ich brauche ...	*Ho bisogno ...*
Ich muss ...	*Devo ...*

in Ordnung	*d'accordo*	Toilette	*bagno*
Ist es möglich, dass ...	*È possibile ...*	verboten	*vietato*
mit/ohne	*con/senza*	Wie heißt das?	*Come si dice?*
offen/geschlossen	*aperto/chiuso*	bezahlen	*pagare*

Fragen

Gibt es/Haben Sie...?	*C'è ...?*	Wo? Wo ist?	*Dove?/ Dov'è?*
Was kostet das?	*Quanto costa?*	Wie?/Wie bitte?	*Come?*
Gibt es (mehrere)	*Ci sono?*	Wieviel?	*Quanto?*
Wann?	*Quando?*	Warum?	*Perché?*

Smalltalk/Orientierung

Ich heiße ...	*Mi chiamo ...*	... die Bushaltestelle	*...la fermata*
Wie heißt du?	*Come ti chiami?*	... der Bahnhof	*...la stazione*
Wie alt bist du?	*Quanti anni hai?*	Stadtplan	*la pianta della città*
Das ist aber schön hier	*Meraviglioso!/Che bello!/Bellissimo!*	rechts	*a destra*
Von woher kommst du?	*Di dove sei tu?*	links	*a sinistra*
Ich bin aus München/Hamburg	*Sono di Monaco, Baviera/di Amburgo*	immer geradeaus	*sempre diritto*
Bis später	*A più tardi!*	Können Sie mir den Weg nach ... zeigen?	*Sa indicarmi la direzione per..?*
Wo ist bitte...?	*Per favore, dov'è..?*	Ist es weit?	*È lontano?*
		Nein, es ist nah	*No, è vicino*

Bus/Zug

Fahrkarte	*un biglietto*	... der letzte?	*...l'ultimo?*
Stadtbus	*il bus*	Abfahrt	*partenza*
Überlandbus	*il pullman*	Ankunft	*arrivo*
Zug	*il treno*	Gleis	*binario*
hin und zurück	*andata e ritorno*	Verspätung	*ritardo*
Ein Ticket von X nach Y	*un biglietto da X a Y*	aussteigen	*scendere*
Wann fährt der nächste?	*Quando parte il prossimo?*	Ausgang	*uscita*
		Eingang	*entrata*

Auto/Motorrad

Auto	*macchina*	Reifen	*le gomme*
Motorrad	*la moto*	Kupplung	*la frizione*
Tankstelle	*distributore*	Lichtmaschine	*la dinamo*
Volltanken	*il pieno, per favore*	Zündung	*l'accensione*
Bleifrei	*benzina senza piombo*	Vergaser	*il carburatore*
Diesel	*gasolio*	Mechaniker	*il meccanico*
Panne	*guasto*	Werkstatt	*l'officina*
Unfall	*un incidente*	funktioniert nicht	*non funziona*
Bremsen	*i freni*		

Bank/Post/Telefon

Wo ist eine Bank?	*Dove c' è una banca*
Postamt	*posta/ufficio postale*
Ich möchte Reiseschecks einlösen	*Vorrei cambiare dei traveller cheques*
Postkarte	*cartolina*
Brief	*lettera*
Briefkasten	*la buca (delle lettere)*
Briefmarken	*i francobolli*
Wo ist das Telefon?	*Dov' è il telefono?*

Hotel/Camping

Haben Sie ein Einzel/ Doppelzimmer?	*C'è una camera singola/doppia?*
Können Sie mir ein Zimmer zeigen?	*Può mostrarmi una camera?*
Ich nehme es/wir nehmen es	*La prendo/la prendiamo*
Zelt/ kleines Zelt	*tenda/canadese*
Schatten	*ombra*
mit Dusche/Bad	*con doccia/bagno*
ein ruhiges Zimmer	*una camera tranquilla*
Wir haben reserviert	*Abbiamo prenotato*
Schlüssel	*la chiave*
Vollpension	*pensione completa*
Halbpension	*mezza pensione*
Frühstück	*prima colazione*
Hochsaison	*alta stagione*
Nebensaison	*bassa stagione*

Zahlen

0	*zero*	12	*dodici*	40	*quaranta*
1	*uno*	13	*tredici*	50	*cinquanta*
2	*due*	14	*quattordici*	60	*sessanta*
3	*tre*	15	*quindici*	70	*settanta*
4	*quattro*	16	*sedici*	80	*ottanta*
5	*cinque*	17	*diciassette*	90	*novanta*
6	*sei*	18	*diciotto*	100	*cento*
7	*sette*	19	*diciannove*	101	*centuno*
8	*otto*	20	*venti*	102	*centodue*
9	*nove*	21	*ventuno*	200	*duecento*
10	*dieci*	22	*ventidue*	1.000	*mille*
11	*undici*	30	*trenta*	2.000	*duemila*

Arzt/Krankenhaus

Ich brauche einen Arzt	*Ho bisogno di un medico*
Hilfe!	*Aiuto!*
Erste Hilfe	*pronto soccorso*
Krankenhaus	*ospedale*
Schmerzen	*dolori*
Ich bin krank	*Sono malato*
Biss/Stich	*puntura*
Fieber	*febbre*
Durchfall	*diarrea*
Erkältung	*raffreddore*
Halsschmerzen	*mal di gola*
Magenschmerzen	*mal di stomaco*
Zahnweh	*mal di denti*
Zahnarzt	*dentista*
verstaucht	*slogato*

Essen & Trinken

Haben Sie einen Tisch für x Personen?	*C'è un tavolo per x persone?*
Ich möchte zahlen	*Il conto, per favore*
Gabel	*forchetta*
Messer	*coltello*
Löffel	*cucchiaio*
Aschenbecher	*portacenere*
Mittagessen	*pranzo*
Abendessen	*cena*
Eine Quittung, bitte	*Vorrei la ricevuta, per favore*
Es war sehr gut	*Era buonissimo*
Trinkgeld	*mancia*
Extra-Preis für Gedeck, Service und Brot	*coperto/ pane e servizio*
Vorspeise	*antipasto*
erster Gang	*primo piatto*
zweiter Gang	*secondo piatto*
Beilagen	*contorni*
Nachspeise (Süßes)	*dessert*
Käse	*formaggio*

Getränke

Wasser	*acqua*
Mineralwasser	*acqua minerale*
mit Kohlensäure	*con gas (frizzante)*
ohne Kohlensäure	*senza gas (naturale)*
Wein	*vino*
weiß	*bianco*
rosé	*rosato*
rot	*rosso*
Bier	*birra*
hell/dunkel	*chiara/scura*
Saft	*succo di ...*
Milch	*latte*
heiß	*caldo*
kalt	*freddo*
(einen) Kaffee	*un caffè* (das bedeutet Espresso)
(einen) Cappuccino	*un cappuccino* (mit aufgeschäumter Milch, niemals mit Sahne!)
(einen) Kaffee mit wenig Milch	*un caffè macchiato*
(einen) Eiskaffee	*un caffè freddo*
(einen) Tee	*un tè*
mit Zitrone	*con limone*
Cola	*coca*
Milkshake	*frappè*
(ein) Glas	*un bicchiere di ...*
(eine) Flasche	*una bottiglia*

Alimentari/Diversi – Lebensmittel, Verschiedenes

aceto	Essig
brodo	Brühe
burro	Butter
marmellata	Marmelade
minestra/zuppa	Suppe
minestrone	Gemüsesuppe
olio	Öl
olive	Oliven
pane	Brot
panino	Brötchen
l'uovo/le uova	Ei/Eier
zucchero	Zucker

Erbe – Gewürze

aglio	Knoblauch
alloro	Lorbeer
capperi	Kapern
pepe	Pfeffer
peperoni	Paprika
prezzemolo	Petersilie
sale	Salz
salvia	Salbei
senape	Senf
timo	Thymian

Preparazione – Zubereitung

affumicato	geräuchert	*cotto*	gekocht
ai ferri	gegrillt	*duro*	hart/zäh
al forno	überbacken	*fresco*	frisch
con panna	mit Sahne	*fritto*	frittiert
alla pizzaiola	Tomaten/Knobl.	*grasso*	fett
allo spiedo	am Spieß	*in umido*	im Saft geschmort
al pomodoro	mit Tomatensauce	*lesso*	gekocht/gedünstet
arrosto	gebraten/geröstet	*morbido*	weich
bollito	gekocht/gedünstet	*piccante*	scharf
alla casalinga	hausgemacht	*tenero*	zart

Contorni – Beilagen

asparago	Spargel	*finocchio*	Fenchel
broccoletti	wilder Blumenkohl	*insalata*	allg. Salat
carciofo	Artischocke	*lattuga*	Kopfsalat
carote	Karotten	*lenticchie*	Linsen
cavolfiore	Blumenkohl	*melanzane*	Auberginen
cavolo	Kohl	*patate*	Kartoffeln
cetriolo	Gurke	*piselli*	Erbsen
cicoria	Chicoree	*polenta*	Maisbrei
cipolla	Zwiebel	*pomodori*	Tomaten
fagiolini	grüne Bohnen	*riso*	Reis
fagioli	Bohnen	*spinaci*	Spinat
funghi	Pilze	*zucchini*	Zucchini

Pasta – Nudeln

cannelloni	gefüllte Teigrollen	*penne*	Röhrennudeln
farfalle	Schleifchen	*tagliatelle*	Bandnudeln
fettuccine	Bandnudeln	*tortellini*	gefüllte Teigtaschen
fiselli	kleine Nudeln	*tortelloni*	große Tortellini
lasagne	Schicht-Nudeln	*vermicelli*	Fadennudeln
maccheroni	Makkaroni	*gnocchi*	(Kartoffel-) Klößchen

Pesce e frutti di mare – Fisch & Meeresgetier

aragosta	Languste	*polpo*	Krake
aringhe	Heringe	*razza*	Rochen
baccalà	Stockfisch	*salmone*	Lachs
calamari	Tintenfische	*sardine*	Sardinen
cozze	Miesmuscheln	*seppia/totano*	großer Tintenfisch
gamberi	Garnelen	*sgombro*	Makrele
merluzzo	Schellfisch	*sogliola*	Seezunge
muggine	Meeräsche	*tonno*	Thunfisch
nasello	Seehecht	*triglia*	Barbe
orata	Goldbrasse	*trota*	Forelle
pesce spada	Schwertfisch	*vongole*	Muscheln

Carne – Fleisch

agnello	Lamm	*lingua*	Zunge
anatra	Ente	*lombatina*	Lendenstück
bistecca	Beafsteak	*maiale*	Schwein
capretto	Zicklein	*maialetto*	Ferkel
cinghiale	Wildschwein	*manzo*	Rind
coniglio	Kaninchen	*pollo*	Huhn
fagiano	Fasan	*polpette*	Fleischklöße
fegato	Leber	*trippa*	Kutteln
lepre	Hase	*vitello*	Kalb

Frutta – Obst

albicocca	Aprikose	*lamponi*	Himbeeren
ananas	Ananas	*limone*	Zitrone
arancia	Orange	*mandarino*	Mandarine
banana	Banane	*mela*	Apfel
ciliegia	Kirsche	*melone*	Honigmelone
cocomero	Wassermelone	*pera*	Birne
dattero	Dattel	*pesca*	Pfirsich
fichi	Feigen	*pompelmo*	Grapefruit
fragole	Erdbeeren	*uva*	Weintrauben

Register

BIBITE GELATI
ADESSO MADRID

ISBN 978-3-89953-717-8

 Druck: Stuertz, Würzburg.